Büttel an der Elbe

Erinnerungen an ein Dorf zwischen
Brunsbüttel und Brokdorf

mit Beiträgen von Alwine Andrews, Amandus Dohrn, Anna Eggers-Trempler,
Erna Gravert-Krey, Hans Jürgen Hansen, Gertrud Jörgensen-Peters,
Mark Jörgensen, Herbert Karting, Gerhard Kloppenburg,
Karl Kloppenburg, Georg Kruse, Leopold Nörskau, Magda Rusch-Kalinna,
Hertha Schlichting-Butenschön, Hermann Schmidt, Richard Schmidt,
Wilhelm Schröder, Eike Trempler, Henning Vierth, Meta Vierth,
Jonny Vollmert, Norbert Wenn, Gerda Westphalen und
vielen ehemaligen und heutigen Büttler Bürgern

Herausgegeben von der Gemeinde Büttel

Urbes Verlag

Alle Aufzählungen von Personen und Häusern in den Bilderklärungen gelten von links nach rechts gesehen.
Die abgebildeten Photos stammen von Amandus Dohrn (Archiv Karting), Christoph Guhr, Clas Broder Hansen, Günter Hartzen, Mark Jörgensen, Carl Kuskop (Archiv Karting), Hero Lang, Günter Lühmann, Wilhelm Rohde, Eike Trempler, Norbert Wenn, sowie aus dem Besitz vieler ehemaliger und heutiger Bütteler Bürger.

Vorwort

Zwischen Brunsbüttel und Brokdorf, Namen, die heute jeder in Deutschland kennt, lag an der Elbe das eher unbekannte Dorf Büttel. Einst allerdings war es zumindest den Seefahrern aus aller Welt ein Begiff, denn auf der „Bösch", einer Warft draußen vor dem Bütteler Deich, hart am Fahrwasser der an dieser Stelle bereits drei Kilometer breiten Strommündung, befand sich die Lotsenstation der Elbe. Alle von See nach Hamburg einlaufenden Schiffe hatten hier einen Lotsen an Bord zu nehmen, der mit den Sänden und Untiefen des Flusses vertraut und folglich imstande war, jedes Fahrzeug sicher bis in die Häfen der berühmten Hansestadt zu bringen. Als 1895 der Nordostseekanal eröffnet wurde, hat man die Lotsenstation an die Kanaleinfahrt nach Brunsbüttel verlegt, das Lotsenhaus auf der Bösch ist zehn Jahre später abgebrannt.

Bedauernswert aber ist das jüngste Schicksal der Gemeinde Büttel. Planungen von Behörden und Großindustrie, die sich im Nachhinein als ziemlich unrealistisch erwiesen, haben das einst blühende Dorf verschwinden lassen. Fast die gesamte historische Bausubstanz, sowohl der an dem kleinen idyllischen Hafen hinter dem Elbdeich gelegene Ortskern, die malerische Häuserreihe am Deich wie die stattlichen Bauernhöfe in der weiten Marsch wurden in den vergangenen Jahren vernichtet. Moderne Gebäudeabbruchmaschinen taten in wenigen Wochen ihr radikales Werk, das tiefgelegene grüne Wiesen- und Ackerland, das zu den landwirtschaftlich ertragreichsten Böden in Deutschland gehörte, wurde eineinhalb Meter hoch mit magerem Sand aufgespült, insgesamt zwanzig Quadratkilometer, auf denen ein gigantisches Industrierevier entstehen sollte. Doch kaum ein Fünftel davon ist bisher bebaut worden, das einst fruchtbare Marschland liegt da als öde Wüste, nur hie und da noch unterbrochen von Obstbäumen, deren Früchte niemand mehr erntet, letzte Relikte von Hausgärten der verschwundenen Bauernhöfe.

Dieses Buch will Büttels Geschichte erzählen und in Bildern und Worten der letzten Bewohner die Erinnerung daran wachhalten, wie dieses Dorf ausgesehen hat, wie die Menschen hier gelebt haben, ehe die meisten von ihnen fortziehen mußten und die großen Abrißbagger kamen.

Büttel im Dezember 1989

Die Gemeindevertretung

Büttel an de Elv

von Meta Vierth

Büttel an de Elv, hest du dor mol von hört,
To mern in de Masch gelegen,
De stattlichen Höf und de saubern Hüs
Vertellt die von Riekdom un Segen.
Un denn, in' Mai, wie lacht in Fröhjohrspracht
Di an de smuck Allee,
Mit Blom'n as Lichter, so witt as Snee.

Treckt sick nich to Süden als Bollwark de Diek,
Vörn „Blanken Hans" uns to schützen?
Dor leeg sünst de Bösch, so stolt in ehr Riek,
Dor sühst du den Elvstrom blitzen.
De Möw, de schriggt so schrill, sonst alles still.
Opt Woter Mast an Mast
De treckt ehr Bohn dor ohn' Ruh un Rast.

Kiek di mol in'n Sommer den Butendiek an,
Wie winkt di dat Grön entgegen;
Dor wogt so dat Gras as in't Woter de Well,
Un Blomen, de blöht allerwegen.
De Hab'n t reckt sick dörcht Land as sülvern Band;
De Schipper süht em froh,
Seilt he na Büttel, de Heimat, to.

Un wenn ok de Winter de Brücken von Is
Öwer Grüpp'n un Groben hett togen,
So rögt in de Büttlers dat Holstenblot sick,
Denn gelt dat, de Schlacht to slogen;
„He kummt!" is de Parol, du kennst se wohl;
De Boßel flüggt mit Swung,
Un ut ton Kampf treckt so old as jung.

Büttel an de Elv, hest du dor mol von hört?
Dor gifft dat veel lustige Seelen;
Un wenn denn de Lüd gern vergnögt dor mol sind,
Dörf ok de Gesang nich fehlen.
Een Leed, voll Leev un Lust, ut voller Brust,
Dat gifft uns frischen Moot
Mokt froh dat Hart uns un licht das Blot.

Die „Carmen" von Johannes Prüß segelt nach Büttel ein, links im Bild die Bösch.

Aus Büttels Geschichte

von Hans Jürgen Hansen

Die erste Nachricht von Büttel stammt aus dem Jahre 1331. Der Landesherr Graf Gerhard III. von Holstein lag damals im Streit mit König Christoph II. von Dänemark. Am 29. November schlugen sie sich mit ihren Heeren auf der Lohheide zwischen Schleswig und Rendsburg. Graf Gerhard stürzte dabei vom Pferd und geriet in eine lebensgefährliche Lage, aus der ein neben ihm kämpfender Bütteler Bauer ihn befreite. Im mittelalterlichen Niederdeutsch berichtet die Urkunde: „Und da was ein Bur uth dem Dorpe Buttele uth dem Kaspel Brokdorp uth der Wilstermarsch, de holp den genomeden Greven wedder up und sede tho eme: gebruke nu wedder dine vorigen kreffte. Uth der Orsake umme Verdenstes willen des Mannes befriede he dat ganze Dorpe vom gemenen Schatte des Landes." Der Name des tapferen Bauern ist nicht überliefert, auch weiß man nicht mehr, wielange die Bütteler die Steuerfreiheit genossen haben, die sie ihm verdankten.

Gerhards schließlicher Sieg bedeutete übrigens den ersten Schritt zur Vereinigung von Schleswig und Holstein, der also nur geschehen konnte, weil ein Mann aus Büttel ihm das Leben rettete. Vielleicht hätte es das historische Schleswig-Holstein und heutige Bundesland nie gegeben, wäre er in der Schlacht auf der Lohheide gefallen.

Die Urkunde bezeugt auch, daß Büttel damals noch zum Kirchspiel Brokdorf gehörte. Erst einige Jahre später wurde eine der Heiligen Margaretha geweihte Kirche in dem zwischen Brokdorf und Büttel gelegenen Elredefleth errichtet und Büttel nach hier eingepfarrt. Schon im nächsten Jahrhundert wurden Kirche und

Kirchort Opfer von Sturmfluten und mußten im Jahre 1500 weiter nördlich an ihren jetzigen Platz verlegt werden, der nun nach der Kirchenpatronin seinen Namen erhielt.

Seitdem gehört Büttel zum Kirchspiel St. Margarethen. In der Kirche von St. Margarethen gingen die Bütteler zum Gottesdienst, wurden ihre Kinder getauft und ihre Ehen geschlossen, und auf dem Friedhof hinter der Kirche liegen ihre Gräber.

Das große Gebiet des Kirchspiels war in vier sogenannte Duchten gegliedert: die Heideducht mit dem Kirchdorf, die Nordbünger, die Osterbünger und die Bütteler Ducht. Ferner gehörten zum Kirchspiel die Häuser beim Kudensee. Im 16. Jahrhundert kam hinzu die Flethseer Ducht, von der Heideducht teilte man ab die Kirchducht, von der Nordbünger die Wetterndorfer Ducht und von der Bütteler die Nordbütteler Ducht. 1868 wurden aus den Duchten die vier heutigen Gemeinden St. Margarethen, Landscheide, Kudensee und Büttel gebildet, letztere bestehend aus den Bezirken Dorf, Altenkoog, Tütermoor, Nordbüttel und Kuhlen.

Links: Die älteste bekannte Photographie aus Büttel mit dem Hölckhof an der Kastanienallee, der späteren Bundesstraße 5, der Jüngling links ist Johann Hölck (geb. 1865), am Baum sitzend Cornils Hölck. Oben: Die älteste, noch sehr schematische kartographische Darstellung von Büttel auf der Elbkarte von Melchior Lorichs aus dem Jahre 1568 im Hamburger Staatsarchiv. Vorn liegt „Diekbüttel" unmittelbar hinter dem Elbdeich, der hier nach Norden an das noch uneingedeichte Hochmoor anschließt.

Büttels Grund und Boden, das Land, wie es erschien, ehe es für die geplante Industrieansiedlung mit meterhohem mageren Sand aufgespült wurde, hat sich erst im Alluvium, dem allerjüngsten erdgeschichtlichen Zeitalter, gebildet. Es ist aus Sinkstoffen der Nordsee und des aus dem Binnenland kommenden Oberwassers der Elbe im Wechsel von Ebbe und Flut gewachsenes Schwemmland. Dank einer Tiefbohrung, die im Winter 1899/1900 auf dem Bütteler Schulhof durchgeführt wurde, wissen wir, daß die Schlickablagerungen des Alluviums hier bis in 19 Meter Tiefe reichen. Dann folgen Sand- und Kiesschichten des Diluviums, das heißt Gletscherschutt der Eiszeiten, dann Tonschichten der Braunkohlenzeit, und darunter liegt in rund 350 Metern Tiefe das hundert Millionen Jahre alte Kreidegebirge, das in Holstein nur bei Lägerdorf und Segeberg offen die Oberfläche erreicht.

Vor der Eindeichung war unsere Gegend eine von Nebenarmen der Elbe durchflossene und bei Sturmfluten überschwemmte amphibische Landschaft mit kleineren und größeren Seen, die im Laufe der Zeit zum größten Teil vermoort sind. Von der Geest im Norden trennte ein breiter, von der Wilsterau bei Averfleth in südwestlicher Richtung bis fast ans Elbufer verlaufender Hochmoorstreifen das tiefgelegene Marschland.

Ob es schon vor dem Bau von Deichen auf heutigem Bütteler Areal menschliche Behausungen gegeben hat, ist ungewiß. Im Gegensatz zu anderen Dörfern der Elbmarschen, etwa Hodorf an

Oben: Die Wilstermarsch im Jahre 1651 auf der Karte von Johannes Mejer in der Landesbeschreibung von Caspar Danckwerth. Von Diekbüttel verläuft jetzt statt des nordwestlich am Moor endenden Moordeiches ein neuer ununterbrochener Elbdeich hinüber nach Dithmarschen. Davor liegt außerdem der 1614 eingedeichte „St. Margarethen Newkoog", der nach verheerenden Sturmfluten wieder preisgegeben werden mußte und seitdem Außendeichsland geblieben ist. Rechts: Ausschnitt aus dem Varendorfschen Kartenwerk von 1789/96.

Ackes Oester Mohr
Oester Mohr
Tütermohr
Oestermohrer Koog
Ohlenwoog
Neuenkoog
Nord Büttel
Büttel
Neuenhoffen
St. Margarethen

der Stör, wo auf einer Wurt Wohnsitze aus der Zeit um Christi Geburt ausgegraben wurden, die also bereits ein Jahrtausend vor der Eindeichung bestanden haben, hat man auf den großen Bütteler Hofwurten nie Untersuchungen gemacht, die Aufschluß über ihr genaues Alter geben könnten. Früheste Zeugnisse der Anwesenheit von Menschen im Gemeindegebiet sind drei Flintdolche der jüngeren Steinzeit, die im Herbst 1910 bei Kleiarbeiten in Kuhlen zutage kamen und der vor rund viertausend Jahren existierenden Glockenbecherkultur zuzuordnen sind. Sie sind jedoch kein Nachweis für bereits hier seßhafte Bewohner, ebenso wenig wie ein 1878 acht Kilometer weiter nördlich bei Äbtissinwisch gefundener großer Einbaum von zwölf Metern Länge und eineinhalb Metern Breite, der von elf Mann gerudert wurde und aus den ersten nachchristlichen Jahrhunderten stammt (er befindet sich heute im Schleswiger Landesmuseum). Doch zeigt er, daß es hier schon sehr lange vor der Eindeichung in den von Ebbe und Flut durchzogenen Seitenarmen der Elbe und ihren Nebenflüssen eine Schiffahrt gegeben hat.

Der urkundlich am frühesten erwähnte Ort der Wilstermarsch ist Beidenfleth an der Stör, wo im Jahre 809 Gesandte Kaiser Karls des Großen mit Vertretern des dänischen Königs Gottfried zusammengetroffen sind. Von hier stammen auch die zwischen 1222 und 1376 bezeugten Ritter von Beienfleth, deren Wappen einen springenden roten Löwen zeigt und die vermutlich Ahnherren der das gleiche Wappen führenden, auch in Büttel heimischen alten Wilstermarschfamilie Lowke oder Lau gewesen sind.

Von der Stör her ist der erste zusammenhängende Elbdeich der Wilstermarsch vor rund neunhundert Jahren angelegt worden. Wo er in einem Winkel nach Norden zum Hochmoor umbog, entstand in seinem Schutz wohl schon bald eine Siedlung, genannt Büttel, was schlicht so viel wie Wohnstätte bedeutet. Diesen Namen tragen, und zwar ausschließlich auf altniedersächsischem Gebiet, durchweg Orte, die im 11. oder 12. Jahrhundert gegründet wurden, also zur vermutlichen Entstehungszeit des Deiches. Folglich darf man annehmen, daß das Dorf Büttel, der Ortskern hinter dem Deich, um das Jahr 1100 entstanden ist.

Schon früher hat es zur Unterscheidung anderer benachbarter Orte „Diekbüttel" geheißen, und wahrscheinlich hat es hier von Anfang an eine Schleuse im Deich gegeben, durch die das eingedeichte Land entwässert wurde. Vielleicht war es der Durchlaß eines vom Hochmoor kommenden und durch den damaligen Flethsee führenden natürlichen Wasserlaufes, der Böseke, die noch auf einer Kartenskizze aus dem Jahr 1622 so genannt ist und der Bütteler Schleuse ihren vor bereits 1561 bezeugten alten Namen Böseker Slüse gab. Auch die Wurt Bösch im Außendeich an der Mündung des Schleusenpriels, der vermutlich einstigen Böseke also, begegnet schon man früh in dieser alten niederdeutschen Schreibweise. Als zwischen 1614 und 1682 das heutige Bütteler Außendeichsland eingedeicht war, befand sich die Schleuse hier

---

Unten: Einer der typischen Obstgärten, wie sie einst zu fast jedem Bütteler Haus gehörten. Rechts: Die Deichmühle auf einem Gemälde von Badrihay.

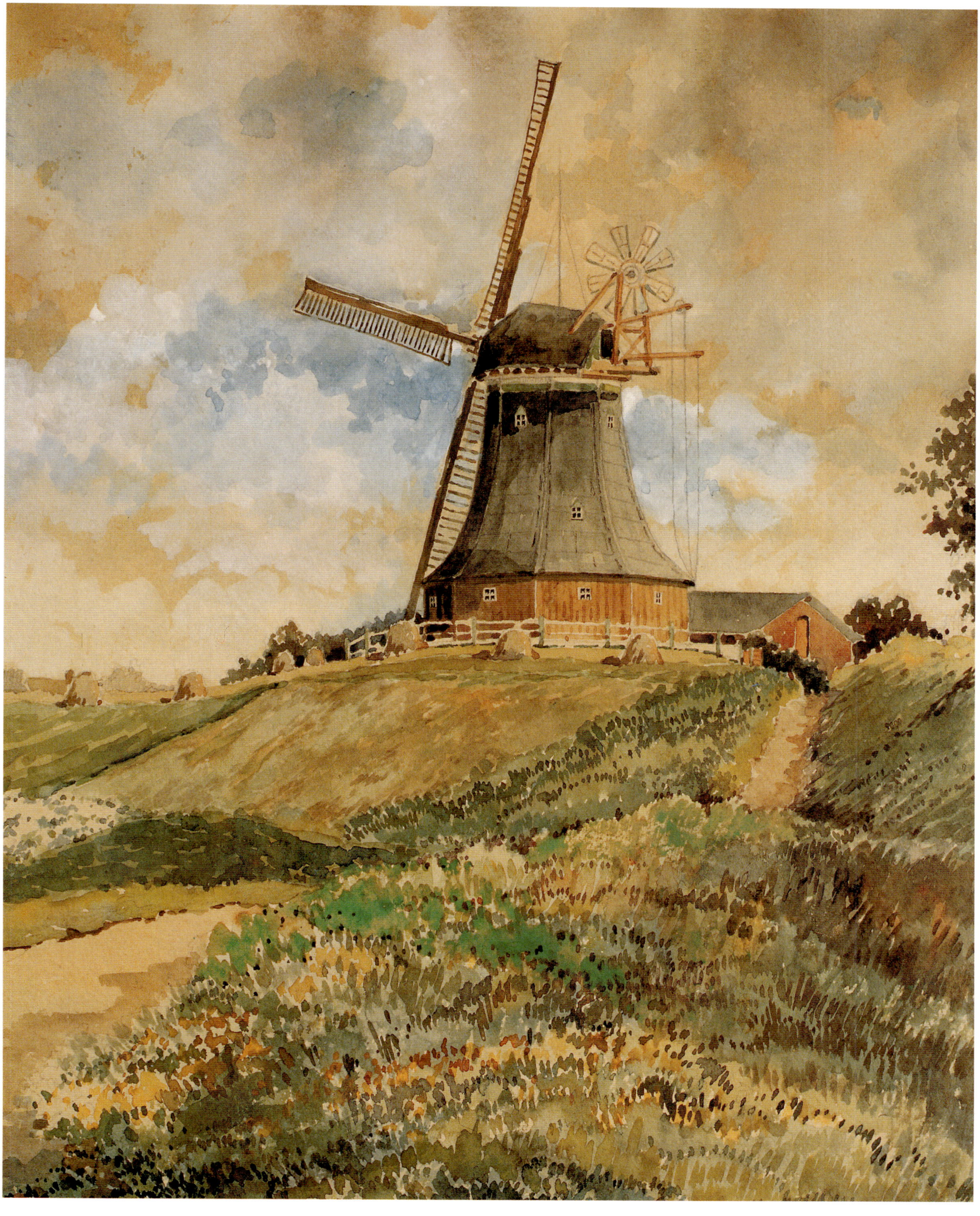

Gemeinde Büttel, Kreis Steinburg

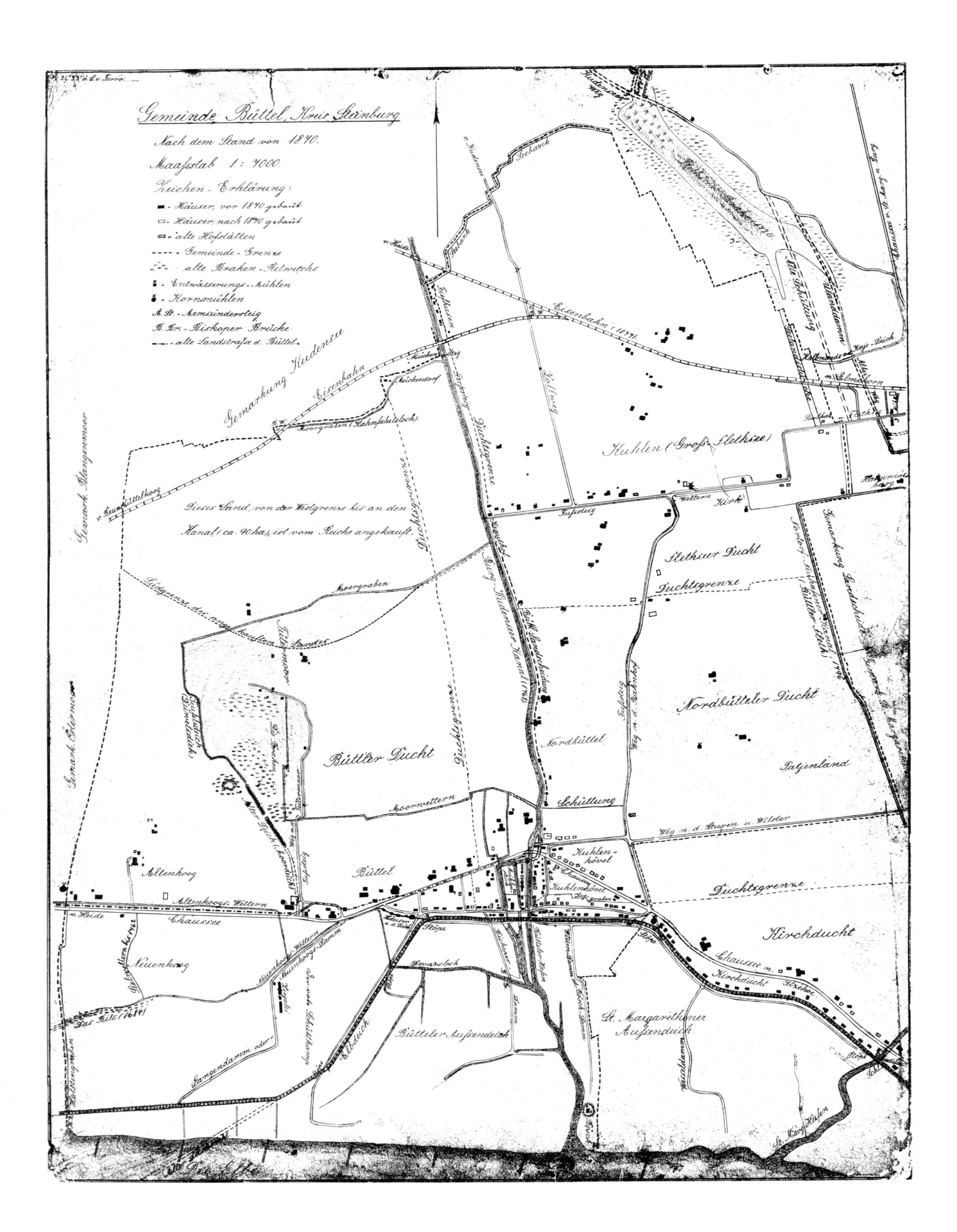

Nach dem Stand von 1870.

Maaßstab 1 : 7000.

Zeichen-Erklärung:
- ■ Häuser, vor 1870 gebaut
- □ Häuser, nach 1870 gebaut
- ▣ alte Hofstätten
- ---- Gemeinde-Grenze
- ····· alte Braken-Relwischs
- Entwässerungs-Mühlen
- Kornmühlen
- A.St. - Armsündersteig
- B.Br. - Biskoper Brücke
- ····· alte Landstraße d. Büttel.

Dieses Land, von der Westgrenze bis an den Kanal (ca. 90 ha), ist vom Reiche angekauft.

draußen mit dem Schleusenwärterhaus auf der Wurt. Von 1749 bis 1895 beherbergte sie die Station der Elblotsen.
Nicht mehr eindeutig klären läßt sich für Büttel, ob die im 12. Jahrhundert in die Elbmarschen einwandernden Holländer oder die schon vorher auf der Geest und den ältesten Wurten der Marsch seßhaften Niedersachsen das noch unbebaute Land bedeicht und kultiviert haben. Sicherlich aber sind die Holländer die ersten Wasserbauexperten und Schleusenbauer gewesen, die unter Ausnutzung der vorhandenen natürlichen Flethe und Priele das System der Entwässerungskanäle, der Wettern und Gräben angelegt haben. Es heißt, daß von den beiden einst in der Marsch vorherrschenden Bauernhaustypen das sogenannte Husmannshus auf den bereits um Christi Geburt nachweisbaren Urtyp des Niedersachsenhauses zurückgeht, das Barghaus dagegen auf den holländisch-friesischen Typ der aus dem Bistum Utrecht stammenden Siedler.

Durch mehrfache Sturmfluteinbrüche, deren verheerende Wirkung besonders begünstigt wurde durch den intensiv betriebenen Torfabbau, haben sich die Verhältnisse der Entwässerung, der Nutzung und der Besiedlung des Hinterlandes oftmals geändert. Erst seit der Mitte des 16. Jahrhunderts liegen hierüber schriftliche Zeugnisse vor, aus denen sich ein Bild der Landverluste am Elbufer, der Veränderungen von Deichlinien, Schleusen, wüsten oder zur Torfgewinnung genutzten Moorgebieten, von binnendeichs

Links: Das Büttler Gemeindegebiet 1870 mit dem später eingezeichneten Bahnlinien von 1877, hier reproduziert im ungefähren Maßstab 1 : 16 500. Unten: Neubau der „Chausseebrücke" über dem Kanal im Jahre 1902. An dieser Stelle kreuzte schon im Mittelalter der nach Dithmarschen führende Landweg die zur Bütteler Schleuse entwässernde Moorwettern.

verbliebenen Wasserflächen und des landwirtschaftlich besonders ertragreichen Marschlandes machen läßt.

Das Hochmoor bildete auch eine Wasserscheide zu dem damals noch nach Nordosten durch die Burger Au zur Wilsterau entwässernden Kudensee.

Die Bütteler Schleusenmündung war zweifellos von Anfang an ein günstiger Tidehafen, schon vor 1656 gab es nachweislich in Büttel ansässige Schiffer. „Exportiert" wurde damals von hier zumeist nach Hamburg auf Kähnen aus dem Moor herbeigefahrener Torf, das am Rande der Binnenseen reichlich wachsende Reth zum Dachdecken, Korn und wohl auch schon Käse und Butter, die traditionellen Haupterzeugnisse der Bütteler Landwirtschaft.

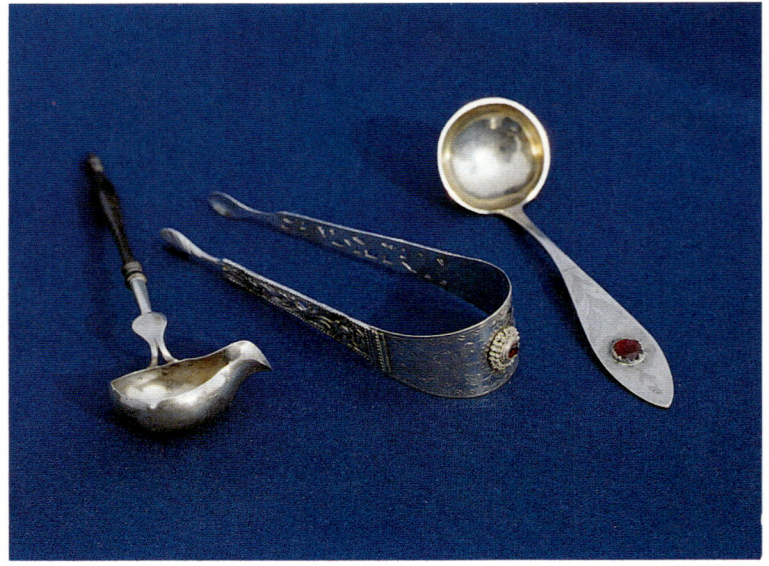

Bereits 1573 hatte man vom alten Moordeich in Büttel einen „Neuen Moordeich" nach Dithmarschen hinübergeschlagen und dadurch den später sogenannten Alten Koog gewonnen. Er verlief vom Albershof auf der Linie der jetzigen Bundesstraße und erhielt an der Dithmarscher Grenze eine Schleuse, durch die der 1560 angelegte Holstengraben an der Stelle des heutigen Kernkraftwerkes das bereits zu großen Teilen abgetorfte Grenzmoor entwässerte. Wenig später wurde zur Elbe hin noch ein weiterer Streifen Marschland gewonnen, der Neue Koog und Westaußendeich genannt, mit acht neu angelegten Bauernhöfen. 1614 wurde nach Süden anschließend auch über mit neuer Schleuse bei der Böschwurt das südlich anschließende Vorland, der jetzige Büttler Außendeich, eingedeicht.

Das neu gewonnene Land wurde 1685 durch eine Sturmflut völlig verwüstet, der südliche Teil blieb danach bis heute ausgedeicht. Erst nach drei abermaligen verheerenden Fluten in den Jahren 1717, 1718 und 1721, als nach Deichbrüchen in Dithmarschen von Nordwesten über das Moor kommende Wasser zahlreiche Häuser in Tütermoor weggerissen hatte und die große Flethseer Brake entstand, wurde endgültig 1762 ein neuer hoher Elbdeich angelegt, der nun den Westbutendiek, seitdem als Neuer Koog bezeichnet, zwischen Elbe und heutiger Bundesstraße sowie den dahinter liegenden, bis zur jetzigen Industriestraße Holstendamm reichenden Altenkoog, endgültig schützte.

Hier waren nach 1762 nur noch drei große Besitzungen verzeichnet: Möller-Westphalen, Hellmann-Sievers, Albers-Knudsen und

jenseits des Holstengrabens Wilkens-Siemen. Sie wurden als „besten Landes" bezeichnet. Es ist das Gelände, das zur Vorbereitung der Industrieansiedlung mit einer dicken unfruchtbaren Sandschicht bedeckt wurde und nun weitgehend ungenutzt brachliegt. Die wichtigste Veränderung bedeutete jedoch 1768 die Anlage des Bütteler Kanals, der den Kudensee mit einem weit größeren Gefälle als zuvor zur Wilsterau jetzt nach Süden durchs Moor zur Bütteler Schleuse direkt in die Elbe entwässerte. Er erlangte zugleich als Transportweg für die Torfverschiffung eine für Büttels Entwicklung als Hafenort entscheidende Bedeutung, die erst mit der Eröffnung des Nordostseekanals zurückging.

Obgleich ältere schriftliche Zeugnisse fehlen, darf man also annehmen, daß Büttel schon früh ein regional wichtiger Hafen und zugleich Zentrum des landwirtschaftlich ertragreichen Gebietes der Diekbütteler und der Nordbütteler Ducht mit ihren verstreut liegenden stattlichen Bauernhöfen war. Bis in unser Jahrhundert hinein ist das im wesentlichen so geblieben.

Erste einschneidende Veränderungen bewirkte vor hundert Jahren der Bau des Nordostseekanals, weitere, gravierende das Erliegen der traditionellen Frachtschiffahrt der kleinen Küstenhäfen vor der Konkurrenz der Lastkraftwagen, bis dann die Maßnahmen zur Industrieansiedlung das alte Büttel nahezu ausgelöscht haben. Seit altersher führte durch Büttel eine der wichtigsten Ost-West-Verbindungen Holsteins, der urkundlich schon 1530 erwähnte Landweg von Oldenburg über Segeberg, Itzehoe, Wilster (und noch nicht über St. Margarethen auf der erst 1852 angelegten Chaussee) zum alten, im 17. Jahrhundert in der Elbe versunkenen Brunsbüttel nach Dithmarschen. Auf Bütteler Gebiet hieß der von

---

Oben links: Auswechseln der Schleusentore in den zwanziger Jahren, ein Vorgang, den die seit der Gründung des Ortes bestehende und oft veränderte Bütteler Schleuse unzählige Male erlebt hat. Links außen: Helm der Bütteler Feuerwehr vom Ende des 19. Jahrhunderts. Unten links: Familiensilber aus der Zeit um 1800 aus dem Besitz der Familie Westphalen. Oben: Alte Bütteler Lehnstühle von 1779 aus dem Besitz von Anna Trempler.

Wilster über Schotten, Wetterndorf und dem Stuven kommende Landweg der Dörpweg. So wird er schon im Landregister von 1652 genannt, das erstmals alle Häuser und ihre Eigentümer verzeichnet.

Nach diesem Register war der Dörpweg seinerzeit nur westlich der heutigen Chausseebrücke bebaut, wo sie heute als „Hauptstraße" ein Stück der B5 bildet, und zwar zwischen der später zum Bütteler Kanal erweiterten Moorwettern und dem damals schon existierenden Loofthof. Auch die erste Dorfschule befand sich bereits an der gleichen Stelle wie noch die letzte in unserem Jahrhundert. Ferner standen Häuser auf dem Diekweg, der „Dorfstraße" unserer Tage, zwischen der ebenfalls bereits vorhandenen

Unten: Barocker Eckschrank aus der Wilstermarsch im Schleswig-Holsteinischen Landesmuseum, wie sie einst gewiß auch auf Bütteler Höfen anzutreffen waren. Oben rechts: Wilstermarschstube im Schleswig-Holsteinischen Freilichtmuseum mit Fliesenwand, Täfelung und Beilegerofen, charakteristische Innenausstattung auch der Bütteler Höfe im 18. Jahrhundert. Der Lehnstuhl entspricht dem Typus des vorseitig abgebildeten. Aus den abgebrochenen Bütteler Häusern selbst ist kaum altes Inventar erhalten geblieben. Rechts: Bauernhochzeit in Büttel vor hundert Jahren mit dem Brautpaar Heinrich Ramm und Elise Tietjens.

Deichmühle und der Schleuse. Westlich von dieser gab es hinter dem Deich, vom Dörpweg zugänglich, erst wieder einige Häuser auf der Höhe des Buhmannschen Gasthofes. Und es existierten eine Reihe der älteren großen Höfe auf den Wurten in Nordbüttel und Kuhlen, im Westbutendiek und im Alten Koog sowie einige kleinere Anwesen im Tütermoor. Etliche Namen der verzeichneten Bewohner sind bereits die von heute noch blühenden bekannten Bütteler Familien wie Holler, Kloppenburg, Krey, Lau, Maaß, Pohlmann, Schröder, Stademann und Suhr.

Im Dorf sind auch schon früh Handwerksbetriebe bezeugt: Schuster, Schneider, Bäcker, Tischler, Zimmermann und Weber. Vom Anfang bis zum Ende des 19. Jahrhunderts hat im Neuen Koog eine Ziegelei bestanden, desgleichen eine Kalkbrennerei, deren massiger runder Brennofen noch auf alten Photos zu sehen ist. Ohne die Schiffahrt wären beide Betriebe nicht denkbar gewesen. Die Backsteine wurden ebenso wie der Kalk auf der Elbe bis Hamburg geliefert, die zum Kalkbrennen benötigten Muscheln hauptsächlich im Watt vor Cuxhaven bei Ebbe von den Schiffern abgegraben und herangebracht.

Natürlich hat man in Büttel die Geselligkeit gepflegt. Es war Sitte, daß jeder wenigstens einmal im Winter seine Nachbarn einlud, und auch das Vorhandensein von fünf Gasthöfen für die durchschnittliche Zahl von 700 Einwohnern, Buhmann und Röhrig-Suhr am Deich, dem Falckenhof und nach ihm diesem gegenüber Möller an der Schleuse, Rusch an der Chausseebrücke sowie Schütt in Kuhlen, die alle gut frequentiert wurden, zeigt, daß man im Dorf gern beieinander saß und gemeinsame Feste feierte. Auch die Versammlungen der so existenzwichtigen Deich- und Entwässerungsverbände fanden in den Gastwirtschaften statt, ebenfalls die der Brandgilden, Vorläufer sowohl der späteren Feuerwehren wie der Brandversicherungen. Die Bütteler Brandgilde war die älteste der Wilstermarsch, gegründet bereits 1577. Es ist überliefert, daß 1615 auf ihrer Gildefeier die nicht unbeträchtliche Menge von zwölf Fässern Bier getrunken worden ist.

Althergebracht waren auch die bis in die Gegenwart üblichen Bräuche des Eisboßelns, des Ringreitens und des Vogelschießens der Kinder.

Die welthistorischen Ereignisse haben Büttel unmittelbar nur selten berührt. Manche Fehden hat es einst mit Dithmarscher Nachbarn

gegeben. Als diese 1500 bei Hemmingstedt die von König Johann von Dänemark und Herzog Friedrich von Schleswig-Holstein ausgerüstete Schwarze Garde vernichtend geschlagen hatten, kamen sie übers Hohe Moor und den Außendeich nach Büttel, waren aber so ungeschickt, daß sie sich hier beim Abfeuern ihrer Büchsen die Hände verbrannten und somit ziemlich kampfunfähig von den Leuten der Wilstermarsch überwältigt werden konnten.
Die Angreifer waren entlang des alten Landweges gezogen, ebenso wie im Dreißigjährigen Krieg die Schweden, die 1644 am Holstengraben eine Schanze anlegten. Schwedische Reiter waren damals längere Zeit im Dorf einquartiert und pflegten anscheinend recht intime Kontakte zur weiblichen Bevölkerung, wie die Registrierung einiger Geburten von unehelichen Kindern im Kirchenbuch bezeugt. „...dessen Mutter war beschlafen worden von den Reutern" heißt es da oder „Der Vater soll ein Traguner (Dragoner) gewesen sein." Die abwechselnden Einquartierungen von Schweden und Dänen, die sich noch bis zum Anfang des 18. Jahrhunderts noch oftmals bekämpften, sowie die zu zahlenden hohen Kriegskontributionen bedeuteten für Büttels Einwohner schwere Belastungen.
Später war in Kriegszeiten die Bösch ein wichtiger, von Soldaten besetzter Beobachtungsposten: 1807 bis 1815 während der napoleonischen Kriege, als Holstein mit Dänemark auf französischer Seite stand und das gegenüberliegende hannoversche Gebiet dem Kaiserreich Frankreich einverleibt war, dann 1848 und 1864 in den deutsch-dänischen Kriegen und auch 1871, als mit dem Auftauchen französischer Kriegsschiffe in der Elbmündung gerechnet wurde.
In den beiden Weltkriegen unseres Jahrhunderts gehörte zum Festungsbereich die stark gesicherte Brunsbütteler Kanaleinfahrt. Eine der im Umkreis angelegten schweren Flakbatterien der Marine befand sich auf den Resten des eingeebneten alten Moordeiches am Rande von Altenkoog.
Über die örtlichen Begebenheiten in Büttel während der letzten hundert Jahre berichtet ausführlich die gewissenhaft geführte Schulchronik. Das Bemerkenswerteste daraus ist im nächsten Beitrag dieses Buches zitiert.
Des weiteren spiegelt sich die jüngste Geschichte des Ortes in den verschiedenen nachfolgenden Einzelaufsätzen. Es sind Aufzeichnungen der heute lebenden Büttler, basierend auf ihren persönlichen Erinnerungen an das nun fast ganz verschwundene und von ihnen verlassene Heimatdorf.

Aus der Bütteler Schulchronik

von Georg Kruse, Henning Vierth, Hermann Schmidt, Paul Andrews, Alwine Andrews und Leopold Nörskau

Die erste Nachricht von einem Lehrer in Büttel stammt aus dem Jahre 1634, und daß bereits 1652 eine erste Dorfschule auf dem gleichen Grundstück gestanden hat wie die letzte, geht aus dem Landregister jenes Jahres hervor.

Auch alle seit 1673 in Büttel tätigen Lehrer sind bekannt, und erhalten sind die Bände der seit Ende des 19. Jahrhunderts geführten Schulchronik, in der auch viele die Schule nicht unmittelbar betreffenden wichtigen Begebenheiten aus Büttel eingetragen sind. So gewährt sie interessante Einblicke in das Dorfleben der letzten hundert Jahre, wie die hier folgenden Auszüge zeigen. Verfasser waren die Lehrer Georg Kruse (1882–1913), Henning Vierth (1916–1924), Hermann Schmidt (1924–1930), Paul Andrews (1931–1951) und zeitweise während dessen Kriegsdienst 1942–1945 seine Frau, die Lehrerin Alwine Andrews, sowie Leopold Nörskau (1962–1969). Lehrer Kruse hat im übrigen manches aus noch früherer Zeit aufgezeichnet, was ihm aus älteren Schulprotokollen bekannt war.

Mit dem Schulbesuch stand es in den ersten zwei Dritteln des vorigen Jahrhunderts noch recht dürftig. Von einer geregelten Tätigkeit im Sommer konnte gar keine Rede sein. Dazu dann die unqualifizierbare Beschaffenheit der Wege, der Mangel an Kirchen- und Schulsteigen. Ganz häufig findet sich in den Rechnungsprotokollen der Vermerk „sämtliche Schulinteressenten namens der Herren Prediger erinnert, ihre Kinder fleissiger zur Schule zu schicken". Im Sommer 1838 fehlten in der 1. Klasse von 55 Kindern 33 fast den ganzen Sommer, andere 96, 95½ Tage – in dem darauf folgenden Winter nicht wenige Schüler 20, 18, 16, 13 Tage. Betrachten wir uns einmal einen Stundenplan aus dem ersten Vier-

tel des vorigen Jahrh. Da gab es kein Turnen und kein Zeichnen; auch die Realien waren wenig berücksichtigt; aber mit welcher peinlichen Genauigkeit sind die Einzelheiten in den verschiedenen Fächern sogar auf den Stundenplänen verzeichnet.
Auf Anordnung der Königlichen Regierung vom 4. 11. 1866 wurde der Turnunterricht als obligatorischer Gegenstand für den Sommer eingeführt. Unter dem 26. 7. 1899 wurde angeordnet, daß in allen Schulen auch im Winter zu turnen sei. Erst mit Neujahr 1873 kam die Handarbeit mit auf den Stundenplan. Die Frau des Lehrers Martensen (Ostern 1870 bis Michaelis 1873) schätzte aber ihre Arbeit etwas höher ein als mit 3¾ Sgr. pro Stunde und verlangte 6 Sgr., was auch nicht beanstandet wurde.

Ferien in unserm Sinne kannte man in früheren Zeiten nicht. Das brachte schon die Freiheit, die die Eltern bezüglich des Schulbesuchs im Sommer hatten, mit sich. Nur zu den Zeiten der größeren Feste (Weihnacht – Ostern – Pfingsten – und den Jahrmarkt nicht zu vergessen) waren mehrere Tage frei.

Alljährlich hat – seit 1850 – ein Kindervergnügen stattgefunden, die „Kindergilde". Abwechselnd wurde es bei den zwei Wirten in Büttel und dem Wirt in Kuhlen gefeiert. An dem ersten Tage schießen die Knaben der 1. und 2. Klasse mit einem Bogen nach einem Vogel, und die größeren Mädchen vergnügen sich beim Topfschlagen oder bei der Ballwurfscheibe, während die Kinder der Elementarklasse ihr Spiel für sich haben. An dem darauf folgenden

---

Auf den Bildern oben geht der Blick über die Hauptstraße, die an dieser Stelle seit dem Mittelalter Teilstück des alten Landweges nach Dithmarschen war, zum Außendeich über das Reststück des hier mit Häusern bestandenen, einst zum Hochmoor abbiegenden Elbdeiches.

Tage findet nach altem Herkommen ein Ball für die Jugend statt, dem ein Umzug durch den Ort unter Musikbegleitung vorangeht. Den König schmückt eine silberne Kette mit einem silbernen Adler, geschenkt bei der ersten Kindergilde 1850 von dem damaligen Böschwirt (Lotsenwirt) Peter Christensen. Der Adler hat die Inschrift „Bütteler Kindergilde 1850". Auch schenkte er eine Fahne. Auf rotem Felde befindet sich ein Kreuz von einem senkrechten blauen Streifen und einem weißen Mittelstreifen mit der Inschrift „Es blühe der Lehrstand".

Im Jahre 1900 gestaltete sich das Fest in besonderer Ausstattung, es war ja die fünfzigste Wiederkehr dieses Festes. Am 23. Juni konnte es wegen der Heuernte nicht gefeiert werden; dafür nahm man den 6. September. Eine besondere Freude wurde den Kindern dadurch zuteil, daß Herr Jacob Inselmann (der Gastwirt von der alten hiesigen Lotsenstation „Bösch") ihnen eine neue Schulfahne in besonders hübscher, eleganter Stickarbeit widmete. In den Ecken der Fahne befinden sich auf der einen Seite die Worte: „Ohne – Fleiss – kein – Preis".

Im Jahre 1876 wurde unter d. 19. August regierungsseitig angeordnet, daß die Bütteler Schulklasse 3klassig einzurichten sei.

Im Herbste 1902 wurde die sogenannte „Kleine Schleuse", welche vor dem Hause des damaligen Gastwirts Möller (jetzt Schmidt), der zugleich Schleusenwärter war, schräg gegenüber dem Besitz des verstorbenen Peter Falck, belegen war und dort unter dem Elbdeiche hindurchführte, herausgenommen. Im Sommer 1903 wurde dann auch die Strecke des alten Kanals zugeworfen, welche an der Westseite vorüberführte. Einen schmalen Entwässerungsgraben mußte man belassen. Das Zuwerfen geschah nur bis zum Hölck'schen (früher Kühl'schen) Gewese, das 1907 am 29. Mai niederbrannte. Zur Erläuterung diene Folgendes. – Von dem Kuden-See gab es einen Abfluß nach der sogen. „Wehr". Dieser Abfluß genügte aber nicht. Man unternahm bei Burg i./D. einen Durchstich, der die Verbindung mit dem alten „Bütteler Kanal" bei Kuhlen herstellte; das geschah 1765. So war also der Kuden-See mit der Elbe verbunden. Die entsprechende Schleuse im Deiche befand sich etwas westwärts von der jetzigen großen Schleuse, in der Verlängerung des alten Kanals zu Osten des oben erwähnten Falckschen Geweses; im Außendeiche ist ja noch jetzt der Lauf seiner alten Richtung zu erkennen. In der Nähe der jetzigen großen über den Kanal führenden Chausseebrücke befanden sich ungefähr da, wo der Kanal bei dem Rusch'schen Gewese seine Krümmung machte, sogenannte „Kehrtüren", um die Entwässerung

---

Lehrer Hermann Schmidt mit dem Schülerjahrgang 1914/15 um 1925. Reihe liegend: Alwin Schernekau, Gustav Ramm, Erich Schmenck, Bernhard Köhnke, Hermann Grag, Erna Albers, Alma Wiegert, Hermann Scharre, Hans Schmuck, Bertha Schmidt, Willy Lau und Horst Paulsen; 2. Reihe: Bertha Kloppenburg, Annemarie Staats, Cäcilie Ramm, Martha Tietjens, Wilhelm Schmidt, Hans Brodack, Magda Kloppenburg, Olga Kloppenburg, Walter Meyer, Richarad Kloppenburg, Otto Dohrn, Käthe Andresen und Frieda Kloppenburg; 3. Reihe: Hertha Schmidt, Erna Dohrn, Frieda Heesch, Olga Meyer, Else Heinbockel, Rosa Kühl, Wilhelm Lau, Johannes v. d. Fecht, Kurt Kloppenburg, Walter Scharre, Adolf Boll, Emmi Grag und Hans Brockmann; ganz oben: Nikolaus Becker, Kathrine Lau, Emil Flügel, Hans Staats, Walter Meyer und Karl Schütt.

für Kudensee und Tütermoor zu regulieren. Der Kanal führte nämlich von der Meierei noch eine Strecke geradlinig nach Süden, krümmte sich eben vor dem Vollmert'schen (früher Dolling'schen) Gewese nach Westen und führte unter dem Steg hindurch. Als nun von der Meierei aus der Kanal in die jetzige Richtung verlegt wurde und die Kehrtüren weggenommen wurden, wurde als Ersatz für diese die „Kleine Schleuse" angelegt. 1869/70 ist die jetzige große Steinschleuse erbaut worden, wobei der Lauf des Kanals ungefähr von der Meierei an, ein wenig östlich gelegt wurde. Es ist erklärlich, wie für einen großen Teil der Bütteler Einwohnerschaft dieser Kanal in betreff des Wasserbedarfs für die Haushaltung wichtig war, da er das Wasser von der Geest mit sich führte.

Eine wesentliche Verbesserung erfuhr unser Ort durch den Bau zweier Straßen: im Sommer 1898 die Dorfstraße am Deiche entlang und im Jahre 1905 die Chaussee nach dem Bahnhofe („Bottermelks-Chaussee" genannt).

Bevor die Chaussee Itzehoe, Wilster, St. Margarethen, Brunsbüttel erbaut war, hatte Büttel eine mangelhafte Postverbindung. Von Wilster über den „Passop" (Gastwirtschaft in der Gemeinde Landscheide) nach St. Margarethen und hier fand die Postbeförderung durch einen reitenden Boten statt, im Anfang natürlich nur einige Male in der Woche. Nach Herstellung der Chaussee 1852 besserten sich die Verhältnisse in soweit, als täglich ein Pferde-Omnibus (Diligence), welcher von Wilster nach Brunsbüttel fuhr, die Postsachen für St. Margarethen mitnahm. Hier war ein Postamt errichtet. 1878 wurde die Marschbahn gebaut, mit der famosen Eigenschaft, daß der Bahnhof nach dem 3½ km entfernten Kirchorte „St. Margarethen" genannt wurde, aber auf Grund und Boden der Gemeinde Landscheide stand.

Ein Briefträger mußte damals das ganze Kirchspiel bedienen. Er besuchte Büttel mehrere Male in der Woche. Später mußte er täglich nach jedem Orte. In den achtziger Jahren des verflossenen Jahrhunderts erhielt das Postamt seine 2 Boten, von welchen der eine Büttel und Kudensee zu besuchen hatte, und noch mehrere Jahre später erhielt dann Büttel seine zweimalige tägliche Bestellung und wurde Posthilfestelle, bald auch öffentliche Fernsprechstelle. Außer der amtlichen Fernsprechstelle hat Büttel jetzt (1912) sechs private Telephonverbindungen.

Das Eisboßeln ist ein charakteristischer Sport der Marschbevölkerung. Er bringt Leben in die Einsamkeit, Ruhe und Stille des Winters. Unser Zeitalter, das des Sports, hat auch dieses altehrwürdige Spiel der Marsch wieder zu Ehren gebracht. Wie früher, geht es bei grimmen Frost hinaus zu friedlichem Wettkampf. Der „Kretler" und der Mann mit dem „Kridbüdel" dürfen natürlich nicht fehlen, – auch die Socken nicht, denn der eifrige Boßler legt Rock und Stiefel ab („zieht vom Leder"). Die Arme frei, die Füße leicht, setzt er zum Sprunge an, und in kräftigem Schwunge mit dem

---

Lehrerin Meta Vierth mit dem Schuljahrgang 1923-24, im Jahre 1930. Stehend: Hermann Stelling, Arien Brodack, Elsa Holler, Frieda Heinbockel, Otto Flügel, Bertha Huuß, Wilma Moeller, Frau Vierth, Bernhard Klöckner, Arnold Boll, Eggert Ramm, Annemarie Staats, Kurt Franke und Hans Dohrn; vorne liegend: Annemarie Sötje und Christiane Staats.

Rufe „He kummt!" entgleitet die Holzkugel, mit Blei gefüllt, seiner Hand. Es wird geworfen mit Bosseln von verschiedenem Gewicht: 60 gr, 100 gr, 250 gr, 500 gr. Die Partei hat einen Schwenod (Wurf) voraus. Jubel ertönt, die Musik bläst einen Tusch. Büttel hat seit Jahren in diesem Spiel einen guten Ruf. Auch die Jugend läßt nicht locker, übt jeden Tag, und oft muß der Lehrer mit ihnen hinaus zu fröhlichem Spiel. Das Ringreiterfest ist ein Spiel der jungen ledigen Männer. Seit langer Zeit ist es hier am Himmelfahrtstage gefeiert worden. Einige Jahre hindurch war es hierorts polizeilich verboten. Dann wurde es wieder freigegeben, und jetzt gibt es sogar größere Verbände von Ringreitervereinen. Es ist in Büttel zu einem Volksfeste geworden („Bütteler Jahrmarkt"), das mit allen seinen Darbietungen in Wirklichkeit ganz den Charakter eines Jahrmarktes im kleinen hat.

(1913) Am 15. Juni 1888 war Kaiser Friedrich III. gestorben, und somit konnte denn unser wohlverehrter Kaiser Wilhelm II. in diesem Sommer auf eine 25jährige, reich gesegnete Tätigkeit zurückblicken. Da der 15. Juni dem Bedenken des kaiserlichen Dulders gewidmet bleiben sollte, so fanden sämtliche Feiern im deutschen Reiche am Montag, d. 16. Juni statt. Es war nicht bloß eine Feier des preußischen, sondern des ganzen deutschen Volkes. Auch in der hiesigen Schule wurde dieses Tages in allen 3 Klassen in entsprechender Weise gedacht. In der 1. Klasse begann die Feier mit Choral und einem freien Gebet des Lehrers. Nachdem er dann ein Lebensbild unseres Kaisers gezeichnet hatte, wobei er auch in einer dem Ausfassungskreise der Kinder angemessenen Weise auf Fortschritte und Aufschwung in Handel und Wandel, Heer und Marine, auf Entwicklung der Kolonien, Erhaltung des Friedens u. a. hingewiesen hatte, wechselten Gesang, Deklamationen ab.

(1915) Bei der letzten Ergänzungswahl zur Gemeindevertretung sollten P. Brandt u. H. Schröder (beide in Kuhlen) ausscheiden. Beinahe hätten die friedlich (staatserhaltend) Gesinnten eine Überraschung erlebt und eine Niederlage erlitten. Die sozialdemokr. Partei brachte es auf 13 Stimmen für Stelling, während die Wiedergewählten 23 Stimmen erhielten d. h. nachdem man Lunte

---

Oben: Ansichtskarte von 1902. Rechts: Lehrer Ponath mit dem Schülerjahrgang 1924 / 25: In der vorderen Reihe Frieda Sötje, Heimke Köhnke, Lotte Köhnke, Ilse Knübbel, Hertha Buhmann, Elisabeth Ramm, Anne Sierk, Ella Schütt, Hertha Wilstermann, Inge Meinert, Albert Looft, Peter Ewers, Otto Heinrich Albers, Karl Peters, Werner Cordes, Georg Siebel und Karl Heinz Franke; in der mittleren Reihe: Rosa Köhnke, Emma Lau, Lisa Wohlgehagen, Paula Opitz, Irma Ewers, Irmgard Janß, Lieselotte Koll, Erna Looft, Hedwig Knüppel, Hartwig Albers, Olaf Köhler, Eduard Wolter, Hans Knübbel, Helmut Scheibner und Harry Paschke; in der oberen Reihe: Irma Heesch, Irma Brandt, Marga Hauschild, Irma Laackmann, Inge Knudsen, Elfriede Lau, Rosa Lau, Hermann Schmidt, Klaus Peters, Gustav Kühl, Hans Hahn, Gustav Scheel, Willy Schmidt, Max Buhmann und Hans Heinrich Opitz.

gerochen hatte. Möge es eine Warnung sein, und man muß auf der Hut sein.

(1914) Schrecklich war die Nacht des 1. August, der die Automobile durch unseren Ort jagte und fortwährend ihre unheimlichen Signale ertönten. Es war nicht unzweifelhaft – die Mobilmachung war da, der oberste Kriegsführer, unser Kaiser, rief sein Volk zu den Waffen. Was für ein stiller Sonntag war der 2. August – Kirchhofsstille herrschte auf den Straßen – eine unheimliche Stille. Mitten in der Ernte, da der Landmann den Segen seiner friedlichen Arbeit heimzubringen hatte. Aus der Bütteler Schulgemeinde wurden anfangs circa 50 Mann einberufen. Liegen wir nicht dem Meere zu nahe? Wenn nun die große Kanalschleuse gesprengt wird? Fragen für ängstliche Gemüther! und wir liegen ja auch tatsächlich an der Grenze des Festungsgebietes, und von manchen Verordnungen der Festungskommandanten wird unser Ort mit betroffen. Schiffe der Kaiserl. Marine fahren von der Ostsee in die Nordsee und umgekehrt. Und immer ist unsere Straße von durchziehenden Abteilungen der Marine, die ihre Marschtouren oder Spaziergänge, teils mit Musik, teils mit Gesang machen, belebt. Die Furcht ist fast geschwunden; wir fühlen uns, gedeckt durch Cuxhaven und Helgoland, sicher hinter dem Elbdeiche.

(1915) In den Tagen v. 1.–7. Februar herrschte in unseren Schulräumen eine rege Tätigkeit. Erwachsene sowohl wie Kinder hatten vielerlei Gaben in reichem Maße für unsere Krieger gespendet: Wurst, Speck, Schinken, Käse, Kaffee, Tee, Taback u. Zigarren, Pfeifen u. a. – außerdem eine große Menge Wollsachen. Alles mußte eingeteilt u. verpackt werden.

(1916) Am Freitag, d. 10. März wurde die 1. Klasse von unserem in Büttel ansässigen Photogr. Am. Dohrn photographiert.

(1916) Besonders hier in der Marsch stellte sich die Kartoffelseuche früh ein u. manche ernteten kaum die Aussaat wieder. Die Folge davon war, daß viele Leute sich für den Winter nicht mit Kartoffeln versorgen konnten. Ein Glück für die Ernährung des Volkes war, daß die Steckrüben wirklich ausgepflanzt u. sehr gut gediehen waren. Da mußten dann viele Leute die wenigen Kartoffeln mit Steckrüben strecken, ja häufig Tag für Tag statt Kartoffeln nur Steckrüben essen.

(1917) Am 5. Dez. war allgemeine Volkszählung im Deutschen Reiche. Die Zählung ergab für die Gemeinde Büttel 721 Einw. nämlich 308 männliche und 413 weibliche.

Zu Weihnachten 1917 sandte der Frauenverein für unsere einheimischen Krieger 397 Pakete und 209 Pakete mit weihnachtl. Inhalt an das Rote Kreuz in Altona, Abnahmestelle Sanninstr. Verausgabt wurden für diese Pakete 2084,38 M, während durch eine Sammlung nur 1077,70 M eingenommen waren.

(1918) In unserem stillen Orte, wo wir im Allgemeinen nicht viel von dem Kriege gemerkt hatten, merkten wir auch nicht viel von der Revolution. Nur an den Marine-Patrouillen, die Tag für Tag mit aufgepflanztem Seitengewehr von Brunsbüttelkoog her durch unseren Ort zogen, merkte man, daß etwas besonderes los war.

Auch sah man wohl einen Marine-Offizier durch den Ort eilen, um sich vor den aufgeregten Marinesoldaten zu retten. Im Übrigen ging jeder Erwachsener still seiner Arbeit nach. Wenn ich vorhin bemerkt habe, daß wir hier nicht viel von dem Kriege merkten, so stimmt das insofern nicht ganz, als wir von Brunsbüttelkoog her, wo fast immer mehrere Kriegsschiffe lagen, mit Marinesoldaten und Offizieren überschwemmt wurden. Diese zogen oft in ganzen Scharen singend und gröhlend durch die umliegenden Ortschaften, bevölkerten die Gastwirtschaften und verrichten, nun sie angetrunken waren, manchen Unfug. Sie veranstalteten im letzten Jahre des Krieges, als das Tanzverbot wieder aufgehoben war, überall Tanzlustbarkeiten, zu welchen dann die jungen Mädchen und auch Kriegerfrauen von fern und nah herbeiströmten. Solche Festlichkeiten kamen für zwei- od. sogar dreimal in der Woche in der Woche vor und die Säle waren überfüllt. Die Wirte machten gute Geschäfte dabei, aber das sittliche Leben litt sehr darunter, auch für die Schuljugend war diese Zeit von verderblichem Einfluß. Im Dezember 1918 fand im Lokale des Herrn P. Buhmann die Wahl eines Bauern- u. Arbeiterrates statt. Bei dieser Wahl waren zum ersten Male auch die Frauen stimmberechtigt u. sie waren darum auch recht zahlreich erschienen. Gewählt wurden: der Hofbesitzer Johannes Schmidt, der Landmann Johannes v. Osten; der Malermeister Jakob Baumann, der Steinsetzer Aug. Knickrehm, der Schiffer Johannes Schmidt u. der Krämer Herm. Tecklenburg. Nachdem Deutschland am 9. Novbr. 1918 zu einer Republik geworden war, mußte dem Lande eine neue Verfassung gegeben werden und es mußten deshalb verschiedene Neuwahlen stattfinden. Am 19. Januar 1919 fand die Wahl zur deutschen National-versammlung statt. Stimmberechtigt waren alle männl. und weibl. Personen über 20 Jahre. In Büttel waren 460 stimmberechtigte Personen, davon haben gewählt 410 Pers., also rund 89 %, also ein Prozentsatz, der wohl bei keiner Wahl hier je erreicht ist. Wahllokal war die Gastwirtschaft v. P. Buhmann. Es erhielten:

die deutsch-demokratische Partei	*150 Stimmen*
die deutsch-nationale Volkspartei	*9 Stimmen*
die deutsche Volkspartei	*26 Stimmen*
die Mehrheitssozialisten	*145 Stimmen*
die Unabhängigen	*– Stimmen*
die Bauern- u. Landarbeiter-Demokr.	*80 Stimmen*
zusammen:	*410 Stimmen*

(1919) Als die ersten Krieger heimkehrten, wurde am Eingange zum Orte bei dem Fuhrmann Jürg. Hahn eine Ehrenpforte errichtet, um die heißersehnten Krieger willkommen zu heißen. Als dann alle in der Heimat wieder angelangt waren, veranstaltete die Gemeinde Büttel ihnen eine würdige Begrüßungsfeier, welche am 23. März, einem Sonntag, beim Gastw. R. Beckmann stattfand. Am Nachmittage des 23. März versammelten sich die heimgekehrten Krieger beim Gastwirt H. Rusch u. der Festausschuß im Festlokal. Dieser begab sich zu den Kriegern und begrüßte dieselben mit einem von Fräulein Elsa Schmidt gesprochenem Willkommens-Gedicht. Darauf fand ein Festzug durch den Ort statt. Bei der Gastwirtschaft von Witwe A. Schmidt wurde der Festzug durch Herrn A. Dohrn photographiert. Im Festlokal angelangt, begrüßte der Gemeindevorsteher Johannes Schmidt die erschienenen Krieger. Darauf fand gemeinschaftl. Kaffeetafel statt. Nachdem dann die Musik das Niederländische Trinkgebot gespielt hatte, hielt ich

die Begrüßungsrede. Darauf folgte Musik, Gesangvorträge des Gesangsvereins, Ansprache von Herrn Pastor. Die ganze Feier verlief in schönster Weise und ehrte die Gemeinde ebensowohl wie unsere tapferen Krieger.
(1920) Wir hielten uns verpflichtet, unsere Gefallenen in ihrem Heimatsorte selbst ein Denkmal zu erbauen, wie es auch an vielen andern Orten geschehen ist. Daraufhin kamen auch hier einige Männer zusammen, um die Vorbereitungen zum Bau eines Denkmals in Büttel zu treffen. Dieser Ausschuß bestand aus 9 Mitgliedern und nannte sich „Kriegerehrung Büttel". Auf einer zum 17. März 20 einberufenen Gemeindeversammlung wurde fast einstimmig der obenge. Plan gutgeheißen und es wurde beschlossen, zu dem Zweck eine Sammlung von freiwilligen Beiträgen zu veranstalten.
Der Ausschuß entschied sich dafür, etwas besonderes, Eigenartiges zu schaffen und wandte sich deshalb an den Architekten Herrn Saxen in Hamburg. Dieser erschien auch bereitwilligst und schlug dann 3 Pläne vor: 1) einen Obelisken bei der Müllerei ein sogen. Holzkreuz zu errichten, 2) an der Chaussee bei jedem Baum einen Stein mit dem Namen eines Gefallenen aufzustellen, 3) auf dem Haupt der Schleuse ein Denkmal zu errichten. Besonders suchte er Zustimmung nur für den letzten Platz zu gewinnen, denn einen solch schönen Platz habe kaum ein anderer Ort aufzuweisen u. ein Denkmal dort würde eine besondere Zierde für den Ort werden. Der Denkmals-Ausschuß entschied sich dann auch für diesen Platz.
(1921) Die erforderlichen Betonblöcke wurden in Hamburg fertiggestellt und im Juni 1921 durch den Schiffer Hinr. Jens nach hier gebracht. In demselben Monat begannen auch die Vorarbeiten und der Bau des Denkmals. Unter dem Holm liegt ein versiegelter Glashafen mit folgender Urkunde, einigen Zeitungen und verschiedenen gangbaren Geldsorten. Die Urkunde lautet:
„Büttel zählt z. Zt. 830 Einwohner. Im Kriege waren nach u. nach einberufen reichlich 140 Mann. 34 Mann sind gefallen u. einer ist 1921 seinen Wunden erlegen. Gefangen waren 5 Mann, nämlich 4 in französischer u. 1 in englischer Gefangenschaft. Viele hiesige Krieger sind mit dem Eisernen Kreuz ausgezeichnet worden. Die Schule in Büttel zählt z. Zt. 165 Kinder, nämlich 86 Knaben und 79 Mädchen. Außerdem besuchen 26 Kinder auswärtige Schulen, die Privatschule v. Herrn Pastor Jensen in St. Margarethen, die Mittelschule in Wilster und das Gymnasium in Itzehoe. Büttel hat also 191 schulpflichtige Kinder. im Orte bestehen folgd. Vereine: 2 Gesangvereine, nämlich der „Gesangverein Büttel", gegründet am 7. Febr. 1881, dirigent Hauptlehrer H. Vierth (April 1896) und der Gemischte Chor „Liederkranz", Dirigent Lehrer Hinsch – St. Margarethen. Ferner ein Bürgerverein, gegründet 1897 mit reichlich 100 Mitgliedern, Vorsitzender Photograph Amandus Dohrn; 1 Kriegerverein mit reichlich 70 Mitgliedern, gegründet 1920, Vorsitzender Lehrer Hermann Schmidt. Außerdem noch ein Theaterklub „Fidelitas", u. 1 Ringreiterverein „Frohsinn". Dem Schulvorstand gehören an: Pastor Frank als Vorsitzender, die 3 Lehrkräfte, der Gemeindevorsteher Mark. Brandt, der Landmann Jak. Albers, der Landmann Heinr. Schütt u. der Arbeiter Paul Köhnke.
In der Gemeindevertretung sind: Gemeindevorst. M. Brandt, Landmann Joh. Sievers, Schuhmacher Jak. Nagel, Arbeiter Aug. Stelling, Arbeiter Mark. Vollmert, Schiffer Johs. Rohwedder, Barbier Karsten Haack, Landm. Heinr. Opitz jun.
Im Orte befinden sich 2 größere gewerbliche Betriebe, eine Genossenschafts-Meierei, die in der besten Zeit täglich 13 000 l Milch verarbeitet u. eine Genossenschafts-Müllerei mit Diesel-Motoren-Betrieb. Geschäfte sind im Orte 9 Kaufleute und Krämer, 3 Schlachter, 4 Schuhmacher, 3 Bäcker, 2 Zimmerleute, 1 Tischler und mehrere Maurer, 3 Gastwirtschaften u. 1 alkoholfreie Wirtschaft mit Konditorei.
(1921) Endlich bildete sich im Jahre 1920 die „Schleswig-Holsteinische Elektrizitäts-Versorgung", mit dem Sitz in Rendsburg. Diese machte es sich zur Aufgabe, ganz Schlesw.-Holst. mit elektr. Licht und elektr. Kraft zu versorgen. Wie die meisten Orte, so war auch Büttel für den Anschluß. Im Jahre 1921 begann dann nun der Bau des langersehnten Werkes, ausgeführt von der Eisenbahnbau-Gesellschaft Becker u. Co. Überall wurden die hohen Pfähle errichtet, Drähte von Pfahl zu Pfahl gezogen u. der Anschluß nach u. in den Häusern fertig gestellt. Endlich, im Sept. 1921 konnten wir zum erstenmal „anknipsen", u. mit großer Freude u. Neugierde versuchten wir es immer wieder und freuten uns wie die Kinder, wenn dann plötzlich das helle Licht erstrahlte.

Oben links: Lehrerin Liddy Lucht mit dem Schülerjahrgang 1923 / 24. In der vorderen Reihe Rosa Lau, Irma Heesch, Paula Opitz, Emma Lau, Annemarie v. d. Fecht, Ella Bestmann, Magda Mahlstedt, Lotte Koll, Erna Looft, Carla Petersen, Elisabeth Ramm und Anne Sierk; in der zweiten Reihe Max Heesch, Peter Ewers, Hartwig Albers, Helmut Scheibner, Helmut Becker, Werner Cordes, Karl Rohwedder, Baschi Köhnke, Albert Looft, Hans Heinrich Opitz, Lisa Wende, Anna Lenz, Rosa Köhnke und Frieda Sötje; in der dritten Reihe Eduard Wolter, Anni Flügel, Marga Hauschild, Hella Ewers, Elisabeth Knudsen, Olga Schütt, Wibke Westphalen, Irmgard Schulz, Elschen Sieck, Ella Scheel, Inge Knudsen und Irma Ewers; in der vierten Reihe Willi Schmidt, Gustav Scheel, Gustav Kühl, Hans Hahn, Hermann Albers, Hermann Franzenburg, Georg Jensen, Gustav Ewers, Paul Kosowsky, Hermann Schmidt, Max Buhmann und Irmgard Janß. Rechts: Lehrer Paul Andrews mit seiner Frau, der Lehrerin Alwine Andrews im Sommer 1941.

Wenn auch in der ersten Zeit das neue Licht oftmals versagte, wir plötzlich im Dunkeln saßen u. die alte gemütliche Petroleumlampe wieder anzünden mußten, so ist es doch damit allmählich besser u. sicherer geworden, besonders seitdem in Ostermoor das sogen. Umschalthaus fertiggestellt war, von wo aus wir mit Strom versorgt werden.

(1921) Bei dem Erweiterungsbau des Nord-Ostsee-Kanals, der im Jahre 1914 fertiggestellt war, hatte das Reich von mehreren Besitzern in Büttel, Kudensee u. Ostermoor eine größere Fläche Landes angekauft, um daselbst große Marineanlagen (Schiffswerften, Torpedohäfen u. a. anzulegen u. Beamtenhäuser zu bauen. Dieses angekaufte Land erstreckt sich zwischen Büttel u. Kudensee vom Bütteler Kanal bis hin nach Ostermoor. Nach dem verlorenen Kriege konnten die erwähnten Bauten nicht zur Ausführung gelangen und die erwähnten Landbesitzer, die solange das angekaufte Land in Pacht vom Reich gehabt hatten, wollten dasselbe nun wieder kaufen vom Reich. Daraus ist aber nichts geworden (nur einzelne haben etwas wieder bekommen), sondern das Land wurde für Siedlungszwecke bestimmt u. mehreren kleinen Landleuten in Büttel, Kudensee, Ostermoor u. St. Margarethen übergeben. Auch hat der Gartenbauverein Büttel-St. Margarethen, der sich im Jahre 1920 bildete, eine größere Fläche davon erhalten u. dort etwa 50 sogen. Schrebergärten angelegt.

(1922) Im Jahre 1921 bildeten hierorts die Teilnehmer des Weltkrieges einen Kampfgenossenverein, dem etwa 80 Mitgl. beitraten. Lehrer H. Schmidt wurde als Vorsitzender gewählt. Im Jahre 1922 schaffte der Verein sich eine Fahne an und am 11. Juni d. Js., an einem Sonntage wurde dieselbe feierlich eingeweiht im Garten d. Herrn Beckmann.

Als das Jahr 1922 anbrach, wurde der Dollar mit 188 M notiert, am Jahresende mit 7200, höchster Stand 9100. Die Mark galt damals noch 2½ Pf., heute ist sie auf 1/20 Pf. gesunken, heute (am Schluß d. Jahres ist ein 20 M Schein soviel wert, wie früher ein Kupferpfennig. Damit stiegen natürlich auch die Warenpreise, hinterher hinkten aber die Löhne und Gehälter.
Einige Zahlen: Weizen kostete am 2. Januar 1922 380 M, am Jahresschluß reichlich 14 000 M., Reis im Großhandel 560 M, heute etwa 13 500 M, ammerik. Schmalz 4560 M, jetzt 220 000 M pr. 50 kg alles.

(1923) Am Donnerstag, d. 30. August, nachmittags herrschte starker Südweststurm, Stärke 9–10. Schon 2 Stunden vor Hochwasser war der Außendeich halbdeichs überflutet. Hier wurde alles Vieh gerettet, 2 Pferde von Herrn Hölck mußten abends mit Hilfe eines Bootes geholt werden. Viel Nachmahd wurde an den Deich geschwemmt; bei der Schleuse lagen mehrere Fuder. Einige vollbeladene Fuder standen im Wasser u. ein mit Hafer beladener Wagen geriet ins Treiben u. wurde am Deiche geborgen. Von

---

Lehrer Paul Andrews mit dem Schülerjahrgang 1935. In der vorderen Reihe sitzend Sieglinde Schröder, Ilse Woyke, Gerda Gand, Heinke Nagel, Gudrun Winter, Annelies Steinleger, Gisela Schwarck, Edeltraut Mooser, Olga Gude, Gertrud Petersen, Eva Jeske, Dora Wahnsiedler, Ursula Böthern, Ingeburg Schneider, Hannelore Thiessen, Inge Rohrbeck, Heimke Schrade und Anneliese Rösgen; in der zweiten Reihe kiend die Mädchen Hildegard Schröder, Brigitte Stiehl, Magda Rusch, Traute Kloppenburg, Renate Scheel, Edith Schütt, Paula Meyer, Annemarie Taudien, Annelene Prüß, Margrit Hönck und Irene Wolter; stehend die Knaben Heinz Schewe, Armin Hellwig, Günther Peers, Jürgen Patzer, Wilfried Hell, Hermann Schröder, Hans Krause, Hans Joachim Dahm, Manfred Nagel, Hans Schütz, Horst Kobus, Günter Hartzen, Friedrich Schröder, Horst Brozius, Manfred Schley, Karl Heinz Rieck und Werner Kenkel.

dem hannoverschen Außendeich kam recht viel Vieh herüber geschwommen, Rindvieh u. Pferde, sie landeten entweder tot oder sehr ermattet bei Brunsbüttel u. Brokdorf am Deiche.
1925 feierte die Schule das 75jährige Jubiläum der Kindergilde. Zu der von dem Böschwirt Inselmann gestifteten schönen Fahne stiftete der Lotsenwirt Inselmann aus Brunsbüttelkog, Sohn des Fahnenstifters, eine Schleife, zu dem silbernen Vogel ein Anhängsel. Gleichzeitig feierte Herr Schernekau sein 25jähriges Jubiläum als Bogenspanner.
(1925) Bei der letzten Reichs- und Landtagswahl, die zugleich stattfanden, waren auf dem ersteren Stimmzettel 17, auf dem zweiten 16 Parteien verzeichnet. Stimmen erhielten hier: Sozialdemokraten 90 (91), Deutschnationale 113 (115), Kommunisten 6 (6), Deutsche Volkspartei 68 (68), Nationalsozialisten 1 (1), Demokraten 36 (38).
(1925) Im letzten Winter erhielt der Ort durch Sammlungen, die der Bürgerverein veranstaltete, eine Ortsbeleuchtung der Straßen von 18 Lampen, wovon eine dem Schulplatz gegenüber an der Straße steht. Die brennen bis 11 Uhr, wenn nicht Mondschein ist und auf besonderen Antrag gegen Bezahlung.

Lehrer Lindner mit dem Schülerjahrgang 1937 / 38 von 1947. In der vorderen Reihe Ute Händel, Rolf Riebensahm, Jürgen Meyer, Franz Peter Hönck, Willi Lau, Eike Trempler, Rönna, Horst Hildebrandt und Hans Heinrich Schütt; in der zweiten Reihe Gerda Krebs, Klara Gloyer, Helga Heesch, Dora Rohrbeck, Helga Rieck, Renate Cordes, Ellen Stapelfeldt, Helga Rohwedder, Margret Scheel, Alfred Baader, Lothar Hildebrandt und Helmut Ewers; in der dritten Reihe Elfriede Kammer, Helga Schneider, Hannelore Haase, Waltraut Buhmann, Allaut, Ursula Hofstaat, Max Ramm und Reimer Schütt; in der vierten Reihe Horst Böttcher, Jürgen Sievers, Ursel Esch, Marianne Hell, Helgard Rösgen, Edeltraut Nemitz und Sieglinde Herrmann.

Mitte bis Ende Dezember 1927 war in der Elbe ein so niedriger Wasserstand wie sehr lange nicht, so daß alle großen Schiffe festsaßen. Die „Cap Arcona" zuerst im Hamburger Hafen, dann bei Krautsand, dann bei der Oste auf ihrer ersten Fahrt nach Amerika.
(1928) Am Holstenreck wurde der neu erbaute Wasserstandsanzeiger, der der Feststellung der Wassertiefen an der Ostebank dient, in Betrieb gesetzt. Der Bau, der jetzt nur aus Eisen hergestellt ist, ragt als Gittermast 23,5 Meter über die Deichkrone hinaus. Nach Eintritt der Dunkelheit gewähren die vielen farbigen Lichter einen prächtigen Anblick.
(1929) Der strenge Winter 1928/29, in dem selbst Lastautomobile beladen über den Kaiser-Wilh.-Kanal fuhren bis in den Februar, ja März hinein, bewirkte eine Wassernot, daß Wasserwagen von Brunsbüttelkoog Wasser holten u. hier verkauften. Da nahm man die alte Angelegenheit von 1906 wieder auf. Der Bürgerverein verlangte, von der Kanalverwaltung Herverlegung der Wasserleitung von Brunsbüttelkoog.
(1929) Zum Verfassungstage, 11. Aug. 1929, wurde eine Reichsfahne mit den Farben: Schwarz-Rot-Gold angeschafft, weil vom Minister Beflaggung sämtlicher Dienstgebäude angeordnet war. Die Erregung unter den Bauern war ziemlich groß. Wie hierbei, so zeigte sich auch sonst in unserem Dorf der scharfe Gegensatz zwischen: Schwarz-Weiß-Rot und den vorher genannten Farben. Bei einer Weihnachtsaufführung 1928, des Gemeindeabends empörte sich ein nationalsozialistisch eingestellter Landmann darüber, daß Herodes und die Weisen aus dem Morgenlande als Juden auf der Bühne erschienen, so weit ging sein Judenhaß.
(1930) Seit dem 1. Januar 1930 besteht Postverbindung durch

Postauto mit dem Bahnhof und Wilster zu jedem Zug, auch zum Schülerzug nach dem Bahnhof. Büttel erhält dadurch zweimal Post nur muß die zweite Post bei Gastwirt Evers abgeholt werden.
(1933) Die alte Gemeindevertretung wurde aufgelöst, eine Versammlung der N.S.D.A.P setzte die künftigen Vertreter fest.
Am 1. Mai wurde auf der Bösch eine Maifeier abgehalten.
Am 1. Okt. wurde das Erntedankfest gefeiert. Ein Festzug mit allerhand Wagen bewegte sich durch unseren Ort. Bei Johs. Sievers fand die Auflösung des Zuges statt. Am Abend wurde bei Ewers getanzt. Im August wurde in Büttel der Luftschutz von Herren aus Itzehoe gegründet.
Die Weihnachtsfeier mußte ausfallen, weil die Regierung dieselbe verbot.
Für die N.S.V. wird reichlich gesammelt. Wilh. Meyer ist der Leiter, Geldbeträge und Lebensmittel müssen abgeliefert werden. Die Empörung im Ort ist groß. Wir sollen alle Eintopf essen und den ersparten Betrag abgeben. Die Ergebnisse in Büttel sind minimal.
(1935) Wie alljährlich wurden die Reichsjugendwettkämpfe wieder in St. Margarethen durchgeführt. Die Leitung lag in den Händen der H. J. Die Lehrer waren Kampfrichter. Der Lehrer Andrews verweigerte diese Aufgabe und fuhr nach Hause.
(1936) Die Reichsstraße Nr. 5 wird auf 7 m verbreitert, deshalb muß die Ulmenreihe im Süden des Altenkoog ausgerodet werden. 40 Jahre standen sie und trotzen dem Sturm, der konnte sie nicht fällen, erst die Axt muß kommen und sie umlegen. Das Holz kommt in die Sperrholzfabrik nach Kremperheide. Die Äste und der Busch wurden an Ort und Stelle versteigert.

(1938) Bei Rusch fand die Reichstagswahl statt. Die N.S.D.A.P. ließ alle Wähler heranholen, das Ergebnis soll 100 % sein.
Im Neuenkoog wurde ein Siedlerhaus gebaut. Es sieht wenigstens so aus. Es ist ein Munitionshaus der Batterie Tütermoor, die mit 3 Geschützen 8,8 cm nun fertig gestellt ist. Der alte Deich wurde von Knudsen schon 1936 abgefahren, so daß das Gelände flach geworden ist.
(1939) Am 3. 9. gab es Fliegeralarm. 7. Maschinen erschienen in geringer Höhe. Die Leipzig, die auf Brunsbüttelkoog-Reede lag, eröffnete das Feuer. Es stellte sich heraus, daß es deutsche Maschinen waren. Überall arbeitete man eifrig an den Luftschutzkellern, um etwas gerüstet zu sein.
Die Batterie Tütermoor hatte eine starke Besatzung bekommen. Der Kptlt. Dr. Burhenne forderte einen Klassenraum zur Ausbil-

---

Lehrer Becker mit Schülern im Jahre 1948. In der vorderen Reihe die Mädchen Margret Scheel, Gerda Krebs, Klara Gloyer, Ute Hänel, Renate Cordes, Helga Schneider, Hannelore Haase, Helga Rohwedder, Ursula Hoffstadt, Helga Rieck, Ellen Stapfelfeldt und Dora Rohrbeck; in der zweiten Reihe die Mädchen Rita Hoffmann, Helga Herz, Siegrid Kliem, Ursula Galikowski, Waltraut Jeske, Anke Siebel, Ingrid Winter, Ursula Dahm, Sabine Störmer, Bärbel Kosanke, Helga Kock, Sieglinde Hermann, Ilse Rittins und Dagmar Stapelfeldt; in der dritten Reihe die Mädchen Edeltraut Nehmitz, Helga Heesch, Helgard Rösgen, Kathe Alpen, Waltraut Buhmann und Allaut; in der Mitte die Jungen Reimer Schütt, Maxi Ramm, Horst Stiehl, Günter Cordes, Jürgen Sievers, Manfred Regenberg und Hellmut Niesche; darüber die Jungen Ernst Rösgen, Lothar Riebensahm, Uwe Buhmann, Alfred Bader, Klaus Sager, Hans Heinr. Schütt, Wilfried Engel und Helmut Niesche.; in der oberen Reihe die Jungen Karl Fischer, Hansi Rohwedder, Rolf Riebensahm, Helmut Ewers, Willy Vieland, Hörst Böttcher und Karl Flügel. Rechts: Lehrer Krüger mit seiner Klasse um 1950.

dung. Ihm wurde die leerstehende 3. Kl. überlassen. Nach einigen Wochen wurde sie wieder freigegeben, weil in Tütermoor eine Gemeinschaftsbaracke gebaut worden war.

(1940) Am 1. Ostertag nachmittags um 13½ h kreiste in ungefähr 70 m Höhe eine Bristolmaschine über unseren Ort. Schnurgerade auf die Batterie Tütermoor. Kein Schuß fiel, erst als das Flugzeug in der Kurve lag, erkannte man es als ein feindliches. Eine tolle Schießerei begann. Das Flugzeug nahm den Schweinwerfer auf dem Deich unter M-G Feuer. Keiner traf. Wir hatten den ersten Eindruck von feindl. Flieger bekommen.

Die Kindergilde fiel wegen des Krieges aus. Die Schule mußte Altmaterial sammeln. Zweimal im Monat mußten die Kinder in die Haushaltungen gehen und nach Knochen, Papier, Lumpen u. Alteisen fragen.

(1940) In den Sommerferien wird ein neues Abortgebäude gebaut, das alte ist sehr baufällig. Einige Kinder sind schon in die Grube gefallen. Vorgesehen war ein W.C. Leider zerschlägt sich der Plan. Das Bauamt in Itzehoe und der Bürgermeister in Büttel kommen zu keiner Einigung. Wie schön wäre das alles gewesen, denn damit war eine Badspüle für die Lehrer verbunden worden.

Bomben fielen in Ecklak, in Kudensee und in Ostermoor. Einige Rinder und Schafe werden getötet, Gebäudeschäden entstehen nicht. Eine Bristol-Blenheim wird abgeschossen. In der Nähe eines Bauernhauses in Poßfeld zerschellt die Maschine.

Von den Engländern abgeworfene Brandplättchen in der Größe von 5x5 cm und 13x13 cm werden von uns gesucht und einige gefunden. Je zwei und zwei Kinder sind mit einer Dose mit Wasser und einer Brikettzange versehen, um sich nicht zu verletzen. Auf die Schleusenanlagen in Brunsbüttelkoog werden von Fliegern einige Torpedos geschossen. Fehlschüsse, einer krepiert am Stack in Brokdorf.

Brotkarten, Fettkarten, Seifenkarten, Milchkarten, Nährmittelkarten und Kleiderkarten werden eingeführt, das bedeutet wohl eine lange Kriegsdauer. Wie mag das wohl werden, wenn erst Jahre verstrichen sein werden.

Am 5. Januar 1943 war über Büttel eine gewaltige Luftschlacht. Es war ein klarer Wintertag, alle Leute standen draußen und sahen dem Kampfe zu. Manches Flugzeug – Freund und auch Feind – fiel zu Boden. In Kuhlen machte ein deutscher Jäger Bauchlandung. Die beiden Insassen waren leicht verwundet.

Mai 1944. Es ist ein sonniger Morgen. Wir haben Deutschunterricht. Plötzlich Motorengeräusch! Da kracht es! Bomben sind gefallen – Nun ertönt in Brunsbüttelkoog die Sirene. Wir begeben uns auf den Schulflur. Alle Kinder sind ruhig und gefaßt. Wo mag der Angriff nur stattfinden? Weit von uns ist es nicht! Da – wieder kommt eine neue Welle feindlicher Flugzeuge und zwar aus Richtung Hamburg. Ein furchtbarer Knall! Für Sekunden halten wir den Atem an. Neue Bomben sind gefallen. Wo –? Da kommen auch schon einige Mütter vollkommen aufgelöst in die Schule gelaufen. Sie sorgten sich um ihre Kinder.

Da. – Wieder eine neue Welle. – Ein unheimliches Sausen, ein gewaltiger Krach – ein neuer Bombenteppich ist von den feindlichen Fliegern gelegt. Wir warten gespannt auf neue Flugzeuge – doch zum Glück ist's vorderhand vorbei mit den Angriffen. Ostermoor brennt. Etliche Tanks sind vernichtet. Eine Anzahl Feuerwehren kommen, um die nichtgetroffenen Tanks mit Wasser vor zu großer Erhitzung zu bewahren. Etliche Häuser in Ostermoor, die Eisenbahn und die Dorfstraße sind zerstört. Leider sind auch Tote und Verwundete zu beklagen. Noch nach Tagen räucherten mehrere Tanks. Und schauen wir von unserm Deich nach Süden, so sahen wir auch dort eine gewaltige dunkle Rauchwand am Himmel hängen. Auch die Harburger Ölwerke waren an demselben Tage von Fliegerbomben getroffen.

Nach diesem Angriff auf Ostermoor, dem an einem schönen Sonntagmorgen auch einer auf Brunsbüttelkoog folgte, sollte eine bessere Vernebelung Brunsbüttelkoogs stattfinden. Es wurde ein Nebeltrupp die II. Kompagnie nach Büttel verlegt. In der 2. Klasse unserer Schule richteten die Soldaten ihre Hausmeisterei ein, und die 3. Klasse wurde Waffenarsenal. Die Vernebelung unseres Ortes, die immer stattfand, wenn feindliche Flugzeuge im Anflug gemeldet wurden, war häufig sehr unangenehm. Vor allen Dingen hatte unsere Pflanzenwelt sehr darunter zu leiden.

Im Frühling 44 wurde eine Wasserleitung von Brunsbüttelkoog nach der Batterie Tütermoor gelegt. Unser Bürgermeister Kloppenburg, Kuhlen, wollte für die Gemeinde keinen Zuschuß von 3000 RM bewilligen, und so kam die Wasserleitung nur bis Tütermoor und nicht durch unser Dorf. Die Anlieger im Altenkoog ließen sich natürlich einen Anschluß an das Hauptrohr bauen.

Für die Schule wurde in den Deich bei Beckmann ein Luftschutzkeller gebaut. Es war eine richtige Mausefalle mit nur einem Ein- und Ausgang, eine unglückliche Treppe führte hinunter, und unten stand das Grundwasser. Von der Schule haben wir diesen Keller niemals benutzt. Einige ganz ängstliche Dorfbewohner suchten ihn beim Nahen englischer Flugzeuge auf.

Weihnachten 1944 war ein trostloses Weihnachtsfest. Unsere Front im Osten war im Aufrollen begriffen. Wir, die wir noch einen klaren Blick uns bewahrt, sahen den Tag der vollkommenen Vernichtung Deutschlands nicht mehr fern.

Im Januar 1945 wurde auch in Büttel der Volkssturm gegründet. An der Hauptstraße nach Brunsbüttelkoog mußten die Männer Löcher graben, von denen aus sie mit der Panzerfaust die anrollenden englischen Panzer angreifen sollten. Vor Büttel bei Edmund Krey, vor der Brücke auf dem Deich beim Hafen legte man Panzersperren an. Überall in Kuhlen wurden auf den Weiden Verteidigungslöcher gegraben. Stacheldraht wurde in Mengen gezogen, bei Thode auf der Wegkreuzung wurde ein Bunkerbau begonnen, auf dem Deich waren in 2 m Abständen betonierte Stände gebaut, alles um das Eindringen der Gegner zu verhindern. Normale Menschen schüttelten die Köpfe, Nazibonzen wollten noch die Chaussee-Brücke sprengen. Die Brücke vorm Denkmal wurde im Rahmen dieser Arbeiten zerstört, damit kein Panzer sie passiere! Ein schmaler Steg nur für Fußgänger blieb bestehen. Der Kanal wurde auf der Ostseite ausgebaggert damit auch er als Panzersperre diene.

Im Februar 45 kamen dann die Flüchtlinge aus dem Osten. Ein furchtbares Elend hub an. Jedes Haus, das noch verfügbare Zimmer hatte, mußte Flüchtlinge aufnehmen. Im Juli und August 43 waren schon etliche Bombengeschädigte aus Hamburg in unserem

---

Oben: Lehrerin Friedel Hintze-Albers mit dem Schülerjahrgang 1944/45 (im 1. u. 2. Schuljahr 1950/51. In der ersten Reihe sitzend die Mädchen Jutta Ctortecka, Karin Schaack, Helga Meyer, Uta Gloyer, Irmhild Fiergolla, Helga Herz, Elfriede Esch, Hertha Woyke, Gisela Kloppenburg, Lore Schütt, Anke Strate und Ina Breckwoldt; die Jungen sind Rolf Schernekau, Axel Rohwedder, Horst Wolter, Helmut Nagel, Günther Ewers, Willi Hansen, Uwe Wolter, Herbert Nagel, Sieghard Junkuhn, Lothar Böttcher, Ernst Heinbockel, Karl Hansen, Norbert Schulz, Dierk Trempler, Peter Ewers, Gerhard Kloppenburg, Gerd Rönna, Uwe Maaßen, Horst Buhmann, Günter Alpen und Uwe Hell. Rechts: auf dem Schulhof.

Dorfe untergebracht. Auf beiden Seiten war das Verstehen sehr schwer, die Art der Ostpreußen ist eine ganz andere als die unsrige. Und weil nun diesen Brennmaterial verschafft werden mußte, wurden unsere Kastanien an der Hauptstraße sehr beschnitten und einige Bäume gerodet.

Am 1. Mai kam durch das Radio die Kunde vom Tode Hitlers. Wir atmeten auf – „jetzt wird das Ende des Krieges kommen", dachten wir alle. Aber noch 5 bange Tage folgen, ehe die Deutschen zur Waffenruhe bereit waren. In diesen letzten Tagen des Krieges kam ein endloser Zug geschlagener verzweifelter Soldaten von Cuxhaven mit der Fähre nach Brunsbüttelkoog und zog weiter – wohin? Ja – wohin, das wußte keiner. Andere dagegen hatten Befehl mit der Fähre nach Cuxhaven zu fahren – ein wirres Durcheinander! Wir hatten Einquartierung über Einquartierung. Die 1. Kompagnie des Nebeltrupps kam und besetzte die Stellungen auf dem Deich. Unsere Kompagnie mußte hinaus nach Kuhlen, um die dort gegrabenen Stellungen zu besetzen. Die Schule sollte als Lazarett eingerichtet werden. Ein Lastwagen voll Material wurde hergeschafft. Zum Glück wurden alle diese Sachen eine Woche später unbenutzt wieder abgeholt. Wie eine Erlösung wirkte die Kunde von der Einstellung der Kampfhandlungen auf uns. Diese Nachricht kam am Sonntag, den 6. Mai 45. Montag, den 7. Mai fuhren die ersten englischen Panzer durch Büttel um Brunsbüttelkoog zu besetzen. Am 28. Mai bekam Büttel englische Besatzungstruppen. Auch die Schule erhielt Einquartierung. Sie dauerte bis zum 12. Juni.

Der Krieg war zu Ende. Nach und nach kehrte ein Teil unserer männlichen Bevölkerung in die Heimat zurück. Die Jugend eilte wieder zum Tanz, die älteren Leute genossen wieder ihre wohlverdiente Gemütlichkeit in ihrem Heim und machten sich wieder an ihre alte Beschäftigung. Neue Flüchtlinge kamen. Wir hatten schließlich 100 % Flüchtlinge als Bewohner unseres Dorfes. Die Soldaten, die noch nicht zur Entlassung nach dem Osten kommen konnten und noch in der Batterie Tütermoor blieben, mußten den Stacheldraht wieder heben, die Panzersperren beseitigen und die Befestigungen sprengen.

Im November 1945 wurde die Kastanienallee vollends ein Opfer der Feuerungsknappheit. Alle Bäume wurden gefällt. Jede Familie erhielt je nach Personenzahl (1–3 Pers. 2 cbm.) Holz als Brennmaterial für den ganzen Winter. Wer sich im Sommer keinen Torf auf der Winterbahn gegraben hatte, litt Not.

Durch einen weiteren Flüchtlingstransport stieg die Zahl der Schulkinder auf 207, davon 86 einheimische und 121 Flüchtlingskinder. (1946) Die Brit. Militärregierung stellte für jedes Schulkind 2 Riegel Schokolade im Gewicht von 112 gr. zum Preis von 0,30 RM zur Verfügung. Die Freude der Kinder war sehr groß.

(1947) Einige Flüchtlingsfamilien wohnen immer noch in ungeheizten Räumen, so daß zu allen anderen Nöten auch noch die Kälte kommt. Das Thermometer fiel in einigen Tagen und Nächten auf – 15 u. 16 Grad. Die Flüchtlingsbetreuung des Kreises sah sich darum veranlaßt in allen Orten Wärmehallen einzurichten. Am 10.1. 47 wurde zu diesem Zwecke ein Klassenraum zur Verfügung gestellt. Die Schule besaß noch 20 Zentner Briketts, die nun allerdings bald zur Neige gehen.

Das Thermometer fiel oft unter 18° Kälte. Büttel mit seinen 632 Einwohnern hat 1070 Flüchtlinge z. T. in menschenunwürdigen Quartieren unterbringen müssen. Einige Familien haben keine Möglichkeit ihre Stube zu heizen, weil die Feuerungsquelle fehlt.

Nährmittel sind sehr knapp. Kartoffeln sind z. T. erfroren. Kohl in verschiedener Form ist bald die regelmäßige Nahrung. Es fängt an zu schneien und zu stürmen, und was das hier bedeutet, weiß wohl jeder. Nach einigen Stunden sind Gräben und Grüppen bis oben gefüllt, überall an den Hausecken zwischen den Häusern, auf allen Wegen und Straßen sind Schneemauern von 2 m Höhe entstanden. Die Kinder kommen nicht mehr hindurch.

Am 21. 6. 48 tritt eine neue Währung in Kraft. Sie heißt die Deutsche Mark. Jeder Einwohner der Westzonen kann einen Kopfbetrag von 60,- DM umwechseln wofür er am Sonntag, den 21. 6. 48 im Gemeindebüro bei Beckmann 40,- M (D-Mark) bekommt, den Rest von 20,- M erhält er nach einem Monat bei der Kartenausgabe. Die Bankguthaben werden ebenfalls drastisch gekürzt, und von dem gekürzten Betrag wird der Kopfbetrag wieder abgezogen.

Auf Beschluß der Landesregierung wurden am 24. 10. 48 in ganz Schleswig-Holstein Kreis- und Gemeindewahlen durchgeführt. Unser Ort mußte in 2 Wahlbezirke eingeteilt werden. Die Einteilung wurde folgendermaßen vorgenommen: Wahlbezirk I, rechts der Straße von Brunsbüttelkoog, Wahlbezirk II, links der Straße von Brunsbüttelkoog. Die Wahllokale befanden sich bei Beckmann und Rusch. Die Beteiligung betrug 82%. Zwei Parteien hatten je 6 Vertreter aufgestellt (SPD + FDP). Auf die SPD entfielen 1113 und auf die FDP 1096 Stimmen, so daß von den 10 zu wählenden Kandidaten jede Partei 5 stellte.

(1949) Das im Jahre 1921 auf der Schleuse erbaute Ehrenmal für die Gefallenen des 1. Weltkrieges von 1914-18 war im Laufe des letzten Krieges sehr vernachlässigt worden. Überall zeigten sich Risse in den Fugen, und als nun in der Schleuse eine neue Pumpe errichtet wurde, mußte man das Gewölbe durchstoßen. Dadurch ist dieses wohl in der Festigkeit beeinträchtigt worden, denn eines Morgens war das Ehrenmal zusammengefallen. Die Gemeindevertretung hat sich entschlossen, es sofort wieder herrichten zu lassen. Es wird auf dem Grundstück von Frl. Schmidt unter dem Deich seinen neuen Platz erhalten.

(1950) 1850 wurde die erste Kindergilde gefeiert. Jetzt nach 100jähriger Wiederkehr sollte dieses Fest unserer Kinder ganz besonders ausgestaltet werden. Alle Könige und Königinnen vor 1900 wurden eingeladen. Folgende Damen und Herren sagten ihre Teilnahme zu' Frau Margarethe Kloppenburg, Kudensee (Königin 1881); Herr Heinrich Ramm, Kuhlen (König 1892); Frau Margarethe Kruse, Wilster (Königin 1894); Herr Martin Schütt und Johanna Neill geb. Maaß (Königspaar 1900); Herr Hermann Tecklenburg, Büttel und Frau Jehens geb. Zuschmann (Königspaar 1884). Frau Will stiftete eine seidene Fahne in den Farben blau, weiß, rot mit einem Fahnennagel. Diese Fahne überreichte sie persönlich vor unserer Schultür zu Beginn des Festzuges mit einer kleinen Ansprache in unserer Mundart.

(1952) Während des Krieges hatte die Wehrmacht von Brunsbüttelkoog bis in die Batterie Tütermoor eine Wasserleitung legen lassen. Damals hätte der Ort ebenfalls die Leitung bekommen können, wenn die Bürgermeister von St. Margarethen und Büttel weitsichtiger gewesen wären. Im Jahre 1951 wurde die „Genossenschaft Unteres Störgebiet" gegründet und Büttel schloß sich an. Von Glückstadt über Neuenkirchen, Wewelsfleth, Beidenfleth, Brokdorf und St. Margarethen kamen die Rohre nach Büttel. Am 9. Juli 1952 war die erste Zapfstelle fertig und damit der 1. Bauabschnitt von dreien erledigt. Jetzt werden die Hausanschlüsse gelegt.

(1962) Die Schule erhält wieder einen Telefonanschluß unter Brunsbüttelkoog 81 70. Die Telefonrechnungen hat der Schulleiter zu zahlen. Vergütet werden ihm vom Amt die laufende Grundgebühr und 10 Gespräche im Monat für dienstliche Zwecke. Ortsgespräche, zus. 17,15 DM.

(1966) Kurz vor den Gemeindewahlen (13. 3.) befaßt sich die Gemeinde-Vertretung St. Margarethen mit dem Vorschlag des Schulamtes v. 7. 1. 66, die Schulen Büttel u. St. Margarethen zusammenzulegen, um dadurch eine 5klassige Schule zu erhalten. Eine Elternbefragung in Büttel ergibt: Von 42 Eltern sind 40 grundsätzlich für eine Zusammenlegung, ein Elternpaar ist dagegen u. eins will sich nicht entscheiden.

Bis zum Schulneubau wird der Unterricht an beiden vorhandenen Schulen, in St. Margarethen – unter Leitung eines Rektors – und in der Bütteler Schule unter Leitung des zuständigen Konrektors geführt.

Konrektor wird der bisherige Bütteler Schulleiter Nörskau, der als Klassenlehrer des 3. + 4. Schuljahrs 37 Kinder in der II. Klasse des neuen Gesamtschulverbandes übernimmt.

Ein Busunternehmen sorgt für den Schulkindertransport zwischen St. Margarethen und Büttel.

Oben: Fahnenparade bei der Kindergilde mit den Jungen Friedrich Schröder, Günther Peers, Günter Hartzen, Horst Stiehl, Karl-Heinz Rieck, Armin Hellwig und Waldo Böthern. Rechts: Umzug der Mädchen und Jungen zur Kindergilde.

Kinnertied in Büttel

von Anna Eggers-Trempler

Min Kinnertied weer schön. De Diek, de Butendiek, de Elv, datt wiede, wiede Land, datt hett uns free mookt. Kieken kunnst bit an denn Horizont, wo de Himmel sick mit datt Woter vereent. Wenn bi Cuxhovn de Damper opkeem, denn süt man toerst denn Schosteen und langsom kümt de Rump tunn Vorschien, jo, kiek, doran kannst du sehn, datt de Eer rund is. Wenn mol ganz alleen an de Elv int Gras sitts und kieks so öber datt bewegte endlose Woter, allns is lies üm di, ganz sachte üm di datt Plätschern, denn föhlst du di eens mit de ganze Schöpfung und datt Wunnern öberkummt di, wer hett datt wohl all so schön erdacht. Hein Ballerstädt, de Fotograf ut Büttel, hett so een Bild rutgeben, dorünner stunn „Ewigkeitsahnen". Datt hett mi deep beröhrt, datt empfinn ick no. 1914 bün ick in Büttel op de Welt kom. Min Öllern weern Johann Eggers und sin Fru Alwine geb. Kuhrt. Min Oma Maria Eggers geb. Vollmert keem ut de dor schon lang ansässige Hökerfamilie Vollmert. Mit min Opa Wilhelm Eggers tosom bau se um 1904 datt ole Anwesen achtern Elvdiek völlig nee op. För uns lütt Büttel in dormolige Tied schon een ansehnlichen Loden mit 95 m² Verkoopsfläche. Gemischtwarengeschäft nenn sick datt. Hüt segg man „Tante Emma Loden" dorto.

Bi uns gef datt allns watt man sick denken kann: Pütt und Pann, Lebensmittel, Kaffee, Tee, Köm und Rum, Petroleum för de Lampen, de Tank dorför weer buten in de Eer inbuddelt, mit een Handpump wor datt Öl in een Meetglas soogen. De Drogenschrank stünn in de Eck mit all de Schufen: Baldrian, Hoffmannsdrüpen, Rizinusoel, Kamillen- und Pfefferminztee, Fencheltee för de Babys, Klettenwurzelöl, Amol tut wohl, Hambörger Pickploster gegen denn Hexenschuss, Kronessenz und noch veeles mehr. Dormols kuriern sik de Menschen noch sölbst mit Huusmittel.

Wie handeln ok mit Kohdecken Marke „Frisia". In Harst kreegen die Köh woterdichte Decken öberlegt. Aalbungendroht und Maschendroht stünn glieks bin Ingang, de käm morgens vör de

Huusdör, sünst bleef keen Platz för de Kundschaft. De Lodendisch wör jeden Sünnobend mit gröne Seep schrubbt. De Messingwägschol und de lütten Gewichte mit Sidol putzt. De grote Kaffeemöhl mit datt grote Schwungrad verbree den köstlichsten Kaffeeduft, ümmer frisch vun de Kaffeerösteree Holsteen ut Itzehoe. Dormit weer datt no nee all, een lange Reeg Säck stunn oprangeert nebeneenanner mit Zucker, Mehl, Ries, Gruben, Arfen, Bohnen, Sago, usw. und vör op een lange Bank all datt Drögobst: Plumm, Rosinen, Korinthen, Aprikosen, Backobst in Kisten. Am meisten harn mi de Schokoladenschrank und de Buntjeshoben datt andon. Stollwerk und Blockschokolod weer dormols inn. Kandiszucker und Brustbonbon neben Salmis, de backen wie Kinner uns op denn Handrüch und licken doran. Scholkrom stunn op een Bord, morgens schon vör Klock söben muss de Loden open ween, denn keem de Schöler um Schriewkrom to holn. De Lütten köffen Griffel för de Schiefertofel, de Groten Bleestift fört Heft.

De Mitt vun Loden weer för Huusstandsgeschirr: Kook- und Wäschepütt, Wannen und Ammers dormols ut Zink und Emalje. An de Wand een grot Regol mit Porzellan und Steengood, Weckglös ok Nickelservice und Silberbestecke. De ganze Ostsiet har een breedes Regol för unsere Tüchwoarn: Meterware, Inlett, Hemdendook, Linon, Satin, Damast, Flanell för de Schipper, Strumpwull „Horstia" Bind und Band, schönste Spitzen ut Dresden, Ünnerwäsche und Kleederstoffe Musselin, Seide, Chiffon weern datt Beste. Ober ok schöne Boomwullstoffe, Boomwullinnen und reines Linnen för Bettbetög und Handdöker. Büxen und Jacken. Op denn Böön weern 4 Boxen mit Bettfellern. Mit de Kunden tosoom stoppen wie de Betten, denn kunn se sehn watt dorin keem. Weil datt bi uns feuchtes Klima is, wor vun min Muttter ümmer empfohlen, keen reine Duunen to nehmen sondern gemischt mit Halvduunen wegen datt Klumpen. In Stall stunn de Fööt: Essig, Wienessig, helln und düstern Sirup und een grootes Fatt Suerkohl vun Hengstenberg, ok Rodebeet. Achter op denn Hoff een Riesentunn Karbolineum för de Oolbungs un tunn teern.

Datt weer schon een interessante Geschäftsanlog, de Höker muss höllisch op Droht ween, wenn allns to sin Recht komen schull. Höhepunkt weer to Wiehnachten, denn harn wie op een Utstellung Speelkrom inköfft. Hein Hohn hol de Riesenkisten mit sin Spannwark vun de Bohn. Datt weer een Hallo, datt meiste keem glieks in de Schaufenster, denn stünn de Kinner dorvör, drücken sick de Näsen platt und söchen sick denn ut. De Lütten bestelln sick datt bi den Wiehnachtsmann, oft keem datt ok tunn Klopperie, weil jüss de Popp oder datt Peerd am meisten begehrt weer.

No Wiehnachten weer Puttschottel-Utverkoop, dorto köffen wie bi Dammann-Engros in. Hannes Witt oder Hein Hohn holn mit eern grooten Blockwogen datt Geschirr vun Itzehoe aff. Allns weer fein in Stroh verpackt, op de knupperigen Strooten geef datt sünst toveel Bruch. Vör de Husdör wor allns afflod und denn güng de Wischeree los. Oh man, weer datt een Stück Arbeit. Ober datt Geschäft florier.

Ick mutt no vertelln, datt min Vadder Eggers 1915 mit 28 Johr in Krieg in Belgien fulln is. Min Mudder hett em no Huus holt, he is in St. Margarethen op denn Karkhof bisett. Uns Nohbar Jakob Baumann hett er domols to Siet stohn. Vadder weer Koopmann, he har bi Andersen in Wilster lehrt. Ick weer 1½ Johr old, so güng datt min Mudder genauso as min Oma.

1919 hett se denn Vadder Prühs heirot. Ick bün in een goodes Öllernhuus opwussen, veel Leew heff ick kreegen, uns lütt Familie heel as Pick und Teer tosom. Min Oma Eggers bleew bi uns wohnen. Vadder Prühs weer Schipper, hett sin Schipp verköft, und is denn mit int Geschäft bi uns insteegen. Min Mudder har nämlich Angst mit to See tofohrn. As Utgliek har Vadder denn 3 Bööd,

Links: Grasende Kühe in Kuhlen. Oben: Auf dem Bütteler Kinderspielplatz, im Hintergrund der alte Gasthof Beckmann.

eenen Plattkohn „Blitz", 5 m lang und 20 m² Seilfläche dormit föhr he tunn Peddern op de Sandbank in de Elv, op de anner Siet op Göös- und Entenjagd. Tunn Vergnögen har he denn Jollenkrüzer „Carmen", Schwertboot, 7 m lang und 30 m² Seil. Datt lütje Bieboot sett he för de Oolkörf ant Stack in. Domols leepen de Ool, in Harst in de Hauptfangtied, kunn he denn Fang unmöglich no Huus drägen. Datt Oolräukern weer een Wissenschaft för sik. Vadder har de Räukertunn sölber baut. Een massiven Steenbau weer datt Füerlock, dorob een groote Holttünn mit Drohtstäbe binn, doröber een Sack, de wor anfeucht. Losen Törf, fassen Törf und wenig Böken- oder Eekenholt. Vun Böken worn de Ool schön blank und rod, vun Eeken grieser. Wenn de Ool goor weern, keemen se in Pergamentpapier in eenen Sack indreiht in denn Keller tunn Nogoorn. Datt weer een Genuss, Vadder sin Ool. Huut aftrecken an Kopp und Steert anfooten und denn so lang de Groon lutschen, och, mi lepp datt Wooter noch in de Mund tosom, wenn ick bloss doran denk.

He weer Schipper mit Liev und Seel. De gröttste Spaas weern de Seilregatten an de Ünnerelv. Sin Carmen weer een schmucken Jollenkrüzer, an de Weser baut, een Briesensegler. Dor wi meistens Wind an us Ünnerelv hebbt, weer he oft Sieger in sin Klass „S". Ober he kenn ok de Vördeele vun Ebbe und Floot up sin Elv. Hans Ramm und Kloos Boll weern sin Mookers. Mudder und ick föhrn to Regatta ne mit, denn weer datt een Anspannung an Bord, dor weern wi bloss in Weg. Hans weer jedesmol dörchnatt, wenn se na Huus keem, Kloos har de Hann blöödig funn datt Ree-Tampen antrecken, min Vadder sin Lippen tweibeeten för Opreegung. Ober wenn denn die Carmen öber de Toppen flaggt in de Büttlerhov inföhr, denn harn se siegt.

Min Mudder weer een besonderes Kleinod. Güte weer ehr Hauptmerkmol und tunn helpen ümmer bereit. Wine Prühs hett sick in Büttel besonners in de Kriegstied een Denkmol sett. In denn Krieg vun 1914–18 hett se lehrt watt Hunger heet. As de letzte Krieg droh, dor hett se allns köft an Lebensmittel watt in unse Geldbüdelmacht stohn de. De Böhn weer vull; as de Krieg ut weer, weer de Böhn leer. Allns hett se neben de mogere Markenrationen nebenbi weggeben und dormit manchen hungrigen Menschen holpen to öberstohn. Dor wor kein Gramm schwart to hoge Priese verköft. Wi fungen genauso mit „nichts" weller an, as all uns Büttler Kundschaft.

Datt weer een böse Tied. Fleesch und Melk harn wi ok nee. Ut Abbelsinakisten hebbt wi Kanickelstalln baut, datt Futter an de Grobenkanten plückt. Jeden Sünnobend käm Arthur Bruhn und schlach bi uns een Kanickel. Datt Fleesch is jo würklich good, ober ümmermehr wellerstunn uns datt. Gekookt, broot, gerökert, solten, Hackfleesch mookt, ober datt bleev ümmer Kanickel. Wenn Vadder Trempler alle 3 Monate mol 3 Dog na Huus keem, de full dor so richtig dröberher, för denn weer datt watt nees. Jedenfalls hebt wi för uns ganz Leben domols genoch dofunn hatt.

Vadder Prühs is 1942 storben. Bi de Marine har he eenen schworen Unfall hatt, dorut harn sick Verwassungen ergeben, de denn toletzt in Krebs utorten deen. Datt trock siek över veele Johre hin und hett uns veel Kummer bröcht.

Mien Schooltied begünn bi Meta Vierth 1920, se weer ok uns Nobersch. Uns Huus stunn de School gegenöber an denn Elvdiek, de School an de Hauptstroot. Vun uns Huus leep de Schoolweg direkt an datt Lehrerwohnhuus vörbi op denn Schoolplatz.

Henning Vierth, Meta Vierth, Hermann Schmidt weern domols de Lehrer in Büttel. Meta unnerrich de unnerste Klass, de ABC Schützen. Se heel een streng Regiment, de Hann müssen wie tosom op denn Schooldisch leng, denn Dumen dor rünner. Wenn wie uns vergeeten dän, keem se mit een Liniol und hau uns op de Finger, datt dee aasig weh. Ober wie hebbt veel bi eer leert, datt mut man gestohn.

Schönschrift wör besonners öwt, H-Strich rauf und Dick-Strich runter. Dütsche Schrift hebbt wie lernt, sogor de Taln worn mit Druck schreben. Schiefertofel, Griffelkassen, Fibel weern unsere erste Schoolutrüstung. Jeden Sünnobend wor de Holtrand vun de Tofel schrubbt, an 2 Bänner bummeln een lütten Schwamm und de Tofellappen.

Schlimm weer de Knickseree. Nomiddags seet Meta vört Fenster in eer Stuv, de Gardinen torüchtrocken, de Brill op de Näsenspitz und strich Strümp. Wenn wie an datt Fenster vörbi käm, müssen wie eenen Knicks moken und de Jungs eenen Diener. Denn nickt Meta würdevoll mit denn Kopp. Eenes Dogs har ick datt vergeeten und weer so vörbihopst. Denn annern Morgen muss ick 3mol vör datt Pult hin und herloopen und knicksen. Ohman, und denn datt Gekiecher vun de annern Göern. Vun doran heff ick ümmer eenen Knicks mokt, ob Meta dor seet oder nee. „Siehst du den Hut dort auf der Stange?" meis as bi Wilhelm Tell.

Datt mit datt Knicksmoken weer schon vun lütt an een Ploog för mi. Wenn Olga Thiessen bi uns in denn Loden käm, denn seeg min Mudder to mi „Anna goh hin und seeg Tante Thiessen gooden Dag und mook eenen schönen Knicks". Oh nee, denn dreih si siek datt in min Boss rum, ick wull datt nee. Wenn Mudder nix seegt har, har ick datt gewiss alleen doon, ober so op Befehl. Nee, ick dee datt nee. Min Mudder weer würklich de leewste Mudder de man sik denken kann, ober den Dickkopp wull se mi utdrieben. Kortümm, ick kreeg eenes Dogs dörför een Jackvull mit de Rood. Vun Stund an, wenn Olga Thiessen opkrüzen dee, weer ick ne to finn. Dormols heff ick mi schworen, wenn ick mol Kinner kriegen dee –, nie möt se „Gooden Dag" seggen, wenn se datt ne frewillig wöllt.

Vun Meta keem ick no twee Johr to Hermann Schmidt. As Lehrer weer he good, Grammatik und Reeken hät he mit uns öwt, för uns Plattschnacker gewiss so wichtig. Ober he weer humorlos und leet deen Rethstock danzen. Uns Deerns knep he in de Arms, de Jungs reet he an de Ohrn. Bi 10 Ordnungsstriche und 10 mol schwatzen käm de Stock ut datt Pult. Datt eenmol een mussen wie in Rhythmus opseggen, he tippt mit denn Stift op Pult. Ick kunn datt een mol söben ne so flott, dor muss ick denn annern Dag bi emm ant Pult antreen. Datt een mol söben kann ick hüt noch in Schloop. Reeken weer denn ok ümmer min bestes Fach in min ganze Schooltied, de Grundlog heff ick Lehrer Schmidt to verdanken. Een Ploog geef datt bi emm, he weer ne musikalisch. Dormols weer datt so, datt jede Volksschullehrer ein Instrument speelen muss, und he speel Geige. Dormit schull he uns datt Singen bibring, he fidel uns watt vör, ober wie kunn de Melodie nee kloog kriegn. Ernst Schwardt weer de beste Sänger in uns Klass, he speel Mundharmonika, de muss denn datt Vörspeel öbernehmen. Datt weer ein Erlösung as Lehrer Pieper käm. Lehrer Vierth wör panschoniert, Schmidt kreeg de Oberklass und Pieper de Mittelklass. Pieper weer een richtiges Musikgenie, he öbernähm de Gesangstunden in alle Klassen und datt weer bestens. Pieper dirigier denn ok den Gesangvereen in uns Dörp, bitt dorhin har datt Lehrer Vierth don, ober as Meta ok penschoniert wor, trocken se na Itzehoe.

Een besonners goode Erinnerung heff ick an Fru Schmidt, se ünnerrich uns in Handarbeit. Mit veel Utduer hett se uns 8jährigen Deerns datt Striechen bibröcht, ümmer wulln de Maschen vun de Nodel falln. Ober bald kunn wie schlich und kruus, jo sogor Strümp striechen mit grote und lütte Hack. Datt Neihdook ut Linnen weer een lütjes Kunstwark. Stiel-, Krüz-, Platt-, Ketten- und Hexenstich müssen wie nebeneenanner mit roodes DMC-Goorn öber datt ganze Dook sticken. Dormit de Reegen recht grood worn, trocken wie eenen Foden ut datt Linnen. Hohlsaum schloot de Stickeree aff. Denn güng de Neierei los, Kappnoht und eenfache mit beschlingeln, ober ümmer lütje fine ganz gliekmässige Stiche. Knoop und Knooplook, Druckknööp und Hoken und Ösen, vun alln watt. Tun Schluss wör de Lappen mit Linnband infoot. Flikken: opgesette und ingesette mooken uns doch recht to schaffen, de verflixten Ecken wulln ne so as se wull schulln. In de Oberklass lehr Fru Schmidt de Deerns datt Schniedern mit de Neihmaschin. Vun dissen Ünerricht heff ick min Leben lang grooten Nutzen hatt. No Fru Vierth öberneem Frl. Lucht de ABC Schützen. Se weer noch sehr jung und de groten Jungs mooken er bannig to schaffen.

Op uns Schülertreffen in Büttel 1973, datt Luise Hansen und Arien Brodack in de Wege leit harn, kunnen wie ock Lehrer Pieper und Frl. Lucht begröten, datt weer för alle een groote Freud. För Frl. Lucht een besonners hartliches Erlebnis, as mehrere ehemolige Schöler to eer keem, um sick bi eer to entschuldigen, datt se eer in de Schooltied datt Leben so schwoor mookt harn.

Eenmool int Johr veranstallt de School ehr Kinnerfest. 2 Dog duer datt. An denn ersten worn de Speele dörchföhrt: De groten Jungs schooten mit Pfeil und Bogen na denn Odler, op een hoge Stang seet de Vogel, Kopp, Steert, und de beiden Flünken weern los an denn Rump steeken. De müssen se afscheeten, 5 Priese geef datt, de Rump denn König. De Deerns schmeeten Ball oder Vogelpikken. De lütten ABC Schützen versöchen ehr Glück bit Kegeln. Bi Meta gewunn ick mol denn 2. Pries in Kegeln. Dormols worn de Gewinne utstellt und jedes Kind kunn sick no de Siegerliste een

Links: Hochzeitsgesellschaft in Ruschs Gasthof mit dem Brautpaar Otto Schmidt und Paula Kloppenburg. Mitte: Der am Bütteler Kanal gelegene Hof Willy Schmidt. Ganz oben: Die früher als Kastanienallee durch das Dorf führende jetzige Bundesstraße 5. Oben: Der 1936 abgetragene Moordeich.

Geschenk utsöken. Watt heff ick bebert as de Königin toerst wählen kunn, ik wull doch so gern datt lütje bunte Heft mit de Hasenschule hemm. Ick har Glück, de Königin hör op ehr Mudder und nehm de groote schmucke Popp. Ick stürz mi op datt Heft mit de schönen Biller, watt weer ick glücklich.

All stunn se üm mi rümm und wulln mi vörschnaken doch watt Beeteres to wähln. Ne, segg min Mudder, wenn se de Hasenschool hemm müch, denn bliff datt dorbi. 50 Johr heff ick datt opbewohrt, dor is datt bin Ümtog vun Ronnenberg torüch no Büttel verlorengohn. Ick heff datt so beduert, datt min Jungs mi to Wiehnachten een nee Hosenschoolbook schenkt hebt, allerdings haft doran ne ganz de Kinnertied.

An denn tweeden Dag weer denn de Ümtog, dorbi wor de König und de Königin vun to Huus afholt. Uns lütt Büttel weer weller festlich schmückt. Denn güng datt tun Danzen, de Lütten bi Otto Ewers und de Grooten bi Richard Beckmann.

In uns Kinnertied hebbt wie veelmeer speelt as datt hüüt de Dagesabloop vun uns Kinner is.

Versteeken, Fassentick, Blindekoh, denn geef datt Periodenspeele. Mol weer datt Hinkepott: De bunten Steen dörför söchen wie uns ut de Siltenheiten in denn Schlickhoom. Loopen, hüppen, hinken, verkrüz, trüchwarts vun Feld to Feld, dorbi dörfs du op keenen Strich patten, denn weerst du uut. Mit de Steen mussen wie toerst de Felder anschmieten.

Denn keem datt Ballspeeln. Gasbälle bunte, blanke weern datt Ideal. An de Wand und in de Luft mit 4 Bälle togliek, datt grenzt schon an Akrobatik.

Wenn datt in Sommer to warm tunn rumdooken weer, denn hebbt wie lööpert. Witte Kalklööper de harrn denn Wert een, de bunten, blanken guln 2 und de isernen 10, ober de Glaslööper mit de bunten Streifen 20. In een Kreis leg jeder Speeler de glieke Tall Löpper. Een Strich woor trocken und vun denn ut mit een iserne Kugel versöcht, möglichst veele Lööper ut denn Kreis to schmieten, de buuten leegen, weern dien.

Ok hebbt wie backst; dorto buddeln wie een rundes Lock in de Eer, datt Umfeld muss schön glatt ween, in de Hand heeln wie de Lööper, vun een Strich ut zielten wie see in datt Lock, de binn bleeben weern dien — und denn kunst du mit denn Finger de buten leegen rinschuben, full een vörbi, keem de nächste Speeler dran.

Dann keem datt Schlagballspeelen, datt weer schon watt, int Dörp harn wie 2 Mannschaften, de Konol weer Trennungslinie, wie fordern uns tunn Wettkampf op. Datt güng am besten no de Heutied, denn datt speel siek all achtern Diek aff. Wenn datt Gras so lang weer, kunn wie schlechter loopen und de Ball güng licht verlorn. Ok keem de Buern achter uns, weil wie datt Gras doolpetten deen. In uns Vereenskass betooln wie monatlich 10 Penn, aff und an güng mol een Ball verlorn, de Schlaghölter moken wie uns sölbst, ut Knüppel oder Boomäste.

In Winter, de dormols noch wochenlang Küll und Schnee bröcht hett, weer datt een Trubel int Dörp. Wenn datt Iis op denn Konol heel, denn hebbt wie strietsch und gleus und Schneeballschlachen mookt. De Jungs hebbt de Deerns düchdig insolt, datt Gesicht mit Schnee inreben und in de Nack stoppt. Kreegen wie mol een Jung tofooten, oh denn geef datt Revanje. Bi Ewers vun Diek weer de schönste Rodelbohn, dor susen wie bit int Dwarslock rin. De Binnsiet weer steiler mit sun lütten Schlenker kunnst bit op de Möhlenfohrt koom.

Bi dulln Frost gooten de Jungs obends Woter lang de Rutschbohn, denn weer se an annern Dag veriist. Oh, denn geef datt Wettfohrten, wer kummt am wietsten? Ick har sun Renner, mien oolen Kinnerschleen — Vadder har denn Bügel afnohm, he weer schön hoch, Eensitter und har iserne Kufen, de polier ick blank.

Veele Kinner harn sölbsmokte Holtschleens, de weern siet und de Kufen vun denn Schmied mit Isenband beschlogen, de leepen ok bestens, blot de Schnee dörf ne to hoch wehn. De Jungs leegen dorob op denn Buuk und stüern achter mit de Fööt. An mien Schleen weer vör een dicken Kalbersträng, doran kunn ick mie fassholn und wiet non achter lehn, datt geef Druck nan vöörn, stüern muss ick mit de Fööt, oh datt har all sien Kniffe.

Maiobendbrennen weer ok een Höhepunkt int Johr.

An'n letzten Aprildag leepen wie vun Hus to Hus und holn allns Brennbore watt sik vun denn Huusputz und in Goarn ansammelt har aff. Op Treckwogen föhrn wie datt öber denn Diek op denn Budendiksweg bit kott vör denn grooten Weidenboom. Datt weer de eenzige Boom op dissiet vun Konol, de har een wichtige Bedüdung, he stunn dor as Wiespool, wenn de Budendiek bi Storm unner Woter leep und de Buern eer Tiern rut holn müssen, denn weern oft schon de Grobens öberloopn und datt Land all blank, denn kunn se den Boom anpeilen, um op den Weg to blieben.

För datt Maifüer spendier mien Vadder uns de grote Teertünn, op Bambusstooken spiess he Törfsoden, de he in Petroleum tränkt har, datt geef wunnerschöne Fackeln, wenn se affbrennt weern, seeten an de Stooken dicke Sottflocken, de wie mit de Hann afstroken deen und de Jungs dormit datt Gesicht bestrokelten. Op de anner Siet vun Konol harn de Kinner ok een Füer, an annern Morgen keem de bedüdende Ogenblick, welches Füer glimmt am längsten? de weer Sieger.

Schön sünd de Erinnerungen an datt Boden in de Elv.

Oma mit Hoot und Strichtüch seet ant Öwer, de Klock vör siek — und genau 4 Minuten dörfen wie int Woter blieben. Wenn denn Königin Luise, de schmucke Helgolanddamper, vun Hamborg anschnuum keem, denn mussen wie sofort rut ut Woter, de brögt so hoge Bugwelln mit siek.

Een besonneres Vergnögen weer datt Schlickloopen bi de Ebbtiede, bitt an de Knee in denn Schlappermatsch, wenn de Floot insetten dee, denn leegen wie in de Sandeck ant Stack und leeten uns vun datt anrullende Woter umspölen. Tun Schluss seeten wie denn all int Gras, denn geef datt Saft ut denn Brusbuddel und harte Kringel vun Scharre, de kunn se am besten backen — mit Anis op.

As in so veele Familien hett datt Schicksol ok bi uns ingreepen. Min Opa Wilhelm Eggers is fröh storben. Min Oma Maria hett mit eer Mutter tosomen eer twee Kinner — Alma und Johann — alleen groot mookt. Se weer Putzmookersch, har in Hamborg lehrt. So hett se blangbi in eern Gemischtwornloden ok no Höd verköft, ole Höd umpress und nett opfischolt mit gekrülte Fellern und Blomen. Datt weer een goodes Nebengeschäft, denn dormols güng keen Fru ohne Hod to Dörp.

To Himmelfohrt neih se för de Ringriederpeer Zierbänner mit Goldband und Paletten.

Rechts: Der Deich mit dem überspülten Außendeichland während der Sturmflut 1976, der bisher höchsten in der Geschichte, im Hintergrund St. Margarethen.

Öberhaupt weer datt Ringriederfest de Höhepunkt för uns Dörp. Alle Hüüs weern putzt und molt, in de Goorns keem geelen Kies vun de Geest. De Kastanienallee blöh in vollster Pracht. Op denn grooten mit Maibusch geschmückten Meiereewogen seeten de Muskanten, bin Ümtog. Hein Bruhn blos datt groote Horn, Hein Tobias de Klarinette, Willy Hohn de Pauke. Achteran keem de Wogen mit de 4 Richter, de weern festlich mit Zylinner und Schwippsenrock kleed, dorno de 4 Ehrendamen mit Schärpe dekoriert.

Ober denn keem all de Rieder op eer geschmückten Peer. Vöran de Vereensbanner, denn de König mit Kron und Schärpe. Veele Husbewohner harn ut Danngrön Ehrenpforten över de Dörpstroten baut oder Wimpelbänner trocken. Fast jedes Hus flaggt blau-witt-rood, de Holstenfohn. Bi Gastwirt Richard Beckmann op de Weid weer datt Ringrieden. De Ehrendomen verköffen Lose; Scheeten, Kegeln, Ballschmieten, Weckerroden, Bohnenroden allns bröch Geld in de Vereenskass, natürlich geef datt schöne Gewinne, de meisten weern vun de Inwohner stift. Na datt Wetttrieden üm denn Ring wor de Sieger as König krönt mit Krone und Schärpe.

Datt schönste för uns Kinner ober weer datt Karussel - Sorbeck keem jedes Johr - Hein Hohn hol de Marktwogen mit sin starken Dänpeer int Dörp. Dann weer ick ne meer to holn, denn ganzen Dag heff ick mit opbaut. Een Marktfru har Rheuma, de heff ick sogor de Hoor kämmt und Woter holt. Dorför schenkt se mi eenen Ball am Gummiband, datt weer denn lange Tied min Heiligtum. Min Vadder Prüss har sin Vergnögen doran, so richtig mit mi optohaun. Watt meenst du, wenn wie op denn Beidenflether Bükkelmarkt ok mit sun Buud mit Schmoorool stohn deen, du kunnst mit een Bimmel utroopen. Ick wull datt ober bloss, wenn wie ok in de Buud öbernachten deen, as de Marktfru in Büttel. Eenmol mit sun Karusselwogen öber Land föhrn, datt weer min grötsten Wunsch. Wenn de Orgel anfung to speeln, datt Karussel sik dreihn dee, denn weer Festdag in mi.

Erinnerungen eines alten Büttlers

von Jonny Vollmert

Wenn die Elbe das Vorland überflutete und nur noch die Bösch an der Elbe aus dem Wasser ragte, war viel Leben auf dem Elbdeich. Die Rinder auf den Wiesen im Vorland wurden unruhig, weil sie noch nicht zum rettenden Deich geholt wurden. Oft ging alles gut. Es kam aber auch vor, daß die Flut sehr viel früher kam, nämlich dann, wenn auf der Nordsee Sturm herrschte, und der Nordwest das Wasser in die Elbe trieb. Dann stieg das Wasser so schnell, daß die Tiere nicht rechtzeitig zum Deich geholt werden konnten. Dann war, wie man so schön sagt, „Holland in Not". Wenn dann aber einige Schiffe im Hafen lagen, halfen die Schiffer den Bauern beim Bergen der Tiere. Es war keine leichte Arbeit, denn der Sturm war gewaltig und die Strömung über das Vorland unberechenbar. Hatte man einem Rind, das im Wasser schwamm, endlich ein Tau um die Hörner gelegt, mußte man aufpassen, daß es nicht das Boot zum Kentern brachte. So wurde dann manches Tier an den Deich gebracht. Auch auf die Bösch, der früheren Lotsenstation, waren in aller Eile viele Tiere getrieben worden, die hier die Ebbe abwarten mußten, bevor sie nach Hause geholt werden konnten. Für die Kinder gab es auch viel Arbeit, sie mußten die Ratten und Mäuse, die beim Landunter an den Deich schwammen, fangen, damit sie nicht in die Häuser hinter den Deich kamen. Wenn die Elbe wieder ruhig war, fuhren auch die Boote wieder täglich zur gegenüberliegenden Sandbank zum Aalfang, dem Püddern. In der damaligen Zeit war es nicht zu verachten, wenn man durch den Räucheraal oder durch die schmackhafte Aalsuppe den Mittagstisch bereicherte.

Auf der Fahrt über die Elbe begegneten wir damals noch oft Tümmlern, die plötzlich neben unserem Boot auftauchten und in einer Formation hintereinander schwammen, um einem Heringsschwarm zu folgen. Wenn sie dann tauchten und kurz zum Atmen wieder hochkamen, sah es aus, als wenn eine Riesenschlange im Wasser schwamm.

„Un wenn denn de Lüd gern vergnögt dor mol sind, Dörf ok de Gesang nich fehlen..." Dafür sorgte vor allem der Männergesangverein mit seinen geselligen Veranstaltungen; früher gab es auch einen „Gemischten Chor", der außer Gesang auch kleine Theaterstücke aufführte. Der Ringreiterverein „Frohsinn" veranstaltete regelmäßig am Himmelfahrtstag sein Ringreiterfest. Wenn die Ernten eingebracht waren, kam die Zeit der Kaffeebälle, da wurde schon nachmittags Skat gespielt, auch der Doppelkopf und das Zwickeln kamen nicht zu kurz. Am beliebtesten war wohl der Bürgerball. Da gab es keinen Unterschied zwischen den Berufsgruppen, da gab es nur Büttler Bürger. Der Buddelgrog machte die Runde und woher er kam und wer ihn spendierte, blieb ein Geheimnis und man kann sich vorstellen, daß es sehr fröhlich zuging bis in den frühen Morgen.

„Un wenn im Winter de Brücken von Is..." — kam der Boßelsport zu seinem Recht. Da wurde gegen die Nachbardörfer und Kirchspiele so mancher Kampf ausgetragen. Den meisten Zuspruch fand das Gemeindeboßeln. Alle, die östlich des Kanals wohnten, versammelten sich beim Gastwirt Heinrich Rusch und die anderen beim Gastwirt Nicolaus Ewers. Mit viel Hallo ging es dann in Richtung Kuhlen. Wenn die eine Seite im Werfen im Rückstand war, mußte der Boßler erst einen kräftigen Schluck aus der Kornflasche nehmen, damit er wieder den Ausgleich schaffte. Nach der Rückkehr gab es dann die übliche Erbsensuppe. Am Abend wurde dann beim Boßelball kräftig das Tanzbein geschwungen.

Doch wenn ich, der gebürtige Büttler, in den letzten Jahren durch den Ort fuhr und jedesmal sah, daß „De stattlichen Höf un de saubern Hüs..." — wie es so schön im Lied „Büttel an de Elv" heißt — immer weniger wurden, fragte ich mich, warum muß das sein? Wir haben doch auch schon vorher Industrie hier gehabt: die Kali-Chemie, die MAWAG usw. Kommt mit der neuen Industrie soviel Umweltbelastung auf den Ort zu, daß man, um Schlimmeres zu vermeiden, die Einwohner einfach umsiedelt und nur noch Gewerbebetriebe hier läßt?

Wieviel Unruhe und Meinungen es dadurch in der Einwohnerschaft gibt, habe ich mit meiner Familie selbst erlebt, als die Ansiedlung der Industrie hier begann.

Bevor das Kernkraftwerk und die Bayerwerke hier bauen konnten, mußte das Gelände erst aufgespült werden. Die Siedlungen auf der Südseite von Brunsbüttel und die Bauernhöfe entlang der Bundesstraße 5 wurden als erste umgesiedelt. Nach und nach wurden Spülfelder angelegt und das Gelände beträchtlich erhöht — etwa 1,5 bis 2 m. Für das Kernkraftwerk Brunsbüttel wurde der erste Betonpfahl im Jahre 1970 gerammt.

Daß es aber soweit kommen würde, daß auch die Gemeinde Büttel so stark betroffen würde, hat man damals wohl nicht geahnt.

Oben rechts: Der Kanal im Winter, vor Bau der Chausseebrücke 1901.

Der Hafen von Büttel und seine Schiffe

von Herbert Karting

Noch um die letzte Jahrhundertwende war das Dorf Büttel, der Ortskern hinter dem Elbdeich, ein bedeutender Hafenplatz. Mehr als ein halbes Hundert Schiffseigner lassen sich damals in den hiesigen Schiffslisten nachweisen. Im Bütteler Binnenhafen lagen während der Aufliegezeit im Winter die Fahrzeuge unmittelbar vor der Haustür ihrer Schiffer. Eine Anlegestelle hat wohl schon außendeichs vor der ersten mittelalterlichen Bütteler Schleuse bestanden, doch fehlen bis in die erste Hälfte des 17. Jahrhunderts Angaben über hier beheimatete Schiffer. Haupthäfen waren Brokdorf und St. Margarethen für das Gebiet der südlichen Wilstermarsch. Brokdorfs Bedeutung allerdings ging schnell zurück, bedingt durch ständige Landabbrüche im Außendeichsbereich. 1802 gab es hier nur noch zwei Ewer- und vier Jollenführer. In St. Margarethen war die Zahl der Schiffe ebenfalls nicht sehr bedeutend, doch stellte sie in der kleinen Gemeinschaft einen wichtigen Wirtschaftszweig dar. Wie wichtig, zeigt ein Streit aus dem Jahre 1770 zwischen dem Kirchspiel und einem Einwohner von St. Margarethen, der das Ankern der Schiffe auf seinem Gelände verboten hatte. Das Kirchspiel klagte, „weil ihm an der Konservierung (Erhaltung) der hiesigen Schiffer und ihrer Schiffe gar sehr gelegen, indem selbige wegen Transportierung ihres Viehes (und) sonst übrigen Landesprodukten ihnen unentbehrlich wären".[1]

Der Aufschwung Büttels als Umschlagplatz begann 1765, als der Kudensee durch den Bütteler Kanal einen Abfluß nach der Bütteler Elbschleuse erhielt. Bis dahin hatte man den im Moorgebiet um den Kudensee gewonnenen Torf mit offenen Kähnen und kleinen Ewern auf der Burger-, Holsten- und Wilsterau nach Kasenort geschafft und dort an der Stör in größere Ewer umgeladen. Nachdem auch im Bütteler Außendeich 1772 ein Hafenplatz angelegt war, konnten die sogenannten Kudenseekähne den Torf bis hierher bringen. Darüber hinaus war der Bütteler Außenhafen seit 1776 den Süderdithmarschern als zollfreie Einfuhrstelle zugestanden worden.

Die ältesten Schiffslisten des Kirchspiels St. Margarethen machen noch keinen Unterschied zwischen Schiffern aus Büttel und dem Kirchspielort. So enthält die des Jahres 1745 Angaben von acht Eignern und ihren Fahrzeugen, ohne aber einen Hinweis auf den derzeitigen Wohnort zu geben:

„Specialen Bericht: Wie viel Schiffe in dem Kirchspiel St. Margarethen vorhanden, wo und in welchem Jahre sie gebaut, auch von welcher Gattung und Lastträchtigkeit sie seyn.

1. Peter Bostmann — 1 Kof von 12 Last, gebaut in Westfrießland, Ao. 1726.
2. Claus Breydt — 1 Kof von 12 Last, gbt. zu Schwole in Holland, Ao. 1727.
3. Claus Schmidt — 1 Kof von 10 Last, gbt. zu Holland vor ohngefehr 12 Jahren.
4. Johann Schack — 1 Kof von 8 Last, gbt. in Holland gleichfals Ao. 1719, der Ort wäre ihm aber nicht bekannt.
5. Jürgen Bammann — 1 Schnecke von 7 Last, gbt. ebenfalls in Holland, wußte aber nicht, um welche Zeit, vermuthl. vor etwa 30 Jahr.
6. Jacob Bammann — 1 Efer von 10 Last, gbt. im Reyer Stieg auf dem Hambg. Gebiethe vor etwa 15 Jahren.
7. Jürgen Bremer — 1 Efer zu 5 Last, gbt. auf dem vorgenamten Reyer Stieg Ao. 1733.
8. Jochim Gatt (?) — 1 Efer zu 5 Last, gbt. auf der Elmshörner Aue vor etwa 15 Jahr.
9. Peter Hanßen — 1 Efer zu 4 Last, Er wußte von beyden nichts und wäre fast unbrauchbar.

St. Margrethen, d. 24ten May 1745."[2]

Die nächste Liste stammt von 1777, also fünf Jahre nach der Anlegung des Bütteler Hafens, und enthält die Angaben über sieben Ewer und eine Jolle. Es handelt sich um kleine Fahrzeuge zwischen 10 und 5 Lasten, die nur auf der Elbe verkehrten. Gebaut waren sie allesamt im Elbegebiet zwischen 1740 und 1773; der holländische Einfluß war somit völlig zurückgegangen. Die Schiffer hießen Peter Lau, Harm Teckelnburg, Reimer Suhr, Johann Jantzen, Hans Cornils, Cornils Früchtnicht, Peter Garms und Johann Wilstermann: alles Namen, die bis in die jüngste Zeit in Schiffahrtskreisen einen guten Klang hatten, da ihre Nachfahren dem gleichen Geschäft nachgingen.

Hatte die Schiffsliste von 1812 noch 15 Fahrzeuge enthalten, so mußte der Kirchspielvogt im März 1814 die betrübliche Mitteilung machen, „daß in den hiesigen beyden Häfen nur der 2 Commerz-

Links außen: Der hölzerne Besanewer „Henriette", erbaut im Jahre 1893 bei Junge in Wewelsfleth, den Wilhelm Rohwedder von 1902 bis 1914 gefahren hat. Links oben: Schiffer Wilhelm Rohwedder. Links: Der stählerne Besanewer „Albertine", den Wilhelm Rohwedder 1914 in Holland bauen ließ. Oben: Ewer beim Torfumschlag, Zeichnung vom Anfang des 19. Jahrhunderts im Altonaer Museum.

men, in dem erstmals eine Aufstellung für Büttel und St. Margarethen getrennt erscheint. Büttel beheimatete damals folgende sieben Ewer:

„Frau Anna", 11½ CL, H. Tecklenburg
„Die Zufriedenheit", 10½ CL, J. H. Inselmann
„Die Einigkeit", 9¼ CL, H. H. Woltmann
„Die Freundschaft", 8¾ CL, H. Grundmann
„Fortuna", 8 CL, E. Tecklenburg
„Hoffnung", 7½ CL, J. Piening
„Fortuna", 7 CL, S. Schmidt

In St. Margarethen gab es im selben Jahr acht Fahrzeuge.

Last trächtige Fischer-Ewer des hiesigen Schiffers Nicolaus Siebenbrodt liegt."³

Das war die Folge von Englands „strengster Blockade der Eingänge von Elbe, Weser und Ems", die den gesamten Seehandel zum Erliegen gebracht hatte. Bis zum Friedensschluß zwischen England und Dänemark am 14. Januar 1814 ruhte die Schiffahrt gänzlich.

Der langsame aber stetige Aufstieg läßt sich dem „Verzeichnis der in dem Königreiche Dänemark und den Herzogthümern Schleswig und Holstein zu Hause gehörigen Fahrzeuge" von 1845 entneh-

Wie schon eingangs erwähnt, bildete der Torftransport die Grundlage der Bütteler Schiffahrt – zumindest in den Anfangsjahren. Torf wurde besonders seit dem 18. Jahrhundert in großen Mengen in Handwerk und Gewerbe sowie im Haushalt gebraucht. „Die Moore im Gebiet der Niederelbe hatten deshalb für die Schiffahrt eine große Bedeutung, weil die Beförderung des Torfes nur auf dem Wasserwege möglich war, wenn sich der Verkauf lohnen sollte."⁴

„Wenn die Torfewer im Bütteler Außenhafen eintrafen, die die alte Schleuse nicht befahren konnten, fanden Auktionen statt. Der Torfhandel lag in Händen einiger Großhändler in Büttel und Kudensee, die den Torf von den Bauern kauften. In den Jahren 1868 bis 1874 verbesserte man die Wasserverbindung. Die Burgerau wurde kanalisiert und durch den Kudensee in den erweiterten Bütteler Kanal geführt. Büttel erhielt eine größere Schleuse, auch wurde im Kattenstieg bei Bebeck eine Kammerschleuse errichtet. Seitdem konnten die Torfewer Dithmarschens auch durch die Bütteler Schleuse in die Elbe gelangen, die gute Zeit der Torfhändler war vorbei... Nach der Eröffnung des Nord-Ostsee-Kanals hat die Torfschiffahrt allmählich aufgehört. Heute (1932) ist der Bütteler Kanal verschlammt, auch gräbt man kaum noch Torf für den eigenen Bedarf..."⁵

In jenen Jahren der Torfschiffahrt besaß Burg die größte Ewerflotte. Noch 1899 waren hier 64 kleinere und größere Ewer beheimatet, die hauptsächlich für den Transport von Torf eingesetzt waren. An zweiter Stelle stand Wilster mit 43 Ewern.

Büttels Schiffahrt hatte bis zur Jahrhundertwende einen ständigen Zuwachs zu verzeichnen. 1899 war mit 24 Fahrzeugen der Höchststand erreicht, von denen fünf bereits aus Eisen oder Stahl bestanden. Zu diesen gehörte auch der „Heinrich" von Joachim Becker aus dem Jahre 1887, der als der erste eiserne See-Ewer des Elbegebietes gilt. An der Elbe nannte man das Schiff den „eisernen Heinrich". Das Heck dieses äußerst langlebigen Fahrzeugs soll noch lange nach dem Zweiten Weltkrieg als Vorleger auf der Oberelbe erhalten gewesen sein.[6]

Von diesem Schiff liegen die Reisen der Jahre 1890/91 vor, in denen Joachim Becker hauptsächlich in der Fahrt mit Pflastersteinen zwischen Skandinavien und Deutschland beschäftigt war. Es ist erstaunlich, daß sich bei nur acht bis neun frachtbringenden Reisen pro Jahr – die Ausreise wurde meistens in Ballast gemacht – ein solches Schiff rentierte:

Oben links außen: Der Bütteler Hafen im Außendeich. Unten links: Der Kutter „Sturmvogel" von Johannes Rohwedder. Mitte links: Johannes Rohwedder um 1930 mit seinem Neffen Hans-Peter an Bord des Ewers „Vorwärts" seines Vaters Peter Hermann Rohwedder. Oben: Der „eiserne Heinrich", der erste eiserne See-Ewer auf der Elbe, 1887 für Joachim Becker gebaut und 1905 an Gustav Ramm verkauft, auf einer Photopostkarte. Der Text auf der Rückseite lautet: „Frau Gustav Ramm, Büttel pr. St. Margarethen Holstein. Flensburg, d. 26.4.13. Liebe Anne! Wir sind hier Donnerstag Abend angekommen hatten unterwegs immer still. Werden hier heute leer. Ich bin von Genner Förde mit Felsen nach Hooge befrachtet, hoffe noch zu Himmelfahrt zu Hause zu sein. Mit vielen Grüßen Gustav."

„Ich habe im Jahre 1890 folgende Reisen gemacht:

von	nach	Ladung
Büttel	Hamburg	leer
Hamburg	Wismar	Mais
Wismar	Allinge / Bornholm	Ballast
Allinge	Büttel	Pflastersteine
Büttel	Hamburg	leer
Hamburg	Kiel	Petroleum
Kiel	Allinge	Ballast
Allinge	Büttel	Brandsteine
Büttel	Hamburg	leer
Hamburg	Rendsburg	Phosphor
Rendsburg	Karlshamn / Schweden	Ballast
Karlshamn	Kiel	Pflastersteine
Kiel	Karlshamn	Ballast
Karlshamn	Kiel	Pflastersteine
Kiel	Karlshamn	Ballast
Karlshamn	Kiel	Pflastersteine."

Die Wintermonate blieb der „eiserne Heinrich" in Kiel aufgelegt, bis im Frühjahr 1891 die Reisen fortgesetzt werden konnten:

Kiel	Nexö / Dänemark	Möbel
Nexö	Karlshamn	Ballast
Karlshamn	Kiel	Pflastersteine
Kiel	Karlshamn	Ballast
Karlshamn	Kiel	Pflastersteine
Kiel	Karlshamn	Ballast

von	nach	Ladung
Karlshamn	Elmshorn	Pflastersteine
Elmshorn	Hamburg	leer
Hamburg	Büttel	rohe Steine
Büttel	Hamburg	leer
Hamburg	Brunsbüttel	rohe Steine
Brunsbüttel	Hamburg	leer
Hamburg	Rendsburg	Weizen
Rendsburg	Hamburg	leer
Hamburg	Nyköbing / Dänemark	Weizen
Nyköbing	Büttel	rohe Steine.

Mit Einsetzen des nächsten Winters hatte Kapitän J. Becker somit noch eine Reise in den Heimathafen abschließen können, wo der „Heinrich" dann wieder aufgelegt wurde.[7]

Diesen Reisen eines See-Ewers folgen zum Vergleich die Fahrten eines nur auf der Unterelbe eingesetzten Elb-Ewers:

So machte Schiffer Peter Vollmert mit seiner hölzernen „Preciosa" im Jahre 1891 folgende Reisen:

von	nach	Ladung
Büttel	Hamburg	leer
Hamburg	Kudensee	Brikett
Kudensee	Süderelbe	leer
Süderelbe	Büttel	Steine
Büttel	Heiligenstedten	leer
Heiligenstedten	Büttel	Steine
Büttel	Heiligenstedten	leer
Heiligenstedten	Büttel	Steine
Büttel	Heiligenstedten	leer
Heiligenstedten	Büttel	Steine
Büttel	Itzehoe	leer
Itzehoe	Bremervörde	Zucker
Bremervörde	Büttel	Torf
Büttel	Hamburg	leer
Hamburg	Kuden	Brikett
Kuden	Hamburg	leer
Hamburg	Kuden	Brikett
Kuden	Köhlbrand	leer
Köhlbrand	Neufeld	Steine
Neufeld	Elmshorn	Stroh
Elmshorn	Köhlbrand	leer

Oben: Hermann und Trina Tecklenburg im Jahre 1909 mit ihren Hochzeitsgästen auf dem Eis. Oben rechts: Blick auf den Bütteler Kanal Richtung Schleuse im Winter 1911/12. Vorn rechts der Ewer „Dora" von Peter Schwardt, dahinter der 1898 in Büttel gebaute Ewer „Martha" von Johannes Tietjens, vorn links Johannes Rohwedders Kutter „Sturmvogel".

Köhlbrand	Neufeld	Steine
Neufeld	Neuhaus	Stroh
Neuhaus	Bremervörde	leer
Bremervörde	Büttel	Torf
Büttel	Bremervörde	leer
Bremervörde	Büttel	Torf
Büttel	Bremervörde	leer
Bremervörde	Büttel	Torf
Büttel	Bremervörde	leer
Bremervörde	Büttel	Torf
Büttel	Bremervörde	leer
Bremervörde	Büttel	Torf
Büttel	Schönau	leer
Schönau	Büttel	Kartoffeln
Büttel	Hamburg	leer
Hamburg	Kuden	Brikett
Kuden	Itzehoe	leer
Itzehoe	Bremervörde	Zucker
Bremervörde	Büttel	Torf.[7]

Verblüffend sind die vielen Reisen mit Torf von Bremervörde nach Büttel: hieß das nicht Eulen nach Athen tragen? Vermutlich war der Torf für die Bütteler Großhändler von der Oste genau so preiswert zu haben wie vom Kudensee. Somit war auf diesem Wege immer noch ein Verdienst zu erzielen, wenn man die Ware weiter nach Hamburg verkaufte.

In der anschließenden Liste der Schiffseigner findet sich auch ein Ewer, der in Büttel gezimmert wurde: die „Martha" von Johann Tietjens, die dieser 1898 auf der Werft von Carsten Hölck hatte bauen lassen. Es war dies das einzige größere Schiff, das je in Büttel vom Stapel lief. Hölck's Werft, auf der ansonsten nur kleinere Kähne und Boote gebaut wurden, bestand nur wenige Jahre. Szymanski zitiert in seinem Ewerbuch Dr. W. Jensen aus St. Margarethen, der von einem weiteren Mitglied der Familie Hölck zu berichten wußte: „Am Bütteler Kanal auf dem ‚Kruthoff' wohnte vor fünfzig Jahren (also um 1880) der Schiffszimmermann Detlef Hölck, der die in großer Zahl auf dem Büttel-Burger-Kanal laufenden ‚Kudenseer Kähne' für die Torfbeförderung nach Büttel baute." Für 1847 weist derselbe Autor mit H. Ledtje einen weiteren Bütteler Schiffbauer nach, der zumindest einen Ewer zu Wasser gebracht hatte.[8]

Die meisten Bütteler Schiffe stammten von Werften aus der Nähe, namentlich aus Burg, Wilster, Wewelsfleth und Itzehoe, ferner von Schiffbauplätzen an der Krückau und Pinnau. Mit Aufkommen des Stahlschiffbaus wurden auffallend viele Neubauten, des günstigen Preises wegen, in Holland bestellt, wo besonders die Werften in Hoogezand von den Bütteler Schiffern bevorzugt wurden.

Das große Ausmustern der hölzernen Ewer setzte während des Ersten Weltkriegs ein, als die Schiffe wegen mangelnder Pflege schnell verkamen und zugrunde gingen. So sank Büttels Schiffsbestand zwischen 1914 und 1918 von 19 auf 12. Abgewrackt oder verkauft wurden in dieser Zeit: „Diamant", hBsEw v. 1891; „Dora" hBsEw v. 1899; „Frau Anna", hBsEw v. 1899; „Humor", hGkEw v. 1909; „Johanna", hGkEw v. 1881; „Martha", hGkEw v.1899; „Perle", hBsEw v. 1899; „Rosalie", hBsEw v. 1894; „Wilhelm", hBsEw v. 1889 Im gleichen Zeitraum waren aber auch hinzugekommen: „Hans Albert", sBsEw v. 1914, und „Henry", sBsEw v. 1914.
Diese Tendenz setzte sich fort. Zu Beginn des Zweiten Weltkrieges gab es in Büttel noch sieben Fahrzeuge, alles Stahlbauten: „Meteor", sGSr v. 1912, 113 BRT, H. J. Schmidt; „Vertrauen", sMS v. 1927, 95 BRT, G. Ramm; „Diamant II", sGSr v. 1904 / 1924, 73 BRT, W. Schmidt; „Henry", sBsEw v. 1914, 56 BRT, W. Schmidt; „Hans Albert", sBsEw v. 1914, 55 BRT, S. Schmidt; „Marie", sBsEw v. 1908, 27 BRT, E. Flügel; „Ella", sBsEw v. 1907, 27 BRT, C. J. Vollmert; „Vorwärts", sGkEw v. 1910, 26 BRT, P. H. Rohwedder.

Von diesen waren 1950 noch drei übrig („Meteor", „Vertrauen" und „Marie"). Als 1971, fast genau 200 Jahre nach Gründung des Bütteler Hafens, die „Marie" als letztes Schiff der hiesigen Flotte aus dem Register gestrichen wurde, ging eine unwiederbringliche Epoche zu Ende. Dem Sterben der Schiffe sollte bald das Sterben der Häuser, ja, des ganzen Dorfes folgen. Seine Bewohner wurden zu Heimatvertriebenen der Neuzeit. Und bald wird an Büttel und seinen Hafen nur noch der Rest des einstigen Burg-Bütteler-Kanals erinnern – doch wer wird sich daran überhaupt wohl noch erinnern können?

Anmerkungen:

1. Hans Szymanski „Der Ever der Niederelbe", Lübeck 1932, Reprint Hamburg 1985, Seite 268; 2. Schleswig-Holst. Landesarchiv; 3. dito, Abtlg. 103, Nr. 155; 4. Szymanski, S. 290; 5. dito, S. 291; 6. Joachim Kaiser „Segler in der Zeitenwende", Norderstedt 1977, S. 17; 7. Kreisarchiv Itzehoe, St. Margarethen 49 / 19 / 21; 8. Szymanski, S. 338. Als Literatur wurden ferner benutzt: Handbuch der deutschen Handelsmarine 1872–1970 sowie Seeschiffs- und Binnenschiffsregister von Hamburg, Itzehoe, Wilster, Burg, Büttel, St. Margarethen in den Amtsgerichten Hamburg und Itzehoe.

Ganz oben: Hinrich Böge und Frau Frieda geb. Klöckner. Ganz oben Mitte: Frieda und Hinrich Böge 1912 in Kellinghusen auf ihrem Ewer „Humor". Oben: Die Hofbesitzer Karl Westphalen und Wilm Siemen von Altenkoog begleiten eine Kornladung auf der Elbe nach Hamburg. Rechts: Kapitän Marcus Peters in Travemünde auf der Yacht „Wotan" des Barons von Wedel und Hildebrand. Steuermann war Heinrich Scheel aus St. Margarethen. Rechts außen: Der stählerne Ewer „Germania" ex „Johanna", in den Jahren 1936 bis 1939 das letzte Schiff von Marcus Peters, in einem Fleth an der Stör.

Hier folgt ein Verzeichnis der Schiffer und Schiffseigner aus Büttel. Dabei wurden nachstehende Abkürzungen verwendet: BsEw – Besanewer (zweimastig), D – Dampfer, e – eisern, eh – eiserner Rumpf mit Holzboden, Ew – Ewer, GkEw – Giekewer (einmastig), Gls – Galeasse, GSr – Gaffelschoner, h – hölzern, KfTjk – Kufftjalk, Kt – Kutter, MS – Motorschiff, s – stählern, sh – stählerner Rumpf mit Holzboden, SmH – Segelschiff mit Hilfsmotor, Tjk – Tjalk, verlg. – verlängert.

Badje, Johann
„Margaretha" (LVMK), hGkEw, 14,61 x 4,12 x 1,30 m, 20 BRT, erbaut 1884 Wewelsfleth, J. Peters, 1892 vkft. an J. N. Ludewig, Münsterdorf.

Becker, Johann sen.
„Catharina", hGkEw, 15,75 x 3,38 m, 13 BRT, erbaut 1861 Wilster, 1875 erstmals für Becker erwähnt, Setzschiffer: Jac. Kloppenburg, Büttel (1875–77), 1878 umbenannt in „Borussia", Setzschiffer: Fr. Ulrich, Wilster (1878–84), 1884 vkft. an Friedr. Ulrich jun., Wilster.
„Emanuel", hEw, 8,5 Commerzlasten, Bau-Jahr u. -Werft unbekannt, 1875 erstmals erwähnt, Setzschiffer: Joachim Becker, Büttel (1875–86), 1887 vkft. an Johs. Schmidt, Büttel.
„Rosaline" (LVCR), hGkEw, 15,80 x 4,65 x 1,42 m, 23 BRT, erbaut 1878 Burg / D., C. A. Fjordland, 1878 Neubau, Setzschiffer: Johann Becker jun., Büttel, 1888 vkft. nach Drochtersen.
„Magecia" (RGCQ), Hamburg, hGlsEw, 19,27 x 5,62 x 1,90 m, 49 BRT, erbaut 1881 Spiekerhörn, Lüdemann, 1888 gkft. v. J. H. Rie-

per, Estebrügge, Setzschiffer: J. Becker jun., 1893 vkft. an Tiedemann, Neuhaus / Oste.
„Johannes" (KMTB), hBsEw, 15,89 x 5,15 x 1,47 m, 29 BRT, erbaut 1866 Bützfleth, P. Bosch, 1889 gkft. v. J. J. Freudenthal, Estebrügge, Setzschiffer: H. Behr, Büttel, 1896 vkft. an H. J. Witt, Neufeld.
„Bellona" (LHNM), hBsEw, 15,06 x 4,90 x 1,42 m, 26 BRT, erbaut 1857 Haseldorf, D. Schwarz, 1889 gkft. v. J. J. Rahder, Büsum, Setzschiffer: H. Witt, Büttel, 1893 vkft. an H. A. Peters, Kaiser-Wilhelm-Koog.
„Johanna", hBsEw, 29 BRT, erbaut 1890 Wilster, Bergmann, 1890 Neubau, Setzschiffer: J. Jürgens, Münsterdorf, 1899 vkft. an H. Siegwold, Wilster.
„Anna Maria", hBsEw, 23 BRT, erbaut 1894 Wilster, Bergmann, 1894 Neubau, Setzschiffer: Jürgen Jürgens sen., Wilster, 1898 vkft. an Jürg. Jürgens, Wilster.

Becker, Joachim
1875–86 Setzschiffer auf „Emanuel" (Joh. Becker sen., Büttel)
„Heinrich" (LVDG), shGls, 19,90 x 5,70 x 1,90 m, 60 BRT, erbaut 1887 Hamburg-Grasbrook, J. H. N. Wichhorst, 1887 Neubau, 1905 vkft. an Gust. Ramm, Büttel.

Becker, Johann jun.
1878–88 Setzschiffer auf „Rosaline"
1888–92 Setzschiffer auf „Magecia" (beide Joh. Becker sen.)

Behr, H.
1889–90 Setzschiffer auf „Johannis" (Joh. Becker sen.)

Böge, Hinrich
wohnte anfangs Borsflether Außendeich, später Büttel
„Humor", hGkEw, 16 BRT, erbaut 1909 Rethwisch, Wilh. Fack, 1911 gkft. v. Johs. Chr. Stockfleth, Wilster, 1918 vkft. an Wilh. Cl. H. Richters, Wischhafen.
„Karl August" (LWMD / DDBR), Itzehoe, sGkEw, 16,28 x 4,10 x 1,34 m, 27 BRT, erbaut 1910 Hoogezand, H. Kroese, 1918 gkft. v. O. Milde, Itzehoe, 1927 verlg. u. Motor, 1938 versteigert an Jac. Brandt, Grünendeich.

Engelbrecht, Peter
anfangs Beidenfleth, ab 1873 Büttel
„Fortuna", hEw, 4,25 CL, Bauort- u. -jahr unbekannt, 1871–75 nachweisbar.

Flügel, Emil
hatte vor 1933 Fischerboot
„Marie", sBsEw, 16,97 x 4,14 x 1,32 m, 27 BRT, erbaut 1908 Moorrege, J. Jacobs, 1933 gkft. v. Carl Suhr, Wewelsfleth, 4x verlg., zuletzt 1965 auf 30,33 m, 1971 abgewrackt in Brake / Unterweser.

Gundmann, H.
„Die Freundschaft", hEw, 8,5 CL, nur 1845 nachweisbar.

Oben: Der Bütteler Kanal vom Deich gesehen, vor dem Bau der Chausseebrücke 1901/02. Vorn rechts der kleine weiße Kutter „Sturmvogel" von Johannes Rohwedder. Rechts: Der mehrfach verlängerte Ewer „Marie" von Emil Flügel war das letzte in Büttel registrierte Schiff und wurde 1971 abgewrackt.

Haack, Diedrich
„Maria" (LVGR), hGkEw, 16,00 x 4,14 x 1,38 m, 24 BRT, erbaut 1890 Wewelsfleth, J. Junge, 1890 Neubau, 1901 vkft. an Diedrich Hilck, Assel.

Haack, Hein
„Johanna", hGkEw, 18 BRT, erbaut 1881 Elmshorn, D. W. Kremer, 1881 Neubau, 1940 im Register gelöscht: „Über den Verbleib des Kahns ist nichts zu ermitteln".

Hölck, Korniels Jacob
„Dorothea", hGkEw, 18 BRT, Bauort u. -jahr unbekannt, 1897 gkft., 1901 vkft. an Wwe M. Reincke, Hamburg.

Horn, Nicolaus Ferdinand
„Hoffnung", Wilster, ab 1906 Büttel, hBsEw, 23 BRT, erbaut 1890, 1902 gkft. v. Johs. Nicol. Horn, Wilster, 1910 nach Kollision m. D. „Johanna Lehmann" auf der Elbe gesunken, dabei Schiffer Horn und seine Ehefrau ertrunken.

Inselmann, J. H.
„Die Zufriedenheit", hEw, 10,5 CL, Bauort u. -jahr unbek. nur 1845 nachweisbar.

Jens, Carsten
„Aurora", hGkEw, 17 BRT, erbaut 1876 Wewelsfleth, J. Junge, 1876–85 als Setzschiffer an Bord, 1885 gkft. v. Johann Junge, Wewelsfleth, 1891 vkft.
„Catharina" (LVHD), hGkEW, 15,05 x 4,09 x 1,30 m, 21 BRT, erbaut 1892 Achthöfenerdeich / Lühe, Joh. Wilckens, 1892 Neubau, 1908 vkft. an Joh. Linsenbarth, Otterndorf.

Jens, Hinrich
„Preciosa" (LVGQ), hBsEw, 16,40 x 4,22 x 1,46 m, 26 BRT, erbaut 1891 Burg / D., Hans Fack, 1895 gkft. v. Jac. Schnoor, Burg / D., 1910 vkft. an Martin Krumm, Wilster.

Jens, Hinrich Peter
„Preciosa" (LWKP), sBsEw, 16,00 x 4,15 x 1,35 m, 28 BRT, erbaut 1910 Wewelsfleth, Claus Witt, 1910 Neubau, 1927 verlg. u. Maschine: 20,63 m, 38 BRT, 1938 vkft. an Walter Kuhlmann, Beidenfleth.

Jens, Karl Johannes
„Frau Anna" (LVSQ), hBsEw, 16,68 x 4,18 x 1,49 m, 27 BRT, erbaut 1899 Wewelsfleth, J. Peters, 1899 Neubau, Setzschiffer: Nicol.

Krumm, Wilster 1910–17, 1917 vkft. an H. C. Haiungs, Friedrichkoog.

Kloppenburg, Jacob
1875–78 Setzschiffer auf „Catharina" (Joh. Becker sen.)

Kruse, Martin
anfangs Büttel, ab 1905 Burg
„Rosalie" (LVKJ), hBsEw, 18,00 x 4,14 x 1,31 m, 26 BRT, erbaut 1894 Itzehoe, J. H. Fack, 1894 Neubau, Setzsch.: M. Kruse jun. 1905–11, W. Schacht 12–17, 1917 vkft. an Fr. Jessen, Wyk / Föhr.

Peters, Marcus
„Andrea" (LVNF), hBsEw 15,70 x 4,24 x 1,37 m, 24 BRT, erbaut 1890 Wewelsfleth, J. Peters, 1906 gkft. v. H. v. Aspern, Kollmar, 1909 vkft. an Hinr. Jark, Krautsand.
„Frida" (LVSW), sBsEw, 16,58 x 4,10 x 1,46 m, 29 BRT, erbaut 1900 Itzehoe, J. H. Fack, 1926 gkft. v. G. Kuhlmann, Beidenfleth, 1929 vkft. an Joh. Hoyer, Wilster.
„Cathrine" (DDCG), sTjk, 15,30 x 4,12 x 1,52 m, 28 BRT, erbaut 1909 Hoogezand, J. H. Boerma, 1933 gkft. v. T. Witt, Herzhorn, 1935 vkft. an G. Brandt, Grünendeich.
„Germania", sBsEw, 17,05 x 4,12 x 1,44 m, 30 BRT, erbaut 1900 Wewelsfleth, J. Junge, 1936 gkft. v. Jonny Suhr, Wewelsfleth, 1939 vkft. an Fritz Junge, Glückstadt.

Piening, J.
„Hoffnung", hEw, 7,5 CL, Bauort u. -jahr unbek., nur 1845 nachweisbar.

Ramm, Gustav
„Heinrich" (LVDG), ehGls, 19,90 x 5,70 x 1,90 m, 60 BRT, erbaut 1887 Hamburg-Grasbrook, J. H. N. Wichhorst, 1905 gkft. v. Joachim Becker, Büttel, 1923 Motor, 1927 vkft. an H. Scheel, Travemünde.
„Vertrauen" (RGNB / DIFJ / DHCZ), SmH, 23,98 x 5,62 x 1,96 m, 95 BRT, erbaut 1927 Waterhuizen, van Diepen, 1927 Neubau, 1951 verlg.: 31,24 m, 124 BRT, 1969 noch verzeichnet, 1971 nicht mehr.

Rens, Nicolaus
„Ernst" (LVKW), hBsEw, 16,50 x 4,06 x 1,30 m, 23 BRT, erbaut 1889 Wilster, M. & F. Bergmann, 1903 gkft. v. Chr. Bruhn, Wilster, 1913 abgewrackt.
„Anneline" (LWNR), sGkEw, 15,60 x 4,01 x 1,35 m, 27 BRT, erbaut 1912 Hoogezand, G. J. v. d. Werff, 1912 Neubau, 1927 Motor, 1933 vkft. an Cl. H. Kröger, Münsterdorf.

Röhrig, Johann
„Magdalena", hGkEw, 5 BRT, Bauort u. -jahr unbek., 1886 zuerst nachweisbar, 1898 vkft. an Johs. Rowedder, Büttel.

Rohwedder, Peter sen.
„Die vier Geschwister", hBsEw, 20 NRT, erbaut 1843 Itzehoe, Joh. Schmidt, 1845 zuerst nachweisbar, 1896 vkft. an J. H. Cordts, Uetersen.

„Möwe", hGkEw, 19,5 BRT, erbaut 1885 Burg / D., Bruhn, 1898 gkft. v. Cl. Schmidt, Büttel, 1899 übertragen auf Wwe. Elsabe Rohwedder, St. Margarethen.

Rohwedder, Simon Johannes
Sohn von Peter R.
„Magdalena", hGkEw, 5 BRT, Bauort u. -jahr unbek., 1898 gkft. v. Joh. Röhrig, Büttel, 1902 vkft.
„Sturmvogel" (LWJP), hKt, 10,52 x 3,58 x 1,19 m, 12 BRT, erbaut 1897 Finkenwerder, J. Behrens, 1902 gkft. (ex Segelyacht „Otter"), 1927 übertragen auf Wwe. Rosa R., geb. Koppelmann, Setzschiffer: Walter Rohwedder, Cuxhaven, 1930 vkft. an Heinr. Heitmann, Kasenort.

Rohwedder, Peter Hermann
Sohn von Peter R., anfangs Büttel, dann St. Margarethen
1899–1903 Setzschiffer auf „Möwe" (Wwe. Elsabe Rohwedder)
„Möwe", hGkEw, 19,5 BRT, erbaut 1885 Burg / D., Bruhn, 1902 übernommen von Wwe. Elsabe Rohwedder, Setzschiffer 1911: J. Prüss, 1911 abgewrackt.
„Vorwärts" (LWJV), St. Margarethen, sGkEw, 15,15 x 4,18 x 1,33 m, 26 BRT, erbaut 1910 Martenshoek, Lucas Mulder, 1912 gkft. v. Heinr. Wilstermann, Heiligenstedten, 1927 verlg. u. Motor, Setzsch.: Johs. Rohwedder jun. 30–35, 1948 von den Erben vkft.

Rohwedder, Carl Wilhelm
Sohn v. Peter R., Büttel, später St. Margarethen
„Henriette" (LVJF), hBsEw, 16,29 x 4,09 x 1,45 m, 25 BRT, erbaut 1893 Wewelsfleth, J. Junge, 1902 gkft. v. Cl. H. Drewes, Itzehoe, 1914 vkft. an Cl. Horwege, Assel.
„Albertine" (LWPD / DDCE), sBsEw, 17,84 x 4,62 x 1,52 m, 25 BRT, erbaut 1914 Hoogezand, H. Kroese, 1914 Neubau, 1937 vkft. von den Erben an A. Haiungs, Friedrichskoog.

Rohwedder, Johannes
Sohn v. Peter Hermann R., Setzschiffer auf „Vorwärts" des Vaters.

Rohwedder, Walter
Sohn v. Simon Johannes R., anfangs Büttel, ab 28 Cuxhaven, Setzschiffer auf „Sturmvogel" des Vaters.

Schmidt, S.
„Fortuna", hEw, 7 CL, Bauort u. -jahr unbek., nur 1845 nachweisbar.

Schmidt, Jürgen
1875–76 Setzschiffer auf „Christine" v. Brockdorf
„Christine", hEw, 18 BRT, Bauort u. -jahr unbek., 1877 gkft. v. Chr. Schmidt, Brockdorf, 1901 vkft. an Johs. Junge, Kellinghusen, 1907 Setzschiffer auf „Wilhelm" (Johs. Schmidt).

Schmidt, Johannes
„Emanuel", hEw, 8,5 CL, Bauort u. -jahr unbek., 1887 gkft. v. Joh. Becker sen., Büttel, 1888 vkft.
„Wilhelm" (LVFQ), hBsEw, 16,18 x 3,89 x 1,37 m, 23 BRT, erbaut 1889 Wewelsfleth, J. Peters, 1889 Neubau, Setzsch. 1907: Jürgen Schmidt, Büttel, 1914 im Register gelöscht.

Oben: Die 1927 in Holland als Motorsegler gebaute „Vertrauen" von Gustav Ramm.

Schmidt, Claus
„Möwe", hGkEw, 20 BRT, erbaut 1885 Burg / D., Bruhn, 1891 gkft. (ex „Maria"), 1898 vkft. an Peter Rohwedder, Büttel.
„Seemöwe" (LVRB), sKfTjk, 17,80 x 4,22 x 1,67 m, 40 BRT, erbaut 1898 Hoogezand, H. Kroese, 1898 Neubau, 1937 v. Erben vkft. an Joh. Mahntsen, Brake.

Schmidt, Wilhelm
„Diamant" (LVKP), hGkEw, 15,60 x 4,00 x 1,31 m, 23 BRT, erbaut 1891 Wewelsfleth, J. Peters, 1891 Neubau, 1915 vkft. an Heinr. Umlandt, Freiburg.
„Henry" (LWPS / DDCD), Büttel, ab 1932 Hamburg, sBsEw, 20,90 x 5,05 x 1,69 m, 56 BRT, erbaut 1914 Hoogezand, v. d. Werff, 1914 Neubau, 1928 Motor, ca. 1940 vkft. nach Dänemark.

Schmidt, Simon Johannes
„Hans Albert" (LWQB), sBsEw, 20,86 x 5,05 x 1,69 m, 55 BRT, erbaut 1914 Hoogezand, G. F. v. d. Werff, 1914 Neubau, 1923 vkft. an Simon Schmidt jun., Büttel.

Schmidt, Simon jun.
„Hans Albert" (LWQB / DISD), Hamburg, sBsEw 20,86 x 5,05 x 1,69 m, 55 BRT, 1923 gkft. v. S. J. Schmidt, Büttel, 1928 Motor, 1938 noch verzeichnet, 1952 im Besitz v. Friedr. Cassau, Hamburg.

Schmidt, Rudolf
„Diamant II", sGSr, 21,25 x 5,05 x 2,28 m, 73 BRT, erbaut 1904 Hoogezand, Gebr. Bodewes, umgbt. 1923, Wewelsfl., Peters, 1928 gkft. v. R. E. P. Puls, Hamburg, 1944 in Bergen / Norwegen Kriegsverlust, Schiffer und Sohn dabei umgekommen.

Schmidt, Henry Jürgen
„Meteor" (LWNH / DIVQQ / DGXL), Hamburg, sGSr, 23,48 x 5,73 x 2,04 m, 91 BRT, erbaut 1912 Hoogezand, G. F. v. d. Werff, 1928 gkft. v. Jul. Wilh. Penns, Burg / D., 1955 verlg.: 29,62 m, 113 BRT, (1960) Wwe. Frieda Schmidt, Büttel, 1971 abgewrackt.

Schuldt, Eduard
„Albatross" (LVQD), sKfTjk, 16,25 x 4,12 x 1,63 m, 36 BRT, erbaut 1897 Hoogezand, H. Kroese, 1904 gkft. v. Wilh. Schuldt, Büttel, 1906 HH Burg / D., 1911 vkft. an Heinr. Puls, Buchholz.

Schwardt, Peter
„Dora", hBsEw, 25 BRT, erbaut 1899 Wilster, M. Bergmann, 1899 Neubau, 1916 abgewrackt.

Siems, Harder
auch Siemssen geschrieben, Kudensee, ab 1865 Büttel
„Die zwei Gebrüder", hEw, 6,5 CL, Bauort u. -jahr unbekannt, 1864 gkft. v. Joh. Becker, Wilster, 1865 vkft. an Joh. Eilmann, Neufeld, 1866–93 Setzschiffer auf „Hermann" v. St. Margarethen.

Stapelfeld, Carsten
„Elbe", hEw, 4,75 CL, erbaut 1860, Bauort unbek., 1860 Neubau, 1867 verlegt nach Wilster.

Suhr, Simon Johannes
„Frieda", hGkEw, 16,00 x 4,15 x 1,35 m, 23 BRT, erbaut 1890 Wewelsfleth, J. Junge, 1890 Neubau, 1898 verloren, Elbe.
„Perle", hBsEw, 16,00 x 4,25 x 1,45 m, 24 BRT, erbaut 1899 Wewelsfleth, J. Junge, 1899 Neubau, 1914 vkft. an Herm. Hasch, Neuenkirchen.

Tecklenburg, E.
„Fortuna", hEw, 8 CL, nur 1845 nachweisbar.

Tecklenburg, H.
„Frau Anna", hEw, 11,5 CL, erbaut 1843, Bauort unbek., 1845–64 nachweisbar.

Tecklenborg, Johann
„Hermann", hBsEw, 20 BRT, erbaut 1881 Brunsbüttel, O. Doose, 1881 Neubau, 1901 vkft. an Herm. Tecklenborg, Büttel.

Tecklenborg, Hermann
„Hermann", hBsEw, 20 BRT, 1901 gkft. v. Joh. Tecklenborg, Büttel, 1901 vkft. an Heinr. Wichers, Hamburg.

Tietjens, Johannes
„Separation", hGkEw, 18 BRT, erbaut 1878 Burg / D., Bruhn, 1897 gkft., 1898 reparaturunwürdig.
„Martha", hGkEw, 22 BRT, erbaut 1898 Büttel, Carsten Hölck, 1898 Neubau, 1917 abgewrackt.

Vollmert, Peter
„Preciosa" (LVFC), hBsEw, 17,15 x 4,20 x 1,35 m, 23 BRT, erbaut 1889 Itzehoe, J. H. Fack, 1889 Neubau, 1900 v. D. „City of Dortmund" auf der Elbe gerammt, gesunken, später gehoben und repariert, 1901 vkft. an Sohn Johs. Vollmert, Büttel.

Vollmert, Claus Johannes
1901 Setzschiffer auf „Preciosa" des Vaters
„Preciosa" (LVFC), hBsEw, 17,25 x 4,20 x 1,35 m, 23 BRT, erbaut 1889 Itzehoe, J. H. Fack, 1901 gkft. v. Peter Vollmert, Büttel, 1905 vkft. an Friedr. Häbel, Burg / D.
„Ella" (LWGQ), sBsEw, 16,40 x 4,09 x 1,50 m, 27 BRT, erbaut 1907 Wewelsfleth, J. Junge, 1907 Neubau, 1933 Heimathafen Hamburg, ca. 1940 vkft. zur Weser.

Vollmert, Michael
um 1900 Eigner eines Kahns

Witt, H.
1889–90 Setzschiffer auf „Bellona" (Joh. Becker sen., Büttel)

Woltmann, H. H.
„Die Einigkeit", hEw, 9,25 CL, Bauort u. -jahr unbekannt, nur 1845 nachweisbar.

Links: Karl von Deesen mit seinen Kameraden auf dem Brunsbütteler Lotsendampfer „Böschlotse". Rechts: Das Lotsenhaus auf der Bösch an der Einfahrt zum Bütteler Hafen mit bereitliegenden Lotsenjollen, im Hintergrund der Deich mit Häusern und der Mühle von Büttel links und dem Kirchdorf St. Margarethen rechts, Lithographie von Klenck aus der Zeit um 1840 im Altonaer Museum.

Die Bösch

von Hans Jürgen Hansen

In dem 1859 bei Baerentzen in Kopenhagen erschienenen berühmten Ansichtenwerk mit Sehenswürdigkeiten aus Schleswig-Holstein befindet sich auch eine Lithographie des Böschhauses, der „Lootsenstation an der Elbe". Daneben steht folgender Text:
„Am rechten Ufer der Elbe, und zwar am westlichsten Ende derjenigen Strecke, die zwischen dem Flecken Brunsbüttel und dem Kirchdorfe St. Margarethen zur Wilster-Marsch gehört, liegt auf einem sogenannten ‚Werfte' am Aussendeiche das Böschhaus (‚auf der Bösch'), welches von grosser Wichtigkeit für die Schifffahrt auf der Elbe ist.
Dieses Haus ist nämlich eine Hauptstation der Elblootsen, die hier, so lange die Elbe nicht zugefroren ist, ein Lampenfeuer oder eine grosse Signallaterne des Nachts angezündet hatten. Bisweilen sind hier selbst über fünfzig dieser braven Seeleute versammelt, deren Hülfe sehnsuchtsvoll erwartet und deren Werth zumal dann vollständig erkannt wird, wenn an einem stürmischen Tage oder in einer finstern Nacht die Elbe aus einem freundlichen Flusse in ein empörtes Meer umgewandelt worden ist. Wenigstens einer der Lootsen steht stets auf dem Posten, gewöhnlich zwischen dem Hause und dem nebenan stehenden kleinen Leuchtthurme, das geübte Auge gegen die Elbmündung gerichtet, durch welche eines der wichtigsten Fahrwasser Europas zwischen oft sehr gefährlichen sandigen Gründen führt.
Unterhalb des Hauses, westlich von demselben, liegt der kleine Bütteler Hafen, der einen Zufluss aus dem Kuden-See erhalten hat, seitdem im J. 1768 ein Canal, von ungefähr ¾ Meilen Länge, zwischen diesem See und der Bütteler Schleusse gegraben worden ist. Die Schleusse liegt, etwa 1000 Ellen nördlich des Hauses in dem hohen Deiche, welcher längs der Elbküste, doch nicht überall unmittelbar an derselben, aufgeführt ist, um die hinterliegende reiche Marsch zu beschützen.
Da die tiefe Strömung der Elbe auf der Strecke zwischen Brunsbüttel und St. Margarethen nahe an diese Küste hinangeht, ist der Deich läng demselben, zumal bei starken westlichen Stürmen, den verheerenden Wirkungen derselben sehr ausgesetzt, und da die Wellen sich zugleich, zumal bei einer Springfluth, in einer bedeutenden Höhe aufthürmen, so muss der Deich, um hinlänglichen Schutz leisten zu können, nicht nur eine Grundlinie haben von ungefähr 150 Fuss und einer Höhe von ungefähr 24 Fuss über gewöhnliche Fluth, sondern seine Aussenseite muss sowohl mit Grassoden bekleidet und mit Stroh bestocken, wie auch deren unterer Theil mit breiten Steinen belegt werden, obgleich diese in

der Marsch sehr kostbar sind, indem daselbst kein Stein gefunden wird, der nicht durch Menschenhand dahin gebracht wäre.
Im Bütteler Hafen, von wo eine bedeutende Ausfuhr von Torf, Korn und Fettwaaren stattfindet, ist 8 Fuss Tiefe bei ordinaire Ebbe; die Tiefe nimmt aber ab bis 3 Fuss, etwa 500 Ellen innerhalb der äussersten Spitze des Vorlandes. Der Unterschied zwischen Ebbe und Fluth beträgt 9 bis 10 fuss; und die Dampfschiffe, die regelmäßig zwischen Hamburg und Cuxhaven fahren, laufen oft die Station Bösch an, um hier Passagiere, die nach der Wilster-Marsch wollen oder von dort kommen, an's Land zu setzen oder aufzunehmen."
Die Wurt hat wahrscheinlich schon vor dem Bau der ersten Deiche bestanden. Als zwischen 1614 und 1682 vorübergehend auch das heutige Büttler Außendeichsland eingedeicht war, befand sich neben der Bösch die Schleuse und an der Stelle des späteren Lotsenhauses das Haus des Schleusenwärters.
Im 18. Jahrhundert hatten sich auf der Niederelbe, deren nördliches Ufer damals holsteinisch-dänisch und dessen südliches hannoveranisch-englisch war, außer den schon länger existierenden Hamburger Admiralitätslotsen landeseigene Lotsenbrüderschaften gebildet. Seit 1749 residierten sie gemeinsam auf der Bösch in dem strohgedeckten Haus, das um 1733 von dem damaligen Besitzer Clas Hansen erbaut worden war. 1865 erhielt es einen Anbau mit großer Gaststube und hatte achtzig Kojen zur Beherbung. Sogleich nach ihrer Ankunft schrieben die Lotsen ihre Namen untereinander auf eine an der Wand hängende Tafel, und in dieser Reihenfolge segelten dann auch ihre kleinen flinken Jollen den zu lotsenden Schiffen entgegen. Von der Gaststube mit den zum Strom weisenden Fenstern hielten sie mit ihren Ferngläsern nach aufkommenden Schiffen Ausschau. Nachts brannte am Fenster beständig eine große Lampe. Sie bildete den Anfang für die heutige ausgedehnte Befeuerung des Elbfahrwassers.
Schon 1882, zehn Jahre früher als in Hamburg, war auf der Bösch ein Dampfer als Versetzschiff stationiert. Mit diesem zogen die Lotsen 1895 auch um in ihr neues Haus, das nach der Eröffnung des Nord-Ostsee-Kanals an dessen Einfahrt in Brunsbüttel errichtet worden war und seitdem den unter Seeleuten bis heute so genannten Böschlotsen als Quartier dient. Das von ihnen verlassene Böschhaus blieb noch einige Jahre eine beliebte Ausflugswirtschaft, die im November 1901 abbrannte.
Im Dorf nannte man die Lotsen die „Böschburen", den Lotsenwirt „Butendieksköng". Er war ein angesehener Mann. Der letzte, Jakob Inselmann, zog mit der Verlegung der Station anläßlich der Fertigstellung des Nord-Ostsee-Kanals nach Brunsbüttel. Einen Eindruck der engen Verbundenheit der Bösch mit den Dorfbewohnern vermittelt noch das überlieferte Lied, das die damalige Lehrerin Meta Vierth gedichtet und der Bütteler Gesangverein dem Ehepaar Inselmann 1889 zur Silberhochzeit dargebracht hat.

Oben: Die Bösch im Jahre 1885 mit dem Lotsenhaus und dem drei Jahre zuvor in Dienst gestellten ersten Elblotsendampfer „Bösch". Rechts: Die Bösch vor dem Auszug der Lotsen nach Brunsbüttel im Jahre 1895. Vor dem Haus der Mast, an dem bei einbrechender Dunkelheit die Laterne vorgeheißt wurde, die die Einfahrt zum Bütteler Hafen bezeichnete.

Am Ufer der Elbe, den Wellen zum Hohn,
Liegt breit u. behäbig die Lotsenstation.
Dort thronet ein Herrscher, Euch allen bekannt,
„De Butendieks-König" wird oft er genannt.

Dort thront er behaglich, sein Volk ist zwar klein,
Doch nennet gar tüchtige Kämpfer er sein,
Zum Kampf zieh'n sie täglich u. stündlich hinaus,
Zum Kampf mit dem Wasser u. Sturmesgebraus.

Heut' kamen die Gäste von Ost u. von West,
Es feiert der König ein fröhliches Fest!
Es stellten so viele der Gäste sich ein,
das Reich unsers Königs, die „Bösch" war zu klein.

Vorm Vierteljahrhundert ward heut er vermählt,
Da hatte der Jakob die Abel erwählt,
Noch heut bilden beide ein stattliches Paar,
Das Freuden u. Leiden geteilt manch ein Jahr.

Die Gattin ging Jakob gar treulich zur Hand,
Das Zepter der Küche schwang sie mit Verstand;
Sie sorgt für die Speise u. er für den Trunk,
So war's auf dem Böschhaus dann alles in'n Schwung.

Fünf Kinder umgeben das Jubelpaar heut,
Der Kronprinz vom Norden erhöht noch die Freud'.
Der jüngste Sohn August trägt jetzt das Schwert,
Die Töchter, die schalten bei Muttern am Herd.

So ist's denn kein Wunder, wenn höchlich beglückt,
Das Silberpaar heut' diesen Kreis überblickt.
Vergnügt u. gemütlich, das war so sein Brauch,
Das sei für die Gäste die Losung drum auch.

Wo man nur dem Frohsinn 'nen Tempel gebaut,
Da wird unser Jakob gewißlich erschaut,
Könnt ihr ihn nicht sehen, so hört ihr ihn bald,
Wenn herzhaft sein kräftiges Lachen erschallt.

Nur eins hat „die Tide" dem Jakob verwehrt,
Es ist ihm kein friedlicher Schlummer beschert.
Oft stöhnt er: „Datt geiht nich! Ick mutt nu all weg,
Ja, harr ick so'n Buurnnacht, datt weer ja nich schlecht."

Ein Glück, daß der corpus sich gut dabei steht
Und nichts uns von schlaflosen Nächten verrät,
So rührend der Jakob auch schildert sein Joch,
Erträglich erscheint es uns allen wohl noch.

Doch nun greift zum Glase, laßt klingen es fein,
Wir wollen es fröhlich dem Jubelpaar weih'n.
Wir wollen ihm bringen ein dreifaches Hoch
Und wünschen ihm alle die Gold-Hochzeit noch.

Sommerfrische in Büttel

von Hertha Schlichting-Butenschön

Mein Großvater mütterlicherseits, Carsten Stademann, geb. 26. 12. 1838 in der Kirchducht, unweit der Bütteler Mühle (das Geburtshaus steht noch an der Straße unter dem Deich an der Ecke der Bundesstraße 5) war befreundet mit Jacob Falck, dem Amtsvorsteher des Amtes St. Margarethen, zu dem auch Büttel gehört.

Meine Eltern fuhren alljährlich in den großen Ferien mit uns vier Kindern, Ernst, Alfred, Käthe und mir in die Sommerfrische. Einmal waren wir dann im Forsthaus Wesloe bei Lübeck. Im dritten Jahr meldete sich die Familie von Osten aus Büttel auf unser Suchinserat in der Zeitung. Eine Anfrage nach dieser Familie bei Onkel Falck ergab, daß die Kinder der Familie von Osten sehr wild und vielleicht auch nicht sehr wohl erzogen seien, daß aber sein Amtsschreiber Johann Reimers und Frau, ein junges, kinderloses Ehepaar, uns gern in Pension nehmen würden. Onkel Falcks Vorschlag wurde angenommen, und so kamen wir vier Butenschöner zum ersten Mal in die Heimat unseres Großvaters Carsten Stademann. Seit dieser Zeit brauchten unsere Eltern während unserer Schulzeit keine neue Sommerfrische für ihre Kinder mehr zu suchen. Sie wollten immer wieder nach Büttel reisen.

Ernst und Alfred begeisterten sich für die Landwirtschaft, besonders Ernst, dessen Liebe zu dieser Tätigkeit so groß war, daß „he Bur warn wullt", sehr zum Kummer unseres Vaters, der gern einen Mathematiker und Physiker aus ihm machen und Sternwarten mit ihm bauen wollte. Auf dem Falckenhof, von Nikolaus Ewers und seiner Ehefrau Albertine, geb. Kloppenburg, gepachtet von dem Besitzer Jacob Falck, verbrachten Ernst und Alfred ihre Ferientage. Ernst, von jeher in seiner von ihm selbst gewählten Arbeit aufgehend, war bald Nikolaus' „bester Knecht". Alfred weniger beständig, mehr dem Augenblick lebend, war nicht so intensiv der Landwirtschaft verbunden. Die Jungens haben geheut, gemolken, gemistet, sie sind mit Nikolaus über Land gefahren, haben Vieh zu Markt gebracht, jede anstehende Arbeit haben sie mit Begeisterung mitgemacht. Morgens um 5 Uhr sind sie beide leise und heimlich aufgestanden und hinüber zu Ewers gelaufen, wo sie Bratkartoffeln oder gebratene Klöße mit der Familie und dem Knecht zusammen gemeinsam aus der Pfanne aßen. Wir beiden Mädchen haben uns geschüttelt vor Ekel ob dieses gemeinsamen Hineinlangens in die Pfanne. Wir aßen lieber morgens Klöben, den Frau Reimers so gut backen konnte, dabei vergaßen wir sogar, daß der geknetete Hefeteig in Ernsts und Alfreds warmem, eben verlassenem Doppelbett aufgehen mußte. Die selbst gezogenen Erbsen und Wurzeln schmeckten so besonders gut. Wir haben alle vier in Büttel unheimlich gefuttert, das verursachten die frische Luft

und die besondere Umgebung, die Gewichtszunahme am Ende der Ferien waren dann auch sehr gut und wurden von uns Kindern und Ehepaar Reimers mit großer Befriedigung festgestellt, um es dann später bei unserer Rückkehr zu den Eltern ihnen mitzuteilen mit großer Freude.

Wie schön war es doch in Büttel! „In Freiheit dressiert" verbrachten wir jeweils 4 Ferienwochen in diesem Paradies: täglich das Badeleben an der Elbe in den geschützten Nischen, die das Ufer und die in das Wasser weit hinausragenden „Stacks" (Buhnen) bildeten, zusammen mit den übrigen Besuchskindern bei Familie Ramm, den Ramm- und Schnoor-Kindern, die Mädchen beim Stack (Buhnen als Küstenschutz) mit dem Schilf auf dem Außendeich, die Jungens am Stack mit dem Turm.

Baden konnten wir nur bei Ebbe, wenn in der linken Ecke zwischen Stack und Uferbefestigung der Sand sichtbar war. Die Bütteler Jungens schwammen bei der Schleuse am Deich im Bütteler Kanal, das durften wir nicht, da wir keine geübten Schwimmer waren.

Wunderbar war das Toben auf dem Deich, das Sitzen auf Möllers geschützter Bank (sie war entschieden die beste der Bänke auf dem Deich bei Büttel). Große Freude herrschte, wenn das Kirschenschiff aus der Lühe im Bütteler Kanal eintraf. Dann saßen wir auf Möllers Bank und spukten Kirschsteine um die Wette, wer am weitesten spucken konnte.

Ein weiterer Höhepunkt war der St. Margarethener Markt. Herr Reimers wichste seine Stiefel auf Hochglanz, sogar die Sohlen wurden geschwärzt und blank geputzt. Die besten Kleider und Anzüge wurden angezogen. Nach dem Mittagessen zogen wir allesamt los, Herr und Frau Reimers und wir vier Butenschönkinder. Bei Carsten Haack, Kohlenhändler an der Landstraße kurz vor St. Margarethen, Frau Reimers Schwager, wurde Kaffee getrunken, hier war auch Sammelplatz, nachdem jeder auf dem Markt auf seine Weise mit seinen Freunden sich vergnügte. Karussellfahren, Schießen, Lutschstangen habe ich noch in der Erinnerung. Besonders das Karussellfahren hatte es uns angetan. 5 Pfennige kostete eine Fahrt, wer den Ring ergriff, konnte umsonst fahren. Das habe ich redlich wahrgenommen, ich war die Größte von uns vieren, stand an der Stange und ergriff pausenlos den schwenkenden Ring, bis es dem Karussellmann zuviel war, und bei mir den Ring wegdrehte. Ich meine, daß wir am 2. Markttag, dem Montag, noch einmal allein ohne die Erwachsenen am Nachmittag uns hier vergnügen durften.

Ein weiteres wunderbares Erlebnis waren die Wagenfahrten nach Burg in Dithmarschen mit Herrn und Frau Reimers, wozu dieser

---

Links: Die Gaststube im Lotsenhaus auf der Bösch vor dessen Umbau nach einer Zeichnung um 1862. Oben: Die Bösch heute. Nach dem Brand des Hauses blieben nur die Bäume.

den Landauer von Onkel Falck benutzte. Herr Reimers kutschierte, und so fuhren wir: einmal zum Garten Eden in Edendorf bei Itzehoe, wo der Irrgarten uns Kinder begeisterte. Ein anderes Mal fuhren wir nach Burg in Dithmarschen, wo seiner Zeit der Burgherr von den Bauern überlistet wurde, um das Joch abzuschütteln und um freie Bauern zu bleiben.

Käthe und ich lernten in Büttel die Albers-Töchter aus Grevenkop bei Krempe kennen, die ihre Ferien auf dem Albershof am Ausgange des Dorfes Büttel, Richtung Brunsbüttelkoog, bei Onkel Heinrich Albers, auch Freund der Großeltern Stademann und unserer Eltern, verbrachten. Bertha Albers, später Frau Knudsen auf diesem Hof, war in Käthes Alter, Magdalene Albers, heute Frau Gravert in Grevenkop, war mit mir gleichaltrig. Magdalene wohnte während ihrer Schulzeit in der Siegschen Höheren Mädchenschule in Altona bei Onkel Heinrich und Tante Lene in der Wohlers-Allee 21. So sind wir beide in Altona oft zusammengekommen, haben z. B. auf dem zementierten Tennisplatz in der Wohlers-Allee zusammen des öfteren Tennis gespielt. Onkel Heinrich, Käthes Patenonkel, übernahm nach dem Tode von Bruder Hermann und Frau auf dem Bütteler Albers-Hof, die ohne Kinder zu hinterlassen, starben, diesen Bütteler Hof. Sein eigener Hof ging seiner Zeit bei dem Bau des Kaiser-Wilhelm-Kanals verloren. Bei ihrer Verheiratung mit dem Marineoffizier Knudsen übernahm Bertha geb. Albers diesen Hof am Bütteler Dorfende, Richtung Brunsbüttelkoog. Als Onkel Heinrich noch diesen Hof besaß, fuhr er uns nach Wewelsfleth an der Störmündung, wo wir dann mit Begeisterung „Störkringel" aßen.

Diese Wagenfahrten mit Herrn Reimers oder Onkel Heinrich waren für uns Stadtkinder jedesmal ein großes Erlebnis.

Einmal in den Ferien wurden wir (Käthe und ich, ob auch die Jungens, weiß ich nicht mehr) auf Johann Sivers Hof in Altenkoog eingeladen. Dort waren die Kinder Anna Sievers, ungefähr in Käthes Alter, und Wilhelm Sievers, jünger als Anna. Anna trafen wir in Altona in der Schule wieder, sie besuchte wie Käthe und ich das Städtische Lyzeum in der Allee. Auf den Höfen kann man ganz wunderbar spielen.

So fand ich es auch ganz besonders schön, daß Käthe und ich in Brunsbüttelkoog, Fährstraße, auf dem Hof von Hinrich Peters und Frau Cäcilie, geb. Franzenburg, Besuch machen mußten. Hier begann eine Freundschaft (eine Familienfreundschaft), die heute (1987), in der 4. Generation noch besteht, auf die ich sehr stolz bin und die Käthe und ich auch heute noch sehr pflegen.

Großvater Carsten Stademann und Jacob Falck (für uns Onkel Falck) sind seit ihrer Schulzeit befreundet und haben diese Freundschaft bis an ihr Lebensende gepflegt.

Großvater Stademann ging nach Altona und gründete nach seiner Lehr- und Gesellenzeit eine Getreidehandlung in Altona, erst in der Grünen Straße, dann in der Holstenstraße 112. Im Sommer besuchten er und seine Ehefrau, Ida, geb. Brütt, später auch mit Tochter Amanda, unserer späteren Mutter, regelmäßig Onkel Jacob Falck und seine Ehefrau Catherine, geb. Siemen, auf dem Falckenhof unter dem Deich, den später Nicolaus Ewers und Frau Albertine, geb. Kloppenburg, bewirtschafteten. 1866 baute sich Onkel Falck an der Bütteler Chaussee, die von St. Margarethen

Links: Heuernte im Außendeich mit dem ersten, noch mit Karbidlampen ausgerüsteten Trecker in Büttel. Oben rechts: Das Heu wird aufgeladen.

nach Brunsbüttelkoog führt, ein Wohnhaus mit Scheune, verbunden durch einen sogenannten Verbindungsgang. Auf diesem Hof verbrachte auch unsere Mutter Amanda Stademann zusammen mit ihren Eltern jährlich herrliche Ferientage zusammen mit Cäcilie Franzenburg aus St. Margarethen, die bei dem kinderlosen Ehepaar Falck ihre Jugend verbrachte und hier aufwuchs, ob sie von dem Ehepaar Falck adoptiert wurde, weiß ich nicht mehr, jedenfalls hat Cäcilie Franzenburg nach dem Tode der Eheleute Falck ihren ganzen Besitz bis auf einige Legate geerbt. (z. B. Fräulein Marie Stöfen, die langjährige Hausdame des verwitweten Onkel Falck.)

Cäcilie Franzenburg heiratete den Hofbesitzer Hinrich Peters, der als jüngster Sohn des Hofbesitzers Johannes Peters in Brunsbüttelkoog nach Amerika auswanderte, dort arbeite und nach seiner Rückkehr in Brunsbüttelkoog, Fährstraße 191, einen Hof erstand. Auf diesem Hof besuchten Käthe und ich auf Wunsch unserer Eltern die Familie Hinrich Peters, wir schlossen Freundschaft mit den 3 jüngsten Töchtern Magda, Bertha und Clara und wurden dort zu Magdas Geburtstag am 12. Juli während unseres Bütteler Aufenthaltes stets eingeladen. Wir konnten dort wundervoll tollen. Ich selbst bin bis 1910 regelmäßig während der Sommerferien da gewesen, im 2. Jahr lernte ich dort den Lehrerssohn Hans Vierth kennen, der mit seiner roten Schülermütze einem Backfisch gefiel. Hans Vierth besuchte das Gymnasium in Neumünster, wo er bei Verwandten wohnte. Er wollte Medizin studieren, damals alles mit Heftpflaster kurieren. Das Ehepaar Vierth war als Lehrerpaar (sie unterrichtete die ABC-Schützen) zusammen mit dem Hauptlehrer Kruse mit den Jungen und Mädchen und deren Eltern sehr verbunden und arbeiteten bei Schul- und Dorffesten eng zusammen. Von Frau Vierth stammt auch das Büttel-Lied „Büttel an de Elv". Von einem Besuch in Brunsbüttelkoog und Büttel brachten die Eltern eine Einladung für Käthe und mich nach Büttel mit. Wir verlebten eine wundervolle Ferienwoche bei Magda in Büttel, die den ererbten Hof dort verwaltete, bis Bruder Johannes aus dem Felde kam, um den väterlichen Hof im Koog übernehmen sollte. Die Eltern Peters wollten dann nach Büttel auf das Altenteil ziehen. Cäcilie Peters hat diese wohlverdiente Ruhe in Büttel nicht mehr erlebt, sie starb am 19. 12. 1918 in Brunsbüttelkoog. Hinrich Peters zog allein nach Büttel. Seine Schwester, Tante Lene Schmielau führte ihm den Haushalt, denn Johannes war 1918 aus dem Krieg heimgekehrt und Magda führte ihm bis zu seiner Verheiratung den Haushalt. (Heirat mit Anna Sievers aus Altenkoog.) Ich habe Magda auch einmal eine Woche in Brunsbüttelkoog besucht. Johannes war noch nicht zurückgekehrt.

Nach Tante Lene Schmielaus Tod kam Magda nach Büttel zurück und führte ihm bis zu seinem Tode 1932 den Haushalt. In dieser Zeit bin ich oft in Büttel auf dem jetzt als Altenteil dienenden Falckschen Hofe zu Besuch gewesen, mal im Winter, mal im Sommer. Ich verlebte in dem gastfreien Hause wunderschöne Tage. Besonders an die gemütlichen Abende mit dem Kartenspiel „Rabusen" erinnere ich mich noch genau.

Als Magda und Schwester Bertha dann 1932 den Hof in Büttel erbten, verlebte ich hier wieder wunderbare Ferientage, mal zu Ostern, mal im Sommer und traf dann Bertha, die als Rote-Kreuz-Schwester im Anschar-Krankenhaus in Kiel tätig war. Bertha brachte oft befreundete Schwestern und Ärzte mit, das waren dann sehr anregende Zeiten. Dirk und Leni Iversen aus Munkbrarup, den Sohn von Magdas Schwester Catrine, kamen zu Besuch, Johannes und Anna Peters, geb. Sievers, traf ich, ich wurde zu allen Besuchen im Koog mit eingeladen, ich gehörte eben mit zur

Familie, das war wunderbar, ich fühlte mich wie zu Hause, Magda ging ihrer Arbeit nach, ich nahm ihr Besorgungen im Dorf oder in St. Margarethen ab, besuchte Onkel Peter Stademann und Tante Cile auf ihrem kleinen Hof am Büttler-Kanal. Onkel Peter züchtete Bienen, das war sehr interessant, wir saßen auf der Bank hinter ihrem Hause und hatten den schönen weiten Blick über das Marschenland, neben uns das Gestell mit den großen Milchkannen. In der Meierei arbeitete der Meierist Meyer, er und seine Frau waren mit Magda befreundet. Magda hatte ihren großen Freundeskreis in Brunsbüttel. Brunsbüttelkoog, in St. Margarethen, ihre ausgedehnte Verwandtschaft, ihren landwirtschaftlichen Frauenverein. Überall war sie gern gesehen und überaus geschätzt. In Büttel kümmerte sie sich um Kranke und Arme. Magda war ein ganz fabelhafter Mensch, immer nur für andere war sie zur Stelle. Ihre Neffen und Nichten hingen mit großer Liebe an dieser Tante, die alles tat, um die große Familie zusammenzuhalten. Sie war der Mittelpunkt. Dirk und Lenis Kinder aus Munkbrarup kamen gern in ihren Ferien zu Tante Magda, um hier mit ihren 3 Vettern auf dem Petershof in Brunsbüttelkoog zu tollen. Ich ging mit der Rasselbande an die Elbe, wir sprangen über die Gräben, die Jungens konnten das natürlich viel besser als ich Städterin. Magda kochte so gute Dithmarscher Kost von ihren Erzeugnissen aus dem eigenen Garten, Erbsen, dicke Bohnen, Spinat, ein Spinat ähnliches Gemüse, aber derber, alles schmeckte wunderbar, die schönen Bratkartoffeln nicht zu vergessen, hinterher die Grützen mit Milch, der jeweiligen Ernte angepaßt mit Rhabarber, Stachelbeeren, Johannes- und Himbeeren, Äpfel, Brombeeren usw. Selbst gemachte Leber-, Mett- und Blutwurst, der geräucherte Schinken usw., alles schmeckte hier, alles viel besser als die Lebensmittel in der Stadt. Rührend gut sorgte Magda für mich und meinen Vater während des Krieges 1939/45, sie schickte mal dieses, mal jenes, oder ich kam nach Büttel und holte Kartoffeln, Gemüse und Obst. Meine erste Fahrt nach dem Kriege machte ich im Güterwagen bis Wilster, von dort ab Brücke am Ausgang von Wilster per Anhalter bis St. Margarethen, dort kam mir Magdas junges Mädchen entgegen, das war eine Erleichterung!

Zum 79. Geburtstag unseres Vaters fuhren Ernst, Irmgard mit Elke und Klaus-Georg und ich mit dem Schiff nach Brunsbüttelkoog, Magda kam voll beladen dorthin, ein Hähnchen für den Vater war dabei. Die Fahrt mit dem Schiff habe ich verschiedentlich gemacht, dann weiter per Anhalter nach Büttel. Karl Hansen fuhr mich zurück nach Brunsbüttelkoog mit dem Leiterwagen. Wie war damals alles so schwierig, um Lebensmittel zusätzlich zur Kartenration zu erhalten!

Einmal mußte ich mir vom Bürgermeister in Büttel bescheinigen lassen, daß alle mitzunehmenden Lebensmittel aus Magdas eigenem Garten stammten. Diese Bescheinigung mußte an den St. Pauli-Landungsbrücken auf Verlangen vorgezeigt werden.

Ich habe nach dem Kriege regelmäßig meine Sommerferien in Büttel verbracht, war auch oft zu Ostern und im Herbst dort. Ab 1952 verlebte ich auch Weihnachten in Büttel. Es waren schöne Feiertage zusammen mit den vier Siebelkindern und Tante Sophie Piehl aus Brunsbüttelkoog. Wir gingen nachmittags zur Kirche nach St. Margarethen, Wiebke, Anke und ich, Tante Magda ließ sich von Willy Franke zur Kirche hin- und zurückfahren. Dann gab es Abendessen bei Lichterschmuck mit Transparenten, es war sehr

stimmungsvoll. Saure Heringe, saure Rippchen, selbst gebackener Stuten, ebenso selbstgebackenes Weißbrot schmeckten vortrefflich, auch das Schwarzbrot. Beim Abwaschen sangen die drei Mädchen Weihnachtslieder, dann folgte die Bescherung beim brennenden Tannenbaum. Jeder hatte seine Geschenke eingepackt in Weihnachtspapier mit Namensanschrift und in den großen Waschkorb gelegt. In die Zeit zwischen Weihnachten und Neujahr fiel dann Tante Annas Geburtstag, zu dem dann die verheirateten Kinder kamen, es war ein schönes Familienfest, ich durfte auch dabei sein. Im Dunkel spät abends gingen Magda und ich dann zu Fuß zurück von Brunsbüttelkoog nach Büttel. Wir taten es ohne Angstgefühle, damals war in der Wilstermarsch die Welt noch in Ordnung.
Die Jahre sind verstrichen, es folgten die Konfirmationen von Anke und Wiebke, Magdas 70. Geburtstag in St. Margarethen, wurde im Hotel Seestern, ehemals Gasthof Franzenburg, gefeiert. Ankes Hochzeit, ebenso die von Wiebke habe ich miterlebt.
Am 24. 3. 1967 starb Magda nach langer und schwerer Krankheit. Die Trauerfeier in der St.-Jacobus-Kapelle in Brunsbüttel war sehr bewegend. An der Trauermahlzeit, die anschließend auf dem Hof in Büttel stattfand, habe ich auch teilgenommen. Wie ich am späten Nachmittag nach Hause gekommen bin, weiß ich nicht mehr genau, ich glaube, Berta Ruhnau, geb. Siebel, Clara Peters Tochter, und ihr Ehemann haben mich bis Itzehoe im Auto mitgenommen. Von dort bin ich mit der Bundesbahn bis Altona gefahren. Magda ist jetzt 20 Jahre tot, aber die Verbindung zur Familie Peters besteht noch immer. Käthe, meine Schwester, und ich treffen uns regelmäßig ca. viermal im Jahr abwechselnd bei Ruhnaus in Nordoe, bei Käthe in Othmarschen und bei mir in Bahrenfeld zum Mittagessen und Kaffeetrinken, wir alle freuen uns immer sehr auf diese gemeinsamen Stunden und genießen sie sehr.
Berta hat laut Testament von Magda und Bertha Peters den Bütteler Hof geerbt, in der Annahme sie würde als echte „Buerdeern" einmal den Hof weiterführen. Aber das Schicksal hat es anders gewollt. Das Dorf Büttel mußte weichen. „Die Welt" schrieb am 17. 11. 1983 „Die Grenzen des Wachstums sind erreicht, aber Büttel soll trotzdem sterben."
Diese Nachricht hat meine Schwester Käthe und mich sehr getroffen. Herbert Ruhnau hat uns beide bei einem Besuch in Nordoe durch das fast verschwundene Büttel und das angrenzende Süderdithmarschen bis zum Nord-Ostsee-Kanal gefahren. Es war erschütternd!

Links: Das ausgedehnte Bütteler Weideland vor den totalen Veränderungen durch die Industrieplanungen. Oben: Die „Chaussee", die durch Büttel führende Bundesstraße 5, mit dem Ortsschild am westlichen Dorfeingang und dem Loofthof hinter blühenden Bäumen Ende der Fünfziger Jahre.

Wege nach Büttel

von Mark Jörgensen

Zu Fuß, zu Pferd und per Pferdewagen reisten noch unsere Urgroßeltern. Die Eisenbahn hat Westholstein erst ziemlich spät erschlossen. Autobusse verkehrten erst in den 20er und verstärkt in den 30er Jahren. Das eigentliche Verkehrsmittel, in den 20er, 30er, 40er und frühen 50er Jahren, mit dem man sich auf die Reise nach Büttel machte, war das Fahrrad.
Kam man von Norden mit der Bahn von Wilster, mußte man in St. Margarethen aussteigen. So heißt der Bahnhof, der eigentlich in Flethsee liegt. Dann näherte man sich Büttel von Norden zu Fuß oder auf dem mitgebrachten Fahrrad. Der Weg führte im Sommer durch üppige Wiesen, im Winter durch eine verschneite Marschenlandschaft und endete bei der Meierei. Fast noch schöner war der Weg am Büttel-Kudenseer-Kanal entlang.
Von Osten gab es zwei oder drei Annäherungen an Büttel: Von Wilster durch die Wilstermarsch auf der Straße nach St. Margarethen. Oder von Grevenkop-Krempe über Beidenfleth oder Wewelsfleth oder von Glückstadt über Wewelsfleth nach St. Margarethen. Die beiden letzteren östlichen Annäherungswege hatten den besonderen Reiz, die Stör mit einer Seilfähre überqueren zu müssen und sich bei Brokdorf dem Deich zu nähern, wo die alte Klinkerstraße unter dem Deich bis Scheelenkuhlen mit seinem kleinen dicken Leuchtturm verlief und dann nach St. Margarethen einschwenkte, von wo es nur noch einige hundert Meter bis Büttel waren. Noch schöner war es, auf dem Deich bis zur Büttler Mühle zu laufen, stets mit Blick auf die Elbe und im letzten Abschnitt auf

---

Oben: Luftaufnahme von Büttel in Richtung Westen kurze Zeit vor dem Abriß der meisten Häuser. Im Vordergrund der Hof Krey/Siemen an der nach Brunsbüttel führenden Bundesstraße, von dieser zweigt rechts die „Boddermelkchaussee" nach Kuhlen ab, dahinter verläuft parallel zu ihr der Bütteler Kanal nach Kudensee, im Hintergrund erkennbar bereits errichtete Industrieanlagen.

die „Bösch" genannte Warft, auf der sich früher die Elblotsenstation befand. Man unterschied damals noch Böschlotsen, deren Revier von hier bis Hamburg reichte, und Seelotsen, die elbabwärts bis zum Feuerschiff Elbe I zuständig waren.

Von Westen führt die „Chaussee", die alte Landstraße, spätere Reichsstraße 5, heutige Bundesstraße 5, von Brunsbüttel, dem alten Brunsbüttelkoog-Süd, parallel zum Deich aus Süderdithmarschen hinaus und hinein in den Kreis Steinburg. Die Grenze befand sich früher in Höhe des damaligen Wasserstandsanzeigers „Holstenreck". Zuvor kam man bei Hannesleutnant (Peters) vorbei und genehmigte sich bei Andritter einen „Potsdamer". Jetzt begann der schönste Teil der Strecke. Nach Süden grüne Wiesen, Deich und Elbe. Nach Norden ebenso grüne und saftige Wiesen, in der Ferne leuchtet der blau schimmernde Rand der Geest durch den flimmernden Dunst der Mittagssonne. Davor heben sich verschwommen die Umrisse der Hochbrücke von Hochdonn ab. Einige Schiffe scheinen über Land zu fahren. Eine fast unheimliche Stille liegt über dem Land. Vor mir tut sich die weite Fläche der Wilstermarsch auf, hinter mir lasse ich die Kräne von Brunsbüttelkoog zurück. Die bleierne Stille wird nur hier und da unterbrochen durch das kurze Brüllen und langsame Vorwärtsgehen der grasenden rotbunten Rinder auf den unendlich scheinenden satten Weiden. Über dem behäbigen Landschaftsbild breitet sich der tiefblaue Himmel, an dem schneeweiße sich ballende Wolkenmassen, vom leichten Westwind getrieben, landeinwärts segeln.

So nähere ich mich nach einigen Kilometern dem Ortsrand von Büttel, passiere den linkerhand liegenden Hof von Knudsen mit der Blutbuche davor, dann das Ortsschild, komme jetzt in die Schatten spendende Kastanienallee und vorbei an den Höfen von Hans Ewers, Hölck, Schmidt, Looft, Meiforth, Sievers, Peters, Franzenburg, Vollmert und Will über die Kudensee-Kanal-Brücke. Links liegt der Gasthof von Rusch, rechts geht es leicht abwärts in den Armsünderstieg auf einem schmalen Klinkerweg, vorbei an den alten Katen, bis auf die am Deich entlang führende Dorfstraße. Von Süden, vom Wasser herkommend, ist es wohl die interessanteste Annäherung an Büttel. Elbaufwärts von See her vermeidet man den Reedeplatz vor der Schleuse von Brunsbüttel und hält sich an den südlichen Fahrwasserrand, ohne jedoch auf den Böschrücken oder eine sonstige Untiefe aufzulaufen. Schon in Höhe der Landesgrenze kann man auf die Einfahrt zum Büttler Hafen zuhalten. Von Hamburg elbabwärts kommend vermeidet man, im nördlichen Fahrwasserrand auf eines der Stacks vor Brokdorf, Scheelenkuhlen, St. Margarethen oder Büttel aufzulaufen. Sobald man die Bösch passiert hat, muß man auch schon nach Norden einschlagen in das Rinnsal, das vom Büttler Hafen geblieben und nur noch bei Flut zu befahren ist.

Früher liefen hier Frachtewer ein, die im Hafenbecken vor der Schleuse anlegten und Getreide für die Büttler Dampfmühle brachten, die eine eigene Saugleitung für das Löschen des Getreides hatte. Hier lagen im Winter Büttler Schiffe auf.

Wie oft lag hier die Segelyacht „Carmen" von Kaufmann Prüß, die regelmäßig Regatten auf der Elbe gewann. Mit dem Bild der „Carmen" vor Augen und der Rückerinnerung an das ausgebaggerte Hafenbecken und die auch bei Ebbe befahrbare Hafenrinne drängt sich der Gedanke auf, dem zerstörten Dorf Büttel wieder eine sinnvolle Funktion zu geben:

Angesichts der knappen Liegeplätze an der Unterelbe und angesichts des vorhandenen Hafens und Kanals braucht es keiner großen Investition zum Vertiefen und Verbreitern des Hafens, zum Anlegen von Schlengeln, einer Slipanlage und eines Bootshauses. Vielleicht könnte Büttel so wenigstens als Freizeitoase für Segler und Wassersportler wiedererstehen.

Büttel 1982 aus der Luft von Norden gesehen. Von Kudensee her verläuft der Kanal, Bundesstraße und Deich unterquerend, zur Elbe. Im Vordergrund führt die Moorwettern durch die Wiesen zum Kanal, der, noch deutlich erkennbar, zwischen Bundesstraße und Deich einst den Bütteler Binnenhafen bildeten.

Dee Büttler Knaol

von Wilhelm Schröder

Inn jedes Dörp, und wärt man kleen,
dor gifft datt irgend watt to sehn.
Maal ist de Kark, ok smucke Hööf köönt sien,
maal goode Kööh, maal glatte Swien.
In Kuhlen is dat alltomal
siet eh und je: de Büttler Knaol.

Sien groote Broder is een Held,
Dee Kiel-Kanal, den kennt de Welt.
De Lütt dee geiht bloß, o, Herr Jeh,
von Büttel bitt na Kudensee.
Doch stellt man mi maal för dee Wahl,
so stimm' ick för den Büttler Knaol.

Uns Hermann hett, datt mööt ji weeten,
in Büttel op de Schoolbank seeten,
um mittokriegen een ganzen Dutt
von datt, watt man so lehren mutt.
Sien Schoolweg föhrt em op und daal
daags tweemaal langs denn Büttler Knaol.

Un wenn daar nu mal Ferien wär'n,
gung Hermann mit de annern Görn
ock immer gern naat Water dal.
Man greep sick Pöch, fung ock mal Aal.
Sien Vatter, dee hett bannig schullen,
denn he is maal in datt Waater fullen.
Uns Hermann denkt: Nu toon Skandal
geiht's Sönndags ock na'n Büttler Knaol.

Dee Tiet kööm rann, wo he ganz gern
no Fieraamd ock mal güng spazern.
Doch nich alleen, nee mit naach een;
datt weer keen Jung, datt kunn man sehn.
Und beide güngen op und daal,
woll stunnenlang, an'n Büttler Knaol.

Ock mit sien Brut, dee nu sien Fruu,
bleev man datt oole Waater tru.
Un soll, toon Glück, datt sick so fügen,
datt beide ock mal Kinner kriegen,
denn hoff ick, unn datt wär normal,
ock see freut sich an Büttler Knaol!

Oben: Hof Schmidt am Kanal. Rechts: Blick vom Deich zur Bösch und auf die Elbe, am jenseitigen niedersächsischen Ufer links der Kirchturm von Freiburg.

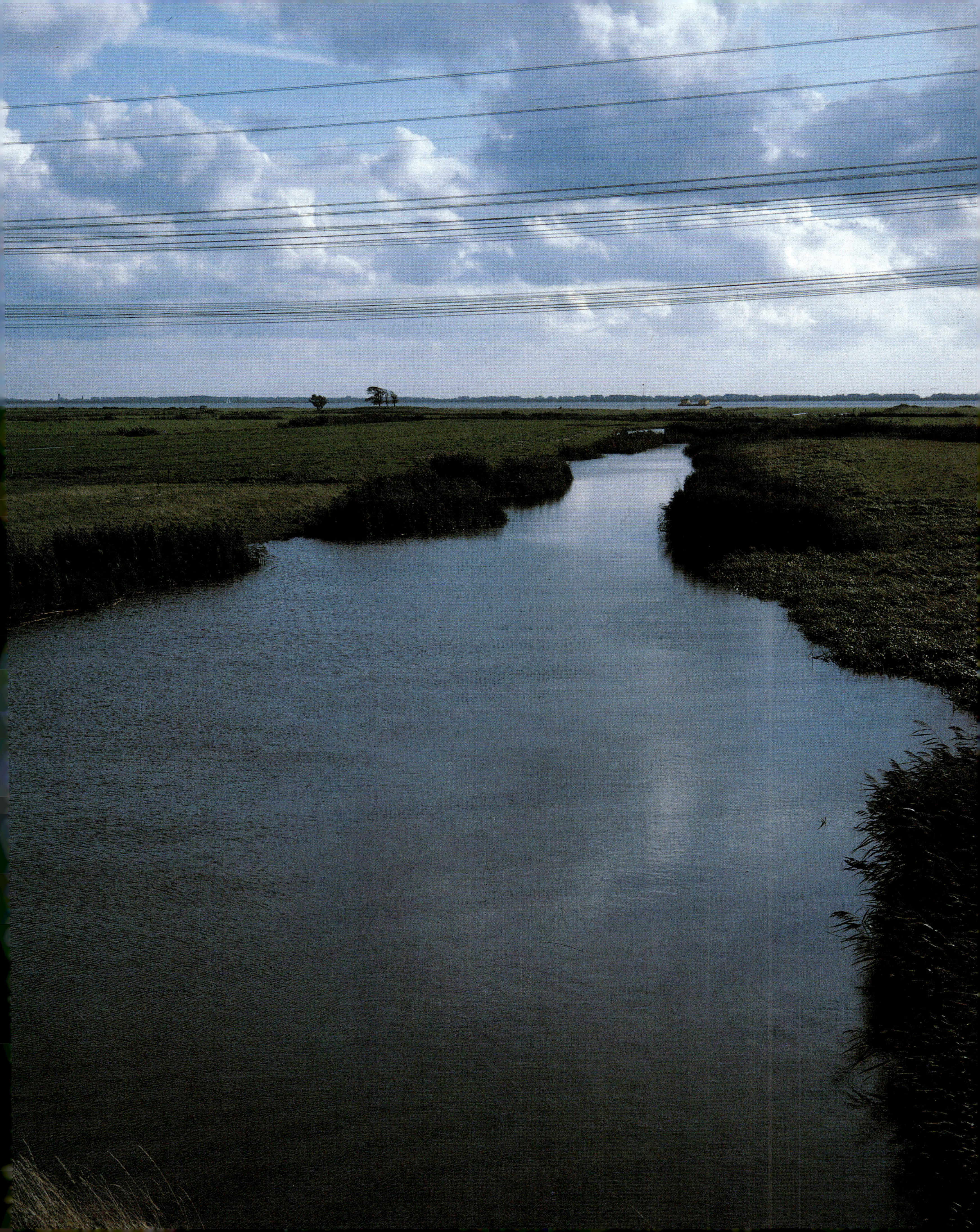

Meine Erinnerung!

von Gerda Westphalen

Es lag ein Dorf am Elbestrand,
schaute verträumt ins Marschenland.
Hatte Häuser mit Gärten, gepflegt und schön,
die Höfe auf den Wurten herrlich anzusehn.
Ein Spaziergang in Sonne und Wind auf dem Deich
ließ den Blick schweifen über Land und Elbe sogleich.
Es graste auf saftigen Weiden das rotbunte Vieh,
den Kälbern stand das Gras bis zum Knie.
Die Gräben und Grüppen, es ist nicht gelogen,
waren wie mit dem Lineal gezogen.
Bei Sonnenaufgang, und der war schön,
waren an den Straßen viele Kannen mit Milch zu sehn.
Die brachte der Milchwagenfahrer eins, zwei, drei,
mit viel Geklapper zur Meierei.
Aus Milch wurde Sahne, Quark, Käse und Butter,
zurück kam Magermilch und Molke für die Tiere als Futter.
Die Mühle am Kanal mahlte von spät bis in die Frühe
Mehl für die Menschen und Schrot für die Kühe.
In den Schmieden die Hufeisen glühten,
wenn der Meister aufs Eisen schlug, die Funken sprühten.
Doch wie die Technik Einzug genommen
konnte man Autos und Trecker bekommen.
Und für Benzin und Diesel, der Motoren Kraft,
wurden Tankstellen angeschafft.
Die Waren zum Leben hats im Kaufmannsladen gegeben.
Bedient wurde freundlich, mit Sachverstand,
die Rechnung erstellt per Kopf oder per Hand.
Für alle Kunden in Altenkoog, Kuhlen, Nordbüttel, Neuenkoog
   und Tütermoor,
fuhr der Kaufmann zum Vorfragen vor.
An einem Tag in der Woche nahm er Bestellung auf,
die Waren und Bonbons für die Kinder brachte er tagsdrauf.

Schwarzbrot, Feinbrot, Rosinenstuten und Kuchen so lecker,
aber auch Zwieback brachte der Bäcker.
Ein Schlachtfest gabs für jedermann,
dazu kam schnell der Schlachter ran.
Die Wurst und der Schinken kamen in die Räucherei,
geräuchert wurde mit Spänen aus der Tischlerei.
Einst wurde Nautik hier gelehrt,
Schiffahrt war Leben und sehr begehrt.
Und sollte ein Stall, ein Haus entstehn?
Man brauchte nur zum Zimmermann zu gehn.
Zum Streichen wurde der Maler geholt,
und Schuhe und Stiefel hat noch der Schuster besohlt.
Der Viehhandel blühte das ganze Jahr,
zum Wiegen waren zwei Viehwaagen da.
Die Postfrau hat das Geschriebene aus aller Welt
bei Wind und Wetter für alle zugestellt.
Und auch die Zeitung kam auf diesem Weg
direkt an die Haustür, über Brücke und Steg.
Die Stuben im Winter waren warm, der Ofen entfacht,
Kohlen, Koks und Brikett wurden auf Bestellung gebracht.
Keine Sorgen gab es mit Haar und Bart, mit der Frisur,
schön gepflegte Köpfe sah man nur.
Die Schulkinder in den ersten vier Jahren
kamen zu Fuß, dann mit dem Rad zur Schule gefahren.
Dort herrschte ein Lehrer und eine Lehrerin,
bekamen auch den schweigsamsten Schüler hin.
Zum Vogelschießen, welch ein Leben,
hats einen lustigen Umzug gegeben.
Und in den Gaststätten, auf jedem Saal,
tanzten sie Polka und Walzer, immer noch einmal.
Das alles ist gewesen und klingt wie 'ne Mär,
das Dorf an der Elbe gibt es nicht mehr.

Ut olle Tieden

von Amandus Dohrn

An de Kant'n hunnert Johr is dat nu woll her. Domals harr de Dän noch dat Regeern hier bi uns, un ut Koppenhag'n keem de Befehl, dat in de Wilster in Fröhjohr weller Sesschon ansett weer, wo de jungen Lüd sick tom Soldatenspeelen stellen schulln.

Ut Nordbüttel müssen se mit veer Mann los, ock Großvadder, de dar as Knech deen, muß mit. Morg'ns in aller Herrgotsfröh, er beten Bodderbrot in en rotbunt Taschendook knütt, maken se sick op'n Patt, na Stadt to.

In Wilster, op de „Wenn", in de „Stumpe Eck" wör ersmal vorkeken, as dat so Mod weer. Dor geev dat vör'n Schillnk een ut de grot Maat un Brunbeer darto. Hier legen uns veer Kandidaten sick ersmal vör Anker un dat dur ok gornich lang, do harrn se düchdig en sitten. De Weert, wat en ganz vernünfdigen Mann weer, meen to er: „Mi düch, Jungs, dat ward nu so bilüddens Tied, dat ji hengaht na de Sesschon, Hannemann, lett nich up sick töben."

De veer betohlen nu, wat se schullig weern, un slogen den Rechstieg öwer den ohlen Karkhof (wat nu de Stadtpark is) in. Mit dree Mann harrn se sick inösch, den lüdden Bodderbrotsbüddel boben den Kopp, un mit „Alle blauen Brüder, die leben so wie ich und du" – güng't öwer de knupperigen Steen op de Wenn.

Jörn wüß nichts von Singen, he bölk ower üt Kröpelskraff mit. Blot Hinnerk Mein kunn sick ganz ni mit de ohlen knupperigen Steen verdrägen. He stölter dor hellschen na to; knapp weer he eben un eben dörch de ohle Karkhofspoort, do nei he gegen den Grasangel an, un – bumms – leeg he op de Snuut.

De annern dree weern mit er „blauen Brüder" noch nich in Klorn un scheern sick den Deuwel um Hinnerk.

As se in'n „Grorn" ankeemen, wor jem bedüd, dat se er Muul holn schulln, de Herr Korporal weer all bi optoroopen un dat dur ok nich lang, da keem Hinnerk sien Nam ok an de Reeg.

„Deenstknech Hinnerk Mein!" reep he.

Dor mell sick keen Minsch. „Deenstknech Hinnerk Mein aus Nordbüttel!" bölk he nochmals un en Gewidderwulk tog öwer sien Snutenwark.

Weller keem keen Antwort.

„Na", seggt he, „wo tut denn der tütschke Rackerknecht stecken?" un he greep sick na sien roden Vullbart, wat he dohn de, wenn he vergrillt wär.

Do – – mit eenmal schoot Jörn dat döör sien Verstandskassen, wonehm Hinnerk affblewen weer, un he stamer: „De – de – Herr Korporal – de – ligg opp'n Karkhoff!"

„Was soll der denn noch in der Liste", seggt de Herr Korporal, un to den Schriewer an'n Disch seggt he: „Streichen Sie den Mann aus!"

De Schriewer stippt den Posenstöhl in den Blackputt un – een – twee – dree – weer Hinnerk Mein vör de Welt dot un vun dat Soldatenspeeln weer he ok aff.

Veteranen des Kampfgenossenvereins der Bütteler Kriegsteilnehmer aus dem Schlewig-Holsteinischen Freiheitskrieg von 1848.

Oben: Der Osteingang von Büttel mit dem Straßenschild auf der von St. Margarethen kommenden Bundesstraße 5. Der Hof Krey / Siemen ist hier als letzter der stattlichen einstigen bäuerlichen Anwesen erhalten geblieben. Über ihn hinweg führt jetzt das Bündel der Hochspannungsleitungen des auf früherem Bütteler Gemeindegebiet liegenden Kernkraftwerkes Brunsbüttel. Rechts: Eine der Reetdachkaten vor der Deichmühle, das Photo ist beschriftet „Zur Erinnerung an Pfingsten 1920, J. Mars u. Frau". Im Hintergrund die Mühle.

Unser Büttel, wie es einmal war

Ein Rundgang, beschrieben und bebildert auf Grund von Erinnerungen, Berichten und Photographien ehemaliger Einwohner
von Anna Eggers-Trempler, Magda Rusch-Kalinna und Eike Trempler

Vom Kirchdorf St. Margarethen kommend, passiert man als einen der ganz wenigen erhalten gebliebenen großen Bauernhöfe das schöne, stattliche Anwesen vor dem Osteingang des Dorfes, den Hof von Dr. Edmund Krey / Siemen. Ein Storchennest schmückt den Dachfirst. Frau Margarethe Krey war eine gebürtige Büttlerin vom Siemenhof im Altenkoog (1890–1971). Die Ehe blieb kinderlos. Den Besitz erbte der Neffe Jochen Siemen, der den Hof an Reimer Nottelmann 1976 verpachtete.

Auf dem Hof bewohnte Eduard Maahs mit seiner Frau Sophie die Einliegerwohnung. Ede war Zimmermann wie sein Vater Hinrich Maahs, ein Bauunternehmer in Büttel. Sie hatten zwei Kinder: Lieschen und Otto. Beachtenswert war ihr Einsatz bei der entsetzlichen Sturmflut am 2. Januar 1976, als direkt vor dem Kreyhof der Elbdeich zu durchbrechen drohte.

Seit Menschengedenken war es die höchste Sturmflut. Noch in Hamburg St. Pauli zeigte der Pegel einen Wasserstand von 6,45 m über Normal.

Über 400 Feuerwehrleute waren im Einsatz: Sturm, Dunkelheit, Eiseskälte. Die Leute mußten versorgt werden. Die Straßen waren blockiert, Eigenhilfe war nötig.

Richard Schmidt, unser Bütteler Feuerwehrführer und späterer Bürgermeister, stimmte zu, als wir uns vom DRK-Ortsverein anboten, Getränke und Brote herzurichten.

Da waren es Ede und Sophie Maahs, die sofort bereit waren, uns in ihrer Küchen aufzunehmen. Der Strom war ausgefallen, auf ihrem kleinen eisernen Herd feuerte Sophie, Ede schleppte Holz herbei, und bald konnten Kaffee und Tee mit einem kleinen Schuß Rum die Männer erwärmen. Bütteler Frauen gesellten sich zu uns, unser Feuerwehrwagen holte Proviant von allen umliegenden Geschäften. Wir saßen und strichen unentwegt Butterbrote bei Kerzenschein. Truppweise lösten sich die Männer auf dem Deich ab, kamen zu uns und wurden verpflegt. Bei aller Not und Gefahr, die uns in jener Nacht bedrohten, hat sich ein Dorf bewährt und zusammengestanden.

Am Deich, im Altenteil des Hofes, wohnten Fritz Tiedemann und Frau Bertha. Er wirtschaftete auf dem Hof und hat sich sehr um den Bütteler Gesangverein verdient gemacht, dem er viele Jahre vorstand.

Bis hin zur Mühle standen noch drei weitere Reetdachkaten.
In der ersten Kate wohnte in alter Zeit das Original Tille Roth, in

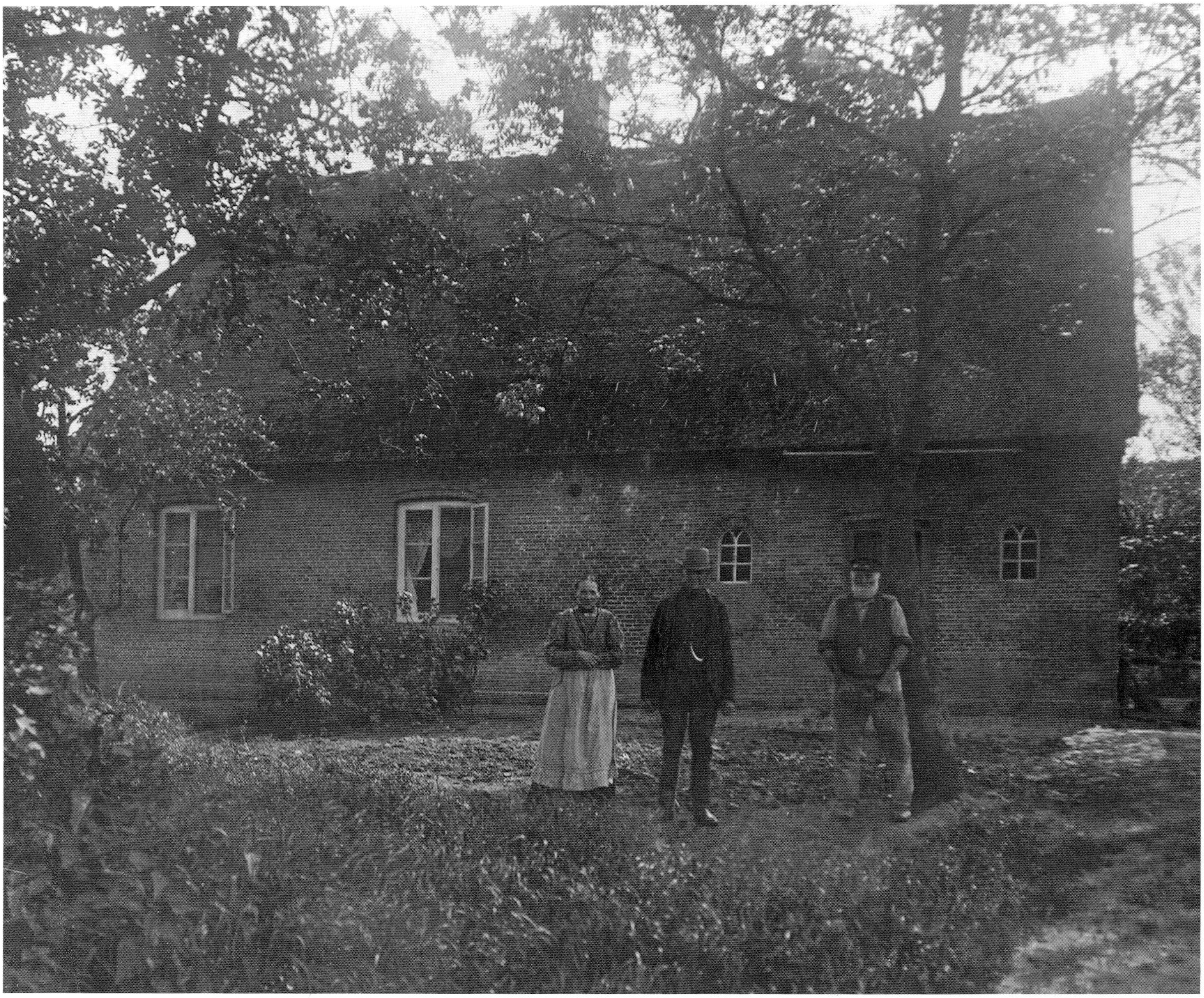

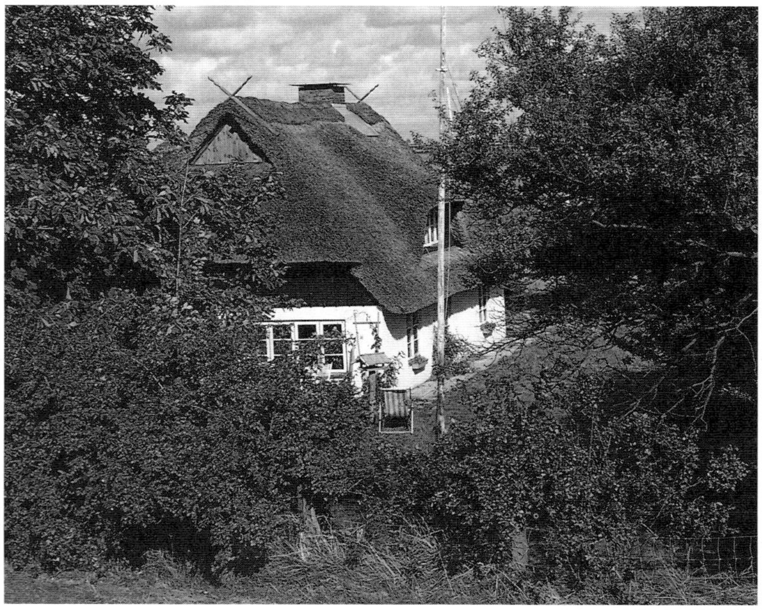

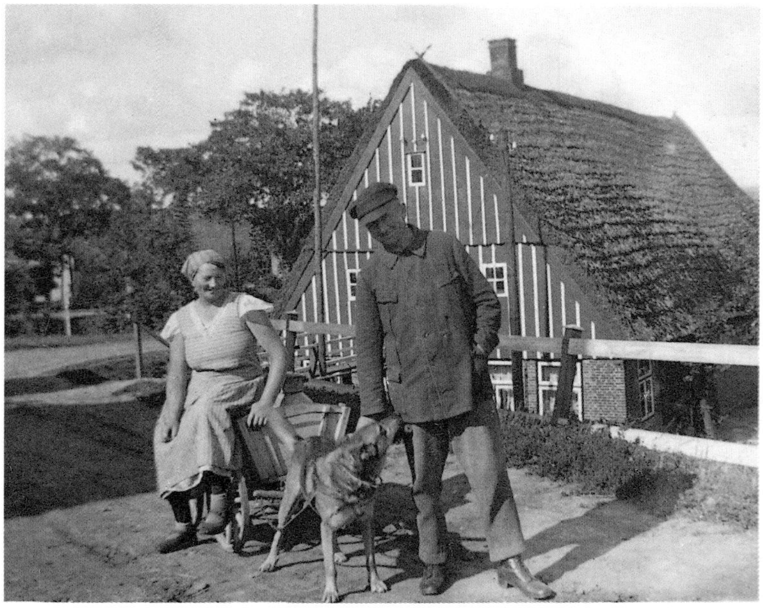

der folgenden lebte der Chausseewärter Hinrich Kurth.
In der dritten Kate zogen Karl und Emma Lau, geb. Maahs, vier Kinder auf: Frieda, Gustav, Otto und Hermann. Das Haus wurde im alten Stil von Grund auf erneuert und steht heute noch schneeweiß unterm Deich.
Der Dorfeingang erzählt uns von längst vergangener Zeit. Besonders dort standen die kleinen Reetdachhäuser dicht gedrängt nebeneinander. Sie wurden zwar im Laufe der Zeit alle neu hergerichtet und ausgebaut, aber ihre Bauart blieb meistens erhalten. Leider wurden jedoch die Reetdächer durch Eternit oder Pfannen ausgetauscht.
Wie lauschig muß es gewesen sein! Die große Kornwindmühle auf dem Deich mit dem langgezogenen Müllerhaus im Winkel. In der Chronik wird sie bereits 1750 als älteste Mühle im Kirchspiel erwähnt. Sie unterstand dem Amtmann auf der Steinburg. Haus und Mühle mußten von der Marsch erhalten werden, sie wurde in Zeitpacht und seit 1834 in Erbpacht vergeben.
Die letzte Müllerfamilie war Johannes Dohrn und seine Frau Elisabeth, geb. Cornels. Dieser Ehe entstammten vier Kinder: Johannes, Hugo, Willy und Annemarie.
Johannes Dohrn starb früh. Seine Witwe heiratete in zweiter Ehe Jonny Schütt, sie bekamen eine Tochter, Frieda. Er kaufte das Reetdachhaus mit großen Stallungen an der Hauptstraße von der Familie von Osten und renovierte es 1931.
Tochter Frieda und Enkelin Annemarie blieben in Büttel wohnhaft. Frieda heiratete den Schiffseigner Henry Schmidt aus Büttel. Annemarie Sjut, geb. Dohrn, hatte aus erster Ehe einen Sohn Henry, sie kam 1940 zurück nach Büttel in das großelterliche Haus. 1949 heiratete sie ihren Nachbarn Hermann Rehder, der viele Jahre auf dem Knudsen-Hof arbeitete. Sie hatten vier Kinder: Hermann, Anke, Gertrud, Margret. 1981 bauten sie in Wilster ihr neues Wohnhaus.
Im Dreieck der jetzigen Bundesstraße 5 und der Straße nach Kuhlen standen die Reetdachhäuser vom Schlachtermeister Klaus Thode und Paul Köhnke. Klaus Thode war ein Bütteler Original. Er belieferte seine Kunden mit der damals noch üblichen Schlachtermulde auf der Schulter. Er war immer in Eile, dabei hatte er manches flotte Sprüchlein auf der Zunge. Im Herbst machte er viele Hausschlachtungen, denn in damaliger Zeit wurde fast in jedem Haus ein Tier geschlachtet.
Mit Gerstenschrot wurden die Schweine gemästet, 280–300 Pfund schwer, je dicker und weißer der Speck, desto besser.
In den Jahren 1960–1969 wohnte in diesem Haus Lütje Andresen mit seiner Frau Irma, geb. Ewers aus Kuhlen, und den Kindern Hans Dieter, Jürgen und Ellen zur Miete.
Im Nachbarhaus wohnte der Tischler Paul Köhnke (1885–1978) mit seiner Frau Hermine, geb. Schwardt (1885–1950), und ihren neun Kindern: Magda, Klaus, Otto, Werner, Rosa, Bernhard, Heimke Lieselotte und Irma. Es herrschte in diesem Haus eine außergewöhnliche Harmonie. Paul Köhnke arbeitete auf der Peterswerft in Wewelsfleth.
Wir gehen jetzt über die B 5 zur Deichstraße. Hier stand das 1649 gebaute alte Strohdachhaus des Fotografen Amandus Dohrn und seiner Frau Marie. Sie heirateten am 26.10.1900. Er war eine im weiten Umkreis bekannte Persönlichkeit. Als Fotograf war er sehr

Oben links außen: Haus in der Mühlenhörn mit Catharina Schütt-Opitz, Hinrich Schütt und Schiffer Fritz Langbehn. Links außen: Das erhalten gebliebene Haus Lau / Westphalen. Links: Das Mühlenhaus um 1930. Mitte links: Haus Jonny Schütt. Ganz oben: Haus Thode. Oben rechts: Haus Köhnke.

75

geschätzt, man kann wohl sagen, daß in jedem Haus eine von ihm gemachte Aufnahme vorhanden ist. Er war künstlerisch begabt, zeichnete und malte vorzüglich , musizierte und verfaßte kleine Geschichten und Anekdoten. Besonders verdient gemacht hat er sich durch seine Dorfaufnahmen, von denen etliche erhalten blieben und im vorliegenden Buch reproduziert sind, ebenso wie einige Proben seines poetischen Talentes.
Seine Tochter Anna heiratete den Fotografen und Musiker Ballerstädt, der das Geschäft weiterführte und später nach Wilster verlegte.
Das Haus wurde 1947 an Hermann Rehder verkauft und 1962 weiter veräußert an Johannes Kuhrt, der es von Grund auf erneuerte.
Johannes Kuhrt (geb. 1916) und seine Frau Anna, geb. Ewald, bewohnten das Haus mit ihren Kindern Günter und Inge bis zur Auflösung des Dorfes und zogen 1982 in ihren Neubau nach

Oben links außen: Familie Paul Köhnke 1975. Oben links: Photograph Amandus Dohrn, der auch ein begabter Musiker und Gelegenheitsdichter war, am Klavier. Links: Die Deichstraße von Osten im Jahre 1913, rechts das Haus von Amandus Dohrn, links das Gebäude des Pferdehändlers Friedrich Lundt, später im Besitz von Hermann Prüß. Oben: Die Deichstraße im Winter, photographiert von Amandus Dohrn um 1910.

Bei den damals üblichen Hausschlachtungen wurden die Würste, eingepökelten Speckseiten und Schinken zum Räuchern zu Andreas und Maria Schernekau gebracht. Reihenweise hing die Ware mit Namensschildern versehen an der Decke und verbreitete im ganzen Haus einen angenehmen Duft.

Aus der Ehe Andreas und Maria Schernekau gingen fünf Kinder hervor. Die vier Söhne kamen in den Kriegen zum Einsatz: Heinrich, der älteste Sohn, fiel mit 19 Jahren im 1. Weltkrieg bei Arras in Frankreich.

Karl diente mit 17 Jahren bei Verdun als Unteroffizier in einer Maschinengewehrkompanie und wurde schwer verwundet.

Alwin war als Oberschirrmeister der Panzertruppe in Rußland und in der Normandie eingesetzt.

Richard war im 2. Weltkrieg in Rußland als Sanitätshauptfeldwebel auf Hauptverbandsplätzen tätig. Seine Sanitätsmeisterprüfung legte er bei Prof. Dr. Ferdinand Sauerbruch in der Charité in Berlin ab.

Brunsbüttel. Johannes Kuhrt war 24 Jahre Kapitän auf dem Böschlotsendampfer.

Im nächsten Reetdachhäuschen wohnte vorübergehend der Schlachtermeister Richard Scheibner mit seiner Ehefrau Martha, geb. Plett. Der Sohn Helmut wurde hier geboren.

Das Haus wurde 1924 von Karl und Elsa Petersen erworben. Ihre Kinder waren: Carla, Elli, Otto, Hermann, Gertrud. Otto und Ehefrau bauten das Haus in ein Mehrfamilienhaus um. Sie hatten zwei Kinder, Angelika und Olaf. Nach dem Verkauf des Hauses an die Entwicklungsgesellschaft zog Familie Petersen in einen eigenen Neubau nach Buchkolz in Dithmarschen. Das Bütteler Anwesen blieb jedoch erhalten und wurde 1987 von der Firma Lindenau und Kieselwein erworben, die dort ein Landschaftsbau-Unternehmen gründete.

Auf der gegenüberliegenden Seite stand das reetgedeckte Haus des Pferdehändlers Friedrich Lundt, dessen Geschäftsbereich bis zum Heider Viehmarkt reichte. Der Besitz wurde 1929 an Hermann Prüß und seine Frau Alma verkauft, der es als Landstelle bewirtschaftete.

Das Nachbargebäude gehörte der Familie Schernekau. Der Enkel Ralf berichtet: „Seit ca. 100 Jahren bestand die Tischlerei Schernekau in Büttel. Große Bedeutung für unser Dorf und die ganze Umgebung hatte auch der große Räucherofen in der Werkstatt.

Andreas, der Vater, war Mitbegründer des Bütteler Gesangvereins 1881. Nach dem Tode des Vaters übernahm Alwin mit seiner Frau Käthe das Anwesen, ihre Kinder Ralf und Anneliese wurden hier geboren. Büttel war ihre Heimat.

Fünfzehn Jahre lang wohnte bei Schernekau als Untermieter die Familie Ernst Hell und Frau Hertha mit ihren Kindern Wilfried, Marianne, Uwe und Liane und zwanzig Jahre lang Frau Frieda Ctortecka mit ihren Töchtern Bärbel, Juta und Gisela.

Auf der anderen Seite der Straße folgten vier Häuser, die um 1910 von Paul Ramm erbaut wurden. Fast alle verputzten Häuser in Büttel sind um jene Zeit aus Abbruchhäusern in Hamburg oder vom Kanalbau in Brunsbüttel entstanden. Kapitän Karl von Deesen (1885-1957) und Ehefrau Anne (1890-1986) haben ihr Haus 1925 von Bauer Hermann Siemen erworben. Sie hatten drei Kinder: Hertha, Ingeborg und Karl Heinz.

Nebel und Eisgang, stets fand er mit seinem Schiff den richtigen Kurs, um die Elblotsen von und an Bord zu bringen. Bei Tausenden von Schiffen ist von Deesen längsseits gewesen, dazu gehören eisernes Pflichtgefühl und exaktes Können. Als junger Lord kreuzte er drei Jahre lang auf den Schulschiffen SMS „Stosch" und „Moltke" herum. Dort wurde der Grundstock für seine herausragende Leistung gelegt.

Norbert Wenn berichtet über das Haus Nr. 7 in der Deichstraße: Im Jahre 1925 erwarben Peter Becker und seine Frau Bertha, geb. Martin, das Haus Nr. 7 an der Deichstraße. Gleich nach ihrem Einzug eröffneten sie dort ein Fahrradgeschäft, das sie 1934 nach Brunsbüttelkoog ausdehnten.

Peter Becker, schon immer technisch interessiert, besaß das erste Auto im Dorf, einen Opel P4. In jungen Jahren fuhr er in Wilster sogar ein Modell aus der „Erfinderzeit" (unser Foto).

Als Feinmechaniker hatte Peter Becker, Sohn vom Schuster Hinrich Becker in Büttel, vorher auf der Hamburger Werft Blohm & Voss, gearbeitet. Lange erinnerte er sich an einen Vorfall, der, kaum erkennbar, eine große Auswirkung hatte:

Während seiner Ausbildung sollte er für die obere Abdeckung mehrere Gewinde in ein Kompaßgehäuse schneiden. Im letzten

Hertha heiratete Ewald Thorburg, der sein Seemannspatent bei Markus Peters erwarb. Ihre Kinder waren Anke, Marlies und Rolf. 1972 übernahm Karl Heinz mit seiner Frau Elli, geb. Kleis, das Elternhaus. Er baute es aus. Es wurde ein Schmuckstück in der Deichstraße.

Ingeborg Stelzmann, geb. von Deesen, blieb mit ihren Kindern Elke und Wilfried in Büttel wohnhaft.

Karl von Deesen war 44 Jahre von 1910–54 für die in Brunsbüttel stationierten Böschlotsen tätig, davon 37 Jahre als Kapitän des Lotsenversetzdampfers.

Am 30. März 1955 überreichte Wirtschaftsminister Börnsen dem bewährten Kapitän im Elblotsenhaus das von Bundespräsident Heuss verliehene Verdienstkreuz des Verdienstordens der Bundesrepublik.

Er bekam es für seinen vorbildlichen Einsatz als Kapitän. 40 Jahre fuhr er seinen Dampfer ohne Kollision. Bei Wind und Wetter, bei

Loch brach ihm der Gewindebohrer ab. Da er dieses Stück nicht aus der Bohrung entfernen konnte, setzte er fein säuberlich als oberen Abschluß eine kürzere Schraube darauf. Äußerlich war an der Verschraubung des Deckels keine Unregelmäßigkeit zu erkennen, doch als der Kompaß in Betrieb genommen werden sollte, zeigte er eine Ablenkung. Es war ein Magnet-Kompaß, und die Nadel fand natürlich den Rest des Stahl-Gewindebohrers im nichtmagnetischen Messinggehäuse!

Oben links außen: Karl Petersen in seinem Hausgarten am Deich. Links außen: Wohnhaus der Firma Lindau und Kiesewein. Mitte links: Emma Schernekau und Anne Hartzen vor Richard Schernekaus Bootswerft. Oben links: Familie von Deesen. Links: Blick vom Deich auf die Häuser Becker, von Deesen und Schernekau. Oben: Jette, Lena und Norbert Wenn, letzte Bewohner des Hauses Bekker.

Im nächsten Haus wohnte Familie Hartzen: Maurer Karl Hartzen und Frau Dorothea, geb. Lübbe, mit ihren Kindern Willi und Hertha. Nach dem Tode der Eltern wurde das 1910 erbaute Haus von Willi Hartzen und seiner Frau Anne, geb. Rehder übernommen. Ihr Sohn Günther ist hier aufgewachsen. Bis zum Verkauf des Hauses an die Entwicklungsgesellschaft wurde es nach dem Tode ihres Mannes von Anne Hartzen alleine bewohnt. Danach verzog sie nach St. Margarethen.

Über das Haus Nr. 10 in der Deichstraße schreiben die letzten Bewohner:

„Das Haus wurde 1908 von den Eheleuten Georg und Amanda Braack, geb. Erichson, erbaut. Aus dieser Ehe wurde die Tochter Martha am 3. 8. 1904 geboren. Nach dem Tode der Mutter übernahm 1950 die Tochter Martha, die inzwischen 1935 den Tischler Ernst Heinrich Rönna geheiratet hatte, das Haus.

Aus dieser Ehe gingen vier Kinder hervor: Karin (geb. 1937), Rolf

Für Peter Beckers Fahrradgeschäft und Reparaturwerkstatt galt die Devise „Schnell – Gut – Billig". Täglich kamen bei ihm Radfahrer nur zum Luftaufpumpen; mit seiner Fußpumpe versah er diesen Dienst am Kunden gerne.

In seiner Freizeit bastelte er verschiedenes aus alten Speichen, zeichnete gern und malte Ölbilder, spielte Geige und trat einmal während eines winterlichen Maskenballs als Tierbändiger (mit lebendem Huhn „Grete" in einem Käfig auf dem Rücken) auf. Im Alter strickte er sogar lange wollene Unterhosen.

Peter Becker starb 1967 nach langer mit Geduld ertragener Krankheit im Alter von 72 Jahren, seine Frau Bertha folgte ihm 13 Jahre später, 84jährig.

Tochter Käthe, 1919 geboren, verlebte den größten Teil ihrer Kindheit in diesem Haus am Elbdeich. Später ging sie in den Haushalt und zog nach ihrer Heirat nach St. Margarethen. Seit 1970 wohnte dann Enkel Norbert Wenn mit seiner finnischen Frau Leena und deren im Jahre 1975 geborenen Tochter Jette im Haus Nr. 7. Als dann der alte Ort der Industrieansiedlung weichen mußte, kämpften sie für einen erträglichen Abgang.

1982 zogen sie aus dem Haus, das schon kurze Zeit später durch den Greifer eines Baggers eingerissen wurde. Zurück blieb die Verbundenheit zu dem kleinen idyllischen Dorf, mitgenommen wurden nur die Erinnerungen.

Noch lange Zeit danach sprach Tochter Jette: „In Büttel war alles viel schöner!"

(geb. 1939), Günther (geb. 1941) und Gerd (geb. 1944). Die Ehe wurde dann aber geschieden.

Im Jahre 1970 ging das Haus nach dem Tode von Martha Rönna auf den Maurergesellen Gerd Werner Rönna und dessen Ehefrau Gerda, geb. Wiebers, über.

In dem Hause wurden eine Tochter Martina (1968) und die Zwillingssöhne Carsten und Ralf (1971) geboren.

Die Kinder verlebten in Büttel ihre schönsten Jugendjahre. Leider mußten wir 1982 wegen der Industrie das Haus verkaufen. In Wacken haben wir neu gebaut und sind dann 1984 dorthin gezogen."

Gegenüber am Deich standen zwei Reetdachhäuser wie Denkmäler aus alter Zeit.

Im ersten sind uns die Bewohner August Stelling und seine Frau Trina mit ihren drei Kindern bekannt. August Stelling war langjährig als Gemeindevertreter für die Belange des Dorfes tätig und hat sich da Verdienste erworben. Er wurde politisch verdrängt und zog um 1933 nach Hamburg.

Das Ehepaar hatte drei Kinder: Emma, Adolf und noch eine weitere Tochter, die mit 9 Jahren starb.
Emma heiratete Theodor Wilstermann, Adolf junior wurde Schmied, diente bei der Luftwaffe in Bayern, heiratete dort und blieb in Bayern.
Nach dem Tod von Amanda Fock verkaufte Adolf Fock sen. das Haus in Büttel an Heinrich und Elli Schaack und zog auch nach Bayern, wo er mit 92 Jahren starb.
Die Familie Schaack renovierte das Haus von Grund auf und wohnte hier mit ihren Kindern Reimer und Karin.
1983 mußte auch Elli Schaack Büttel verlassen und zog in ihren Neubau nach Brunsbüttel.
Im Nachbarhaus wohnten Johannes Suhr und seine Frau mit den beiden Töchtern Frieda und Alma.
Tochter Frieda heiratete Paul Nofer aus Brunsbüttel, wo sie die Firma „Pano" gründeten. Alma war mit dem Taxifahrer Karl Mähl verehelicht und blieb im Haus ihrer Eltern wohnen. Später lebten hier einige Jahre Kurt Ranthum und Frau Anke, geb. Strate, mit ihren Kindern James, Chris und Carmen.

Familie Bartels übernahm das Haus, sie war schon vor Jahren in Büttel ansässig. Ihre Tochter Frieda war mit dem Schiffseigner Simon Schmidt aus Büttel am Kanal verheiratet und so die Mutter von Werner und Walter Schmidt.
Das Haus am Deich kauften 1940 Peter Hönck (1907–1975) und seine Frau Inge, geb. Andresen. Von Hamburg zog es sie zurück in ihr Heimatdorf Büttel.
Peter Hönck hat als Seemann alle Weltmeere befahren. In Brunsbüttel bekam er eine Anstellung beim Wasserstraßenamt, wo er bis zum Rentenalter tätig war. 27 Jahre vertrat er Bütteler Interessen in der Gemeindevertretung.
Inge Hönck war eine begehrte Schneiderin. Zusammen haben sie im Laufe der Jahre ihr Häuschen zu einem Schmuckkästchen umgebaut und hergerichtet.
Das folgende Haus unterm Deich war Eigentum von Peter und Else Hönck. Ihre vier Kinder Anna, Johannes, Peter und Grete wurden hier geboren. 1917 erwarb es Familie August Edler, und 1926 kauften es Adolf und Amanda Fock. Adolf Fock arbeitete beim Schiffahrtsamt Brunsbüttel und setzte am Holsten-Reck den in die Elbe fahrenden Schiffen Warnsignale. Nach Auflösung dieser Station wurde er Leuchtturmwärter in Scheelenkuhlen bei St. Margarethen.

Oben links außen: Häuser Hartzen und Becker / Wenn. Unten links außen: Peter Becker war schon in den Zwanziger Jahren ein begeisterter Autofahrer. Mitte links: Haus Braack / Rönna mit Großmutter, Mutter Amanda und Tochter Martha Braack um 1910. Oben links: Wohnhaus von Peter und Inge Hönck. Links: Inge Hönck und Peter Hönck. Oben: Haus Hönck / Fock / Schaack um 1914 mit Else Hönck und ihren vier Kindern.

Das gegenüberliegende Haus an der Straße ist jüngeren Ursprungs.
Bauunternehmer Heinrich Maahs baute das Vierfamilienhaus. Es wurde als Mietshaus genutzt, so wechselten die Bewohner.
Als Bütteler waren uns bekannt:
Albert Breckwoldt mit Ehefrau Bertha. Die Töchter Lisa und Anke wurden hier geboren.
Anke heiratete den Bütteler Peter Ewers, Lisa den Kapitän Uwe Jürgens. mit dem sie zehn Jahre in Büttel am Kanal wohnte. Ihre Kinder Birte und Sönke wurden hier geboren.
Auf der Deichseite kommen wir zum Gebäude Deichstraße 14, gebaut 1908 von Schneidermeister Otto Flügel und dessen Ehefrau Maria Flügel, geb. Huuß.
Er war 1868 in Garding geboren, sie 1885 in Kudensee. 1906 heirateten sie und betrieben im Hause eine Schneiderei und Plätterei. Aus ihrer Ehe gingen 4 Kinder hervor: Schlosser Alfred Flügel,
geb. 22. 9. 1908 in Büttel, gest. 1. 7. 1961 in Wewelsfleth; Schiffer Emil Flügel, geb. 31. 8. 1912 in Büttel, gest. 12. 11. 1975 in Itzehoe (er war der letzte fahrende Schiffer in Büttel); Schleusenmeister Otto Flügel, geb. 17. 11. 1917 in Büttel, gest. 17. 1. 1966 in Brunsbüttelkoog, Obersteuermann bei der Kriegsmarine und Ritterkreuzträger, sowie Anni Flügel, verh. Hasch, geb. 4. 12. 1922 in Büttel, wohnhaft in Kiel.
Nach dem Tode des Schneidermeisters Otto Flügel bewohnte die Witwe Maria Flügel etwa 20 Jahre lang allein das Haus. Sie betrieb eine Wäscherei und Plätterei. Nachdem ihr Sohn Emil 1948 aus französischer Kriegsgefangenschaft zurückkehrte, zog er wegen der schlechten Zeiten mit seiner Frau Berta Flügel, geb. Stahl, und den Kindern Arthur und Karl mit in das Haus. Hier wurden noch ihre Söhne Helmut und Konrad geboren. Später übernahm Emil von seiner Mutter Maria dieses Haus als Erbteil. Er bewohnte es bis zu seinem Tode 1975.

Von diesem Tage an übernahm Emils jüngster Sohn Konrad das Haus. Er bewohnte es bis zum Zeitpunkt der Umsiedlung Büttels. Vom Erlös erwarb er ein gleichwertiges Haus in Brunsbüttel Pappelweg 5 Auf der Mole 4.
Das Nachbarhaus war der Alterssitz vom Albershof in Nordbüttel. Darüber berichtet Erna Albers:
Dieses Haus wurde 1909 im Auftrag meines Großvaters Klaus Jacob Albers und seiner Frau Margarethe vom Baumeister Hinrich Maaß gebaut. Es sollte als Altenteil für den Albershof dienen, den bereits mein Urgroßvater Jacob Albers mit seiner Frau Wiebke bewirtschaftet hatte.
Als mein Vater Jacob Albers mit meiner Mutter Albertine Abel Albers nach ihrer Heirat am 24. 4. 1909 den Hof übernahm, zogen meine Großeltern in ihr Haus am Deich ein und lebten dort bis 1944.
Für kurze Zeit wurde das Haus an Familie Werner Saß vermietet und gab dann nach dem Krieg zusätzlich Obdach für viele Flüchtlinge.
Im Jahre 1949 zog ich mit meiner Mutter und mit meiner Tochter Heidemarie, geb. am 5. 10. 1949, in das Haus ein. Mein Vater war bereits 1948 gestorben. Meine Mutter lebte bei mir bis zu ihrem Tode am 1. 8. 1974.
Meine Tochter Heidemarie besuchte die Volksschule in Büttel von 1956 bis 1960 und danach die Realschule in Wilster. Im Jahre 1968 heiratete sie unseren ehemaligen Nachbarn Helmut Peers.

Im gleichen Jahr, am 12. 8. 1968, wurde mein Enkelkind Ulrike geboren. Am selben Tag feierte auch meine Mutter ihren Geburtstag. Alle zusammen wohnten wir in dem Haus bis 1969, dann zogen die Kinder nach Elmshorn. Als ich mein Haus verkaufen mußte, habe ich in Elmshorn ein Zweifamilienhaus gekauft und wohne jetzt seit 1980 mit meinen Kindern dort."

Links außen: Peter Hönck mit Sense vor seinem Haus an der Deichstraße um 1910. Oben links: Blick vom Deich auf das Haus Johannes Suhr / Karl Mähl. Links: Bertha Flügel mit ihren Kindern Arthur und Karl auf einer der einst zahlreichen Sitzbänke auf dem Deich, im Hintergrund die Häuser Maaß und Mähl. Ganz oben: Das Vierfamilienhaus Maaß. Oben: Schneidermeister Otto Flügel. Unten: Emil und Bertha Flügel mit ihrem Boot.

Dann kommen wir zum ältesten Haus Büttels. Der Enkel von Wilhelm Suhr berichtet:

„Wilhelm und Gretchen Suhr, geb. Nagel, heirateten am 13. Mai 1894. Eine Zeitlang wohnte das junge Ehepaar auf der Bösch, ehe Wilhelm Suhr 1901 das Bütteler Deichgrundstück von dem Gast- und Landwirt Röhrig kaufte. Dieser betrieb hier vor dem Nachlassen seiner Geschäfte eine gut florierende Gastwirtschaft, in der auch 1881 der Bütteler Gesangverein gegründet wurde. Zu ihr gehörte ebenfalls eine Kegelbahn. Noch in hohem Alter trug Wilhelm Suhr als Talismann eine alte spanische Münze in der Tasche: Er hatte sie als junger Mann dort, wo sich einst die Kegelbahn befand, gefunden. Ein Seemann, der weit in der Welt herumgekommen war, mußte sie verloren haben. Seeleute und Lotsen waren nämlich häufige Gäste in Röhrigs Gastwirtschaft. Der geklinkerte und nachts von Laternen beleuchtete Fußweg von der Lotsenstation auf der Bösch durch den Außendeich endete hier. Lange hat sich in diesem Haus auch eine Bäckerei befunden, von der anzunehmen ist, daß sie vornehmlich die Böschlotsen und durch deren Vermittlung die Besatzungen der vorbeifahrenden Schiffe mit Brot versorgt hat. Es heißt auch, daß die sich durch solche Kontakte bietende günstige Gelegenheit zum Schmuggel weidlich genutzt wurde.

Als erster Besitzer des Hauses ist 1652 Clas Hansen erwähnt, dessen Vater schon in Büttel ansässig war. Ihm folgte als Eigentümer der Sohn Clas (um 1660–1729) und danach der Enkel Clas (1684–1755). Diesem hat auch die Bösch gehört, auf der er 1733 ein neues Haus baute, das von 1749 bis 1895 Lotsenunterkunft war. Im Haus am Deich hat er als erster die Bäckerei betrieben. Auch sein Sohn Jakob (1738–1784) und sein Enkel Jakob (1770–1828) besaßen noch das Anwesen mit der Bäckerei. Der nächste Nachkomme Jakob (1812–1866) wurde Tischler und heiratete die Tochter des oft mit seinem Ewer den Bütteler Hafen anlaufenden Schiffers und Torfhändlers Hinrich Woltmann in Wedel und ließ sich dort in der Heimatstadt seiner Frau als Meister nieder. Einer seiner Brüder war Lehrer in Wesselburen, ein anderer Bruder, Johann (1818–1886), Bauer in Flethsee. Er heiratete 1850 die von dort stammende Engelke Wohlert (1813–1872). Beider Sohn, nach den Vorvätern Jakob (1850–1922) genannt, heiratete 1882 Magdalena Nagel (1888–1936) und kaufte 1883 von John Pohlmann den Loofthof an der heutigen Bundesstraße 5. Ihre Tochter Albertine

(1894–1929) war verehelicht mit Otto Looft (1891–1974), dessen Sohn Heinz den Hof 1988 an die Bayerwerke verkaufte, die ihn ein Jahr später abreißen ließ.

Der Sohn des Tischlermeisters Jakob Hansen in Wedel, Heinrich (1860–1895), wurde Lehrer wie sein Wesselburener Onkel, ebenso Heinrichs Sohn Diedrich (1892–1980) und Enkel Heinrich Egon (geb. 1930), der heute Schulrat jenseits der Elbe im Kreis Cuxhaven ist. Dessen älterer Bruder Hans Jürgen (geb. 1921), der im Sommer 1943 in der Flakbatterie Altenkoog stationiert war und damals beim Bütteler Navigationslehrer Markus Peters seine nautischen Kenntnisse vervollständigte, ist Verleger in München.

Es dürfte von Interesse sein, daß vor Wilhelm Suhrs Kauf zunächst der Makler und Schlachter Paul Ramm die Absicht verfolgte, Röhrigs Gastwirtschaft neu zu eröffnen. Da ihm aber die Konzession verweigert wurde, mußte er seinen Plan aufgeben.

Am 9. November 1901 wurde der „Fischer und Händler" Wilhelm Suhr als Eigentümer des in Frage kommenden Grundstückes in das Grundbuch eingetragen. Wilhelm Suhr stellte am 15. März 1902 einen Antrag auf Umbau seines Wohnhauses. Nach Beendigung der Bauarbeiten zog das Ehepaar in ihr Haus ein. Einen großen Teil seines Grundstückes veräußerte Wilhelm Suhr in späteren Jahren an den Schneider Flügel und den Altbauern Klaus Jakob Albers. Seinen Lebensunterhalt bestritt das Ehepaar durch die Einkünfte des Kolonialwarengeschäftes, welches Frau Gretchen Suhr betrieb, und durch die Erträge des Fischfangs."

Von Suhrs Erben kauften Ernst und Waltraud Ahne das Haus 1950. Nach ihrer Flucht aus dem Osten kamen sie nach Büttel und wurden dort seßhaft. Ihre fünf Kinder Helmut, Werner, Herbert, Renate und Manfred wurden alle hier geboren. So wurde Büttel ihre Heimat. Ernst Ahne war ein tüchtiger Maurer und richtete das Haus neu her.

Nach 1980 mußten sie wegen der Industrieansiedlung erneut ihr Heim verlassen. Sie zogen nach Krempe.

Johann Röhrig wohnte mit seiner Frau Lina nach dem Verkauf seiner Wirtschaft an Suhr (1900) im kleinen Nachbarhaus. Die Tochter heiratete 1897 den Bütteler Lehrer Schuldt.

Das folgende hohe Vierfamilienhaus ist auch ein Bau von Familie Ramm.

Die Mieter wechselten im Laufe der Jahre. In Erinnerung sind uns: Sophie Buhmann und ihre vier Kinder Otto, Käthe, Heinrich und Liesbeth; Schiffer Nikolaus Renz und Frau Lina, die oft ihre Nachbarn mit ihrem Gesang erfreuten; Julius Schmidt und Ottilie, die im hohen Alter zu ihrem Sohn nach Amerika auswanderte.

Nach 1945 wurde das Haus eine häufig wechselnde Bleibe für unsere Flüchtlinge.

Oben links außen: Blick vom Deich auf das zweistöckige Mietshaus Ramm sowie das ehemalige Gasthaus Röhrig / Suhr, im Hintergrund die Dampfmühle, Haus Peters und Konditorei Scharre, im Vordergrund das Haus Albers sowie Hof und Deichtreppe des Hauses Flügel. Links: Ernst und Waltraut Ahne. Ganz oben: Haus Röhrig / Looft. Oben: Das von Sophie Buhmann, Schiffer Renz, Julius Schmidt und Ilpen Alpers bewohnte Mietshaus am Deich.

Über die Bewohner des nächsten Hauses berichtet Klaus Boll:
Mein Vater, Schlachtermeister Nikolaus Boll, geb. am 17.3.1878 in Schotten, heiratete 1908 Anne Puck, geb. am 2.7.1885 in Kuhlen. Sie war die Tochter des Maurermeisters Martin Puck in Büttel. Sie betrieben eine Schlachterei im neu erbauten Haus am Elbdeich. Die alte Schlachterei war im Jahre 1907 bei dem großen Brand in Büttel abgebrannt. Nikolaus Boll hatte in seinem neu eröffneten Betrieb gerade das erste Tier geschlachtet.
Meine Eltern hatten drei Söhne. Ich, der älteste, geboren am 20.8.1909, bin verheiratet seit dem 26.9.1936 mit Käthe Thießen aus Marne, geb. am 8.9.1912.
Unser Sohn Klaus Peter Boll ist Diplomkaufmann und Prokurist bei der Landesbank in Kiel.
Mein Werdegang: Besuch der Volksschule in Büttel und der Kaiser-Karl-Schule in Itzehoe,
von 1926–1929 Verwaltungslehrling bei der Stadtverwaltung in Marne,
anschließend Verwaltungsangestellter bei der Stadt Marne bis Ende Februar 1934,
inzwischen Besuch der Verwaltungsschule in Kiel mit anschließender Sekretärprüfung,
von März 1934 bis Sept. 1934 im Reichsarbeitsdienst auf Amrum (Deichbau),
von Oktober 1934 bis Okt. 1937 Abteilungsleiter beim Kreiswohlfahrtamt in Schleswig, inzwischen erneuter Besuch der Verwaltungsschule in Kiel mit anschießender Inspektorprüfung,
von Nov. 1937 bis Juli 1945 Steuerinspektor bei den Finanzämtern Schleswig und Kiel, während des Krieges Soldat im Afrikakorps und im Westen,
nach der Gefangenschaft Prokurist in dem Mühlenbetrieb H. F. von Horsten in Marne bis März 1973,
ab April 1973 Rentner,
von 1952 bis jetzt 1. Vorsitzender des Vereins zur Förderung der Volkshochschule in Marne und Mitglied des Arbeitsausschusses der VHS,
von 1955 bis 1970 Mitglied des Kulturausschusses und weiterer Ausschüsse der Stadt Marne,
seit 1980 tätig im Heimatmuseum Marner Skatclub (Führungen und Dokumentation).

Mein Bruder Adolf Boll, geb. am 25.10.1914, übernahm als Schlachtermeister die väterliche Schlachterei im Jahre 1955. Nachdem er die Schlachterei aufgegeben hatte, verkaufte er das Haus im Jahre 1961 an die Molkereigenossenschaft in Büttel. Er übernahm eine Stelle als Schlachtermeister in einem Flensburger Betrieb. Adolf war verheiratet mit Käthe Lindemann. Er ist am 22.6.1973 gestorben.
Mein jüngster Bruder Arnold Boll, geb. am 27.9.1916, war Sparkassenangestellter bei der Städt. Sparkasse in Marne. Er ist am 31.7.1944 in Nordfrankreich gefallen.
Nach dem Tode seiner Frau Anne im Jahre 1925 heiratete mein Vater, Nikolaus Boll, Bertha Wrage, geb. am 16.12.1890 in Hakkeboe. Sie starb am 4.1.1961 in Büttel. Nikolaus Boll starb am 29.1.1962 in Itzehoe.
Das letzte Haus am Deich vor der Schleuse war Eigentum von Klaus Schmidt. Er fuhr ein eigenes Küstenfrachtschiff und gehört in den umfangreichen Stammbaum von Jürgen Schmidt. Klaus Schmidt heiratete Marie Brandt. Marie war mit an Bord und hieß in Büttel „Marie-Koptein", ihr Mann Klaus „Jack und Büx", damit die Schmidten überhaupt auseinanderzuhalten waren. Ihre Kinder waren Kathcrina (verh. Bär, zwei Töchter) und Johannes (verh. mit Alma Thode, drei Kinder).
Ihr Haus mußten sie 1907 erneut aufbauen. Es war mit fünf anderen Reetdachhäusern durch ein Großfeuer vernichtet worden. Ausgebrochen war der Brand im Baugeschäft Hölck am Mühlenweg. Der Nordweststurm übertrug die Funken auf zwei Häuser am Kanal und weiter auf drei Häuser an der Deichstraße jenseits des Kanals an der Schleuse. Alle sechs Häuser brannten völlig nieder. Die Eigentümer Nikolaus Boll und Klaus Schmidt bauten neu auf den alten Grundstücken.
Der ebenfalls Geschädigte Johann Schütt, genannt Groot Jan Schütt, bekam keine Genehmigung dazu und verlegte seinen Neubau auf die andere Straßenseite. Nur der alte Backofen in dem kleinen Häuschen davor ist noch Zeuge der ehemaligen Bäckerei. Johann Schütt stellte sich auf Landwirtschaft um. Sein Vater, der Bäcker und Schankwirt Heinrich Schütt, war von 1870 bis 1881 Bürgermeister von Büttel. Er genoß im ganzen Kirchspiel großes Ansehen. Sein Rat, sein Wort galt, wie der frühere Lehrer Kruse berichtete.

Oben links: Schlachtermeister Boll mit Frau und Sohn, auf dem Fahrrad Zimmermeister Hinrich Maaß. Links: Klaus Boll als Schüler. Mitte rechts: Haus Markus Peters 1956. Rechts außen: Nachbarn vor dem Fernseher bei Markus Peters: Nikolaus Boll, H. Schaack, Mimi Vollmert, Markus Peters, Elli Schaack, Pauline Peters, Reimer und Karin Schaack, Berta Boll, Frau von der Fecht und Markus Vollmert.

Groot Jan Schütts Enkelin Anni Schmidt übernahm den Betrieb und heiratete Willy Schroeder aus Kuhlen. Die Zweitwohnung in ihrem Haus war vermietet an Rolf und Helma Rohwedder mit ihren Kindern Wolfgang und Frauke. Nach der Auflösung Büttels baute Anni Schroeder in St. Margarethen ein Wohnhaus.

Der Schlachterei Boll gegenüber stand das Stammhaus der Schifferfamilie Schmidt. Der Ahnherr Jürgen Schmidt (geb. 1835) heiratete 1861 Katharina Willers (geb. 1833). Sie wohnten an der Einmündung des Armsünderstiegs in die Deichstraße. Ihre drei Söhne waren: Johannes, Wilhelm und Klaus. Alle wurden Schiffer mit eigenen Küsten-Frachtschiffen, alle waren in Büttel beheimatet in eigenen Häusern.

Der älteste Sohn Johannes (geb. 1861) heiratete 1891 Johanna Huuhs. Er kaufte das Haus am Kanal von J. Becker. Ihre Kinder waren: Simon (Schiffer mit eigenem Schiff), Wilhelm, Gustav, Anna, Hans (Schiffer mit eigenem Schiff) und Albert (Schlachter).

Simon (geb. 1892) heiratete Frieda Bartels. Sie bewohnten das Elternhaus am Kanal. Ihre Söhne sind Werner und Walter. Werner und Frau Irma, geb. Vohs, haben drei Söhne. Werner und seine Söhne sind Kanallotsen. Walter und Frau Inge, geb. Steinleger, haben die Tochter Karen. Das Elternhaus wurde ihr Eigentum.

Johannes Schmidts Sohn Hans Schmidt heiratete Rosa Prühs. Sie hatten eine Tochter Ingeborg. Der andere Sohn von Johannes, der Schlachter Albert Schmidt und Frau Hertha, geb. Wilstermann (geb. 1906), heirateten 1926. Der Ehe entstammen zwei Töchter: Anni und Elfriede. Anni heiratete Karl Heinz Franke 1953. Sie kauften das am Bütteler-Kanal-Ost gelegene Haus von den Erben Puck. Die Eltern Albert und Hertha zogen mit ihnen in das Doppelhaus ein. 1982 zogen sie nach der Auflösung des Dorfes in ihren Neubau nach Brunsbüttel.

Stammvater Jürgen Schmidts zweiter Sohn Wilhelm und seine Frau Bertha, geb. Koppelmann, wohnten im Elternhaus Deichstraße / Armsünderstieg. Ihre acht Kinder waren: Johannes (Schiffer mit eigenem Schiff, es wurde im Hamburger Hafen durch Bomben im Krieg vernichtet), Rosa, Rudolf (Schiffer mit eigenem Schiff), Henry (Schiffer mit eigenem Schiff), Annemarie, Hertha, Wilhelm (übernahm das Schiff von Vater Wilhelm) und Ilse.

Johannes heiratete Minna, geb. Paulsen, sie haben drei Kinder: Willy, Hertha, Jürgen.

Rudolf und Frau Erna, geb. Böge, hatten drei Kinder. 1942 wurden Rudolf und sein Sohn Henry mit ihrem Schiff ein Opfer des Krieges in Bergen.

Henry und Frau Frieda, geb. Schütt, haben zwei Söhne: Siem und Uwe. Sie wohnten im Elternhaus Deichstraße. Siem ist Schiffer. Uwe ist Zimmermann, er baute ein Haus am Bütteler Kanal, das er bis zur Industrialisierung bewohnte.

Wilhelm und Frau Irma, geb. Dohrn, hatten eine Tochter. Wilhelm mit seinem Neffen Willy an Bord lief im Krieg mit seinem Schiff auf eine Mine. Beide sind mit dem Schiff untergegangen.

Auch Ahnherr Jürgen Schmidts Sohn Klaus besaß ein Frachtschiff und bewohnte mit Frau Marie, geb. Brandt, und den Kindern Katharina und Johannes ein eigenes Haus am Deich.

Das nächste Haus gehörte Markus Peters.

Sein Enkel Mark Jörgensen schreibt: dieses Haus kauften Markus und Pauline Peters im Jahre 1919. Der Vorgänger war ein Grünhöker, der sein Geschäft hinter den beiden großen Scheiben auf der Diele betrieb. Markus stammte aus Landscheide, wo seine Eltern eine kleine Landstelle besaßen. Er hatte vier Brüder und eine Schwester. Seine Frau Pauline, geb. Hargens, stammte aus Marne, wo ihre Eltern ein Haus in der Hafenstraße hatten. Ihr Vater war der Ortsgendarm. Sie hatte zwei Brüder und drei Schwestern. Markus und Pauline heirateten um die Jahrhundertwende in Hamburg, wo sie auf der Herrenweide wohnten und wo ihnen zwei Kinder, Henry und Gertrud, geboren wurden. 1905 zogen sie nach Büttel und wohnten zunächst am Büttler Kanal, wo ihnen eine weitere Tochter, Maria (Mischen), geboren wurde. Etwa 1910 zogen sie in ein Haus unter dem Deich zwischen Kaufmann Prüß und Gasthof Ewers, und dann 1919 in das eigene Haus, in dem Markus bis zu seinem Tode 1960 und Pauline bis 1967 wohnte, als sie zu Mischen nach St. Peter zog, die sie bis zu ihrem Tode 1970 pflegte.

Markus und Pauline Peters wurden 85 bzw. 90 Jahre alt.

Im Nachbarhause jenseits der Straße am Deich wohnten Niklas

und Line Rens. Niklas war der erste „Schüler" von Markus und gab den eigentlichen Anstoß zu seiner späteren Laufbahn und „Berühmtheit" an der Küste als privater Navigationslehrer. Berühmt deswegen, weil er jeden halbwegs begabten Kandidaten durch die Schifferprüfung brachte, weil er der einzige in Deutschland war, der den Unterricht auf Plattdeutsch halten konnte, weil sein Unterricht mit Döntjes gewürzt und mit anschaulichen Beispielen gespickt war, weil ein familiärer Ton herrschte (manchmal kochte Pauline für die „Schüler"), und weil er gerecht war – einmal drohte er, alle Lehrgangsteilnehmer rauszuschmeißen, die sich über einen Stotterer lustig gemacht hatten, den Markus sodann heil durch die Prüfung brachte, natürlich mit Rücksprache mit den Prüfern, die großen Respekt vor ihm hatten, auch wenn er in's Plattdeutsche verfiel und sie kurzerhand wie jedermann duzte. An seinen Schimpfkanonaden ergötzte man sich überall an der Küste, und von seinen unzähligen Eskapaden (einige von ihm selbst erzählt, bei denen er keineswegs als Held wegkommt, wurden in einem lichten Augenblick auf Tonband mitgeschnitten) sei nur als Beispiel für viele erwähnt, daß er in der Euphorie über das gute Abschneiden seiner sämtlichen „Schüler" auf der Heimreise den Zug Wilster–Brunsbüttelkoog auf dem Bahnhof St. Margarethen (eigentlich Flethsee) anhielt und Bahnpersonal und sämtliche Fahrgäste zu einem ausgiebigen Umtrunk in die Bahnhofsgaststätte einlud, danach eine Schottsche Karre requirierte und sich im Triumphzug nach Hause karren ließ, wo Pauline ihn mit passenden Worten empfing. In dieser Hinsicht war sie einiges von ihm gewohnt – bis ins hohe Alter. So sehr er sich aufregen und ereifern konnte, so schnell regte er sich wieder ab und schmunzelte über sich selbst. Sprichwörtlich war seine Geduld als Lehrer. Auch seine Enkel lernten von ihm in kürzester Zeit Wriggen, Pöttern, Angeln, Segeln, Morsen, Signalflaggen, Ausweichregeln, Lichterführung, Kartenlesen. Enkel Reimer ist heute Ältermann der Lotsenbrüderschaft Elbe und Otto-Markus ist auf der „Hanseatic" zur See gefahren.

Nach dem Kriege wohnte bei Markus und Pauline in der Dachkammer die aus Ostpreußen geflüchtete Frau Gosch, mit der ein herzliches Verhältnis bestand. Die damals schon recht alte Frau Gosch zog nach einigen Jahren zu ihrer Tochter nach Oevelgönne.

Pauline war ein Original auf ihre Art, ihre Leidenschaften waren Kartenkloppen und Karten legen (sie konnte auch Gürtelrose „besprechen") und der alljährliche Ausflug mit dem Büttler Kartenklub.

Da in seiner über 50jährigen Lehrtätigkeit nahezu 4000 Seeleute durch Kapt. Markus Peters ausgebildet wurden (1932 schon über 3000) – in einigen Schifferfamilien drei Generationen – sollen hier die wichtigsten Daten seines Lebens aufgeführt werden. Denn ob in Büsum oder Cuxhaven, in Brunsbüttel, Friedrichskoog oder Wewelsfleth, überall trifft man noch seine ehemaligen „Schüler", die auch nach 30 Jahren noch seiner gedenken.

Schon mit 12 Jahren nahm Markus Schulurlaub, um in der Saison in der Nordsee auf Finkenwerder Kuttern zu fischen. Nach Schulabschluß fuhr er fünf Jahre zur See, u. a. nach USA und absolvierte dann seinen Militärdienst bei der Kaiserlichen Marine. 1904 besuchte er die Navigationsschule in Altona und bestand das Examen zum Schiffer auf Kleine Fahrt. Im Anschluß daran fuhr er in der Küstenfahrt. In den drei Jahren vor dem 1. Weltkrieg war er Kapitän auf Renn-Yachten der damaligen „High Society", unter anderem auf Kaiser Wilhelms Yacht „Meteor". Aus seinem episodenreichen Leben während dieser Periode erzählte er gerne von seinem Zusammentreffen mit Felix Graf Luckner und seinem Aufenthalt (zwangsweise) auf Schloß Ritzebüttel.

Als er 1906 seinen Freund Niklas Rens auf die Schifferprüfung vorbereitete, ergab es sich, daß Niklas und andere Markus auf den Einfall brachten, dies in einem größeren Kreis hauptamtlich zu tun, was Markus dann ab 1907 verwirklichte, zunächst nur in den Wintermonaten, weil er im Sommer selber fuhr, später auf eigenen Schiffen, von denen hier nur die „Sonja", „Katharina" und „Germania" genannt sein sollen. Noch im Alter von 80 Jahren erteilte er winters und sommers Unterricht bis ein Jahr vor seinem Tode – insgesamt über 50 Jahre, was ihm vornehmlich durch sein phänomenales Gedächtnis möglich war.

Seine Bekanntheit an der Küste rührte daher, daß er den Unterricht nicht nur in Büttel – mal bei Ewers, mal zu Hause bei kleineren Lehrgängen – abhielt, sondern in fast allen norddeutschen Hafenstädten; sogar während seiner Dienstzeit bei der Marine im 1. Weltkrieg wurde er abgestellt zum Unterrichtserteilen im Gebäude der alten Post in Brunsbüttelhafen, mit dessen späteren Bewohnern er so schicksalhaft verbunden bleiben sollte. Lehrgangsteilnehmer vom Dollart bis nach Memel strömten zu ihm, für die er – wenn sie sein Platt durchaus nicht verstanden – gelegentlich hochdeutsche Einlagen gab. So soll die gereimte nächtliche Verkehrsregel auch einer der vielen von ihm geprägten Merksprüche sein:

Grün an grün geht alles klar,
und rot an rot – hat keine Not.

Sein Ruf verfestigte sich auch durch solche Episoden wie das eigenhändige Vonbordbefördern eines Schiebers, der eine Getreideladung in Notzeiten falsch deklariert hatte. Ansonsten konnte sich nicht nur jedermann von ihm gleich behandelt fühlen, sondern er nahm die Gleichbehandlung der Frauen lange vor der Gleichberechtigung vorweg. Bereits am 30./31. Januar 1928 bestand mit weiteren 14 auch von Kapt. Markus Peters ausgebildeten männlichen Kandidaten in Husum Frau Christine Böttcher, geb. Graumann aus Husum die Prüfung zum Schiffer auf Küstenfahrt. Nach dem 2. Weltkrieg verhalf er Frau Hasch aus Wilster zum Elbschifferpatent. Frau Hasch fuhr ihr Schiff, die „Melpomene" solange weiter, bis ihr Mann aus der Gefangenschaft zurückkam. Er bereitete vor für die Patente für Kleine Fahrt, Küstenfahrt, Hochseefischerei, Islandfahrt, Hochseesportsegeln. Während der Nazizeit versuchte man, ihm seine Befugnisse als privater Navigationslehrer zu beschneiden. Nach dem Kriege machte er im vollen Umfang weiter.

Während des 2. Weltkrieges machte er noch als 69jähriger Dienst beim Zollgrenzschutz. Als er im Juli 1944 morgens früh einen alliierten Flieger aus der Elbe fischte, brachte er ihn in seinem Boot nach Hause und dann zum Aufwärmen und Trocknen in die Backstube von Bäcker Scharre, ehe er von der Marineflak in Tütermoor gefangengenommen wurde.

Ein Höhepunkt in seinem Leben war die Verleihung des Bundesverdienstkreuzes im Januar 1956, was zu einem großen Fest für das ganze Dorf gestaltet wurde. Er erlebte noch zwei Enkelsöhne in der Seefahrt. Die zahlreichen Zeitungsnotizen über seine Lehrtätigkeit, seine Ehrungen und die Nachrufe nicht nur in den Hei-

Oben links: Jonny Vollmert mit Mutter Mimi und Frau von der Fecht vor deren Haus. Oben rechts: Horst Kwiatkowski an Bord des Schleppers „Hohenhörn". Rechts: Bäckerei und Konditorei Scharre um 1914.

matzeitungen hat seine Tochter Mischen in einem Tagebuch aufbewahrt, in dem auch Hans Jürgen Hansen verzeichnet ist, ebenso wie zahllose weitere „Ehemalige", die sich gerne an ihren alten Navigationslehrer erinnern.

Familie Kwiatkowski berichtet über ihr Haus in Büttel:

„Es wurde 1911, infolge der Kanalverbreiterung, von dem Bauherrn August von der Fecht und seiner Frau Edde als Zweifamilienhaus erbaut. Familie Vollmert hatte das Haus gemietet.

Im November 1962 sind wir in das Haus eingezogen und haben es 1967 übernommen. Über 10 Jahre zogen sich die Ausbesserungsarbeiten und Umbauten hin, da wir nur bauen konnten, wenn wir größere Bargeldsummen hatten. Geld konnte man nämlich in den 60er Jahren nicht so einfach von den Banken haben, wie heute.

Wir haben 1958 in Brunsbüttelkoog geheiratet. Mit unserem Sohn Knut zogen wir dann nach Büttel. Im Laufe der Jahre kamen noch zwei Kinder dazu: Ute 1970 und Ralf 1976.

Ich habe als Beruf Seemann gelernt und bin von 1949–1959 zur See gefahren, fing dann am Kanal als Festmacher an und bin jetzt Koch und Matrose auf dem Schlepper „Hohenhörn". 1980 haben wir das Haus wegen der Industrieansiedlung verkaufen müssen und sind nach Dingerdonn gezogen, wo wir jetzt wohnen. Unsere Oma Eggert hat drei Jahre vor dem Umzug von der Vernichtung Büttels gehört. Sie war krank und hat bei uns gewohnt. Diese Nachricht konnte sie nicht verwinden und starb daran.

Des öfteren denken wir an die Zeit in Büttel, gleich den Deich und das Wasser vor dem Haus. Viele denken wohl wie wir."

1912 bauten Heinrich und Anne Scharre ihre Bäckerei. Sie richteten zugleich ein Café darin ein, das bis 1935 florierte. Landwirtschaft und Viehhandel betrieben sie nebenher. Zwei Söhne wurden geboren: Walter und Hermann. „Wir hatten damals drei Bäckereien im Dorfe, eine jede hatte ihre Spezialität aufzuweisen. Bei Bäcker Scharre waren es die harten Kringel mit Anis bestreut, die Sandtorten und – wovon noch heute mit Genuß gesprochen wird – das war der Pflaumenkuchen: hauchdünner Teig und fingerdick Mus dazwischen. (Aus Backpflaumen, versteht sich!)"

Sohn Walter und seine Frau Bertha, geb. Kuhrt, haben einen Sohn Hans.

1946 übernahmen sie den väterlichen Betrieb, den sie bis zur Auflösung unseres Dorfes bewirtschafteten.

Sie zogen nach Wilster in ihren Neubau. Ihr Sohn Hans hatte mit seiner Familie schon vorher eine Bleibe und Existenz im Ruhrgebiet gefunden.

Neben Scharre, etwas zurückliegend, war die Zimmerei Maaß. 1908 gründete Hinrich Maaß aus Ecklak hier seine Zimmerei. Er arbeitete in der Zimmerei Hölck, bis diese am 29. 5. 1907 abbrannte. Frau Dora war eine geborene Braak aus Neufeld. Sie hatten 10 Kinder: Emma, Martha, Otto, Anne, Eduard, Paul, Julius, Heinrich, Ernst und Wilhelm. Vier der Söhne wurden auch Zimmerer: Otto, Eduard, Ernst und Wilhelm. Letzterer, meistens Willy genannt, wurde auch Zimmermeister und übernahm den Betrieb des Vaters. 1939 heiratete er die Witwe seines befreundeten Arbeitskollegen Tiene Vieland, geb. Witt. Ihr Sohn Willy Vieland wuchs mit zwei Schwestern, Waltraud und Irmgard Maaß, im Geschäftshaus auf. Wilhelm Maaß berichtet:

Zimmermeister Hinrich Maaß und Frau auf dem Deich, im Hintergrund das Mühlenhaus. Oben rechts: Hinrich Maaß mit Familie vor seinem Haus mit der Zimmerei. Unten rechts: Haus Heesch 1950, bewohnt von Familie Rohwedder.

„Büttel an de Elv, hes du dor a mol von hört? Ja, wie war es denn eigentlich in Büttel, warum war es so schön in Büttel?
Ich habe Büttel in den 20er und 30er Jahren bis zum Krieg am besten in Erinnerung. Warum? Weil ich und auch andere in meinem Alter dort mit Menschen, mit dem Handwerk und mit dem kulturellen Leben groß geworden sind. Wenn ich nur an die Geschäftswelt denke! Da war zuletzt alles vertreten.
Ich will sie mal aufschreiben (Zahl der Beschäftigten in Klammern):

Tischlermeister Andreas Schernekau (2)
Tischlermeister Otto Buhmann (2)
Fahrradgeschäft Peter Becker (1)
Schneidermeister Otto Flügel (1)
Schneidermeister Friedrich Rotfuß (1)
Kolonial- und Glaswaren von Wilhelm Suhr (1)
Kolonial- und Glaswaren-Manufaktur von Joh. Prüss (2)
Zimmerei von Heinrich Maaß (4)
Bäckerei von Hinrich Scharre (2)
Bäckerei von Hermann Jansen und Stapelfeld (3)
Bäckerei von Johs. Kreutzfeld (1)
Schlachterei von Nikolaus Boll (3)
Schlachterei von Richard Scheibner (3)
Milch und Butter von Fritz Ramm (2)
Kolonialwaren- und Kohlenhandlung von Hermann Tecklenburg (2)
Gastwirtschaft von Nikolaus Ewers (3)
Gastwirtschaft von Richard Beckmann (2)
Gastwirtschaft von Heinrich Rusch (2)
Kolonialwaren- und Kohlenhandlung von H. Rusch (2)
Malermeister R. Cordes (2)
Malermeister Johs. Ramm (3)
Maurergeschäft von Eduard Ramm (2)
Schmiedemeister Johs. Stücker, C. G. Alpen (3)
Schmiedemeister R. Kühl (3)
Kolonial- und Glaswaren Karl Becker (2)
Viehhandel Johs. Kloppenburg (2)
Autowerkstatt Willy Franke
Viehhandel Jakob Kloppenburg (2)
Viehhandel Heinrich Heesch (1)
Meiereigenossenschaft (15)
Kolonialwaren Johs. Vollmert (1)
Müllereigenossenschaft (4)
Fuhrgeschäft H. Hahn (2).

Das waren 82 Beschäftigte (die Frauen nicht mitgerechnet). Als Gewerbetreibende sind ferner zu erwähnen die Schneiderinnen Alma Breckwoldt und Inge Hönck, die Schuhmacher Jacob Nagel und Hinrich Sieck, der Schlachter Klaus Thode, der Friseur Arthur Dierks sowie der Kolonial- und Eisenwarenladen von Erich Franke.

Die Aufzählungen der Handwerker und Geschäftsleute zeigen uns, wie ein Dorf, das von der Umwelt abgeschlossen lag, sich in sich selbst mit allem versorgte, was zum Unterhalt und Leben seiner Bewohner überhaupt nötig war. Fein abgestimmt war die Ansiedlung der Geschäfte auf den Bedarf der Bewohner und dem Schiffs- und Handelsplatz, der reges Leben ins Dorf brachte. Das Handwerk wurde geachtet, so entstand ein würdiges Bürgertum. Die Schule, die Lehrer waren Mittelpunkt des kulturellen Lebens.

Wenn dann im Winter die Schiffer alle im Kanal lagen und auch die Bauern mehr Zeit hatten, dann wurde gefeiert: Kaffeebälle, Bürgerball. Nicht zu vergessen ist, daß wir einen aktiven Gesangsverein hatten. All diese Menschen haben zur Geselligkeit beigetragen. Dann kam der böse Krieg, und alles war zerstört.

1945 übernahm ich das Geschäft meines Vaters. Ein neuer Gemeinderat wurde aufgestellt, in den ich dann (von der englischen Militärregierung genehmigt) mit aufgestellt wurde. Wir haben alles versucht, wieder Geselligkeit herzustellen. Es lief auch alles ganz gut an, aber nach der Währungsreform wurde das Geld knapp. Arbeit wurde weniger und 1956 mußte ich mein Geschäft aufgeben."

Neben dem Baugeschäft von Heinrich Maaß lag das Einfamilienhaus von Heinrich Heesch, von dem Berta Rohwedder, geb. Schütt, berichtet: „Wir wohnten vom 1. 3. 37 bis 1. 2. 52 im Haus von H. Heesch zur Miete und hatten einen schönen Garten dabei. Alle unsere Kinder wurden hier geboren: Anneliese 1933, Egon 1934, Helga 1937, Monika 1941 und Axel 1943. Es war eine schöne Zeit. Mein Mann war Tischler und war bis 1951 bei J. Paulsen in St. Margarethen beschäftigt. Dann fing er in Hamburg an zu arbeiten, weil er da mehr verdienen konnte. 1960 hat Heinrich Heesch das Haus an Hermann und Alma Swenson aus Ostermoor verkauft".

Inzwischen sind wir auf der Deichstraße von Osten bis an den Kanal gekommen und biegen jetzt in den Armsünderstieg ein.
Vor 1850 gab es in Büttel nur Kleiwege, keine festen Straßen. Mit der Regenzeit im Herbst hörte aller Wagenverkehr auf. Mit dem

auf diese Weise in ihren Särgen bis Büttel gebracht und dann über den Armsünderstieg auf dem Deich entlang zum Friedhof nach St. Margarethen getragen. Das änderte sich erst mit dem Bau der Chaussee von Wilster bis Brunsbüttel um 1852. Das Fuhrgeschäft H. Hahn übernahm dann mit seinem Fuhrwerk die Überführung vom Kanal bis zur Kirche.

Um die Bezeichnung Armsünderstieg ranken sich aber auch abenteuerliche Geschichten. Sogar Störtebecker und Seeräuber sollen im Brockmannschen Haus Unterschlupf gefunden haben.

Andere Quellen erzählen aus dem Jahre 1684 nach der großen Sturmflut, als 28 Kompanien Soldaten aus Glückstadt und Krempe in Büttel einquartiert waren, um den beschädigten Deich zu reparieren. Da hat sich ein Leutnant als „Gewaltiger" (Vergewaltiger) so schwer vergangen, daß er, 10 Wochen von sechs Mann bewacht, eingesperrt wurde, bis der Oberauditor aus Glückstadt kam. Er wurde 1686 zum Tode verurteilt, und starb am Armsünderstieg am Galgen.

Einseitig war der Stieg mit Reetdachhäusern bestanden. Seemann Karsten Jens wohnte im ersten Haus. Er hatte ein eigenes Frachtschiff „Aurora". Seine drei Kinder Hinrich, Margarete und Elise (geb. 1878) blieben wohnhaft in Büttel.

Pulschstaken (Springstock) ging es dann querfeldein über Grüppen und Gräben. Nur der Deich war zu jeder Zeit gangbar, doch war er für Wagen durch Schlagbäume gesperrt.

Der Armsünderstieg war der Kirchenweg der Nordbüttler und Kudenseer, ein privater Wagenweg; er gehörte zum Brockmannschen Anwesen. Es war der Verbindungsweg vom Büttler Kanal zum Deich. Damals war der Kanal der beste Transportweg von Kudensee bis Büttel, an ihm entlang lief der Treidelweg, von ihm aus wurden die flachen Kähne gezogen, auch die Toten wurden

Auch wohnte dort eine alte Frau Musfeld, später seine Enkelin Anne Schlüter, geb. Andresen, mit ihren Kindern.

1930 kauften Gustav Heesch und seine Frau Helene, geb. Wilstermann, das Haus von Karsten Jens. Aus ihrer Ehe gingen sieben Kinder hervor: Anna, Max, Helmut, Werner, Erna, Rosa, Helga. 1960 übernahmen Tochter Helga und ihr Ehemann Hermann Terlinden, von Beruf Kranführer, das Haus und erneuerten es. Aus dieser Ehe gingen vier Kinder hervor: 1957 Sabine, 1958 Elke, 1960 Hermann und 1972 Heinz.

1981 wurde das Haus an die Entwicklungsgesellschaft verkauft. Die Familie zog nach Burg in Dithmarschen.

Im folgenden Haus wohnte bis zum Abbruch die Familie Herbert Hauschild. Die Eltern Hauschild kauften es seinerzeit von Schuster

Ganz oben: Helene Heesch mit ihren Kindern Max, Helmut und Willy. Oben: Häuser Ramm, Brockmann, Jens und Diekmann am Armsünderstieg um 1910. Mitte rechts: Karsten Jens und Frau Diekmann vor dem Haus Diekmann um 1905. Oben rechts: Haus Jens des Schiffers Jens, auf der Bank seine Frau Gretchen. Unten rechts: Schiffer Hinrich Jens mit Schwiegertochter Sophie geb. Puck. Unten rechts außen: Familie Max Heesch.

Becker. Herbert Hauschildt und seine Frau Waltraud, geb. Kloppenburg, haben zwei Söhne, Thomas und Heiko.

Dann kommen wir wohl zum ältesten Haus am Stieg. Es hatte im alten Zustand noch bleigefaßte Fenster. Eigentümer war Familie Diekmann. Vorübergehend besaß es dann Emil Flügel mit seiner Frau Bertha. Von ihm kaufte es Frau Esch. Sie kam mit ihren Kindern auf der Flucht nach Büttel. Den Kindern wurde es zur Heimat. Tochter Elfriede heiratete Werner Nothdurft, zwei Kinder wurden ihnen geboren, Michael und Michaela. Auch sie mußten der Industrialisierung weichen. Sie erwarben in Brunsbüttel ein neues Haus. Übrigens hatten sie das alte Haus in Büttel völlig erneuert.

Dann kam ein weiß getünchtes Reetdachhaus etwas abseits vom Weg auf einer kleinen Wurt. Dort wohnte Schiffer Hinrich Jens, Sohn von Karsten Jens mit seiner Familie. Ihr Sohn Karl heiratete Sophie Puck, seine Nachbarin.

Er fand eine Anstellung in Hamburg, sie vermieteten das Haus an Max Heesch, Sohn von Gustav Heesch, und seine Frau Magda, geb. Lutz. 1958 machte Max Heesch sich als Fuhrunternehmer selbständig. 1959 kauften die Eheleute Heesch das Haus und erneuerten es nach und nach. Sie hatten sieben Kinder: Hans, Gerda, Monika, Heike, Jürgen, Peter und Bärbel.

1975 kaufte Max Heesch das Nachbarhaus von Egler und baute es zu einer Pension aus. Vorbesitzer waren Wilhelm Brockmann (1878–1951) und Frau Anna, geb. Steen (1880–1960). Sie hatten neun Kinder: Erna, Klaus Herta, Alma, Heinrich, Frieda, Hans, Minna, Else. Dieses Haus war eines der ältesten Häuser in Büttel.

war Näherin. 1912 kauften sie sich ein Reetdachhaus am Armsünderstieg von Witwe Becker. Es wurden sechs Kinder in diesem Haus groß: Karl (geb. 1908), Margarete (geb. 1910), Gustav (geb. 1913), Cäcilie (geb. 1914), Eggert (geb. 1918) und Elisabeth (geb. 1923).
1932 wurde das alte Haus abgerissen, und ein neues auf derselben Stelle erbaut. Dann kauften meine Eltern noch ein Schiff, es hieß „Vertrauen". Mein Vater wurde nur 60 Jahre alt, er starb 1941.
Gustav, der zweite Sohn, übernahm jetzt das Schiff und fuhr es im 2. Weltkrieg für die Wehrmacht. Nach dem Krieg kam ein Gesetz heraus, daß die Küstenschiffe abgewrackt werden sollten und dafür Entschädigungen gezahlt würden. Gustav, der sehr krank geworden war, nahm das Angebot an. 1945 war ich mit meinem

Margarethe Wehling, geb. Ramm, berichtet über das nächste Haus: „Mein Vater Gustav Ramm wurde 1881 im Stammhaus der Familie am Bütteler Kanal geboren. Als Vater 11 Jahre alt war, starb sein Vater. Er mußte sich nun sein Essen selber verdienen und arbeitete bei Hinrich Peters, Landwirt, der ihm auch später das Geld geliehen hat für seine Ausbildung. Seemann war damals die billigste Ausbildung, so fuhr er als Schiffsjunge zur See.
Er war zuerst bei Claus Schmidt. Der wohnte in Büttel am Deich und hatte einen kleinen Ewer. Im Jahre 1904 hatte mein Vater alle Vorkenntnisse für einen Schiffseigner. Er kaufte sich ein Segelschiff mit dem Namen „Heinrich" von Jochen Becker. Dann heiratete er 1906 meine Mutter Anne, geb. Scheel aus St. Margarethen. Sie

Mann, Willy Wehling, und unseren Töchtern Elisabeth (geb. 1940) und Barbara (geb. 1943) aus Berlin nach Büttel zurückgekehrt. Das Haus übernahm ich 1965. Dann kam die Industrie. Wir wurden alle aus unserem Ort Büttel vertrieben. Ich wohne jetzt in Schenefeld."
Wir gelangen an den Kanal. Er ist wohl das Herzstück unseres Ortes gewesen. An der Ostseite des Kanals von der Deichschleuse aus gesehen reihten sich die Häuser aneinander. Das erste war das stattliche Haus von Paul Ramm. Davon erzählt Schramm: „Der Makler und Schlachter Paul Ramm war eine der interessantesten Persönlichkeiten um die Jahrhundertwende in Büttel. Immer wieder machte er einträgliche Geschäfte. Diese waren nicht nur die Früchte seines Fleißes, sondern neben seinem Sachverstand und Unternehmungsgeist auch außergewöhnlich geschäftstüchtige Wahrnehmungen."
Aus dem Material abgebrochener Häuser aus Hamburg und Brunsbüttelkoog (Kanalbau) baute er in Büttel von 1904 bis ca. 1912 viele Häuser. Fast alle verputzten Häuser im Dorf stammen von ihm. Das Dorfbild veränderte sich. Die meist im Jugendstil erbauten Häuser bildeten einen harten Kontrast zu den kleinen Katen mit ihren tiefgezogenen Reetdächern.
Zugleich aber war es eine Arbeitsbeschaffung für Handwerker und Bauunternehmer in Büttel.
So waren es Meister Hölck, der seinen Baubetrieb am Mühlenweg hatte, Maurermeister Puck am Kanal, Maurermeister Eduard

Ganz oben: Familie Brockmann. Oben: Haus Ramm mit Anne Ramm und im Hintergrund Gustav Ramm. Mitte rechts: Schiffer Gustav Ramm mit Familie. Ganz oben rechts: Gustav Ramms Neubau am Armsünderstieg. Unten rechts: Haus Paul Ramm, im Hintergrund links Haus Wilhelm Rohwedder. Mitte rechts außen: Bürgermeister Brandt vor seinem Haus.

an Interessenten weitergeliefert wurden. Aus einer daneben betriebenen Schlachterei wurden große Fleischlieferungen an die Marine getätigt.

Nach dem ersten Weltkrieg veranstaltete die Firma in Büttel regelmäßig Auktionen. Paul Ramm hatte mit seiner Frau Wilhelmine sechs Kinder: Paula, Fritz, Walter, Annemarie, Helene, Hans Jakob.

1923 starb Paul Ramm. Sein Sohn Fritz übernahm nach ihm das Anwesen und gründete ein Geschäft für Meiereiartikel. Durch Krankheit bedingt, gab Fritz Ramm die Landwirtschaft auf und baute die Stallungen in Mietwohnungen um. In den 60er Jahren gab er das Milchgeschäft auf. Er vermietete es an Familie Komm aus Büttel.

1972 verstarb Fritz Ramm, seine Ehefrau Gretchen, geb. Schütt,

Ramm, die Zimmereiwerkstatt Hinrich Maas und Tischlermeister Andreas Schernekau, die von Paul Ramm beschäftigt wurden.
Es muß ein reges Leben im Dorf gewesen sein. Auch Privatleute bauten damals ihre Häuser, anscheinend war es eine stabile Zeit.
1910 verkaufte Paul Ramm seine am Kanal gelegene Schlachterei an Klaus Speck. Er erwarb 1890 das alte Haus von Heinrich Hamelmann an der Schleuse und baute es zu einem stattlichen Haus mit Stallungen aus.
Das Steinrelief einer Schnitterin, welche mit Ähren und Sichel die Erntegöttin darstellen soll, erhielt im Jahre 1911 an der Fassade einen geschützten Ehrenplatz. Paul Ramm hatte in Freiburg, jenseits der Elbe die gleiche Figur an einem schmucken Haus entdeckt. Da es ihm sehr gefiel, baute er sein um 1890 errichtetes Haus nach dessen Vorbild um.
Seinerzeit hatte hier die Bütteler Firma Gloyer & Ramm, Haus-und Landmakler, ihren Sitz. In einem Zeitungsbericht heißt es:
„Das Geschäft ging gut, denn während des Bestehens der Firma wurden 356 Höfe angekauft und verkauft. Beim Bau des Kaiser-Wilhelm-Kanals wurden anläßlich der erforderlichen Betriebsverlegungen 27 Bauernhäuser aufgekauft und auf neuerworbenen Ländereien in anderen Gebieten wieder aufgebaut. 56 Hausneubauten wurden durch die Firma errichtet. Zu den weiteren Handelsobjekten gehörten sogar Schiffe und Kähne, die erworben und

folgte ihm 1978. Ihre Zwillingstöchter Inge und Lisa waren ihre Erben. Wie alle Büttler Hausbesitzer mußten sie ihr Anwesen an die Entwicklungsgesellschaft verkaufen.

Neben dem Haus von Ramm stand das Haus, das dem ehemaligen Bürgermeister Markus Brandt gehörte. Oft wechselten die Bewohner im Laufe der Jahre. Nach 1945 fanden Flüchtlingsfamilien dort eine Bleibe. Die meisten unserer Flüchtlinge haben Büttel wieder verlassen, weil damals bei uns keine neuen Arbeitsplätze entstanden. Die Familie Charly Grünwaldt waren die letzten Bewohner.

Darauf folgte das Anwesen von Maurermeister und Bauunternehmer Martin Puck. Er wurde 1855 in Flethsee geboren und starb 1932 in Büttel. Seine Frau, Margarethe, geb. Witt, war 1852 in Flethsee geboren und starb 1930 in Büttel. Ihre Kinder waren:

Alwine Behrens verw. Filter geb. Puck

Albertine Rohwedder, geb. Puck, verheiratet mit dem Schiffer Wilhelm Rohwedder in Büttel

Margaretha Rohde, geb. Puck, verheiratet mit dem Friseur Hermann Rohde in Marne

Anne Boll, geb. Puck, verheiratet mit dem Schlachtermeister Nikolaus Boll in Büttel

Amalie Bartels, geb. Puck, verheiratet mit dem Kaufmann Adolf Bartels, zuletzt wohnhaft in Schleswig, wo sie 1963 starb

Sophie Jens, geb. Puck, verheiratet mit dem Kapitän Karl Jens, zuletzt wohnhaft in Hamburg.

Hein und Anni Franke, geb. Schmidt, kauften das Haus 1963 von den Erben Puck und erneuerten es gründlich.

In der Einliegerwohnung wohnte die junge Familie Rentzow. Frau Elisabeth entstammt der Büttler Familie Ramm/Wehling. Ihre Kinder Rainer und Kristin wurden hier geboren. Nach ihnen zogen die Eltern Albert und Hertha Schmidt zur Tochter Anni in das Doppelhaus ein und dann 1982 nach der Auflösung des Dorfes in einen eigenen Neubau nach Brunsbüttel.

Das nächste Haus baute Uwe Schmidt, Sohn von Henry Schmidt 1966. Es ist eines der wenigen Häuser, die vom Abbruch verschont blieben. Als Untermieter wohnte dort Willy Filter mit seiner Frau Frieda, geb. Holler, einer Büttlerin. Sie hat 35 Jahre lang die Bestattungen im Dorf und in der Umgebung ausgeführt. Vielen Familien war sie eine große liebevolle Hilfe in den Tagen der Trauer.

Das anschließende Grundstück war der Alterssitz des Hofes Kloppenburg / Hans Peters und wurde Eigentum der Tochter Frieda Albers, geb. Kloppenburg. Ihre Tochter Margret heiratete Albert Hein. Ihre Kinder Birte und Torsten wurden dort geboren. Sie bewohnten das Haus seit 1969.

Im folgenden Haus lebte der Schiffseigner Wilhelm Rohwedder, der mit der Puck-Tochter Albertine verheiratet war. Geerbt hat es Kurt Kloppenburg, der es an Ernst Münster und seine Frau Irmi vermietete, bis es abgerissen wurde.

Familie Hans Schulz und Anna, geb. Hoops, und ihre Kinder Franz und Irmgard waren Eigentümer des nächsten Hauses, dann besaß das Ehepaar Tamm es einige Jahre. Danach kaufte es Peter Kosowsky, der wegen der Industrieansiedlung sein Haus in Tütermoor verlassen mußte. Auch für Anna Kosowsky blieb dieses Haus keine Bleibe. Sie zog nach St. Margarethen.

Wir kommen zum Stammhaus der vier ansässigen Rammfamilien in Büttel. Ihr Urahn Eggert Ramm heiratete 1809 Gesche geb. Schütt. Das Haus erbaute 1879 ihr Sohn, der Zigarrenmacher Hinrich Ramm (geb. 1840, gest. 1892 in Büttel) mit seiner Ehefrau Maria geb. Kunder (geb. 1847 in Wassertrüdingen in Bayern, gest. 1921 in Büttel). Dieser Ehe entstammen 7 Kinder. Ihre 4 Söhne wurden tüchtige selbständige Handwerker und blieben seßhaft in Büttel. Es waren:

Eduard Ramm (Maurermeister), Johannes Ramm (Malermeister), Gustav Ramm (Schiffer mit eigenem Schiff), Heinrich Ramm (Maurermeister und Landwirt in Kuhlen), Tochter Marie heiratete H. Rühmann und Alwine blieb ledig.

Malermeister Johannes Ramm (geb. 1879, gest. 1973) übernahm den elterlichen Besitz, machte sich 1903 selbständig. Gemeinsam mit seiner Frau Katharina geb. Söth (1882–1939) errichteten sie neben dem Wohnhaus eine Werkstatt. 5 Kinder wurden geboren:

Max (1907), Otto, Fritz, Willy und Hans.

Max wurde wie sein Vater Maler und blieb mit seiner Frau Johanna geb. Brandt im Geschäftshaus wohnen. Ihre 4 Kinder wuchsen hier auf:

Else, Magdalene, Adolf und Max.

Nachdem der Sohn Adolf Ramm (geb. 1934 in Büttel) 1958 die Malermeisterprüfung absolviert hatte, übernahm er mit seiner Ehe-

Oben links außen: Haus Malermeister Martin Puck am Kanal. Links: Winterfreuden auf dem zugefrorenen Kanal 1973, am linken Ufer die Häuser Schmidt, Mietshaus Ramm, Cornels, Tietjens und Schwardt, am rechten Ufer die Häuser Vollmert, Schütt, Ramm, Schulz, Rohwedder und Kloppenburg. Ganz oben: Albertine und Wilhelm Rohwedder vor ihrem Haus mit Greta Rohde-Puck und Frieda Schmidt-Bartels. Oben links: Häuser Zornig, Ramm und Schulz-Kosowski am Kanal. Oben: Zigarrendreher Hinrich Ramm und Frau Maria mit Kindern Johanna, Eduard, Maria, Gustav, Hinrich und Alwine.

frau Eva, geb. Jeske (geb. 1934 in Nedlin, Kreis Köslin / Pommern) das Malergeschäft. Hier wuchsen die Kinder Bernd (geb. 1956), Marion (geb. 1964) und Sylvia (geb. 1969) auf. Für die Eltern, Max Ramm (geb. 1907 in Büttel) und Johanna, geb. Brandt (geb. 1909 in St. Margarethen) wurde über der Werkstatt eine Wohnung ausgebaut.

Infolge der Industrieansiedlung und der damit verbundenen Umsiedlung Büttels ist Adolf Ramm seit 1978 hauptberuflich in der Bauabteilung der Bayer AG als Technischer Angestellter tätig. 1984 wurde das Haus am Kanal-Ost 7 an die Entwicklungsgesellschaft verkauft und mit dem Neubau eines Hauses in St. Margarethen begonnen. Dieses wurde im Juli 1986 bezogen.

Dem nächsten Haus haftet die Erinnerung an Frau Auguste Schütt an. Es war ihr Alterssitz, nachdem sie die altbekannte Gastwirtschaft in Kuhlen an Hans Glöyer verkauft hatte. Manch deftiges Fest wurde bei Jann und Guste Schütt gefeiert. Die fröhlichen Kahnpartien von Büttel nach Kudensee auf dem Büttler Kanal endeten oft in ihrer Gaststube. In der Kriegszeit hat sie sich sehr verdient gemacht in der unermüdlichen Fürsorge für Hilfsbedürftige. Im hohen Alter wanderte Auguste Schütt zu ihrer Tochter nach Amerika aus.

Johannes Schmidt und seine Frau haben nach ihr das Haus noch einige Jahre bewohnt, danach noch eine Zeit lang Frau Else Albers.

Über dieses Haus am Kanal berichtet noch Hans Schütt im Zusammenhang mit der Firma Gebr. Schütt in Flethsee:

„Mein Urgroßvater Johann Schütt wurde am 8. Febr. 1847 in Büttel geboren.

Am Weg von der B 5 zur Gastwirtschaft Evers gab es damals, gegenüber der Mühle, eine Zimmerei Hölck. Hier arbeitete er als Zimmermann. Diese Zimmerei brannte dann irgendwann später ab.

Er hatte 5 Söhne: Johann, Carsten, Martin, Markus und Heinrich, meinen Großvater. Alle, bis auf Martin, der Prokurist bei den Maizena-Werken in Hamburg wurde, erlernten das Zimmererhandwerk.

Meinem Urgroßvater wurde von dem Bauern Siemen Edmund Krey Geld geliehen, um sich selbständig machen zu können. Das war im Jahre 1899 in Flethsee.

Das Geschäft wurde später von den Söhnen Johann und Carsten übernommen. Daher der Name Gebrüder Schütt.

Hinrich Schütt (Opa) hatte sich in Herzhorn selbständig gemacht, wo auch mein Vater Martin geboren wurde.

Aus gesundheitlichen Gründen trat Johann aus dem Geschäft aus und bewirtschaftete dann zusammen mit Tante Guste die Gastwirtschaft in Kuhlen, die dann später an Hans Gloyer verkauft wurde (Zimmerei). Somit zog Opa Hinrich Schütt wieder nach Flethsee und wurde Mitinhaber der Gebr. Schütt. Aus privaten Gründen trat Carsten Schütt aus der Firma aus und machte sich in Beringstedt selbständig, so daß Opa Schütt Alleininhaber wurde.

Mein Vater hatte bei Opa auch Zimmerer gelernt und besuchte dann die Ingenieurschule. Nach 5 Jahren Tätigkeit als Bauingenieur in Pommern und im Harz kam er 1927 nach Flethsee zurück, lernte Katharine Meiforth aus Büttel kennen und heiratete diese am 7. Februar 1928. Ihre fünf Kinder sind: Hans, Ernst, Antje, Klaus und Ursel.

Die drei Söhne wurden Bauingenieure und bauten den Betrieb des Vaters zu einem neuzeitlichen Unternehmen aus.

1936 wurde das Geschäft von Vater übernommen, der es dann 1967 an meinen Bruder Klaus übergab.

Urgroßvater Schütt lebte die letzten Jahre seines Lebens am Büttler Kanal bei Tante Guste (meine Großtante. Ich kenne sie nur unter diesem Namen), wo er ca. 1937 starb.

1977 kaufte Bertha Hauschild das Haus. Sie mußte ihr Haus in Kuhlen aufgeben, da sie dort von der Industrie verdrängt wurde. Nach ihrem Tod erwarb ihre Tochter Marga Zornig, geb. Hauschild, das Häuschen. Sie siedelten nach der Auflösung nach Brunsbüttel um.

Dann folgt etwas zurückgelegen eines der ältesten Häuser Büttels. Es gehörte der Familie Alfons und Marga Nitschke. Sie berichten: „Meine Frau kommt aus Ostpreußen, ich aus Schlesien. Nach dem Krieg lernten wir uns in Blangenmoor kennen. 1956 verkaufte Adele Rohwedder ihr Zweifamilienhaus in Büttel. Da die Woh-

---

Oben links außen: Edith Nagel, Erika Diekmann, Anke Strate, Elisabeth Wehling, Peter Taudien, Uwe und Siem Schmidt vor dem Haus Schütt / Zornig am Kanal. Oben: Haus Johannes Rohwedder. Oben rechts: Johannes Rohwedder und Frau Rosa auf ihrem „Sturmvogel" vor ihrem Haus. Oben rechts außen: Familie Nietschke im ersten Auto.

nungsnot groß war, kauften wir es mit unserem sauer zusammengesparten Geld. Weil eine Wohnung leer wurde, konnten wir auch bald einziehen.

Vor 1900 soll dieses Haus im Außendeich gestanden haben. So wurde es dort abgerissen und am Kanal Ost wieder aufgestellt. Dieses berichtete uns der Nachbar, Malermeister Hannes Ramm. Der hatte damals schon ein Alter um die 90 Jahre.

Adele Rohwedder und ihre Mutter hatten früher in diesem Haus ein Geschäft mit Meiereiprodukten, und ihr Mann war Schuhmacher. So war auch ein großer Keller in diesem Haus. Adele berichtete uns sehr stolz, es sei der größte Keller von Büttel. Sogar Nachbarn hätten Lebensmittel zum Frischhalten zu ihr gebracht. Hannes Schmidt aus dem Nachbarhaus, Sohn von Wilhelm Schmidt, hatte schon als Kind viel bei Adele Rohwedder geholfen. Es sei in der Inflationszeit gewesen. Er konnte uns noch die Stelle zeigen, wo der große Korb mit dem vielen Geld gestanden hat. Jeden Abend wurde Geld gezählt. Es ging ja um Millionen, Billionen und Trillionen.

Für uns gab es erst viel zu tun. Das Haus war baufällig. Aber mit viel Mut und Eigenleistung war fast ein neues Haus entstanden. Wir fühlten uns ganz wohl in Büttel, denn es war ja für uns die neue Heimat. Die Familie wurde bei uns inzwischen auch größer, und dann kam der große Knall: Büttel sollte weg! Wir waren alle sehr traurig, vor allem die Kinder Michael und Martina, die doch in Büttel groß geworden sind und da zur Schule gingen.

Aber dann beschlossen wir, wie viele andere Büttler auch, in Brunsbüttel ein neues Haus zu bauen. 1982 zogen wir dort in die Nordstrander Straße. Die Kinder sagen, es ist alles schön und gut, aber Büttel war schöner.

Die Tanne in unserem Garten in Büttel erinnert noch daran, wo das Haus gestanden hat."

Die Rohwedders, die Vorbesitzer des Hauses, sind eine alte Büttler Schifferfamilie. Über sie und ihre Schiffe hat Herbert Karting ausführlich berichtet:

„Schon 1843 ließ sich ein Johann Rohwedder vom Itzehoer Schiffbaumeister Johann Schmidt den 8 Commerzlasten großen Ewer ‚Anna Margaretha' zimmern. Und mindestens ab 1845 besaß ein Peter Rohwedder den Ewer ‚Die vier Geschwister'. Eine solche Namensgebung gab es häufig, wenn sich mehrere Familienmitglieder gemeinsam zum Kauf eines Schiffes entschlossen hatten. Möglich also, daß Johann und Peter zwei der vier Geschwister waren. Demselben Peter gehörte dann in den neunziger Jahren ein 36 Tonnen ‚trächtiger' Ewer namens ‚Möwe'. Dieses Schiff wurde dann nach seinem Tode vom Sohn Peter Rohwedder jun. übernommen. Es war selbstverständlich, daß auch die beiden anderen Söhne Johannes und Wilhelm den Beruf ihrer Vorfahren ergriffen und genau wie diese bekannte und tüchtige Schiffseigner wurden.

Von diesen erscheint nun Johannes Rohwedder 1898 als erster Besitzer eines eigenen Schiffes. Es war ein kleinerer Frachtkutter namens ‚Magdalena', der zuvor von 1886 bis 1898 dem Bütteler Schiffer Johann Röhrig gehört hatte. Mit seinen nur fünf Tonnen Tragfähigkeit war das Schiffchen kaum größer als eine heute moderne Fahrtenjacht. ‚Leever 'n lütt Herr, as'n groot Knecht', wird sich der Eigner wohl gedacht haben. Und wie eine kleine Fahrtenjacht sah die ‚Magdalena' auch aus mit ihrer hübschen Bugverzierung und dem stets makellosen weißen Anstrich. Es war übrigens das einzige weiße Schiff der gesamten Bütteler Ewerflotte.

Ein Fahrzeug dieser geringen Größe war in jenen Jahren noch durchaus geeignet, seinem Schiffer ein ausreichendes Einkommen zu sichern. Die ‚Magdalena' nämlich war in der regelmäßigen Fahrt mit landwirtschaftlichen Produkten zwischen Büttel und Cuxhaven eingesetzt. Stets pünktlich lieferte Johannes Rohwedder die frischen Erzeugnisse der Wilstermarsch, wie Fleisch- und Wurstwaren, Eier, Butter und Käse, auch Gemüse und Kartoffeln, im schon damals gut besuchten Nordseebad ab, wo genügend Abnehmer auf die guten Sachen warteten. Während der Sommermonate herrschte somit nie Mangel an Ladung, und im Winter, wenn die Kurgäste ausblieben, wurde das Schiff wegen Eisgang sowieso ‚angebunden'.

Diesen Dienst versah der kleine Kutter bis zum Herbst 1902. Schiffer Rohwedder hatte inzwischen so gut zu tun, daß er sich nach einem größeren Schiff umsehen mußte. Im Dezember des gleichen Jahres konnte er dann für knapp 4000 Mark den erst fünf Jahre alten Kutter ‚Sturmvogel' erwerben. Das war zwar immer noch kein gewaltig großes Schiff, doch war die Ladungskapazität um 250 % größer als beim Vorgänger!

Die Fahrt nach Cuxhaven wurde auch mit diesem Kutter weiterhin beibehalten. Als Simon Johannes Rohwedder 1927 starb, übernahm sein Sohn Walter den ‚Sturmvogel'. Dieser ließ noch im gleichen Jahr einen 12 PS starken Hilfsmotor einbauen und setzte un das Schiff auch zu regelmäßigen Elbtouren mit Cuxhavener Badegästen ein. Bald darauf siedelte Walter Rohwedder ganz nach Cuxhaven über, um sich diesem neuen Geschäftszweig noch intensiver widmen zu können.

Im August 1930 jedoch trennte er sich von dem Fahrzeug. Neuer Besitzer wurde für 4500 Mark der Fischer Heinrich Heitmann aus Kasenort, der den Kutter nun dem vom Erbauer wohl ursprünglich gedachten Verwendungszweck zuführte. Als ‚Kas. 1' wurde ‚Sturmvogel' nun der größte Fischkutter des unteren Störgebietes. 1940 wurde das Schiff dann für 3800 Mark von Heinrich Peter Heitmann übernommen, der damit noch bis nach dem Kriege die Flußfischerei weiterbetrieb. Im Juli 1948 wurde der ehemals Rohweddersche ‚Sturmvogel' nach einem bewegten Leben aus dem Seeschiffsregister gestrichen, da er abgewrackt worden war."

Das letzte Haus vor der Brücke war das Anwesen von Peter Vollmert.

Der Torfhändler Vollmert aus Büttel und seine Ehefrau Abel kauften 1904 das in Konkurs geratene Anwesen Dolling am Kanal. Abel hatte in der Lotterie gewonnen. So bauten sie ein neues Dreifamilienhaus mit Kolonialwarenladen und alkoholfreier Wirtschaft. Ihr Hauptgeschäft aber blieb der Torfhandel. Abel Vollmert war Distriktshebamme. In ihrer 40jährigen Tätigkeit hat sie einer ganzen Generation auf die Welt geholfen. Am 5.11.1922 wurde sie dafür durch eine öffentliche Feier in Beckmanns Gasthof geehrt. Sie hatten drei Kinder: Heinrich, Johannes und Anne. Tochter Anne wurde die Ehefrau von Eugen Kaun. Sie hatten vier Kinder, zwei Söhne und zwei Töchter. Tochter Elfriede gewann 1936 in Berlin auf der Olympiade die Bronze-Medaille im Hochsprung. Johannes war Schiffer. Mit seinem Küstenewer holte er den Torf für das Geschäft aus Bremervörde. 14 Tage dauerte eine Reise, hin und zurück. Verheiratet war er mit Alwine, geb. Koppelmann (1904). Ihre vier Töchter waren: Ella, Magda, Emmi und Asta. Ella heiratete den Kapitän Adolf Lentz, der Ehe entstammten drei Töchter: Anna, Irma und Anke. Magda war mit Kurt Nagel vermählt. Sie bekamen zwei Söhne: Manfred und Helmut. Emmi heiratete

---

Oben: Kudenseer Torfkahn vor Peter Vollmerts Torfplatz, dahinter sein 1904 erbautes Haus mit „Alkoholfreier Schankwirtschaft". Oben rechts: Die Schiffer Johannes Rohwedder und Michael Vollmert. Oben rechts außen: Hermine Krohn, Erna, Walter und Heinrich Rusch vor der Gastwirtschaft Pfingsten 1938. Rechts: Gastwirtschaft Rusch 1914, an der Hecke Willy, Alfred, Walter, Hermann und Emmy Rusch, am Tisch Matrosen mit Freundinnen und Anne Rusch, stehend Kathrine Brockmann, Heinrich Rusch und Carsten Mehlert aus Wetterndorf.

H. Ische. Sie haben zwei Kinder, Asta und Hans Otto. Alle Vollmertschen Kinder, Enkel und Urenkel wurden in Büttel geboren. Langjährige Mieter in dem Haus waren: Reinhard und Alma Breckwoldt, geb. Wiegert, mit ihren Kindern Ina und Gert. Alma war Hausschneiderin. Sie war sehr beliebt und außergewöhnlich geschickt im Nähen.
Im Untergeschoß wohnte Karl Nagel mit seiner Frau Grete und ihren sechs Kindern Karl, Lisa, Heimke, Reimer, Edith und Herbert. Karl Nagel war Schmied und nach dem Kriege lange Jahre auf Helgoland beim Wiederaufbau der Insel tätig.
Unmittelbar am Kanal lag das Anwesen von Heinrich Rusch mit Gastwirtschaft und Ladeplatz. Seine Enkelin Magda Kalinna, geb. Rusch, berichtet:

„Der Büttler Kanal war bis Burg in Dithmarschen schiffbar. So kam Sand zum Bauen von Burg und Torf aus Bremervörde und Buchholz für die Kachelöfen und Küchenherde hier am Lösch- und Ladeplatz an. Ziegelsteine kamen von Stade herüber, so auch alle Klinker für die Schul- und Kirchensteige. In der Kirschenzeit legte jedes Jahr ein Segelschiff vom Alten Land hier an, direkt von Bord wurden die Kirschen verkauft, auch tütenweise.
Das Interessanteste aber war der Handel mit der Schlacke. Es handelte sich um Schlacke vom Gaswerk in Hamburg. Der Schiffer Hinrich Jens, Sohn von Carsten Jens, machte jede Woche zwei Touren im Auftrag von Heinrich Rusch. Mit Schubkarren wurde die Schlacke aus dem Schiff herausgebracht und zu Bergen aufgeschüttet. Die Schlacke enthielt aber noch Koks, der wurde von

flinken Frauenhänden ausgesammelt, körbeweise abgerechnet und dann verkauft. Die Schlacke wurde von den Bauern mit Pferd und Wagen abgeholt. Man nahm sie zur Befestigung der Auffahrten. Der Wageninhalt wurde gemessen, berechnet und in der Wirtschaft bezahlt. Mein Großvater Heinrich Rusch erzählte davon: „Dat kem ok mit vör, dat dat Afreken beten watt länger dur, und de Kutscher nich mehr ganz standfaß weer. Denn wor in de Schlacke op den Wogen en Kuhl mook, de Kutscher dor rinn sett, beten mit Schlacke anhöpt, dat Leid in de Hand geben und denn man hüü! De Peer wüssen jo genau, woneem dat lang güng."
Die Frauen gönnten sich hin und wieder eine gute Tasse Kaffee. Die gab es dann bei Rusch in der Küche. Als einmal ein Gast einige Liköre ausgegeben hatte, kamen die Frauen recht angeheitert nach Hause. Lehrer Schmidt war das zu Ohren gekommen, und er ließ einen Aufsatz schreiben: Die lustigen Weiber vom Koksberg. Das gab natürlich einen großen Wirbel.
Auf dem Koksberg ging es ganz vergnügt zu. Man erzählte sich was, es wurde auch gesungen. Dabei entstand auch ein Lied. Das ging etwa so nach der Melodie von „An de Eck von de Steenstroot":

Bi Rusch op'n Koksbarg
dor is dat schön,
dor kann man ok de
Zitronjett sehn.
Se is so zärtlich
nich fett nich dick,

de Nees se glänz
as en elektrisch Licht.
Ok Tante Guste
de gode Fru,
se sammelt fliedig
all den Koks dor rut.

Heinrich Rusch, der 1873 in Sude geboren wurde, war 1895–98 in der Koogsmühle als Müllergeselle tätig. So lernte er Büttel kennen. Als er 1899 in Breide's Mühle in Wrist arbeitete, lernte er Anne Maaß (geb. 1876 in Huje) kennen. Sie war dort im Bahnhofshotel als gelernte Kochmamsell tätig. Ihre Kenntnisse gaben den Ausschlag, eine Gastwirtschaft zu kaufen. Sie entschieden sich für den Betrieb in Büttel, weil ihnen die Vielseitigkeit des Unternehmens zusagte. Am 1.3.1901 fingen die erst drei Tage zuvor Vermählten hier an. Neben der Land- und Gastwirtschaft, Kolonialwaren- und Kohlenhandel gehörte zum Anwesen auch der Lösch- und Ladeplatz am Büttler Kanal. Das Gasthaus selbst war ein 1848 errichteter Fachwerkbau, die Gaststube an den Wänden mit blauen holländischen Fliesen verkleidet. Es war anfangs reetgedeckt und ist auf dem alten Landweg errichtet worden, daher der feste Stand.

P. P.

Zum direkten Bezug ab Meierei Büttel a. d. Elbe empfehle Ihnen
◦ ◦ ◦ ◦ **hochfeinste Tafel- und Dauerbutter** ◦ ◦ ◦ ◦
die, aus pasteurisiertem Rahm hergestellt, im Geschmack und Aroma auch die verwöhntesten Ansprüche befriedigen wird. Die 100jährigen Dauerweiden der Wilstermarsch, in welcher seit Jahrhunderten die Milchwirtschaft auf einer so hohen Stufe wie nirgends steht, garantieren Ihnen schon ein besonderes hervorragendes Produkt. Bekanntlich ist die goldige Grasbutter von den auf den Urweiden grasenden Kühen wesentlich besser wie Butter, die von der Milch der in Stallungen mit allem Möglichen gefütterten Kühe herrührt. Zudem ist die Meierei Büttel mit allen Neuerungen auf das Modernste eingerichtet und geschieht die Verarbeitung unter Beachtung der peinlichsten Sauberkeit. Der Versand erfolgt täglich frisch in Postpaketen von 9 Pfund Netto-Inhalt.
In den Monaten Juni und September wird auch eine vorzügliche Dauerbutter fabriziert. Sie können sich dann für den Winter und Frühling Ihren Bedarf eindecken. Im Sommer und Herbst beziehen Sie die Butter am besten per Postkolli in stets frischer Qualität. Für die Haltbarkeit der Butter übernehme ich jede Garantie.
In Erwartung Ihres baldgefl. Probeauftrags empfehle mich ihnen inzwischen hochachtungsvoll

Heinrich Rusch.

Heinrich Rusch betrieb auch einen regen Käse- und Butterhandel. Bevor 1902 die Molkerei gebaut und die Genossenschaft gegründet wurde, lieferten die Bauern aus der Gegend ihre Erzeugnisse hierher. Später wurde Ruschs Kundschaft mit Markenbutter der Molkerei beliefert. Heinrich Rusch hatte eigens für dieses Geschäft Karten drucken lassen, ein letztes Exemplar davon trug er noch jahrelang in der Brieftasche. Der Versand der Butter erfolgte bis Hamburg, Leipzig, Berlin und Cottbus, aber auch zu Schiff nach Cuxhaven und ins Alte Land.

Bis 1902 führte die Straße von Itzehoe nach Brunsbüttel noch neben der Gastwirtschaft auf einer Holzbrücke über den Kanal. Heinrich Rusch erzählt aus der Zeit:

„Gäste unterhielten sich über Schnelligkeit, und so kam es zu einer Wette zwischen ihnen. Ein Gast sollte in zehn Minuten bis zum Hof von Heinrich Meifort laufen und zum Beweis einen Knüppel mitbringen, der an der Kuhstalltür stand. Als der Mann – klipklap – über die Holzbrücke gelaufen war, glaubte er selbst nicht mehr, daß er es schaffen könnte. Zu seinem Glück kam einer der wenigen Radfahrer, die es damals gab, vorbei, dem er dann vorschlug: „Mensch, geev mi gau mol dien Rad, sünst verleer ik mien Wett; bliev man hier stohn, ik kom ganz gau wedder!"
So konnten die Wartenden tatsächlich noch rechtzeitig das Klipklap vernehmen und wunderten sich. Wie das angehen konnte, blieb vorerst ein Rätsel.

Vom 1. 8. 1901 bis 1. 5. 1902 wurde eine eiserne, der Schiffahrt wegen recht hohe Bogenbrücke gebaut, die dazu auch noch in einer scharfen Kurve lag. 1954–1955 wurde dann die sehr viel flachere, breitere, aber auch schlichtere Brücke südlich daneben gebaut. Dafür mußten im Süden drei Häuser abgerissen werden, nördlich der Straße bekam Erna Rusch für ihr Grundstück eine ganze Fahrbahnbreite dazu. Der Garten des Gasthauses lag nun groß, breit und unansehnlich da und hätte umgestaltet werden müssen. Da bot der Tankstellengroßhändler Wilhelm Grönwoldt, dem Lage und Größe des Grundstücks hierfür sehr passend schien, die Errichtung einer Tankstelle an. Am 29. September 1955 wurde sie eröffnet.

Heinrich Ruschs fünf Kinder hießen Willy (geboren 1901), Hermann (geboren 1902), Walter (geboren 1903), Emmy (geboren 1905) und Alfred (geboren 1908).

Heinrichs Sohn, Walter Rusch, machte eine Lehre im Eisenfachgeschäft, weil er eigentlich Nachfolger seines Onkels Friedrich Lübbe werden sollte, der Reisender für Schiffsausrüstung, wie Anker und Ketten war. Als er nun aber das elterliche Geschäft übernahm, war es verständlich, daß er einen Eisenwarenhandel eingliederte. Zimmerer und Maurer bezogen hier ihren Bedarf für den Bau, unter anderem die damals gebräuchlichen eisernen Stall- und Giebelfenster. Außerdem gab es hier für die Landwirtschaft Kälber- und Melkeimer, Stricke, Heuharken und Forken, für den Heuwagen den Bindebaum (lag in der Durchfahrt auf dem Gebälk), Putzgeschirr für Pferde und Kühe und Geschirr zum Grüppen- und Gräbenausheben, außerdem für den Haushalt Töpfe, Pfannen, Zinkwannen, Ofenrohre und Roste, Kohlenschütter und auch alles Nötige zum Angeln.

Oben links: Auf dem „Koksberg" am Kanal, im Hintergrund die Höfe Franzenburg (links) und Frd. Vollmert (rechts). Ganz oben: Reklamekarte für Heinrich Ruschs Butterversand. Oben: Gaststube bei Rusch 1952. Mitte rechts: Walter, Willy, Hermann, Emmy, Anne und Alfred Rusch.

Walter Rusch hatte viel Freude an Photographieren und entwickelte seine Bilder selber. 1933 heiratete er Erna Kloppenburg von Nordbüttel am Kanal. Obwohl sie sich ganz auf ein Leben als Bäuerin vorbereitet hatte, arbeitete sie sich völlig in den Geschäftsbetrieb ein. Sie ahnte noch nicht, daß sie ihn in den Kriegsjahren allein führen mußte! Als ihr Mann 1946 in der Kriegsgefangenschaft in Oberschlesien starb, machte sie tapfer weiter für sich und ihre Tochter Magda, die 1935 geboren wurde. Doch der Schwiegervater Heinrich unterstützte, so gut er noch konnte. 1962 heirateten Magda Rusch und der Einzelhandelskaufmann Helmut Kalinna (geboren 1934 in Westpreußen, aufgewachsen in Kronprinzenkoog). Ihre drei Kinder Traute (1967), Gerhard (1970) und Friedmar (1975) wurden noch im Gasthaus geboren.
Im Februar 1977 bezog die Familie Kalinna mit Oma Erna Rusch das an der Stelle des 1938 von Walter Rusch errichteten Kohlenschuppens neu erbaute Haus am Kanal und betreibt weiterhin im Gewerbegebiet die seit 1955 bestehende Tankstelle.
Während Tochter Traute seit 1988 als PTA in einer Apotheke arbeitet, begann der Sohn Gerhard 1989 eine Tischlerlehre. Der jüngste Sohn Friedmar geht noch zur Schule und möchte einmal Kaufmann werden.
Im ehemaligen Gasthaus Rusch, das die Gemeinde 1987 kaufte und in das jetzige Gemeinschaftshaus umwandelte, wohnen und wirtschaften Rüdiger Haas aus Kudensee und seine Frau Angelika, geb. Kuhrts, mit ihren Kindern Nicole und Tanja.
Begrenzt wird das Grundstück von Rusch von einem Wirtschaftsweg, der zur Meierei führte, zugleich in einem Bogen das Eckhaus der Bäckerei Kreutzfeldt und daneben das Fuhrgeschäft Heinrich Hahn umfaßte, dann nach Osten abbiegt und als Schmiedestraße oder „St. Pauli" vor dem Albershof die Boddermelkchaussee, die durch Nordbüttel und Kuhlen zum Bahnhof führt, überquert und sich fortsetzt in den Landweg nach St. Margarethen. Es war der uralte Verbindungsweg zwischen den Ortschaften, bevor die Straße von Itzehoe bis Brunsbüttel gebaut wurde.
Etwa 1910 ließ der Makler Paul Ramm hier eine ganze Häuserreihe bauen: eine Schmiede, eine Klempnerei, einen Kramladen und eine Sattlerei. Das Material stammte von Abbruchhäusern aus Hamburg-St. Pauli. Darum wurde diese Straße immer St. Pauli genannt.
Schmiedemeister und Brunnenbauer Rudolf Kühl, geb. 1884 in Schenefeld, eröffnete am 1.1.1911 die neue Huf- und Wagenschmiede. In den ersten schweren Jahren griff Frau Sophi, geb. Suhr 1886, auch mit zum Vorschlaghammer. Auf diese Weise konnte ein Geselle eingespart werden. Später, in den besten Zeiten, wurden 17 Wagen in einem Jahr gefertigt, und oft warteten 15–20 Pferde gleichzeitig auf neue Eisen unter dem Beschlagschauer.

Oben links: Die Mädchen Heimke Schrade, Magda Rusch und Heimke Nagel vor der Wirtschaft Rusch. Ganz oben: Die Kalinna-Kinder Gerhard, Friedmar und Traute. Oben: Haus Kalinna im Juli 1977. Oben rechts: Herbert Förthmann, Tochter Katja, Elke Förthmann, Angelika Hass, Rüdiger Hass, Tanja Hass, Nicole Hass und Helmut Kalinna 1985. Oben rechts außen: Die Bütteler Gemeindevertretung 1989 mit Rüdiger Hass, Rolf Beimgraben, Reimer Hollm, Elke Förthmann, Hans Gude, Bürgermeister Richard Schmidt und Helmut Kalinna. Rechts: Meister Reimer Holm in der Schmiede.

Wenn im Winter die in Büttel beheimateten Schiffe im Kanal in Winterruhe lagen, gab es auch hier reichlich Arbeit.

Zwei Töchter, Käte (geb. 1910) und Rosa (geb. 1914), und ein Stammhalter Gustav (geb. 1924) wuchsen hier auf. Der Sohn Gustav, der auch das Handwerk erlernte und den Betrieb übernehmen sollte, ist leider im 2. Weltkrieg gefallen. So baute Meister Kühl dann auf seinen Enkel Rudolf Stümer (geb. 1936, Sohn von T. Rosa). Jedoch das Schicksal schlug noch einmal hart zu. Rudolf, der 1959 Lore Claußen geheiratet hatte, wurde schon bald unheilbar krank. 1961 wurde Tochter Susanne geboren, und 1962 starb Rudolf Stümer.

Am 1. 6. 1961, gerade 50 Jahre nach der Eröffnung konnte Meister Kühl seinen Betrieb in die jungen Hände des Schmiedemeisters Reimer Hollm geben. Er wurde 1934 in Flethsee geboren, kam am 1. 6. 1961 mit seiner jungen Familie nach Büttel. Frau Erika, geb. Bruhn, aus Hochdonn, wurde eine tüchtige Geschäftsfrau. Aus der Huf- und Wagenschmiede ist ein moderner Landmaschinen-Fachbetrieb mit Bauschlosserei und 8 Beschäftigten geworden.

gewohnt war, hat sie sich nicht sehr wohlgefühlt in Büttel. 1960 verkaufte sie ihr Haus an Hans Komm und zog nach Hamburg. Die zweite Haushälfte erwarben Nikolaus und Marie Janß als Alterssitz. Die Familie Komm hatte schon während des Krieges in ihrer alten Heimat, in Steinort am Kurischen Haff, Beziehungen zu Büttel. Denn damals war Detlef Schmidt aus Büttel im Krug der Familie Komm einquartiert, und Frau Magda Schmidt war zu der Zeit dort hin gereist, um ihren Mann zu besuchen. So lernten sich die Familien kennen. Als Käthe Komm, geb. Becker, mit Ingrid und Waltraud vor den Russen flüchten mußten, wandten sie sich nach

Tochter Monika lernte im Büro der Landmaschinen-Firma Meifort. Dort lernte sie auch ihren Mann, den Landmaschinentechnikermeister Kurt Friedrichs aus Moordiek bei Kellinghusen kennen. Am 22.12.1985 wurde ihre Tochter Ines geboren. Dieser Gewerbebetrieb bleibt in Büttel bestehen.

Johannes Hönck aus Büttel kaufte vor dem Krieg mit seiner Frau Lisa, geb. Treuel, aus Wedel, eine Doppelhaushälfte an der Schmiedestraße (St. Pauli). Hier wurden 1936 ihre Kinder Margrit und 1938 Franz-Peter geboren. Bevor Johannes Hönck zur Wehrmacht eingezogen wurde, arbeitete er im Betumenwerk MAWAG in Ostermoor. 1944 wurde er als vermißt in Serbien gemeldet. Da Frau Lisa die längste Zeit alleine wohnte, auch das Dorfleben nicht

Büttel und fanden bei Familie Schmidt vorerst eine Bleibe. Hier wurde 1945 auch die Tochter Sieglinde geboren.

Nach Kriegsende wußte denn auch Hans Komm seine Familie in Büttel zu finden. Da er in der Heimat schon mit der Fischerei aufgewachsen war, begann er hier mit seiner Frau auf engstem Raum einen Fischhandel. Geliefert wurde auf Vorbestellung. Eine Zeitlang hatten sie ihren Fischladen in einer Baracke auf dem Platz vor Johannes Vollmert, bis diese dem Brückenneubau weichen mußte. Hans Komm arbeitete dann hauptsächlich in Ostermoor bei der MAWAG, während seine Frau das Geschäft betrieb. Sie haben mit ihren Kindern in Büttel eine zweite Heimat gefunden. Aber auch sie mußten der Industrie weichen und bauten in Glückstadt ein neues Haus. Der Kontakt mit Büttler Freunden und Nachbarn jedoch ist geblieben.

Das letzte Haus in der Reihe baute Paul Ramm etwa 1913 und verkaufte es an den Klempnermeister Brackmann, der dort seine Werkstatt betrieb. 1920 erwarb es der Bauer Siem Scheel aus Kuhlen als Alterssitz.

1930 übergab er es seiner Tochter Anna Margaretha. Sie heiratete 1931 Otto Schrade aus Krempe, der ganz in der Nähe bei dem Fuhrunternehmer Heinrich Hahn arbeitete. Sie bekamen vier Kinder: Marga 1931 (später verheiratet mit Karl-Heinz Schottel bei Braunschweig, ein Kind), Annemarie 1932 (später verheiratet mit Herbert Grünwaldt, zwei Kinder), Heimke 1935 (später verheiratet mit Hermann v. Bostel, drei Kinder) und Siem 1938 (später verheiratet mit Telsche Horstmann, drei Kinder.)

Otto Schrade starb schon 1939. So mußte seine Frau Grete ihre vier Kinder alleine großziehen. Auch deren Mutter, Oma Scheel, lebte noch mit im Haus.

1931 wurde das alte Haus abgerissen und ein neues gebaut.
1936 heiratete Klaus Holler und Magda Mehlert aus Stuven. Ihre einzige Tochter Ursula wurde 1941 geboren, sie heiratete 1965 Klaus Voß in Moorhusen bei Wilster.
Klaus Holler übernahm 1936 den landwirtschaftlichen Betrieb und sein Vater Markus Holler baute an der B 5 sein Altenteilerhaus. Sohn Johannes Holler heiratete 1926 Katrine Schmidt aus Ecklakkerhörn, sie pachteten von 1926–34 die Koogsmühle von Marie Dohrn. 1934 kauften sie ihre Siedlung in Seedorf. Drei Kinder wurden ihnen geboren: Reimer, geboren 1930, Klaus Heinrich 1934, und Karin 1938.
Klaus Holler verkaufte den Büttler Hof und das Altenteilerhaus 1980 an die Entwicklungsgesellschaft und zog mit seiner Frau in einen eigenen Neubau nach Wilster.
Jörn Hahn kam vor der Jahrhundertwende von Wilster nach Büttel und erwarb das Grundstück mit einem älteren Haus neben dem des Bauern Holler. Hier betrieb er ein Fuhrgeschäft mit seinen Söhnen Willy und Heinrich. 1914 wurde das Haus durch einen Neubau ersetzt. Sohn Heinrich heiratete 1919 Helene Kruse, die als junges Mädchen bei Bauer Johann Sievers im Altenkoog beschäftigt war und übernahm Haus und Fuhrgeschäft vom Vater.

Sohn Siem Schrade und Frau Telsche wohnten seit ihrer Heirat im Elternhaus bei Mutter Grete. Ihnen wurden drei Kinder geboren: Dieter 1961, Kerstin 1962 und Silke 1965. Siem war von 1965–72 in der Müllereigenossenschaft tätig. Außerdem obliegt ihm seit Jahren die Denkmalpflege, und er hält die Gehwege von Schnee und Unkraut frei. Grete Schrade wurde im Alter liebevoll von ihrer Schwiegertochter umsorgt. Sie starb 1976 noch in Büttel. Da Siem auf dem dortigen Friedhof eine neue Arbeitsstelle gefunden hatte, bauten sie sich 1979 in Wilster ein neues Haus.
Das nächste Anwesen am Schmiedeweg ist der Hollerhof. Erstbesitzer des Hofes war Peter Holler, gest. 1895, seine Frau Maria war eine geborene Gehrte.
Der Sohn Markus war ab 1900 Eigentümer des Hofes. Seine Ehefrau Katharina geb. Möller stammte aus Buchholz. Sie starb 1921. Sie hatten zwei Söhne: Johannes Holler (geb. 1902) und Klaus Holler (geb. 1911).

Oben links außen: Haus Kühl. Links außen: Meister Kühl beim Rohrlegen. Oben links innen: Schmiedestraße (St. Pauli) mit den Häusern Komm, Janß und Schrade. Ganz oben: Else Hönk mit ihren Kindern Margret, Franz und Peter. Unten links: Hof Klaus Holler. Oben: Klaus Holler zu Pferde. Unten: Haus Hahn.

Ihre Kinder Emmy und Hans, der im letzten Weltkrieg fiel, wuchsen hier auf. Emmy Hahn, verheiratete Schlüter, übernahm später mit ihren Töchtern Gisela und Magdalene das Anwesen. Als die Industrie kam, hat sie es verkauft und zog in einen eigenen Neubau nach Wilster, wahrscheinlich gerade 100 Jahre, nachdem ihr Großvater Jörn Hahn von Wilster nach Büttel gekommen war.
Wir kommen jetzt zum Haus an der Hauptstraße von Eduard Ramm. Er war Maurermeister und arbeitete viel mit dem Makler Paul Ramm zusammen. Sie gehörten zu der alteingesessenen Bütteler Familie Ramm, von der schon bei der Erwähnung ihres Stammhauses am Kanal die Rede war.
1963 heirateten Günter Lühmann (aus Brunsbüttel) und Waltraud Maaß, die Tochter von Willy Maaß). Sie fanden vorerst eine Wohnung in der ausgebauten Mühle auf dem Deich. Dort wurden auch ihre Kinder: Jens 1964 und Ute 1966 geboren.

1969–70 bauten sie sich mit viel Eigenleistung und der Hilfe von Willy Maaß ein neues Haus an der Hauptstraße, neben dem von Eduard Ramm.
Für die junge Familie war es besonders schmerzlich, so bald wieder aus ihrem neuen Heim zu ziehen. Aber auch sie wurde von der Umstrukturierung unseres Dorfes vom Wohngebiet zum Gewerbegebiet erfaßt. In Brunsbüttel bauten sie erneut ein Wohnhaus, welches sie 1984 bezogen. Das Haus in Büttel aber blieb stehen, es wurde von dort seßhaften Gewerbetreibenden erworben, die dort auf eigenen Wunsch neben ihrem Betrieb wohnen bleiben können.
Im folgenden Haus betrieb Jakob Nagel eine Schuhmacherwerkstatt und eigene Gerberei. Bei ihm wurden noch die langen Kniestiefel für Schiffer und Bauern nach Maß aus Leder per Hand angefertigt. Pechdrähte waren das Nähmaterial. Jakob Nagel und seine Frau Trina waren Vetter und Kusine. Sie hatten drei Kinder, zwei waren taubstumm. Die Tochter Minna heiratete den ebenfalls taubstummen Schneidermeister Fritz Rotfuß aus Kassel. Sie hatten einen gesunden Sohn, der aber im Kindesalter im Kanal ertrank. Rotfuß betrieb im Hause eine Schneiderwerkstatt.
Der spätere Eigentümer Hans Heesch berichtet: „Ich habe dieses Haus von Stellmacher Karl Matthiesen aus St. Margarethen 1976 käuflich erworben. Vormieter war Otto Lau, Vorbesitzer waren Schneider Rotfuß und Frau, geb. Nagel, von deren Vater, Schuster Nagel, sie es übernommen hatten. Ich selbst bin gebürtiger Büttler, Sohn des Fuhrunternehmers Max Heesch. Geheiratet habe ich Renate, geb. Kählau. 1970 wurde unsere Tochter Anja und 1976 unser Sohn Hergen geboren. Als wegen der Industrieansiedlung die Wohngemeinde Büttel aufgelöst wurde, haben wir 1982 unseren Wohnsitz in ein neues Eigenheim nach Brunsbüttel verlegt.

Von der Kanalbrücke bis zum Osteingang des Dorfes zog sich an der nördlichen Seite der Hauptstraße eine stattliche Reihe von Häusern entlang, die fast alle 1900–1912 im gleichen Jugendstil gebaut waren.

Der Bütteler Lehrer Kruse berichtete damals von florierenden Grundstücksgeschäften:

1898 kaufte Hermann Schröder das Gewese mit Wirtschaft von Fritz Lembke. Dieser verkaufte von dem dazugehörigen Land Parzellen an Zimmermann Klöckner und an die Zollverwaltung. 1901 erwarb Heinrich Rusch von Schröder den Betrieb, der verkaufte von dem Areal wiederum Bauplätze an Witwe Kloppenburg, Schiffer Kruse und Bäcker Kreutzfeld. Grenzaufseher Hinrich Schütt verkaufte um 1910 Bauplätze an Kaufmann Franke, Büroarbeiter Andresen und Bautechniker Thiessen.

So entstand eine geschlossene Häuserreihe mit hübschen Vorgärten im gleichen Stil um die Jahrhundertwende. Nur das Anwesen von Jakob Kloppenburg ist aus älterer Zeit um 1860.

Johannes Kreutzfeld, er stammte aus Hanerau-Hademarschen, kaufte 1903 ein Eckgrundstück von Heinrich Rusch und baute eine Bäckerei. Frau Bertha, geb. Körner, war aus Nortorf. Sie half in der Backstube, bediente im Laden und nähte auch noch nebenbei. Ihre Maschine stand zwischen Backstube und Ladentür. Meister Kreutzfeld machte im Sommer harte Kringel, die waren nicht wirklich hart sondern schön kroß und würzig von Anis. Im Sommer hat man Kringel und Milch gegessen. Im Winter waren Heißwecken und Krüterstuten dran. Um dieses Gebäck wurde Karten gespielt. Das fand in den Gastwirtschaften statt.

Aber auch der Bäcker lud in sein Haus ein. Bei Kaffee und Grog spielten Männer und Frauen Doppelkopf oder Skat. Von den gewonnenen Heißewecken wurde sogleich eine größere Tüte voll mit nach Hause genommen. Für den Rest gab es Gutscheine. Alle Kinder freuten sich, wenn die Eltern zum „Hedwich und Krüterstutenverkorten" gingen."

Im Bäckerhaus wurden zwei Töchter geboren: Elly und Marie. Marie ist aber schon im Kleinkindalter im Kanal ertrunken. Tochter Elly hat 1924 den Malermeister Jessen geheiratet und dann mit ihrem Mann in St. Margarethen einen Malerbetrieb gegründet. Die Bäckerei wurde in den 50er Jahren an den Bäckermeister Kuhnke aus Brunsbüttel verkauft.

Die Witwe Cicilie Kloppenburg ließ sich 1907 von Gebr. Schütt ihr besonders schönes Haus bauen. Es war nicht nur zweckmäßig, es war auch reichlich verziert. Auch der Garten war etwas Besonderes mit den bunten Glaskugeln, die von einem Gebilde aus Schmiedeeisen gehalten wurden, und dem dazu passenden Brükkengeländer. Als Cicilie Kloppenburg 1926 starb, wurde das Haus vermietet.

Ab 1940 wohnten hier Olly und Alfred Rusch. Alfred betrieb einen Milchhandel bis Brunsbüttelkoog und Ostermoor. Pferd und Wagen waren in der Nachbarschaft in den elterlichen Stallungen untergebracht.

Oben links außen: Haus Eduard Ramm um 1900. Unten links außen: Wohnhaus von Günther und Traute Lühmann. Mitte links: Haus Heesch / Nagel. Ganz oben: Hans und Renate Heesch mit ihren Kindern Anja und Hergen. Oben: Bäckerei Kreutzfeld.

Frau Olly, eine geborene Schwardt aus Wewelsfleth, war Schneiderin. In den Kriegsjahren, als ihr Mann eingezogen war, hielt sie den Milchhandel noch eine Weile aufrecht. Aber nachdem Alfred im Januar 1945 in Polen gefallen war, zog Olly Rusch wieder in ihr Heimatdorf Wewelsfleth.
Als Johannes Kloppenburg mit seiner Frau Bertha Kloppenburg 1945 aufs Altenteil ging, versorgte er bei seiner Tochter Erna Rusch ihre zwei Kühe und brachte täglich die Milch mit einer Dracht hinüber zur Molkerei. Beim Jubiläum der Molkerei 1952 machte er sich den Spaß und ging als Hummel mit zwei Milchkannen an der Dracht zur Molkerei.
1945 zog Olga Maaßen mit ihren Kindern Anke (1940), Geerd (1941) und Uwe (1943) zu ihren Eltern Johannes und Bertha Kloppenburg. Ihre Wohnung in Itzehoe war von den Engländern beschlagnahmt worden. Ihr Mann Willy Maaßen (1913) aus Marne war Berufssoldat, seit 1944 vermißt und kehrte nicht wieder heim. Olga umsorgte ihre Eltern. Vater Johannes Kloppenburg starb 1965, ihre Mutter Berta wurde 95 Jahre alt. 1981 zog Olga Maaßen nach Wilster in eine Eigentumswohnung.
Um 1901 bauten Schiffer Johannes Kruse (1878) und seine Frau Elise Jens (1876), eine Tochter von Carsten Jens, ihr Haus an der Hauptstraße. Sie hatten vier Söhne: Klaus, Hermann, Hinrich und Johannes. Johannes Kruse fuhr von Brunsbüttel aus auf dem Lotsendampfer „Böschlotse". Er hatte ein besonderes Hobby: Mit seinen Nachbarinnen Cicilie Kloppenburg und Anne Rusch wetteiferte er in Neuzüchtungen und Veredelungen von Obstbäumen. Eine besonders gelungene Apfelsorte hieß nach ihm „Kruseappel". Von der Familie Kruse kaufte später Frau Else Koll das Anwesen.

Oben: Hochzeitsgesellschaft mit dem Brautpaar Hermann Jessen und Elly Kreutzfeldt 1924. Rechts: Schiffer Johannes Kruse und Frau. Oben rechts: Häuser Kruse und Kloppenburg / Maaßen. Mitte rechts: Das Zollhaus. Rechts außen: Bertha Kloppenburg mit Mercedesauto um 1953.

1899 baute der Zimmermann Klöckner an der Hauptstraße sein Zweifamilienhaus. Seine Frau war eine Tochter des Hökers Michael Vollmert.
Sie hatten zwei Töchter. Die älteste, Frieda, war mit dem Schiffseigner Böge verheiratet und fuhr mit ihm auf Küstenfahrt. Die jüngere Tochter, Martha, hatte einen sehr lieben Sohn Bernhard, der wie so viele Büttler Jungen im 2. Weltkrieg gefallen ist. Nach dem Krieg kauften Maurermeister Henry Peters aus Kudensee, seine Frau Lotte, geb. Stenzel, und deren Eltern das Haus. Sie kamen damals als Flüchtlinge in unser Dorf und fanden hier ein neues Zuhause. Henry Peters hat das Haus neu verblendet und hergerichtet. Sie haben einen Sohn Dieter. Auch sie mußten der Industrieansiedlung weichen und bauten sich ein neues Haus in Wilster. Die Zollverwaltung baute um 1900 das Zollhaus für die hier statio-

nierten Zollbeamten. Der Name des Zöllners Wachtelborn ist noch bekannt. Danach wohnten von 1922 bis 1930 Jakob und Berta Paulsen hier mit ihren Kindern Kurt (geboren 1919), Horst (geboren 1916) und Hildegard (1923 in Büttel geboren). Nach der Auflösung der Zollstation kauften Peter Scheel und seine Frau Christine aus Kuhlen das Haus als ihren Alterssitz. Nach ihnen bewohnte es ihr Sohn Johannes mit seiner Frau Magda.

Die Landstelle daneben hatten Jakob und Bertha Kloppenburg, geb. Witt, 1929 käuflich erworben. Sie betrieben etwas Landwirtschaft, aber ihr Hauptverdienst war der Viehhandel.
Bertha Kloppenburg war sehr couragiert. Sie fuhr als erste Frau in Büttel ein Auto und nannte es „Mein blauer Engel".

Jakob Kloppenburg war ein Büttler Original, im weiten Umkreis bekannt als „Jakob Tüüt".

Es gab so viele Kloppenburgs in unserem Ort, genau wie Schmidts und Ramms, die oft durch originelle Beinamen unterschieden wurden, die jedem bekannt waren. So gab es „Jack und Büx", „Hannes Marokko", „Hinn Samoa", „Brummbär", „Harrig Gröhl", „Peter Schnuuf", „Marie Koptein", „Dwarslock" und „Mudder Griebsch". Jakob Kloppenburg hatte das Dwarslock und Hafenstück im Außendeich gepachtet. Es war dicht mit Reet bewachsen, welches im Winter geschlagen, in Hocken aufgestellt und später zum Dachdecken verwendet wurde. Im Sommer war es für die Kinder ein Eldorado zum Indianerspiel, Schleichwege wurden angelegt im Reetscharm und im Biwak gekokelt. Die gebundenen Reethocken ergaben zusammengestellt wunderschöne Hütten.

Für Jakob Kloppenburg war das alles weniger erfreulich: Geknickte Halme konnte er nicht verkaufen. So mußte er sein Revier überwachen und stand mit den Jungens auf Kriegsfuß. Er konnte gräßlich gröhlen, war aber von Natur aus gutmütig und tat niemandem etwas zuleide. Die Kinder wußten sich zu helfen: Zwei standen Patrouille, lagen am Deich und luchsten den Mühlenweg entlang. Sobald Jakob Kloppenburg auf seinem Fahrrad angesaust kam, erklang der schrille Warnruf des Regenpfeifers Tüüt Tüüt, sofort gingen alle Indianer in Deckung. Eben deswegen hatte er seinen Spitznamen „Jakob Tüüt".

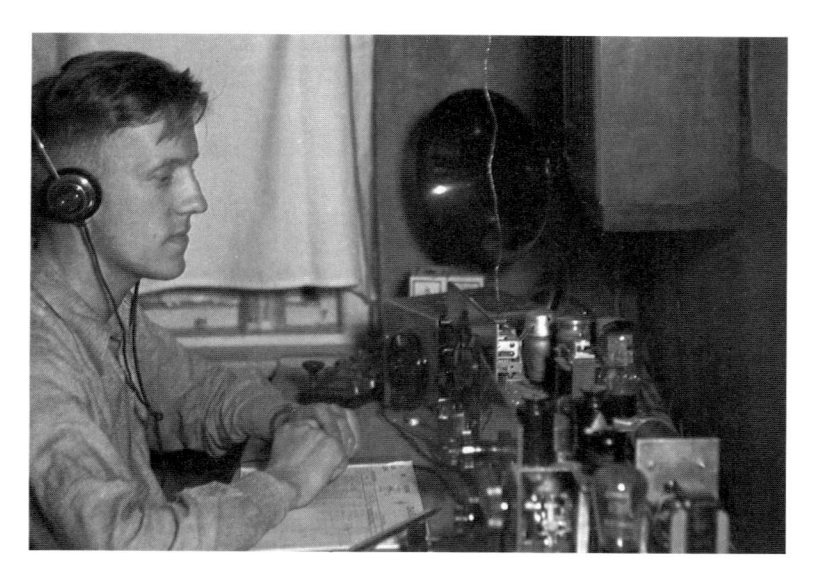

Mit seiner Frau Bertha hat er das Haus von 1929–1975 bewohnt. Nach ihrem Ableben wurde ihre langjährige Helferin und in spätem Alter treue Pflegerin Frieda Haß Besitzerin. Bis 1983 konnte sie dort wohnen. Im Zuge der Industrialisierung mußte sie den Besitz verkaufen und hat ein neues Haus in Wilster erworben.
Agnes Wiegel, geb. Franke, berichtet über das nächste Haus an der Hauptstraße: „1911 bauten meine Eltern Erich und Alma Franke, geb. Eggers, das Ladengeschäft für Kolonialwaren, Haushalts- und Eisenwaren. Es wurde bis 1950 geführt.
Mein Vater Erich Franke wurde 1883 in Freiburg in Schlesien geboren, meine Mutter Alma 1884 in Büttel. Vater war an allen technischen Neuerungen interessiert. So hatten wir schon früh (1911) elektrisches Licht im Haus. Ein riesiger Dynamo im Stall sorgte für Strom. Mit meinen drei Geschwistern Willy, Kurt und Karl-Heinz wuchs ich hier auf. 1950 übernahm mein Bruder Willy (1906–1967) das Haus und gründete als Kraftfahrzeugmeister eine DKW-Reparaturwerkstatt mit Autoverkauf und Tankstelle. Er heiratete Else Sachau (geboren 1904) aus Wewelsfleth. Sie bekamen zwei Kinder, Annemarie und Karl.
Ich selbst wurde 1907 geboren und heiratete Kurt Wiegel aus Berlin. Ich war Kindergärtnerin und Krankenschwester bei behinderten Kindern im Johannesstift in Spandau. Unsere zwei Buben heißen Hartwig und Jürgen.
Mein Bruder Kurt (geboren 1917) war Chemiker und begeisterter Funkamateur. Er fiel 1942 in Rußland.
Karl-Heinz (geb. 1927), mein jüngster Bruder, war Elektriker und verheiratet mit Anni Schmidt (1927). Er verunglückte 1970 tödlich im Werk der Kali-Chemie in Brunsbüttelkoog. 1967 übernahm mein Neffe Karl Franke die Werkstatt seines Vaters. Sein Hobby war das Motorrad. Verheiratet war er mit Regine, geb. Kamradt. Ihre beiden Kinder sind Andrea und Michael. Michael setzt die Tradition in der Familie fort und erlernt den Beruf des Kraftfahrzeugmechanikers. Karl starb 1987. Seine Frau zog mit ihren Kindern und Schwiegermutter Else Franke nach Hohenaspe in das dort gekaufte Haus. Das Geschäftshaus in Büttel wurde abgerissen."
Im Nachbarhaus, Hauptstraße 8, wohnte die Familie Andresen / Dierks / Hartzen.
1913 hatten Hermann Andresen und seine Frau Margarete, geb. Jens, Tochter von Karsten Jens, das Haus gebaut. Sie bewohnten es mit ihren Kindern Anne, Karl, Hertha und Käthe.
Nach dem Tode der Eltern übernahm Käthe Dierks das Haus. Sie baute es um und aus, sodaß im Dachgeschoß eine schöne Zweitwohnung entstand, die dann von ihrer Tochter Erika mit ihrem Ehemann Günter Hartzen bewohnt wurde. Töchterchen Stephanie wurde hier geboren.
Nachdem das Haus an die Entwicklungsgesellschaft verkauft worden ist, hat die Familie 1981 ein neues Eigenheim in Wilster bezogen.
Markus Holler baute 1937 ein Altenteilerhaus an der Hauptstraße. Dort wohnte er mit Frau Dora Ralfs, seiner langjährigen Hausdame, bis zu seinem Tode 1955.
Von ihrem Hochzeitstage am 29. 8. 1959 an bewohnten Günther Peers (geb. 4. 8. 1935) und seine Frau Anke, geb. Thorborg (geb. 7. 2. 1939) dieses Häuschen. Sie stammen aus Büttler Familien und

Oben links: Die Häuser Franke, Dierks-Hartzen und Thießen. Links außen: Amateurfunker Kurt Franke. Links: Günter Hartzen, Karl Franke, Erika Hartzen, Günter Peers und Willy Franke vor dem Haus Franke. Ganz oben: Familie Andresen vor ihrem Haus. Oben: Günther und Anke Peers mit ihren Kindern Astrid und Joachim. Oben rechts: Altenteilerhaus von Markus Holler.

blieben in ihrem Heimatort ansässig. Ihre beiden Kinder wurden hier geboren: Astrid am 25. 2. 1965 und Joachim am 20. 5. 1968. Günther Peers ist am 23. 12. 1979 an seinem Arbeitsplatz tödlich verunglückt. Er war als Schmied und Schlosser bei der MAWAG in Ostermoor tätig. Das Haus wurde abgerissen. Anke Peers zog mit ihren Kindern in die Deichgrafenstraße nach Brunsbüttel.

Als Abschluß der Häuserreihe stand das schöne spitzgiebelige Haus, das 1912 von Bautechniker Heinrich Thiessen und seiner Frau Olga, geb. Möller aus Büttel, gebaut wurde. Ihre Söhne Herbert (1912) und Bruno (1915) wurden hier geboren. Nach dem 2. Weltkrieg ging das Haus in den Besitz der Familie Brandt / Krey über. Gemietet wurde es dann langjährig von Uwe Maaßen und Frau Linda, deren Tochter Wencke hier geboren wurde. Auch dieses schöne Haus wurde vernichtet.

An dieses Grundstück schloß sich eine Weide an, die für die Industrieansiedlung genutzt wurde. Im Zuge der Entwicklung wurde eine neue Anschlußstraße von der alten B5 zum neuen Holstendamm, den Industrieanlagen und der Hochbrücke gebaut. Sie verläuft neben der alten Boddermelkchaussee.

Um sich vom Geschäft zurückziehen zu können, ließen Heinrich und Anne Rusch sich 1933 auf ihrer Kuhweide an der Hauptchaussee von Hinrich Maaß ein Altenteilhaus bauen. Heinrich Rusch ging dann etwa 30 Jahre morgens und nachmittags für einige Stunden in sein Gasthaus, um die Gäste zu unterhalten und zu bedienen, außer am Sonntag.

Oben: Olga Thießen vor ihrem Haus. Unten: Werner und Emmy Baumann mit Großvater Heinrich Rusch und ihrem Sohn Dieter. Rechts: Altenteilerhaus von Heinrich Rusch. Oben rechts innen: Waltraud und Hans Gude beim Kälbertränken. Oben rechts außen: Hof Gude. Unten rechts innen: Alte Holzkanalbrücke. Unten rechts außen: Der Kalkofen am Kanal, Zeichnung von Amandus Dohrn.

In den Kriegsjahren übernahm er wieder die Buchführung und paßte auf den Kohlenhandel auf. Anne Rusch starb schon 1946. Als sich 1963 keine Hausdame mehr finden ließ, zog Heinrich Rusch mit 90 Jahren wieder in das Geschäftshaus zurück. Er stellte dann fest: „Ik hev alle dörtich Johr min Wohnung wesselt."
Heinrich Rusch starb mit 94 Jahren. Das Haus erbte seine Tochter Emmy Baumann. Der Schmiedemeister Ernst Baumann, geb. in Büttel, kaufte von Hermann Rusch die restliche Kuhweide und errichtete an der Hauptchaussee einen Ausstellungsplatz für Garagen und Wochenendhäuser und eine Fertigungshalle. Das Haus wurde verkauft und abgerissen. Der Gewerbebetrieb blieb erhalten.

Wir nähern uns dem Dorfende. Da liegt der schöne Hof Brandt / Gude. Er blieb quasi als Eckpfeiler unseres Dorfes bestehen.
1898 kauften Markus Brandt (1875–1955) aus Wetterndorf und seine Frau Cäcilie Wohlert aus Kuhlen (1879–1968) den Hof von Johannes von Osten.
Sie hatten sechs Kinder: Alwine, Peter, Christine, Marta, Max und Rosa.
1935 heiratete Rosa Brandt Willi Gude. Sie übernahmen den Hof 1948. Ihre sechs Kinder hießen: Olga, Annegret, Hans, Marga, Ernst und Rosemarie.
Hans Gude heiratete 1969 Waltraut Ewers. Sie haben drei Kinder, Petra (geboren 1971), Jutta (geboren 1974) und Anita (geboren 1975). 1978 übernahmen sie den Hof als ihr Eigentum.
Wir gehen jetzt zurück zur Westseite des Kanals. Dort stand zwischen Hauptstraße und dem Holzkanal das Haus mit dem Lagerplatz von Wilhelm Koppelmann und Frau Abel. Er war Torfhändler. Sie hatten vier Töchter: Alwine, Rosa, Bertha, Auguste.
Alwine heiratete 1904 Johannes Vollmert, Rosa heiratete Johannes Rohwedder, Bertha heiratete Wilhelm Schmidt und Auguste heiratete August Wiegert. Alle blieben in Büttel wohnhaft.
Auguste wurde früh Witwe, ihr Mann fiel im Krieg. Mit ihrer Tochter Alma blieb sie im Elternhaus wohnen.
Bei der Straßenbegradigung und dem Neubau der Brücke mußte das Haus abgerissen werden.

Eine kleine Holzbrücke, später wurde sie durch eine eiserne Trampelbrücke ersetzt, führte über den Holzkanal. Ehemals stand dort der Kalkofen (1750–1899). Um 1750 war es eine Muschelkalkbrennerei. Muschelschalen wurden mit Weißtorf aus den Mooren der Umgebung gebrannt. Das ergab einen sehr dauerhaften Mörtel für die Bauten damaliger Zeit.
1905 bauten Peter und Dora Schwardt, verw. Kuhrt, geb. Jens auf dem Gelände ihr Haus. Eike Trempler berichtet:
Vor dem Haus von Dorothea (1865–1957) und Peter Schwardt (1867–1960) war der Winterliegeplatz für ihr Küstenfrachtschiff „Dora". Die Ladungen waren hauptsächlich Torf, Sand, Korn und Zement von der Fabrik Alsen in Itzehoe.
Dorothea Schwardt, Tochter des Bauern Jens aus Vaalermoor, war zweimal verheiratet und gebar ihren Männern, dem Bauern Alwin Kuhrt aus Neufeld bei Wilster, der sehr früh starb, eine Tochter Alwine (1893) und dem Seefahrer Peter Schwardt in 2. Ehe die Töchter Minna und Anna, die Söhne Willi Peter und Ernst.
Peter Schwardt, 1867 in St. Margarethen geboren, war mit 15 Jahren nach Amerika zu seinem Onkel auf eine Farm ins Indianerland gegangen, hatte dort die Schule besucht und war dann viele Jahre mit den Teeklippern und Salpeterschiffen um Kap Horn und ums Kap der Guten Hoffnung gesegelt. Auf einem Heimaturlaub in St. Margarethen fuhr er bei Fahrradübungen mit dem Hochrad Dorothea Kuhrt um, verliebte sich in sie und blieb im Lande.

Richard Mehlert verkaufte, jedoch kein Geld bekam, sondern enteignet wurde und gänzlich verarmt in Büttel bei den Schwardts wohnte, bis er vor Kummer starb. Er war in der Heilkunde für Mensch und Tier sehr bewandert, suchte die Heilkräuter auf den Feldern und war den Dorfbewohnern geheimnisvoll, aber eine große Hilfe.

Willi Schwarat, 1905 geboren, kam 1976 ins Elternhaus am Kanal zurück. Nach einigen Jahren Seefahrt war er 49 Jahre in den USA, erst illegal, dann legal eingewandert, besonders der Kochkunst und der Dobbermannzucht zugewandt. Er hat viele Freunde dort zurückgelassen und hier mit seinem fröhlichen Naturell neue gefunden.

Im Nachbarhaus wohnte Johann Tietjens (1867–1968) mit seiner Frau Helene, geb. Lübbe. Frau Jens berichtet:

In den Zeiten des Wirtschaftszusammenbruches mußte er sein Küstenlastschiff verkaufen und fuhr auf dem Schlepper „Vorwärts, ex Piralli" im Kaiser-Wilhelm-Kanal und schließlich auf einem Elbbagger.

Nach dem 2. Weltkrieg während der Besatzungszeit wurde er zum Dolmetscher zwischen Dorfbevölkerung und Engländern – nachdem durch sein gutes Englisch die Engländer einen Spion in ihm vermuteten –, und bis zu seinem Lebensende hat er manchen Brief von und für die Verwandschaft aus Amerika für die Dorfbevölkerung übersetzt und geschrieben.

Für uns Urenkel war seine blaue „Güthermanns Nähseide"-Blechdose besonders geheimnisvoll mit all den Geldstücken aus den fremden Ländern, zu denen er Geschichten zu erzählen wußte, was hier leider zu weit führen würde: zum Schiffbruch vor Feuerland, zu den Schönen auf Samoa und Ceylon...

Dorothea Schwardt hatte einen Bruder, Onkel Tim Jens, der im 2. großen Krieg seinen Hof in Vaalermoor wegen Kinderlosigkeit an

Johann Tietjens wurde am 27. 1. 1867 in Burg / Dithm. geboren. Mit 21 Jahren begann seine 3jährige Zeit bei der Kaiserlichen Marine, wo er nach eigener Erzählung immer sagte, er hätte dem Kaiser persönlich serviert. Später, nach seiner Heirat mit Helene Lübbe aus Kuden, zog er nach Büttel, wo er sich einige Jahre als Binnenschiffer betätigte und später bei der Bahn beschäftigt war. Aus der Ehe gingen fünf Kinder hervor, ein Sohn und vier Töchter (Willi, Martha, Alma, Marie).

Sohn Willi starb noch sehr jung im Jahre 1934. Tochter Alma ging mit Ehemann und Tochter nach Amerika, ihr folgte zwei Jahre später Marie mit Ehemann Max Hadenfeld (Burg / Dithm.). Anne heiratete im Jahre 1928 Georg Jens aus Äbtissinwisch / Burg, und sie zogen nach Oldenbüttel.

Im Jahre 1934 besuchten die Eheleute Tietjens die Kinder in Amerika. Johann Tietjens verbrachte seinen Lebensabend bei Tochter Anne in Oldenbüttel am Nord-Ostsee-Kanal, wo er auch noch seinen 100. Geburtstag feiern durfte.

Karoline Cornels besaß das Zweifamilienhaus. Ihre drei Söhne Adolf, Rudolf und Arthur wuchsen hier auf. Sie war die Tochter von Baumeister Hölck, dessen Anwesen am Mühlenweg im Jahre 1907

völlig niederbrannte. Sie war in der Krankenpflege tätig und wurde gern zur Betreuung der Wöchnerinnen gerufen. Als Untermieterin wohnte dort langjährig Anna Sötje mit ihrem Schwager „Onkel Harrich", Hartwig Sötje.
Anna Sötjes Kinder waren: Annemarie, Grete, Hermann und Frieda. Auch ihr Enkel Peter wurde von ihr liebevoll betreut.
Das folgende Vierfamilienhaus wurde von Ramm gebaut und von ihm vermietet. Häufig wechselten die Bewohner.

Im nächsten Haus wohnten Walter Schmidt mit seiner Frau Inge, geb. Steinleger, und ihre Tochter Karen.
In jungen Jahren bekam er von seinem Opa den liebevollen Nökernom „Smutje", weil er so gern mit auf dem Wasser war. Das Haus hatten sie von den Eltern übernommen, wie es im Stammbaum der Schifferfamilie Jürgen Schmidt zu lesen ist.
Etwas zurückliegend mit der Hausfront zum alten Kanal liegt das Anwesen der Versandschlachterei Scheibner. Richard Scheibner

Oben links außen: Der Kalkofen am Holzkanal vor dem Abbruch. Unten links außen: Peter und Dora Schwardt. Mitte links: Hermann Tecklenburg, Fritz Maaß, der Jubilar, Schwester Erna, Johann Tietjens, Wilhelm Meyer, Markus Peters und Heinrich Rusch an Peter Schwardts 90. Geburtstag. Ganz oben: Am „Kanal West" um 1905 mit Häusern Schmidt, Ramm, Cornels, Tietjens, Schwardt und Lühejolle „Rebecca". Oben: Johann und Helene Tietjens. Rechts: Karoline Cornels vor ihrem Haus.

und seine Frau Martha, geb. Plett aus Wilster, kauften das Haus und Grundstück 1927 von Klaus Speck.

Bericht über die Stationen der Familie Scheibner von 1911-1983:

1911: Richard Scheibner aus Leipzig auf Wanderschaft, findet in Wilster eine Arbeitsstelle

1914-18: 1. Weltkrieg (bei den Schlesinger Husaren)

1919: heiratet er Martha Plett aus Wilster

1919: gründet er in Büttel, Deichstraße, eine Versandschlachterei

1924: Sohn Helmut wird geboren

1927: kauft er von Klaus Speck am Kanal dessen Grundstück und Schlachterei

1936: Umbau wird vergrößert

1953: Sohn Helmut heiratet Helga Schuldt aus Süderhastedt (2 Kinder)

1954: Tochter Silke wird geboren (verheiratet später mit Reimer Hübner, eine Tochter, Sarah, wird 1984 geboren)

1959: Sohn Jörg wird geboren

1973: Richard Scheibner stirbt am 18. Mai. Der Sohn, seit 1960 Mitinhaber, führt das Geschäft mit seiner Ehefrau weiter

1983: Im Zuge der Ansiedlung der Industrie kauft die Entwicklungsgesellschaft das Grundstück

Feb. 1983: Umzug nach Westerdeichstrich bei Büsum.

In dem folgenden Dreifamilienhaus sind uns in Erinnerung die Familien Eugen Kaun, Johannes von der Fecht und Julius Köhler.

Oben rechts: Schlachterei am später zugeschütteten Kanalarm. Unten: Versandschlachterei Scheibner vor dem Kriege mit Demonstration der Transportmittel-Entwicklung vom Handwagen zum Wanderer-Auto mit Anhänger. Oben rechts: Haus Tecklenburg um 1910, im Vordergrund Briefträger und Amandus Dohrn. Unten rechts: Malte, Ina, Susanne und Ernst-August Friedrich. Unten rechts außen: Traute, Karin, Elke und Hermann Tecklenburg.

Viele Jahre wohnte hier auch die Hebamme Marie Brunken mit Ehemann und Tochter Erna. Sie war Nachfolgerin von Abel Vollmert und hat einem Großteil der noch lebenden Bütteler den ersten Belebungsklaps auf den Hintern gegeben.

Gerd Breckwoldt, Kapitän auf dem Lotsenversetzboot in Brunsbüttel, der Sohn von Reinhard und Alma Breckwoldt, kaufte das Haus 1975.

Zur Untermiete wohnte bei ihm seine Schwester Ina mit ihrem Ehemann August Friedrichs und ihren beiden Kindern Susann und Malte. Im Obergeschoß lebte Agnes Wiegel, geb. Franke, die nach 40 Berufsjahren im Spandauer Johannesstift in ihren Heimat-

ort zurückkehrte. So oft sie kann, besucht sie ihren Sohn Jürgen, seine Frau und die beiden Enkelkinder Markus und Michaela in Amerika. Jürgen Wiegel ist dort als Biologe in der Forschung tätig. Gerd Breckwoldt und Familie August Friedrichs bauten in Brunsbüttel ihre neuen Wohnstätten.
Über das nächste Gebäude sagt Willy Tecklenburg aus der altansässigen Kaufmannsfamilie:
„Unser Haus in Büttel wurde 1880 gebaut. Das alte war 1878 bei einem Gewitter abgebrannt. Es haben hier mehrere Generationen unserer Familie gewohnt. Meine Urgroßeltern betrieben einen Getreidehandel. Meine Großeltern und Eltern hatten eine Kolonialwaren-und Kohlenhandlung und waren Schiffseigner."

Hermann und Trina Tecklenburg bleiben uns als zwei Originale in Erinnerung haften. Voller Humor und Witz wußte Hermann manche schnurrige Geschichte in Umlauf zu bringen. Sie hatten drei Söhne: Johannes ging nach Amerika, Alwin wurde Schmied, Willy mit seiner Frau Traute übernahm den elterlichen Besitz. Ihren drei Kindern Karin, Elke und Jörn wurde Büttel zur Heimat. Auch sie mußten das Dorf verlassen und zogen nach Wilster in ihren Neubau.
Das letzte Haus am Kanal, Ecke Deichstraße, an der Schleuse, ist die Bäckerei von Hermann und Gesine Jans. 1902 hatten sie das Geschäft von Bäcker Maas übernommen. Die älteren Bütteler erinnern sich an die beiden Originale in dem langen Reetdach-

haus. Beide waren klein, sie rundlich und er hager. „Datt is datt jo man jüss", pflegte Gesine bei jeder Gelegenheit zu sagen. Sie brachte dann den von den Kunden angerührten Ohmkoter, den festtäglichen Korinthenstuten, die Weihnachtspepernöt zu Hermann in die Backstube. Zu dem Haus gehörten die piependen Heimchen, die im warmen Mauerwerk des Backofens saßen. Hermann Jans verstand sein Handwerk meisterhaft, seine Spezialitäten waren „Zuckerkringel" und „Eiermahn". Sie wurden aus Blätterteig gemacht, knackig frisch. Der Eiermahn wurde herbe mit Rosinen und die Zuckerkringel mit einer feinen Zuckerglasur überzogen, die wie Krokant schmeckte. Das machte ihm so leicht keiner nach.

Im Herbst sangen die Kinder beim Laternenlaufen vor ihrer Haustür:

„Laterne, Laterne, Sonne, Mond und Sterne.
Brenne auf, mein Licht,
nur meine liebe Laterne nicht.
Olsch mit de Lüch kann datt Bett ne finn,
fallt mit de Näs int Kellerlock rinn,
Kellerlock is to deep,
fallt mit de Näs in Seep,
Seep is to düür, fallt mit de Näs int Füür,
Füür is to hitt, fallt mit de Näs in Kitt,
Kitt is to hatt, fallt mit de Näs int Fatt,
Fatt geiht twei, dor leeg de Olsch een Ei.
Lapüster, Lapüster, datt ganze Land is düster,
Appeln und Beern, Plumm und Rosien
de kann man bi Gesine kriegn."

Dann stand Gesine vor der Tür und freute sich.

Im Jahre 1929 übernahm Willy Stapelfeld die Bäckerei. Mit seiner Frau Erna, geb. Schulz, hatte er drei Töchter: Dagmar, Ellen und Anke. Willy Stapelfeld ist im Krieg gefallen. Erna Stapelfeld und ihre Tochter Anke Quitsch führten das Geschäft weiter bis zur Auflösung. Für Ankes Sohn Eilert, der Kaufmann ist, ging die Nachfolge verloren. Sie zogen nach Brokdorf in ihr neues Wohnhaus. Auf der Wanderung durch unser Dorf gehen wir nun westlich vom Kanal weiter auf der Deichstraße.

Da hat sich im Schleusenbereich am Ende des vergangenen Jahrhunderts viel verändert. Der natürliche Lauf unseres Wasserarmes von der Elbe bis zur Geest schlängelte sich in Windungen durch das Land. Er wurde binnendeichs hauptsächlich für die Ent- und Bewässerung des weiten Marschlandes genutzt.
So wurde schon 1765 durch einen Durchstich vom Kudensee zum Bütteler Kanal gutes Geestwasser in die Elbe geleitet. Für unser Dorf war das eine willkommene Trink- und Nutzwasserquelle. Der Bau des Nord-Ostsee-Kanals 1898 hat das unterbunden, es brachte damals schwere Probleme für die Wasserversorgung mit sich. Darüber schrieb unser damaliger Hauptlehrer Kruse ausführlich.

Der ursprüngliche Lauf des Burg-Kudenseer-Entwässerungskanals teilte sich in Büttel binnendeichs von der Meierei kommend vor dem Vollmertschen Torfgeschäft in zwei Arme (der westliche war der sogenannte Holzkanal) um den Falckenhof herum und vereinten sich im Außendeich zum heutigen Dwarslock.
Der Kanal wurde begradigt und vertieft und 1870 eine neue Steinschleuse gebaut. Es wurde eine Entwässerungs- und Schiffahrtsschleuse.
Das bedeutete für unsere Schiffseigner im Winter einen guten und sicheren Liegeplatz für ihre Frachtewer.
Dadurch waren die beiden alten Arme östlich und westlich vom Falckenhof überflüssig geworden. Die Schleusen wurden 1902 herausgenommen und die Läufe teilweise zugeschüttet.
Der stattliche Falckenhof, direkt an der Dorfstraße gelegen, war eine Gastwirtschaft verbunden mit Landwirtschaft. Oben auf dem Dachboden befand sich ein geräumiger Saal, eine Empore war der Sitz für die Musiker. Blasmusik, 4–6 Mann stark, sie mögen damals einen flotten Takt für Walzer, Rheinländer und Schottischen aufs Parkett geblasen haben. 1901 ging die Gaststätte ein. 1928 wurde das Anwesen abgerissen. Auf dem Grundstück entstanden ein Wohnhaus, eine Durchfahrt und die Dampfmühle. Das Wohnhaus wurde 1929 gleich neben der Bäckerei Stapelfeld an der Deichstraße von Zimmermann Maaß errichtet.

Oben: Blick vom Deich auf das Haus Cordes, dahinter die Dampfmühle, von der die Getreidesaugleitung über den Deich zur Schiffsanlegestelle führt, rechts die Bäckerei Stapelfeldt, dahinter Haus Tecklenburg. Links: Erna Stapelfeld mit ihren Töchtern Dagmar, Ellen und Anke. Oben rechts: Hans Peter Cordes. Rechts: Hochzeitsgesellschaft vor dem Falckenhof um 1910 mit dem Brautpaar Hermann Franzenburg und Mathilde Kloppenburg, Otto Evers als Kind, daneben Jürgen Franzenburg, ganz rechts Nicolaus und Tine Ewers und Albers-Knudsen, hinten mit Hut Carsten Haack.

1932 wurde es von Peter Cordes und seiner Frau Martha erworben. Reinhold Cordes berichtet aus seiner Kinderzeit in Büttel: „Nachdem mein Vater 1937 auf dem Lotsendampfer „Böschlotse" tödlich verunglückte, mußte meine Mutter das Haus und ihre vier Kinder, von denen zwei in diesem Haus geboren waren, alleine unterhalten. Etwa 1945 wurde der weiße Stakettenzaun, der noch auf dem Foto zu sehen ist, verheizt. Ferner wurden in dieses kleine Haus 1945 auch noch Flüchtlinge eingewiesen, sodaß es sehr eng wurde. Jetzt lebten hier meine Mutter mit ihren vier Kindern Hans Peter, Rose-Marie, Reinhold und Günther sowie Erich Schuglitsch mit seinen Kindern Klaus und Marianne und Familie Koch mit drei Personen, die später eine Schusterei unterhielten.

Die Mühle lieferte damals nebenbei auch den ersten elektrischen Strom, den sich einige Privathäuser zu Nutzen machten.
Die Müller Vohs, Wohlgehagen (ab 1930) und Wende sind älteren Büttlern noch in guter Erinnerung.
1973 erfolgte die Stillegung des Betriebes und der Abbruch des Gebäudes wegen der Industrialisierung.
Auf dem Müllereiweg, der vom Gasthof „Zur Schleuse" zur Hauptstraße am ehemaligen Holzkanal entlangführt, kommen wir zurück zur Deichstraße, an dem Altenteiler Wohnhaus des Sievers/Rohde-Hofes vorbei.
Ab 1966 bewohnten es Werner Stäcker und seine Frau Else, geb. Rohde. Ihre drei Söhne Rolf, Gert und Klaus wurden hier geboren. Nach der Industrieansiedlung zogen sie in ihr neu erworbenes Haus nach Itzehoe.

Als nach dem Krieg versucht wurde, die Panzersperre auf dem Deich zu sprengen, bekam unser Haus Risse in den Wänden, so daß auch der Keller beschädigt wurde. Seitdem stand er ständig unter Wasser.
In den 70er Jahren wurde das Haus von der Entwicklungsgesellschaft aufgekauft und abgerissen.
Für uns Kinder war es nur gut, daß wir das Sterben unseres schönen Dorfes nicht miterleben mußten, da wir ja, wie man so sagt, in alle Winde verstreut leben.
Hans Peter wohnt in Essen, Rose-Marie in Brunsbüttel, Reinhold in Lübeck und Günther in Vorsfelde bei Wolfsburg."
1913 wurde von den Bütteler Bauern eine Müllerei-Genossenschaft gegründet. Ein neuer Wirtschaftszweig, die Schweinemästerei, versprach guten Nutzen. Auf den Höfen wurden dafür neue Stallungen gebaut. Für die Fütterung stieg der Bedarf an Gerstenschrot enorm an. Die Müller machten gute Geschäfte, waren aber vom Wind abhängig. Eine mit Dampf betriebene Mühle konnte dagegen zu jeder Zeit schroten. Außerdem versprach man sich finanziellen Nutzen davon.
Zum Bau der Müllerei wurde für 10 000,- Mark ein Grundstück auf den hinter dem Falckschen Hof gelegenen Weideflächen erworben. Schon 1914 war der Bau abgeschlossen, und der Betrieb lief an. Eine lange Sauganlage, von hohen Masten getragen, reichte bis über den Deich zum Löschen des Getreides aus den Kornewern, die im Hafen anlegten.

Oben links: Dampfmühle der Müllereigenossenschaft. Ganz oben: Mühlenjubiläum 1963 mit Rolf Mehlert, Walter Gloyer, Erika Hartzen, Gundula Mülle, Willy Bothern, Helmut Ewers und Boje Grünwaldt. Oben: Urgroßeltern von Grete Rohde-Sievers. Mitte rechts: Silberhochzeitspaar Alfred und Marie Peers mit Hans Werner, Günther und Helmut. Unten rechts außen: Häuser Buhmann und Sievers/Stöcker am Mühlenweg.

Langjährige Bewohner dieses Hauses waren zuvor Familie Peers. 1930 bekamen sie es vom Bauern Johannes Sievers zur Verfügung gestellt. Alfred und Marie Peers erzählen:

„Marie Gosch (geb. 1907) war als Magd auf dem Hof tätig und schon zwei Jahre mit Alfred Peers aus Ostermoor verlobt. Es waren damals schwierige Jahre, keine Arbeit, keine Wohnungen. Alfred hatte zuvor 9 Jahre in der Landwirtschaft gearbeitet, bis er endlich auf der Mawag eine Lehrstelle als Destillateur bekam. 1930 war Hochzeit. Natürlich halfen sie weiter auf dem Sievershof. Ihre Söhne wurden geboren: 1934 Hans Werner, 1935 Günther und 1946 Helmut.

1939 brach der schreckliche Krieg aus, Alfred mußte in Holland und Rußland kämpfen. Er wurde in Brüx verwundet und kam dann zurück nach Büttel. Marie hat in diesen Jahren viele Soldatenfrauen und Flüchtlinge aufgenommen.

Alfred übernahm wieder seine Arbeit auf der Mawag. Bei seiner Pensionierung wurde er für „41 Jahre" treuer, pflichtbewußter Arbeit für das Werk hoch geehrt und belohnt. Nebenher haben Marie und Alfred Peers viele Jahre auf dem Hof von Magda Peters gewohnt und mitgearbeitet. Ebenso bereitwillig wie sorgfältig haben sie das Kriegerehrenmal 30 Jahre lang gepflegt und die Bushaltestellen in Ordnung gehalten. 57 Jahre lebten sie im Kreise ihrer Freunde und mußten dann auch der Industrie weichen.

Das nächste kleine Häuschen war einst die Behausung des Amtsdieners Meister Wrigge. Der Amtsdiener des ersten Amtsvorstehers Jacob Falck ist zu einer Legende geworden. Mit Spitzhelm und Säbel verteidigte er die Belange Seiner Majestät, des Kaisers. In dem Haus befand sich eine Zelle mit Gitterfenstern. Da wurden Übeltäter und Randalierer eingesperrt, meistens so lange, bis sie ihren Rausch ausgeschlafen hatten.

Damals wurde auch gerne Ulk im Dorf getrieben. Meister Wrigg, wie er genannt wurde, war gar oft die Zielscheibe. In der Wirtschaft heizten sie ihm tüchtig mit Schnaps ein und brachten ihn dann nach Hause, wo er nicht gerade sanft von seiner Frau empfangen wurde, zum Gaudi der Draußenstehenden.

Später lebten in dem Haus viele Jahre Alwine Thode mit ihrer Tochter Martha und Sohn Hugo. Otto Buhmann erwarb es zu seinem Geschäftshaus und baute es von Grund auf neu auf.

Irene Buhmann berichtet: „Am 1. Mai 1937 hat mein Mann, der Tischlermeister Otto Buhmann, das Haus an der Deichstraße von der Besitzerin Frau Marie Dohrn, Altenkoog, gekauft. Das Haus war damals schon 100 Jahre alt. Die Lage war günstig für eine Tischlerei mitten im Dorf.

Es wurde danach am 10. Juli 1937 die Zeichnung für eine Werkstatt eingereicht und angebaut.

Wir haben erst in einem Zimmer gewohnt. Eine Aufforderung wurde uns zugeschickt, daß wir zwei neue Schornsteine bauen müßten. Nun war guter Rat teuer, aber es gab billiges Geld von der Behörde. Im Anschluß wurden dann auch gleich eine neue Küche und ein neues Wohnzimmer gebaut.

Als das erste Jahr rum war, haben wir ein Schwein geschlachtet. Die Kruken mit dem Schwarzsauer standen in der Speisekammer. Wir wollten dann später mal Schwarzsauer essen, aber leider hatten die Ratten alles verputzt. Uns blieben nur noch die Knochen. Über der Speisekammer lagen Bretter, hier hatten die Ratten sich vom Boden aus durchgefressen. Also: Hebb wie wirklich Rötten obben Bön hatt.

Daß man vom „Regenwasser" leben mußte, war bei uns wie bei allen Einwohnern damals selbstverständlich.

Mien Schwiegermutter see too mie: „Mit Woter muß du hier sporen. Dat Spölwoter von de grode Wasch wör immer opsport un buten hinstellt ton feudeln."

Im Jahr 1965 bauten wir eine Klärgrube und bekamen alle Wasserleitung in Büttel. Ich bin von der Geest und kannte es nicht, daß man mit Wasser sparen mußte.

Damals hatte Handwerk noch goldenen Boden, wie man so sagt: Da mein Mann immer genug Arbeit hatte, wurde unser erster Lehrling, Kurt Lentfert aus St. Margarethen, eingestellt. Ich weiß noch genau, Kurt sollte auf Lebensmittelkarten ein Maisbrot von Stapelfeld holen. Das halbe Brot hat er in der Werkstatt aufgegessen, und vier Personen warteten noch zu Hause auf ein Stück.

Im Jahre 1950 kam Günter Hartzen als Lehrling aus Büttel zu uns. Günter war der Feierabend immer zu früh, das Arbeiten in der Werkstatt brachte ihm Spaß. Auch wenn am Sonnabend-Nachmittag eine Arbeit dringend fertig werden sollte: „Meister, wenn See mie bruken möt, seggen See mie Bescheid, ick kam sofort."
Als wir noch größere Bauten annahmen, kam auch noch ein Geselle dazu, in der Werkstatt und auf dem Bau.
Gegenüber von uns lag die Wirtschaft von Otto Ewers. In der Durchfahrt wurde das Schlachtvieh von den Bauern gewogen. Eines von den Rindviechern riß sich los und rannte mit den Hörnern bei uns die Werkstatt-Tür ein. Dee Buur segg too mienen Mann: „Otto, schick mie dee Reken man to, ick heff Haftpflicht!"
Zwei Mädchen (Waltraud, Lisa) und zwei Jungens (Uwe, Horst) waren unser Lebensinhalt. Wir hatten trotz der vielen Arbeit auch Zeit für unsere Kinder. Es wurde abends oft „Mensch ärgere Dich nicht!" oder Mühle gespielt. Als die Kinder nachher zur Schule gingen, lernten sie auch das Kartenspielen.
Unser Haus hat viel Freude gesehen, aber es gab auch Leid. Nun ist alles vorbei.

Mien lewes Büttel, watt is ut die nun worn?
Dee Sahara-Wind weiht öber unsern Goorn.
De Paragraphen hebb uns freeten.
Mien lewes Büttel, wie ward die nee vergeeten!"
Gegenüber von Otto Buhmann lag unterm Deich am später zugeschütteten Holzkanal und der aufgegebenen Schleuse die Schankwirtschaft „Zur Schleuse" des Schleusenwärters Henning Möller und seiner Frau Anna. Hier wurde in den 90er Jahren eine Hilfspoststelle eingerichtet und eine öffentliche Fernsprechstelle. 1912 hatte Büttel außerdem 6 private Telefonverbindungen.
Henning und Anna Möller hatten zwei Töchter: Tina und Olga. Nachdem sie das Gebäude restauriert hatten, veräußerten sie es 1911 an Malermeister Schmidt.

Oben: Meister Buhmann mit Klaus Stäker vor seiner Tischlerwerkstatt. Oben rechts außen: Peter, Helmut und Klaus Heinrich Ewers in der elterlichen Gastwirtschaft. Rechts: Hochzeit von Johannes und Alwine Vollmert in Möllers Gastwirtschaft 1908.

1920 wurden Nikolaus Ewers und seine Frau Albertine, geb. Kloppenburg, Eigentümer vom Gasthof „Zur Schleuse". Sie wohnten im gegenüberliegenden Falckenhof, der 1928 abgerissen wurde. Eine Durchfahrt mit Viehwaage und Stallungen wurde auf dem Grundstück neu errichtet. 1940 übernahmen Sohn Otto und Frau Elli, geb. Böge, den Gasthof. Sie hatten drei Söhne: Klaus, Helmut und Peter. Ab 1981 wurde der Betrieb von Sohn Helmut Ewers weitergeführt, bis er im Juni 1986 abgerissen wurde.

Kurz nach dem Krieg hatte Dr. Gerhard Muschner im Gasthaus Ewers ganz oben unter dem Dach, mit den Fenstern in Richtung Schleuse, auf engstem Raum eine Arztpraxis eingerichtet. Das Wartezimmer teilte er mit dem Zahnarzt Dr. Eberhard Klemm, der gegenüberliegend einen Behandlungsraum hatte. Der St. Margarethener Arzt Dr. Hillmann war noch nicht aus dem Krieg heimgekehrt. Dazu kam noch der Flüchtlingsstrom aus dem Osten. Der Andrang war so groß, daß der Warteraum und der Treppenaufgang nicht ausreichten. So wurde denn die Tageszeit eingeteilt: morgens Arztpraxis und nachmittags Zahnbehandlung. Später baute Dr. Muschner ein Haus zwischen Büttel und St. Margarethen. Und den Zahnarzt zog es in die Großstadt. Frau Lotte Muschner war eine geb. Hoer aus St. Margarethen. Der Zahnarzt war mit Elisabeth Knudsen aus Büttel verheiratet.

Gleich hinter Ewers stand unterm Deich wohl eines der ältesten Häuser von Büttel. Markus Vollmert, der als Maurer bei der damaligen Zementfabrik Saturn beschäftigt war, bezog es 1907 mit seiner Ehefrau Maria, geb. Appel, und Tochter Martha, um den täglichen Weg von ihrem bisherigen Wohnort Brokdorf zu seiner Bütteler Arbeitsstätte zu verkürzen. Im September 1909 wurde Sohn Jonny geboren. Er berichtet:

„Die linke Hälfte des Hauses wurde bewohnt von der Witwe Rosa Breckwold, geb. Vollmert, deren Mann Postbeamter gewesen war und im Ersten Weltkrieg fiel. Sie wohnte dort mit ihren Kindern Albert, Reinhard und Olga.

Das Haus wurde immer baufälliger, weil der Vermieter kein Interesse an der Erhaltung hatte. Im Jahre 1929 wurde es dann abgerissen. Ältere Bürger werden sich wohl noch erinnern können, daß das Haus direkt am Elbdeich neben der Gastwirtschaft „Zur Schleuse" stand.

Unsere Nachbarn waren damals auf der gegenüberliegenden Seite: Heinrich Hamelmann, der auf dem Lotsenversetzdampfer als Maschinist beschäftigt war und zu Hause eine Reparaturwerkstatt für Fahrräder betrieb. Dann kam das Dreifamilienhaus, in dem rechts Maurer Johannes Grag, in der Mitte Wilhelm Heinbockel und links H. Claußen mit ihren Familien wohnten."

Die Familie Vollmert blieb im Ort wohnen, weil sie sich heimisch fühlte. Markus konnte weiterhin seine beliebten Übungsabende beim Gesangverein und Frau Vollmert ihre Abende beim DRK, dem sie seit 1915 angehörte, besuchen.

In der neuen Wohnung bei August v. d. Fecht feierten sie am 17.3.57 ihre Goldene Hochzeit. Am 1.11.1960 verstarb Markus Vollmert im Alter von 76 Jahren, seine Ehefrau folgte ihm am 19.12.1980 im Alter von 92 Jahren.

Heinrich Hamelmann baute das schmucke Haus gegenüber. Er gehörte zum alten Stamm der Böschlotsen, dort war er lange Jahre als Maschinist auf dem Versetzboot tätig. Als die Bösch 1901 abbrannte, ging er mit dem Lotsenteam nach Brunsbüttel. Insgesamt 40 Jahre tat er Dienst auf dem Lotsendampfer.

Mit seiner Ehefrau Johanna hatte er einen Sohn Alfred. Nach ihrem Tod heiratete er Witwe Emma Baumann. Ihr erster

Mann war Lehrer Diekmann. Sie hatten drei Kinder. Lehrer Diekmann starb. Dann heiratete sie Peter Baumann, der drei Kinder mit in die Ehe brachte: Johannes, Zimmermann bei Schütt, starb mit 16 Jahren an Typhus, Amanda und Karl Baumann. Sie hatten noch ein weiteres Kind miteinander: Ernst Baumann.

Dann starb Peter Baumann. Als die Kinder groß waren, heiratete Emma Baumann Heinrich Hamelmann.

Das Dreifamilienhaus wurde um 1933 von Karl Hansen erworben. Er bewohnte es mit seiner Ehefrau Ella. Ihre acht Kinder wurden hier geboren: Rolf, Anni, Karl, Bruno, Willi, Ernst, Frieda und Monika.

Auch sie mußten ihr Heim verlassen. Sie erwarben einen neuen Besitz in Brunsbüttel.

Das nächste Häuschen hat öfter Besitzer und Bewohner gewechselt.

In Erinnerung ist uns Familie Johannes Holler mit Frau Elise und ihren Töchtern Elsa und Frieda. Erika Hartzen, geb. Dierks, schreibt:

„1935 kaufte Arthur Dierks mit Frau Käthe, geb. Andresen, das Haus.

Nach erfolgtem Umbau wurde hier von Arthur Dierks ein Friseursalon bis zum Ausbruch des Krieges betrieben.

Während der nächsten Jahre wurde das Haus vom Bruder Karl Andresen und Familie bewohnt, die ihre Heimatstadt Breslau verlassen mußten. Nachdem die Familie Andresen sich in Eutin ein neues Haus gebaut hatte, wurde das (1935 erworbene) Haus an der Deichstraße von Käthe Dierks an die vier Geschwister Giese verkauft."

Enkelin Helmi berichtet: „Malermeister Jakob Baumann (1869–1929), geboren in Büttel, und seine Frau Wilhelmine, geb. Weber (1865–1940), geboren in der Nähe von Kassel, kehrten um 1895 mit den Kindern Anna und Silke nach Büttel zurück. Auf der Wanderschaft waren sie kurze Zeit in Frankfurt seßhaft gewesen.

Oben links: Gasthof „Zur Schleuse", gegenüber an der Deichstraße Haus Buhmann. Unten links außen: Markus und Maria Vollmert vor ihrem Haus. Unten links: Hinrich Hamelmann auf dem Motorrad vor seinem Haus mit Nachbar Johannes Grag auf dem Soziussitz. Rechts oben: Ella Hansen vor ihrem Haus. Unten: Blick auf die Häuser Hansen und Hamelmann jenseits der Deichstraße sowie auf das Haus Vollmert und den Gasthof „Zur Schleuse" am Deich.

Anfangs wohnten sie in einer kleinen Kate am Deich. Der alte Johannes Sievers lieh Opa 2000,- Mark, damit er das Haus kaufen konnte. Tochter Helene, Helmis Mutter, wurde in Büttel 1896 geboren.
Jakob Baumann war ein angesehener Bürger und Gemeindevertreter. Von ihm erwarb 1929 der Malermeister Cordes das Haus." Dessen Sohn Werner berichtet: „Mein Vater, damals 33 Jahre alt, und seine einunddreißigjährige Frau Berta, übernahmen mit Haus und Geschäft auch den Gesellen Hannes Suhr. Ich war damals vier. Das Dach des Hauses wurde um 60 cm erhöht, und ein Anbau vergrößerte ein bisheriges Schlafzimmer zum Wohnzimmer. Das Grundstück war ehemals Weideland von Magda Peters, und es wurde mit der Auflage verkauft, darauf nicht zu hoch zu bauen, damit vom Hof aus freie Sicht in den Außendeich blieb."

Ganz oben: Jakob Baumann mit Frau und Tochter Anna vor ihrem Haus. Oben: Die Kinder Renate Cordes, Anni Hansen und Eike Trempler vor dem Geschäftshaus Prüß. Mitte rechts: Maria Eggers, Lehrer Pieper, Alwine und Johannes Prüß, vor dem Haus Prüß. Oben rechts: Deichstraße mit den Häusern Haack, Prüß, Dohrn-Mehlert und Baumann / Cordes. Unten rechts: Alma Grag-Thode, Reimer Nottelmann und Heinrich Hamelmann auf der Deichbank vor dem Haus Prüß. Unten rechts außen: Anna Trempler vor dem Haus Prüß, im Hintergrund Haus Haack.

1938 wurde Werners Schwester Renate geboren. Werner legte seine Meisterprüfung ebenfalls als Malermeister am 1. Juli 1953 ab. Er lernte Lieschen Asmus aus Kudensee kennen, und zusammen mit seinem Vater baute er den Boden bei Inge Magens zur zukünftigen Wohnung aus. Geheiratet wurde am 7. September 1953, und sie zogen dann dort ein. Es ergab sich, daß in Kuhlen das Gemischtwarengeschäft von Katherine Simon verpachtet werden sollte. Sie zogen dann, nach einem halben Jahr Wohnens bei Magens, am 1. Juli 1954 nach Kuhlen. Sohn Reimer wurde am 6. Mai 1954 geboren. Rudolf starb am 25. September 1956 an Darmkrebs, und so zogen sie nach zwei Jahren am 1. April 1956 zurück nach Büttel und übernahmen das Geschäft.
Nach einem Verkehrsunfall mit dem Roller auf der B 5 bei Rohde starb Reimer am 9. November 1960 auf dem Weg ins Krankenhaus.

Sohn Rüdiger erblickte das Licht der Welt am 27. November 1961. Wegen der schlechten Zukunftsaussichten zogen Werner, Lieschen und Rüdiger Anfang 1974 – zwar schon früh, aber im Nachhinein vorteilhafter – aus.
Renate mit Mann Boje Grünwaldt und Sohn Volker zogen ein. Nach fünf Jahren zogen sie wegen einer günstigen Mietmöglichkeit nach Brokdorf. Oma Berta blieb noch zwei Jahre allein in der Deichstraße 38 wohnen, bis sie nach Brokdorf nachzog. Seit 1982 wohnt sie jetzt bei Werner, Lieschen und Rüdiger in Wrist.
An Malermeister Jakob Baumanns Anwesen reihte sich der Alterssitz der Müllerfamilie Dohrn vom Altenkoog. Peter Dohrn lebte hier bis ins hohe Alter hinein mit seiner Haushälterin Cile Breide. Peter ging früh schlafen, so traf man abends oft Cile allein auf der Wanderung durchs Dorf. Cile wußte viel – was sie so sah – aber sie konnte schweigen, und das machte sie zu einem liebenswerten Original des Dorfes.
Nach ihrem Ableben wurde das Haus an Nikolaus und Anne Mehlert veräußert, die es zu ihrem Alterssitz herrichteten. Von ihnen übernahmen Cornils Hölck und seine Frau Else, geb. Mehlert, von den Eltern den Wohnsitz, nachdem auch sie ihren Hof in Stuven ihrer Tochter übergeben hatten. Auch dieses Haus wurde ein Opfer der Industrieansiedlung.

Wir kommen zum Geschäftshaus Eggers / Prühs, über das Eike Trempler berichtet:

Neben dem Schulsteig am Elbdeich stand das Geschäftshaus der ansässigen Hökerfamilie und Torfhändler Johann Hinrich Vollmert (10. 9. 1821–1886) und seiner Frau Anna Vollmert, geb. Wiebensohn (31. 12. 1821–1914). Ihre Kinder waren Peter, Anna, Michael und Maria. Sie blieben alle in Büttel: 1904 baute Peter Vollmert am Kanal sein Geschäft auf. Anna heiratete den Höker Hermann Holländer, der am Dorfeingang West, nach Brunsbüttel zu, seinen Laden hatte, und Maria übernahm später das elterliche Geschäft. Michael starb früh.

1863 beantragte Hinrich Vollmert die Konzession für Kaffee, Tee und Zucker, was in der königlichen Amtsstube zu Itzehoe zu Protokoll genommen und auch genehmigt wurde. Der Laden konnte sich nun Kolonialwarengeschäft nennen.

Maria Vollmert (1861–1938) heiratete 1880 Peter Wilhelm Eggers (25. 5. 1858–1902). Sie hatten zwei Kinder: Alma Eggers (1884–1940), verheiratet später mit Erich Franke, und Johann Eggers (1887–1915), verheiratet mit Alwine Kuhrt (1893–1950).

Maria und Peter Wilhelm Eggers kauften von den Eltern / Schwiegereltern 1882 Haus und Geschäft. P. W. Eggers war schon Commis im Geschäft der Vollmerts gewesen. Maria hatte Putzmacherin in Hamburg gelernt und übte diese Kunst mit viel Erfolg aus. Auch ein Schneider wurde für die Stoffabteilung angestellt. 1888 wurden der Laden und das Haus von Zimmermann und Baumeister Hölck aus Büttel vergrößert. 1902 starb P. W. Eggers, und

seine Frau Maria hat bis 1912 den Laden allein geführt, bis ihr Sohn Johann Eggers und seine Frau Alwine Haus und Geschäft kauften.
1914 kam Anna Eggers zur Welt, Vater Johann mußte in den 1. Weltkrieg und fiel 1915. 1919 heiratete Alwine den Schiffseigner Johannes Prüß (1891–1943/44). Er war Kapitän, erst Maat auf der Kaiserlichen Yacht „Carmen", dann Schiffsführer eines eigenen Küstenfrachtschiffes und ging dann zu Alwine an Land in den Laden.
Er segelte erfolgreich auf der Elbe in den Regatten mit seinem Segelschiff „Carmen" und betrieb mit Leidenschaft Aalfischerei und die Elbjagd.

Ganz oben: Barbier Carsten Haack und Frau vor ihrem Haus mit Schlachtermeister Nikolaus Boll und Hausgehilfin Wethje. Oben: Arthur und Anne Bruhn. Mitte rechts: Schmiedemeister Gustav Alpen mit Frau und Kindern. Oben rechts: Die Häuser Alpen, Karl Buhmann und Bruhn an der Deichstraße.

Anna Eggers heiratete am 1. 12. 1935 den Diplomingenieur Hellmut Trempler von der Kali-Chemie in Brunsbüttel. Ihre Söhne Eike (19. 9. 38) und Dierk (20. 1. 1944) wurden geboren, auch die Tochter Maren, die gleich nach der Geburt starb.
1948/49 zogen Anna, Eike und Dierk nach Ronnenberg zu Hellmut Trempler.
1950 starb Alwine Prüß. Unter großer Anteilnahme der Bütteler wurde sie in St. Margarethen beigesetzt, ein Dank an sie, die recht selbstlos mit den vor dem Krieg durch sie und Johannes Prüß gehorteten Lebensmitteln den Büttelern, Kriegsgefangenen und Vertriebenen geholfen hatte.
Anna, Eike und Dierk gingen zurück nach Büttel, und Anna übernahm das Geschäft. 1952 wurde es verpachtet.
Die Söhne wurden keine Kaufleute sondern Schul- und Universitätslehrer.
1966 wurde das Kanalhaus von den Großeltern Schwardt in Büttel um- und ausgebaut und bis zur Dorfauflösung bewohnt.

Hellmut Trempler starb 1974, mitten in der immer heftiger werdenden Auseinandersetzung um Atomkraftwerk Brunsbüttel, Industriezentrum Brunsbüttel und Auflösung des Dorfes.
Anna Trempler trat 1967 in die aktive Rote-Kreuz-Arbeit im DRK St. Margarethen ein. Sie führte die Kasse, organisierte die Rote-Kreuz-Fahrten, Feste und Blutspendeaktionen mit.
1970 war sie Gründungsmitglied der Bürgerinitiative der Bütteler Interessengemeinschaft, in der sie aktiv tätig war.
Die Initiative erreichte durch ihren Widerstand manchen finanziellen Vorteil für die von der Abwicklung betroffenen Bütteler Bürger.
Über das nächste Haus schrieb Lehrer Kruse:
Der Schuhmacher Karsten Haack (jetzt Barbier und Musiker) kaufte 1901 von den Cornils Hölckschen Erben den kleinen, an das Schulgrundstück grenzenden Besitz.
Es war wohl eines der ältesten Häuser in unserem Dorf. In der Wohnstube und in der Küche zierten wunderschöne holländische Kacheln die Wände. Die eingebauten Schränke und der Alkoven waren reich mit geschnitzten Ornamenten geschmückt. Hinter den Butzenscheiben des Wandregals stand altes Porzellan. Alles war

geräumig im Haus und sehr gepflegt. Etwas Landwirtschaft brachte zusätzliche Einnahmen.

Im folgenden Zweifamilienhaus haben die Mieter oft gewechselt. Eigentümer war Familie Bruhn. Arthur Bruhn und Frau Anne mit Sohn Willy waren hier zu Hause wie auch die Eltern.
Hein Bruhn trug einen langen Bart und blies auf den Festen das große Horn.
Langjährig wohnte dort Familie Karl Karstens mit Frau Martha und ihren Töchtern Gretchen, Wilhelmine und Anne.
Dann kamen die Flüchtlinge aus dem Osten. Anfangs wechselten sie, bis dann Lenchen Stunnek mit ihren zwei Söhnen Klaus und Hans hier seßhaft wurde. Büttel wurde ihnen zur neuen Heimat.
Das Zweifamilienhaus wurde von Jakob Baumann gebaut. Besitzer war dann Pohlmann.
1920 hatte Gastwirt Peter Buhmann seine auf dem alten Deich gelegene Wirtschaft an Richard Beckmann verkauft. Er erwarb dieses Eckhaus und machte es zu seinem Alterssitz. 1940 übernahm Sohn Karl Buhmann mit seiner Frau Margarete, geb. Hölck, es als sein Eigentum. Bis zu ihrem Einzug 1953 wurde das Haus vermietet. Karl Buhmann starb 1968, seine Witwe lebte dort bis zum Hausverkauf an die Entwicklungsgesellschaft.
Im Dreieckswinkel Hauptstraße – Deichstraße – Auffahrtsweg standen zwei Häuser, die aus ältester Zeit erhalten waren.
Die Dorfschmiede: Wilhelm Stücker war Huf- und Wagenschmiedemeister. Es war ein ehrbares Handwerk, und die Werkstatt gehörte zum bewegten Dorfbild.
Wenn der Schmied mit dem großen Hammer das glühende Eisen auf dem Amboß formte, dann schallte der rhythmische helle Klang weit ins Dorf. Besonders in der Erntezeit war Hochbetrieb. Jeder Hof hatte seine Zugpferde, die großen Blockwagen, die Maschinen für die Heuernte.

Im April 1935 erwarb Gustav Alpen aus Nortorf (bei Wilster) die Huf- und Wagenschmiede gegenüber der Gastwirtschaft Beckmann. Die weitere Geschichte der Schmiede erzählt sein Sohn Günther:
„Gustav Alpen war Schmiedemeister und Bauernsohn. Am 18. Dezember 1936 verheiratete er sich mit Martha Nagel aus Achterhörn. Vor und während des Krieges gingen aus dieser Ehe zwei Töchter und vier Söhne hervor, Käthe, Heinrich, Rudolf, Gerda, Günther und Peter.
Während des Krieges war Meister Alpen zur Flak eingezogen und kehrte 1945 im Sommer aus Dänemark zurück.
Eine Erinnerung ist aus der Kriegszeit an der Schmiede Stücker/ Alpen haftengeblieben: Neben der Lebensmittelknappheit litten die Raucher auch noch unter dem Tabakmangel. Was wurde alles ausprobiert! Bis zu getrockneten Rosenblättern und Kamillentee wurden untergemischt. Die Hauptsache, es qualmte! Dann kam die Verordnung, jede Familie durfte 20 Tabakpflanzen im Garten anpflanzen.
Der Tabak wuchs bestens, nur war das Problem, wie wird daraus Shag gemacht?
An den Wäscheleinen baumelten die aufgezogenen großen Tabakblätter zum Trocknen. Aber dann mußten sie geschnitten werden. War das eine Säbelei mit dem großen Brotmesser! Da bastelte Schmied Alpen einen Tabakschneider. Der schnitt fein säuberlich in Grob- und Feinschnitt.
Wo Männer zusammenstanden, wurden bestimmt Erfahrungen ausgetauscht: Wie wird der Tabak weiterbehandelt? Mit Schwitzen im Backofen und Aromazusatz? Oder wie macht Ihr das? Not macht erfinderisch.
Nach dem Krieg hat Meister Alpen neben der Schmiede noch einen Fahrradhandel mit Reparaturwerkstatt betrieben.

Im Jahre 1956 wurde auf diesem Anwesen von der Lübecker Niederlassung der Firma Stinnes-Fanal eine Tankstelle erbaut und von Meister Alpen bedient.

Der Schmiedebetrieb und das Gewerbe wurden 1962 aufgegeben, während die Tankstelle dann noch von der Nachbarfamilie Sonnen bis Ende der 70er Jahre weiterbetrieben wurde. Mutter Alpen verstarb recht früh im Jahre 1972. Im Jahre 1979 wurde dann das Schmiedeanwesen an die Entwicklungsgesellschaft Brunsbüttel verkauft und als Ersatz ein Wohnhaus in der Föhrer Straße in Brunsbüttel erbaut. Die Schmiede wurde abgerissen.

Ganz im Winkel stand das Reetdachhaus von Jakob Schwardt und seiner Frau Marianne, geb. Peers. Sie hatten zwei Kinder: Anita und Walter.

Jakob Schwardt hatte einen freien Beruf. Er war Tagelöhner und hauptsächlich in der Landwirtschaft tätig. Damals wurden die Gräben und Grüppen zur Entwässerung noch mit Handschneider und Haken gesäubert, schnurgerade an der Kleierleine entlang. Darin war er Fachmann. Die Leine wurde aus Pferdehaaren hergestellt, denn sie waren am wetterbeständigsten.

Stehendes Wasser auf den Weideflächen in der Marsch mußte vermieden werden, das ergab sauren Boden und Binsenbefall.

Vom Großvater übernahmen Reimer Nottelmann und Frau Elfriede, geb. Ohland, das Häuschen. 1968 bauten sie es von Grund auf neu und fügten ihm Stallungen an. Ihre vier Kinder, Boje, Horst-Werner, Ute und Birte, wurden hier geboren.

Ab 1976 pachteten sie den Hof von Jochen Siemen am Ortseingang Ost.

Eng an den Deich geschmiegt, stand neben der Auffahrt zum Gastwirt Beckmann das Geschäft von Karl Becker. Er hatte es von seinem Vater übernommen. Mit seiner Frau Wilhelmine bewirtschaftete er es. Ihre beiden Söhne Karl Heinz und Werner wurden hier geboren.

1965 kauften Hermann Strate und seine Frau Else, geb. Brockmann (aus Büttel), das Haus und bauten es zum Wohnhaus um. Bis zur Auflösung unseres Dorfes wohnten sie dort mit ihren Kindern Anke, Gert, Jan, Ellen und Rita.

Diese Auffahrt von der Hauptstraße zur Deichstöpe überquerte die Deichstraße, verzweigte sich auf dem alten Deich vor Beckmanns Gasthof, ging einmal über den neuen Deich ins Außendeichsgelände und zweitens am Innendeich weiter als Katastrophenweg. Es ergab einen weitläufigen Platz vor dem Gasthof, auf dem am Himmelfahrtstag das Ringreiterfest mit Jahrmarkt und Karussell abgehalten wurde. Versteckt hinter Büschen und hohen Bäumen lag hier auch der Kinderspielplatz, der noch in den siebziger Jahren eingerichtet wurde.

Beckmanns Gasthof war das älteste Gasthaus im Dorf, es war im alten Stil erhalten geblieben. Ihre Vorbesitzer waren Gastwirt Böge und danach Hans Schmidt. 1898 kaufte Peter Buhmann den Besitz. Er bewirtschaftete ihn bis 1920. Richard Beckmann wurde der nächste Besitzer. Es war allzeit ein sehr gepflegtes Lokal mit einem geräumigen Saal und einer erhöhten Bühne. Der Parkettfußboden war spiegelblank gebohnert. Vor Ballbeginn wurde er mit flüssigem, erwärmtem Wachs besprüht.

An den riesigen Deckenbalken stand der Spruch:
    Tages Arbeit, abends Gäste,   Allezeit
    Saure Wochen, frohe Feste.   Heiterkeit.

Oben links: Haus Jakob Becker um 1910. Unten links: Familie Reimer Nottelmann. Oben: Karl und Mieke Becker vor ihrem Geschäft. Unten: Buhmanns Gasthof, Geschäftshaus Becker und Schmiede Alpen im Jahre 1907.

Grete Lehmann und Grete Kuhrt mit ihrem Sohn Werner führten eine gute Küche. Ihr vorzüglicher Bohnenkaffee war weit bekannt. Die Kaffeebälle mit warmem Essen und danach der Buddelgrog sind in guter Erinnerung.

An Beckmanns Gasthof reihte sich auf dem alten Deich der Neubau von Gerhard Lukat. Er wurde durch den Bau des Elbehafens in Brunsbüttel von seinem dortigen Besitz vertrieben und war nach Büttel umgesiedelt.

Durch viele Eigenarbeit gestaltete Familie Lukat ihr neues Haus zu einem gediegenen Heim. Gerhard Lukat und seine Frau Ursel mit den drei Töchtern Ute, Birgit und Kirstin sowie Oma Klein konnten es nur wenige Jahre nutzen. Erneut mußten sie von dannen ziehen. In Brunsbüttel hinterm Elbdeich bauten sie nochmals ein Eigenheim.

Neben Lukats Haus stand auf dem Deich ein weißgetünchtes Haus mit Reetdach aus alter Zeit mit Holländerkacheln an den Wänden. Frau Grete Schwardt berichtet darüber:

1886 verkaufte der Hutmacher Frauen das Haus an Heinrich Tobias und seine Frau Elsabe. Er war Maurer und spielte auf den Dorffesten die Trompete bei der Tanzmusik. Als Nebenerwerb mästete er Schweine, und der riesenlange Obstgarten war hauptsächlich Elsabes Obliegen. Das Innenhaus duftete köstlich nach dem eingelagerten Obst.

In der Einliegerwohnung wohnten Schneider Heinrich Bruhn und seine Frau.

1938 starb Heinrich Tobias. 1939 erwarben Zimmerer Richard Tobias und Frau Grete das Haus. Ihre drei Kinder wurden hier geboren: Karsten Heinrich (1939), Ernst Uwe (1941), Annegret (1942).

Richard Tobias ist 1943 im Krieg gefallen. In zweiter Ehe war Grete mit ihrem Nachbarn Walter Schwardt verheiratet. Aus dieser Ehe stammen die Kinder Günter (1948), Magdalene (1951) und Hans Herbert (1953).

Wegen der Industrieansiedlung haben sie Büttel 1981 verlassen. Das letzte Haus in der Deichreihe, schon an der Hauptstraße gelegen, gehörte der Familie Johannes Kloppenburg und seiner Frau Annemarie. Drei Kinder wurden dort geboren: Hans Herbert, Kurt und Traute.

Hans Herbert ist im Krieg gefallen.

Kurt Kloppenburg übernahm das väterliche Anwesen und führte auch den Viehhandel und den Transport weiter, der schon seit Generationen dort betrieben wurde.

Seine Frau Wilma übernahm die Postannahmestelle von Otto Ewers, der pensioniert wurde.

Oben: Beckmanns Gasthof auf dem Deich. Oben rechts: Grete Lehmann und Greten Kurth. Rechts: Die Westseite von Beckmanns Gasthof, die Häuser Lukat, Schwardt und Teil des Hauses Kloppenburg auf dem Deich. Oben rechts außen: Richard Tobias und Frau Grete als Brautpaar.

Fenstern lag es wie eine ländliche Idylle, umgeben von Obstbäumen und einem gepflegten Blumen- und Nutzgarten etwas abseits von der Hauptstraße.

Frieda Rieck erzählt: „1919 hat mein Vater Markus Heesch das Anwesen von Hermann Holländer gekauft. Holländer war Fuhrunternehmer, Höker, Kätner und zuletzt Rentner. Eine Sonderheit in dem Haus war die Kelleranlage. Ein großes Wasserbecken war im Boden eingelassen, das durch ein Rohr mit dem Regendach außerhalb des Hauses verbunden war. So entstand eine Kühlanlage für Getränke. Im Sommer wußte das der Kätner gut zu nutzen. Mit Pferd und Wagen fuhr er in der Heuzeit zum Außendeich und verkaufte dort kalte Getränke an die durstigen Leute.

Mein Vater war Viehverlader. Jeden Montag und Donnerstag gingen Viehtransporte in Güterzügen verladen vom St. Margarethener Bahnhof zum Schlachthof nach Hamburg. Die Bauern lieferten ihr Vieh zum Verkauf an und fanden so eine gute Abnahmequelle.

Sie haben zwei Kinder, Jens und Margret, die auch schon wieder eigene Familien gründeten. In St. Margarethen bauten sie zwei neue Wohnhäuser. Sie wurden der neue Wohnsitz nach der Umsiedlung für die Eltern Kurt Kloppenburg und den Sohn Jens. Traute ist mit Karl-Heinz Dierks aus Heiderfeld (Kreis Segeberg) verheiratet. Sie wohnen in Rotenmeer und haben fünf Kinder.

Wir kommen jetzt von der Deichstraße auf die Hauptstraße und gehen auf dieser einst so herrlichen Kastanienallee, deren Bäume im schlimmen Nachkriegswinter verheizt worden sind, zurück zur Kanalbrücke.

Gleich gegenüber von Kloppenburg stand zwischen den Bauernhöfen von Ewers und Looft ein weiteres sehr altes Haus.

Es stammte aus dem Jahre 1792. Mit seinem tief gezogenen Reetdach, den weiß getünchten Wänden, den kleinen gefächerten

Markus Heesch (1866–1945) und seine Ehefrau Helene, geb. Ehlers (1869–1940) hatten zehn Kinder.

Heinrich, genannt Hein Heesch baute an der Deichstraße sein Haus, das später Familie Schwensohn kaufte. Familie Hein Heesch hatte vier Kinder. Auch in Büttel, wohnhaft am Armsünderstieg, blieb Gustav Heesch. Nach dem Tod der Eltern Markus Heesch übernahm Tochter Frieda das Häuschen.

Frieda (geboren 1914) war verheiratet mit Hans Rieck, sie hatten zwei Kinder: Karl-Heinz (geboren 1936) und Helga (geboren 1938).

1967 haben sie das Haus vollkommen erneuert. 1983 mußten sie Büttel wegen der Industrieansiedlung verlassen. Das Haus übernahm das Bayer-Werk, und heute ist es ein Zentrum für Freizeitgestaltung.

Neben dem Haus von Markus Heesch liegt der Loofthof. Über ihn berichtet Heinz Looft: Mein Vater Otto Looft (geb. 1891 in Dammfleth bei Wilster) heiratete 1921 Albertine Hansen (geboren 1894 auf unserem Hof als Tochter des Vorbesitzers Jakob Hansen). Ihnen wurden zwei Kinder geboren: Erna 1923 und Albert 1924.

Albert starb schon mit 15 Jahren an Leukämie. 1929 starb auch seine Mutter Albertine mit 35 Jahren an Lungenentzündung, was damals noch meistens zum Tode führte.

Otto Looft heiratete dann Elsa Koopmann (1901 geboren in Horstheide). 1933 wurde ich, ihr Sohn Heinz Looft, geboren. Dann, 1934, schlug das Schicksal wieder hart zu. Meine Mutter stürzte bei der Heuernte vom Heuboden und fiel so unglücklich mit dem Kopf auf ein Wagenrad, daß sie bald darauf starb. So war der Hof wieder ohne Frau und Mutter. Mein Vater, Otto Looft, hat nicht wieder geheiratet.

1961 heiratete ich Annegrete Schade aus Dammfleth. Für meinen Vater und meine Schwester Erna kaufte ich ein Häuschen am Deich von Johs. Grag. Erna, die seit dem zwölften Lebensjahr herzkrank war, starb mit 42 Jahren an Magenkrebs. Mein Vater, Otto Looft, wurde 83 Jahre alt.

Meine Frau Annegrete und ich haben drei Kinder: Christian (geboren 1963), Thies (geboren 1965) und Tochter Karen (geboren 1975).

Als ich 1975 das erste Land verkauft hatte, habe ich bei Wilster die Hofstelle Goldbogen erworben und nach längeren Verhandlungen 1988 das Gehöft in Büttel endgültig verkauft. Es verblieben nur noch Außendeichsländereien. Ich betreibe Viehhandel wie schon mein Großvater Looft in Dammfleth.

Drei Generationen Meiforth haben den nächsten Hof besessen. Der Vorbesitzer war Claus Frauen (1834–1875), seit 1862 verheiratet mit Catharina Franzenburg. Er war der erste Gemeindevorsteher in Büttel, amtierte aber nur kurz, bis zu seinem frühen Tod.

Ganz oben: Haus Markus Heesch. Oben: Heinz Looft mit Frau und Kindern Christian, Thieß und Karen. Oben rechts: Hof Hansen / Looft um 1900 mit Magdalena Hansen geb. Nagel (links). Rechts: Familie Markus Heesch mit Geburtstagsgesellschaft.

137

Nachfolger auf dem Hof war Heinrich Meiforth aus Averfleth (1850–1926). Er heiratete 1879 Claus Frauens Witwe Catharina, geb. Franzenburg.
Ihr Sohn Heinrich Meiforth (1879–1963) war seit 1903 mit Margarete Kock aus Gribbohm verheiratet. Dieser Ehe entstammen fünf Kinder: Theodor (geboren 1903), Herbert (geboren 1905), Kathrine (geboren 1906), Otto (geboren 1913), Gerda (geboren 1918).
Nachfolger auf dem Hof war Theodor Meiforth, seit 1955 verheiratet mit Inge Magens geb. Möller aus Büttel / Altenkoog. Ihre Tochter ist Karen.
Der Hof stand auf einer Wurt, im Gegensatz zu den Nachbarhöfen von Westen nach Osten ausgerichtet. Haus und Scheune wurden 1866 gebaut.
Infolge der Industrialisierung wurde der gesamte Hof an das Land Schleswig-Holstein auf 99 Jahre verpachtet und das ganze Gewese im Jahre 1980 abgerissen, so daß heute nur noch die Wurt mit einigen Ulmen geblieben ist.
Dem Meiforthhof gegenüber an der Auffahrt zum Deich wohnte Schuster Hinrich Becker mit seiner Frau Cile in einem alten Reetdachhaus.
In der Schusterstube wurde gern ein Klöhnschnack gehalten, alle Neuigkeiten wurden dort zusammengetragen.
Cile trug tagtäglich die Zeitungen aus, bei Wind und Wetter bis nach Kuhlen an die Bahn. Sie hatte viel Humor. Eine besondere

Freude für sie waren die Maskeraden vom Ringreiterverein alljährlich im Januar. Da hatte sie die originellsten Kostüm-Ideen. Frisch und munter feierten beide ihre Goldene Hochzeit. Zwei Kinder blieben in Büttel ansässig: Karl übernahm das Geschäft am Deich, und Peter Becker gründete das Fahrradgeschäft.
Das Schusterhaus wurde verkauft, abgerissen und an der Stelle ein neues Haus errichtet und unter dem Namen „Zum Sonneneck" als Pension genutzt. Auch dieser Neubau ist abgerissen worden.
Daneben stand an der B5 ein weißgetünchter Altbau. Die Besitzer wechselten und noch mehr die Mieter. Von ihnen sind noch bekannt die Familie Thiessen mit ihren Töchtern Elfi und Hannelore.

Hans und Bertha Gloyer waren die letzten Bewohner, bevor das Haus ein Opfer der Industrieansiedlung wurde.
Darauf folgte an der B5 die Schule mit dem Schulhof und dem Lehrerhaus. Darüber berichtet Altbürgermeister Kloppenburg: Das alte Schulhaus wurde 1812 gebaut. Es enthielt nur einen Klassenraum und eine Lehrerwohnung. 1825 wurde eine zweite Klasse eingerichtet. 1844 wurde durch Verlängerung des Hauses nach Süden hin ein weiterer Klassenraum geschaffen. 1847–48 hatte die erste Klasse 58, die zweite Klasse 148 Kinder. Ab 1877 wurde dreiklassig in zwei Räumen unterrichtet. 1893 wurde das Lehrerwohnhaus, 1902 die dreiklassige neue Schule gebaut.
Marga Dethloff, geb. Schmidt berichtet: „Mein Vater, Hermann Schmidt, war in der Schule hinterm Deich Hauptlehrer seit 1920. Er und meine Mutter stammten aus dem Marschland bei Wilster. So fühlten sie sich in Büttel heimisch, wo wir vier Geschwister zwischen 1920 und 1928 geboren wurdem. Marga, Irma, Helmut, Günther. Als Volksschullehrer mit einer großen Familie konnte man keine großen Sprünge machen. So ging es sehr sparsam zu im Schulhaus. Drum war meine Mutter froh, daß sie zeitweilig als Handarbeitslehrerin mitverdienen konnte. Ich erinnere mich, daß sie zum Beispiel die Schulfeste mitorganisierte.
In der Unterstufe war ich bei Fräulein Lucht, die im Schulhaus wohnte. Und dann kam ich zu meinem Vater in die Klasse, wo ich besonders streng beurteilt wurde, da mein Vater sehr bemüht war, nicht in den Verdacht zu kommen, daß er seine Kinder verzöge. Das war für uns manchmal hart. –

Oben links: Gerda Meiforth beim Harmonikaspielen. Unten links: Der Meiforthhof um 1910. Oben: Haus des Schuhmachers Hinrich Becker. Mitte links: Haus August Brandt neben der Schule.

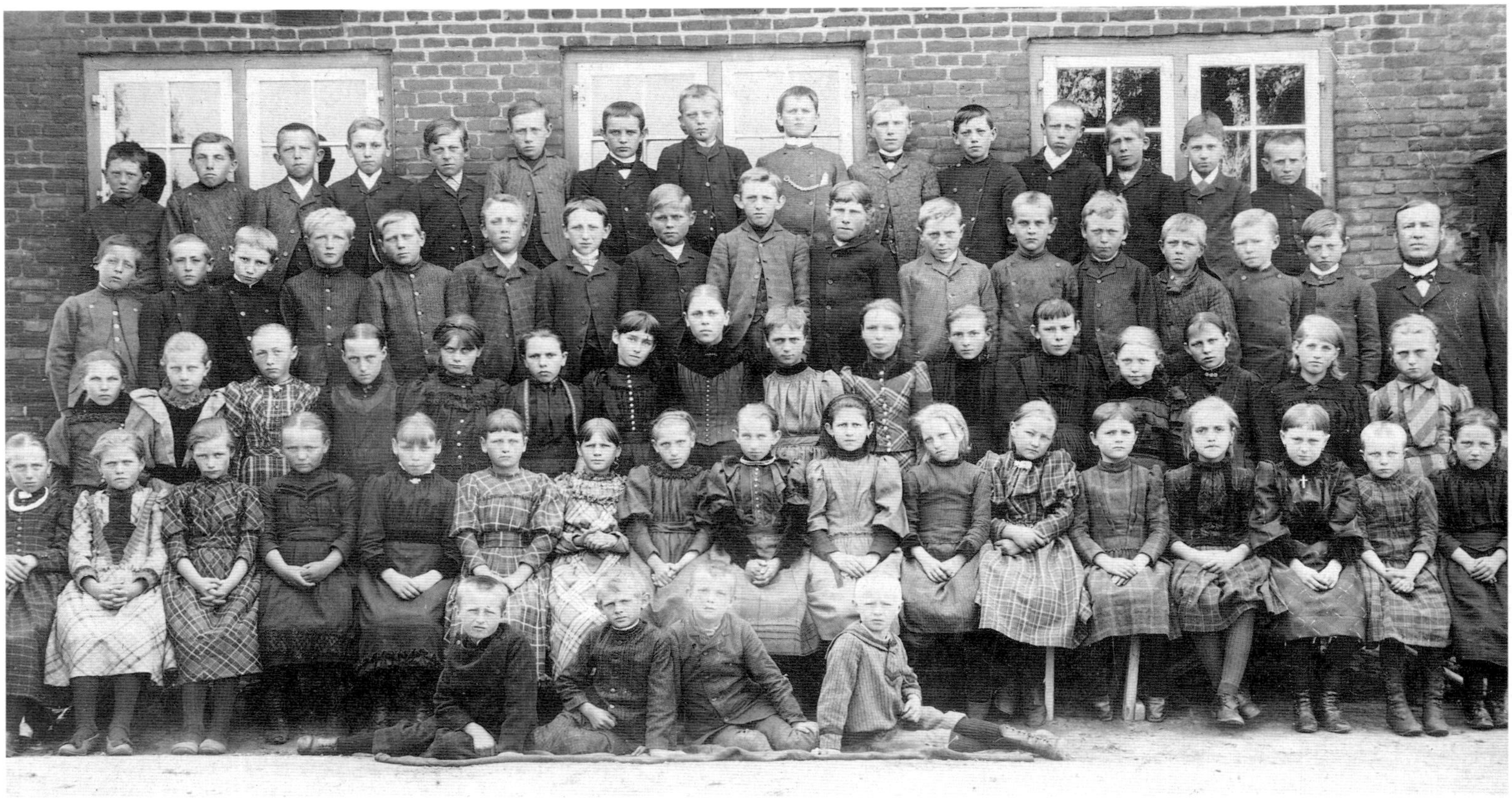

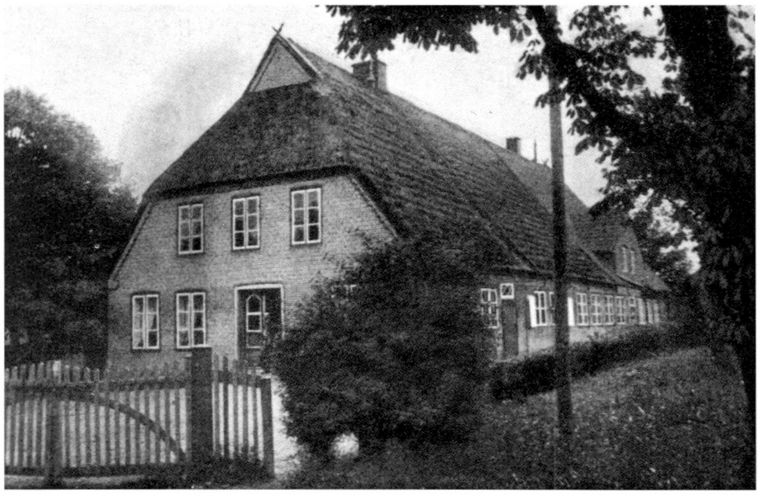

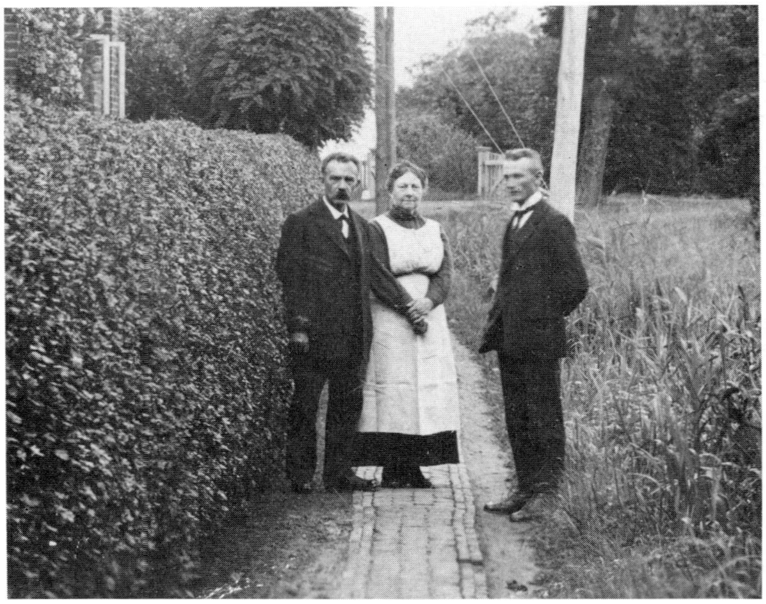

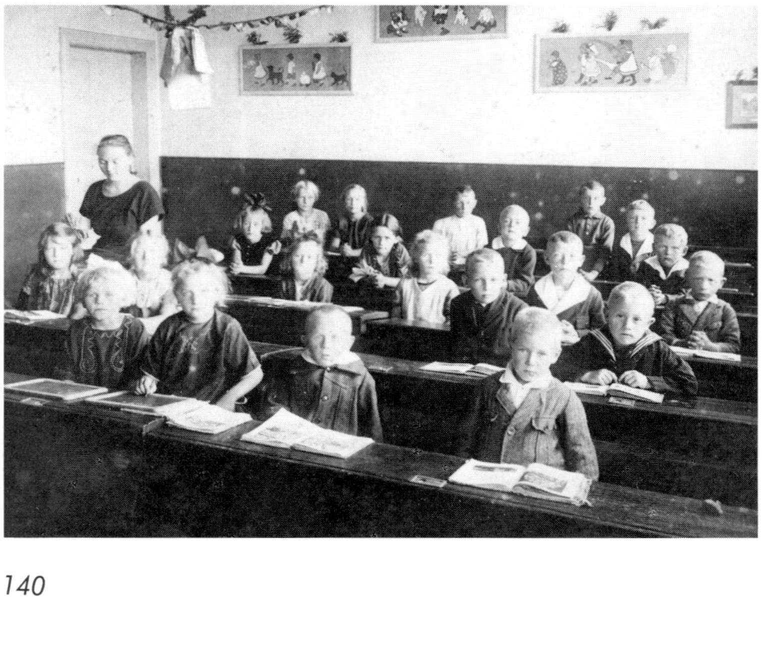

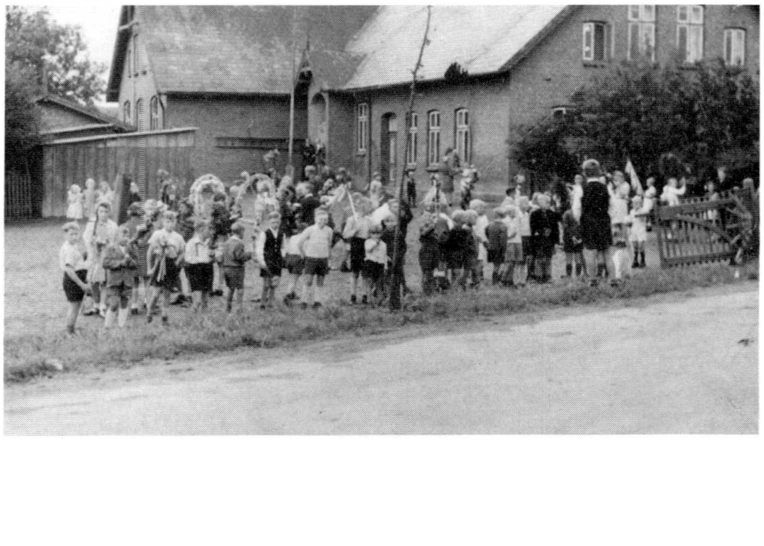

Eine Begebenheit ist mir im Gedächtnis: Als Zehnjährige mußte ich als Älteste auf die Geschwister aufpassen. Dabei passierte es, daß mein zweijähriger Bruder Günther in den Graben am Garten fiel und fast ertrunken wäre. Mein Vater konnte ihn mit Wiederbelebungsversuchen retten. Ich habe mir schwere Vorwürfe gemacht. Schöne Erinnerungen habe ich an das Toben auf dem Hof Meiforth bei Gerda und an die Fahrten mit dem Pferdewagen in den Außendeich zum Melken.

Ja, was ist aus uns geworden? Wir zogen 1930 aus Büttel fort. Mein Vater wurde Schulleiter in Brunsbüttelkoog. Dann kam die Zeit, wo wir Kinder auf die Oberschule nach Itzehoe kamen. Fahrgeld und Schuldgeld wurden so teuer, daß mein Vater auf den Schulleiterposten verzichtete und als einfacher Volksschullehrer nach Kiel ging. Dort blieb er bis zu seiner Pensionierung. Inzwischen war er dann Mittelschullehrer geworden.

Was ist aus uns Geschwistern geworden?

Ich habe Pharmazie studiert und bin bis 1986 als Apothekerin in Lübeck tätig gewesen. Meine Schwester Irma studierte auch, um dann als Studienrätin ebenfalls in Lübeck zu arbeiten. Auch sie hat geheiratet und – wie ich – zwei Söhne.

Bruder Helmut ist nach einer Laufbahn als Marineoffizier und U-Boot-Kommandant leider noch in den allerletzten Kriegstagen im Landeinsatz in Mecklenburg gefallen.

Unser jüngster Bruder Günther hat in Kiel studiert und promoviert, wo er jetzt als Studiendirektor tätig ist. Als Ornithologe hat er sich landesweit einen Namen gemacht.

Wenn wir in den letzten Jahren die Heimat besuchten, waren wir sehr enttäuscht über das traurige Bild unseres Heimatdorfes."

Oben links: Klassenbild mit Lehrer Schunck vor der alten Schule um 1890. Mitte links außen: Das alte, von 1812 bis 1902 bestehende Schulgebäude. Mitte links: Lehrer Henning Vierth, Meta Vierth, Albert Pieper. Unten links außen: Klassenbild mit Lehrerin Liddy Lucht und Schülern Helmi Blase, Gerda Meiforth, Anna Franzenburg, Marga Schmidt, Grete Sötje, Annemarie Lau, Gertrud Brodack, Käthe Becker, Magda Köhnke, Frieda Holler, Heinrich Will, Willi Meyer, Werner Schmidt, Alwine Tecklenburg, Herbert Vollmert, Johannes Ewers, Walter Will, Adolf Fock, Hans Jakob Rotfuß, Walter von der Fecht und Willi Bruhn. Unten links: Pause auf dem Schulhof. Oben: Die neue Schule vor dem Ersten Weltkrieg mit Amtsvorsteher Jacob Falk und Photograph Amandus Dohrn auf der Kastanienallee, der heutigen Bundesstraße 5.

4,8 ha Land mußte er damals für den Nord-Ostsee-Kanal abgeben. Johann Sievers (geboren 1861) war verheiratet mit Margaretha Schütt. Ihr Sohn Johannes wurde 1889 geboren.
1899 wählte die Gemeindevertretung Johann Sievers zum Gemeindevorsteher.
1919 heiratete Sohn Johannes Else Hennings (geboren 1895). Ihre Kinder waren Grete (geb. 1921) und Johann (geb. 1926). Johann ist seit den letzten Kriegstagen, kaum 19 Jahre alt, in Rußland vermißt. Tochter Grete heiratete 1942 Wilhelm Rohde (geb. 1919) und übernahm mit ihrem Mann den Hof.
Vier Kinder wurden ihnen geboren: Gerda 1942, Else 1945, Peter 1947 und Margret 1951.
1975 wurde der Hof an die Wirtschaftsförderungsgesellschaft verkauft und im Wewelsflether Uhrendorf ein neuer Besitz erworben, der nun von Sohn Peter mit seiner Frau Ilse, geb. Paulsen, und ihren beiden Söhnen Jan und Thies bewirtschaft wird. Wilhelm und Grete Rohde bewohnen das dazugehörige Altenteilerhaus.

1969 kaufte Bürgermeister Karl Kloppenburg das Lehrerwohnhaus. Es wurde für ihn zum Alterssitz; nachdem er seinen Hof an seinen Sohn Gerhard abgetreten hatte. Schulhaus, Lehrerhaus, alles fiel der Industrieansiedlung zum Opfer. Karl Kloppenburg zog nach Burg in Dithmarschen in einen eigenen Neubau.
Neben dem Meiforthhof an der B5, der Schule gegenüber, lag auf einer Ursprungswurt einer der ältesten Höfe Büttels, ein reetgedecktes Husmannshus. Am langen Aufgang zur Wurt stand ein weißer Holzzaun, der den Vorgarten mit seinen Obstbäumen und Blumenbeeten begrenzte. Vor dem Haus stand eine Reihe Lindenbäume, fein säuberlich beschnitten zum Schutz gegen Sturm und böse Geister. 1888 starb der Besitzer Johann Albers, seine Witwe Anna, geb. Franzenburg, verkaufte den Hof 1891 an Johann Sievers aus Koog-Ostermoor.

Der nächste Hof gehörte dem Amtsvorsteher Falck.
Die Angelegenheiten, die die einzelnen Dörfer eines Kirchspiels betrafen, wurden früher gemeinsam geregelt. An der Spitze der Verwaltung stand der Kirchspielvogt. Lagen wichtige Angelegenheiten vor, so wurde ein „Achtsbeschluß" herbeigeführt durch die Gemeindeversammlung.
Nachdem aber Schleswig-Holstein 1866 in Preußen einverleibt war, änderte sich auch manches in der Verwaltung. Jede Schulgemeinde erhielt ihren Gemeindevorsteher. Bei wichtigen Veranlassungen wurden Gemeindeversammlungen abgehalten. Durch den Gemeindevorsteher verkehrte die politische Gemeinde mit dem Landrat.
Mit dem Jahr 1889 trat ein neuer Faktor in die Selbstverwaltung ein: der Amtsvorsteher. Das hiesige Amt umfaßt die vier Schulgemeinden Büttel, St. Margarethen, Kudensee und Landscheide.

Büttel hatte die Ehre, den ersten Amtsvorsteher an seinem Ort zu haben, nämlich den Hofbesitzer Jakob Falck. Von 1889 bis zu seinem Tode 1915 übte er dieses Amt aus.

Berta Ruhnau berichtet: „Haus und Hof Nr. 1 in Büttel, gebaut 1866, war Eigentum des Amtsvorstehers Jakob Falck, der sogenannte Falckenhof. Eine Glocke mit Lederriemen am Klöppel, die beim Treppenaufgang hing, hat noch viele Jahre daran erinnert. Oben in der großen Stube, mit Blick über den Deich auf die Elbe, war sein Amtszimmer. Ehepaar Falck war kinderlos.

Cäcilia Peters, geb. Franzenburg (1866–1918) erbte diesen Hof. Sie war verheiratet mit Hofbesitzer Hinrich Peters (1865–1932) in Brunsbüttelkoog. Dieser Ehe entstammen fünf Kinder: Katharina, Johannes, Magda, Bertha, Klara.

1921 zogen Hinrich Peters und seine Tochter Magda (1896–1967) nach Büttel auf den Falckenhof. 1932 starb Großvater Hinrich Peters. Tante Magda übernahm die Wirtschaft des Hofes. Den größten Teil der Ländereien hatte sie verpachtet. Zu dem Hof gehörten drei riesengroße Obstgärten mit 150 Obstbäumen aller Art. Darin wurden Enten und Hähnchen zum Schlachten gehalten. Eine Brutmaschine stand zur Verfügung, ebenso eine handbetriebene Mosterei.

Tante Magda war Mitglied im Landfrauenverein der Wilstermarsch. Es machte ihr große Freude, im Vorstand mitzuarbeiten. Sie war anerkannte Lehrfrau und bildete landwirtschaftliche Lehrlinge aus. Als Leiterin des Ortsvereins DRK in Büttel war sie vorbildlich hilfsbereit für leidende Mitmenschen. Auch für Ihre Angehörigen war sie wie eine sorgende Mutter, die stets bereit war zu helfen. So fand auch die Familie ihrer Schwester Klara dort ein Zuhause, nachdem sie aus dem Sudetenland flüchten mußte.

Nach dem frühen Tod der Eltern wurden wir fünf Siebel-Kinder von unserer Tante Magda liebevoll großgezogen.

Große Freude hatte sie an ihrem Vorgarten, der immer tiptop gepflegt war. Im Frühjahr begann es, auf der riesigen Rasenfläche vor dem Haus mit der Blüte der Schneeglöckchen, Märzbechern und Krokussen, vielen Rosen und Sommerblumen. Es war wirklich einmalig weit und breit. 1970 wurde der Hof an die Entwicklungsgesellschaft verkauft und abgerissen."

Oben links: Hof Johannes Sievers / Rohde. Unten links: Grete und Wilhelm Rohde mit Sohn Peter. Mitte links: Magda Peters. Oben: Hof Jacob Falck-Peters.

Werner Wilstermann berichtet: „Meine Urgroßeltern Jürgen Wilstermann (1837–1934) und seine Frau Margarethe, geb. Wessel, bewirtschafteten in Eddelack einen Bauernhof. Der Urgroßvater kämpfte als freiwilliger Dragoner 1864 bei den Düppeler Schanzen gegen Dänemark.
Der Sohn Johann Jakob Wilstermann, geb. 1862, und seine Frau Alwine, geb. Musfeldt, bauten zunächst ein Haus am Kanal in Büttel. Hier wurde 1903 ihr Sohn Theodor geboren.
Für den selbständigen Zimmerer-Meister wurde das Haus zu eng. Er verkaufte es an Johann Tietjens. 1911 erwarb er ein Grundstück von Hartwig Franzenburg und baute ein Zweifamilienhaus mit geräumiger Werkstatt.
Für Urgroßvater Jürgen Wilstermann und Uroma Cäcilie Musfeldt wurde es zugleich der Alterssitz. Sie wurden 97 und 91 Jahre alt. Uromas Ehemann war Tim Musfeldt. In Poßfeld hatten sie eine Gaststätte mit Landwirtschaft betrieben.
Mein Vater Theodor Wilstermann (1903–1988) heiratete 1924 meine Mutter Emma, geb. Fock (1903–1989). Dieser Ehe entstammen zwei Kinder: Hertha, geb. 1925, und Werner, geb. 1928. Vater übernahm den Betrieb, gab die Werkstatt auf und baute das Haus zu einem Vierfamilienwohnhaus aus.
Als Zimmerer war er von 1939 bis zur Pensionierung 1968 beim Wasserstraßenamt in Brunsbüttel tätig.
Tochter Hertha heiratete 1943 den Bauschreiner Friedrich Hofmann aus Thüringen. Sie bekamen zwei Söhne: Wilfried und Gert. Sie wohnten im Elternhaus in Büttel.
1971 wurde das Haus wegen der Industrieansiedlung abgerissen. Meine Eltern bauten ein neues Haus in Wilster.
Ich, Werner Wilstermann, erlernte das Maschinenbauer-Handwerk. Wegen Arbeitslosigkeit wanderte ich 1950 nach Krefeld aus. 1963 bestand ich die Meisterprüfung als Maschinenbauer und bin seitdem in einer Firma tätig. Verheiratet bin ich mit Johanna Bleyer, einer Rheinländerin. Wir haben eine Tochter: Marina, geboren 1957."
Der Hof von Hartwig Franzenburg hat eine lange Geschichte. Er steht auf einer Ursprungswurt wie der Hof von Johannes Sievers gegenüber der Schule. Es sind die ältesten Ansiedlungen in unserem Raum.
Zu den ältesten ansässigen Geschlechtern in der Wilstermarsch zählt der Stamm „Lau" (Lowke = Löwe). Schon um 1514 werden sie in der St. Margarethener Chronik erwähnt. Sie besaßen in Büt-

tel 65 ha Land, der Stammhof war dieser Hof von Hartwig Franzenburg. 1778 brannte das Gebäude ab und wurde neu aufgebaut. Der große Lausche Besitz wurde um 1890 aufgelöst. Die Familie siedelte nach Vierlanden über, wo sie ein neues großes Unternehmen starteten. So kaufte 1892 Jürgen Franzenburg den Resthof mit 25 Hektar Land.

Jürgen Franzenburg, geb. 1861, heiratete 1892 Anna Albers, die aus Amerika zurückgekehrt und eine Schwester von Ilpern Albers war. Ihre drei Kinder hießen Hermann, Cäcilie und Hartwig. Hartwig, geb. 1893, übernahm 1919 den väterlichen Hof. Er war verheiratet mit Greta Springer. Ihre beiden Kinder sind: Anna, geb. 1920, und Hermann, geb. 1922. Anna heiratete Hermanns Kriegskameraden, den Bauern Schulze aus Groß Engersen in der Altmark. Sie haben zwei Kinder, Gerhard und Karin.

1970 erhielt Hermann den Besitz als Eigentum. Verheiratet ist er mit Lisa, geb. Saß (geboren 1930). Sie bekamen zwei Töchter, Hilke und Anke (geboren 1952).

Auch dieser Hof wurde ein Opfer der Industrieansiedlung, Hermann und Lisa erwarben 1972 einen neuen Besitz in Kollmar. Das Anwesen der Familie Friedrich Vollmert liegt etwas abseits von der Hauptstraße. Die Enkelin Margret Stapelfeld, geb. Hagemann, berichtet: „Meine Urgroßeltern Michel Vollmert, geboren am 24. 4. 1831 in Nordbüttel, und seine Frau Anna Maria, geb. Seib, geboren am 24. 7. 1836 im Neuen Koog, wohnten am Büttler-Kanal, Richtung Kuhlen. Sie hatten dort eine Hökerei. Bei einem Unwetter brannte das Haus 1899 ab und wurde neu errichtet. 1909 feierten meine Urgroßeltern ihre Goldene Hochzeit. Zwei ihrer Söhne, Michel und Hinrich, gingen nach Amerika. Ihre Tochter heiratete den Zimmermann Klöckner.

Ihr Sohn Friedrich Vollmert wurde am 14. 3. 1876 geboren. Er wurde Zimmermann und heiratete Anna Therese Brandt (geb. 3. 2. 1876) aus Eddelack. Ihr Wohnsitz wurde diese Landstelle, auf der sie auch Landwirtschaft betrieben.

Vier Kinder stammen aus dieser Ehe: Arthur, Minna, Katarine und Herbert.

Als Gemeindevertreter setzte er sich für die Belange seines Dorfes ein. Großvater war ein begeisterter Sänger im Gesangverein. Meine Mutter Minna Vollmert (geb. 1903) heiratete 1921 Nikolaus Hagemann (geb. 1897 in Seedorf). Drei Kinder wurden geboren: Karl-Heinz, Ruth und ich, Margret.

16 Jahre wohnten meine Eltern im Elternhaus meiner Mutter. Im Jahre 1956 kaufte eine Familie Wolter aus Vaalermoor den Besitz. Der Hof wurde im Zuge der Industrialisierung abgerissen."

Oben links: Haus Wilstermann / Hofmann. Links: Hof Franzenburg, der alte Stammhof des Geschlechtes Lau / Lowke, um 1910. Oben: Hof Vollmert / Hagemann / Wolter.

Der Büttler Zweig der großen Familie Schmidt kam um 1700 aus Brokdorf herüber und wohnte zuerst am Schrahtweg, wie Pastor Jensen in seiner Chronik schreibt.
Am Büttler Kanal liegt der Hof der Familie Schmidt-Will, über den Lehrer Kruse berichtete:
„Siem Schmidt (1840–1915) war Hofbesitzer. Von 1881–1899 war er über drei Perioden der Gemeindevorsteher. Durch seine Umsicht und Ruhe, durch sein unparteiisches Auftreten und sein freundliches Entgegenkommen hatte er sich Achtung, Vertrauen und Zutrauen erworben. Siem Schmidt und seine Frau Anna, geb. Lau (1844–1921) hatten sieben Kinder. Sohn Wilhelm (1886 – gef. 1914) hatte den Hof übernommen. 1907 heiratete er Johanna, geb. Maas (1887–1954). Sie bekamen fünf Kinder: Simon (geboren 1908), Anna (geboren 1910), Detlef (geboren 1911), Wilhelm (geboren 1913) und Bertha (geboren 1914)."
Vater Wilhelm Schmidt ist 1914 im Krieg gefallen. 1918 heiratete Johanna in zweiter Ehe Gustav Will. Dieser Ehe entstammen zwei Söhne: Heinrich (geboren 1918, 1945 im Krieg gefallen) und Walter (geboren 1919). Gustav Will war für die sieben Kinder ein sehr sorgender Vater. Außerdem war er im örtlichen Bereich Vorsitzender und Förderer des Gesangvereins. Walter übernahm den Hof und heiratete Regina, geb. Dreesen (geb. 1931). Sie haben drei Kinder: Hannelore (geboren 1955), Hans-Heinrich (geboren 1957) und Reimer (geboren 1962).
Auch dieses Anwesen mußte der Industrie weichen. In Helse erwarb die Familie einen neuen Hof. Wilhelm (geb. 1913) blieb in Büttel. Er heiratete Gertrud Ewers auf dem Hinrich Ewershof.
Weit über den bisher beschriebenen Ortskern, das eigentliche Dorf, hinaus, reichte die Bütteler Gemarkung. So schloß sich im Westen entlang der Bundesstraße 5 der Altenkoog an. Die Straße

Oben links: Hof Schmidt-Will am Kanal. Links: Regine Will, Hermann Franzenburg und Walter Will. Ganz oben: Hof Ewers-Schmidt. Oben: Die Großeltern Sieck vor ihrem Haus mit Enkelin Elschen Schadewaldt als Kind. Rechts: Karl, Albert und Cornils Hölck mit ihren Zuchtbullen auf der Tierschau in Wilster.

verlief auf dem alten Deich zwischen dem Alten- und dem Neuenkoog nach Brunsbüttelkoog.
Nach etwa einem Kilometer kam man zur Koogsmühle am Ende unseres Gemeindegebietes. Hier verläuft die Grenze zwischen Dithmarschen und Wilstermarsch.
Das Holstenreck auf dem Elbdeich und der breite Holstengraben, der hier 1560 von der Elbe bis in den Kudensee zur Entwässerung des Moores gegraben wurde, bezeichnete die Grenzlinie.
Der erste Hof am Ortsausgang war der Ewershof, über den Lehrer Kruse schrieb:
Zu den alten eingesessenen Familien Büttels gehörte auch die Familie Göttsche. Der jetzige Nikolaus-Ewers-Hof an der Bundesstraße nach Brunsbüttel (später Hinrich Ewers / Schmidt) war früher im Besitz des Johann Göttsche. Er wohnte aber in dem Haus am Deich, das später Klaus Koppelmann, dann Paul Ramm gehörte. Die Mutter von Paul Ramm war eine Tochter dieses Johann Göttsche. Den Hof kaufte später Hartwig Albers, der ihn 1872 an Nikolaus Ewers weiterverkaufte und selbst nach St. Margarethen verzog. Johann Göttsche hatte vier Söhne: Johann, Paul, Peter, Hans Hinrich. Johann war der Vater meiner Frau, er wohnte in Wilster.

Paul und Peter sind unter besonders traurigen Umständen ums Leben gekommen. Es war in den vierziger Jahren des vorigen Jahrhunderts. Johann besuchte seinen Vater. Er hatte auf dem Hof, wo seine Brüder wirtschafteten (Nikl. Ewers) ausgespannt. Des Abends wollte Paul das Fuhrwerk seines Bruders vom Hofe holen. Beim Anspannen war etwas versehen. Als er mit dem Fuhrwerk über die Stöpe wollte, stürzte das Pferd. Paul Göttsche fiel so unglücklich, daß er sich einen Oberschenkel brach. Er verstarb nach langem Krankenlager.
Peter Göttsche wollte mit zwei anderen jungen Leuten von hier (Steffen Sievers war wahrscheinlich der eine, Johann Ewers aus dem Tütermoor der andere, der 1849 den Gründonnerstag von Eckernförde mitgemacht hat. Er war Ordonnanzreiter des Herzogs Ernst bei der Nassauischen Batterie) den König von Dänemark, der in Heiligenstedten weilte, begrüßen. Auf dem Heimweg stürzte Peter Göttsche und starb infolge dieses Sturzes.
Der Ewers-Schmidt-Hof war ein schönes reetgedecktes Bauernhaus mit geräumigen Stallungen und einem gepflegten Vorgarten. Sieben Kinder von Nikolaus Ewers und seiner Frau Catherina, geb. Schütt, wuchsen hier auf: Albertine, Markus, Peter, Nikolaus, Hinrich, Martin, Christine.

Der Sohn Nikolaus wurde als Gastwirt zur Schleuse in Büttel bekannt. Sohn Hinrich Ewers (1882–1974), verheiratet mit Helene Krey (1888–1953), übernahm den elterlichen Hof 1920. Drei Kinder wurden ihnen geboren: Gertrud 1921, Gustav 1923, er fiel 1945 in Italien, und Peter 1924. Auch er wurde 1943 in Rußland ein Opfer des Krieges.

Tochter Gertrud heiratete 1945 Wilhelm Schmidt, Sohn des Büttler Bauern Wilhelm Schmidt und seiner Frau Johanna, geb. Maahs. Wilhelm und Gertrud haben zwei Kinder: Klaus-Siem und Gesche. Ihren Hof haben sie an die Industrie abgegeben und dafür ein neues Anwesen in Koldenbüttel erworben.

Im Nachbarhaus wohnte Schuhmacher Sieck. Seine Enkelin Elschen Schadewaldt erzählt: „Meine Großeltern Heinrich Sieck (1870–1956) und Margaretha, geb. Rademann (1879–1970) heirateten 1899. Großvater war Schuhmacher. Sie wohnten im Hause von Urgroßvater Rademann. Dieser war ein außergewöhnlich feinsinniger, musikalischer Mann. Ausführliche Aufzeichnungen aus vergangener Zeit und handgeschriebene Notenblätter für Klavier besitzen wir von ihm. 1905 hat er das alte Reetdachhaus abgerissen und ein neues Haus auf dem alten Grund errichtet.

Meine Großeltern hatten zwei Töchter: Anna und Frieda. Für mich war ihr Haus Heimat und wohlbehütetes Zuhause. 1949 feierten sie Goldene Hochzeit und 50jähriges Geschäftsjubiläum.

Auch dieses Anwesen wurde durch die Industrieansiedlung zerstört.

Unmittelbar neben dem Sieck-Grundstück an der Hauptstraße liegt der Hof der Familie Hölck. Seine Bauart verrät den Stammesursprung der Besiedelung unserer Ortschaft. Es war ein reetgedecktes Husmannshus niedersächsischer Bauart. Der älteste Teil Büttels (Diekbüttel genannt) war wahrscheinlich eine sächsische Siedlung, die Höfe im Altenkoog, in Nordbüttel und Kuhlen sind dagegen nach holländischem Stil gebaut als sogenanntes Barghus und vermutlich späteren Ursprungs. Das riesige Hochmoor, das im Norden bis an unser Dorf heranreichte, ist in mühseliger Arbeit abgetragen und urbar gemacht und danach besiedelt worden.

Die Familie Hölck ist altansässig in unserem Kirchspiel. Hölck ist das niederdeutsche Wort für Adler, den die Hölcks auch im Familienwappen führen. Mathias Hölck (1656–89) war Kirchspielschreiber in St. Margarethen. Ihm verdanken wir viele Berichte aus damaliger Zeit über Ereignisse in unserer Wilstermarsch.

Aus Osterbünge kamen die Hölcks nach Büttel auf diesen Hof, den sie seit 1774 in der Erbfolge bewirtschafteten. Reiner Hölck war der erste Besitzer. Er hatte 1760 Margarethe Deeden geheiratet. Bis 1964 war immer ein Hölck Nachfolger. Wir kennen noch Johann Hölck (1865–1923) und seine Frau Cäcilie, geb. Egge (1869–1956) und ihre Kinder: Margaretha (geboren 1898), Heinrich (geboren 1899), Rosa (geboren 1901), Cornils (geboren 1902), Karl (geboren 1904), Anna (geboren 1906) und Albert (geboren

1908). Karl und Albert sind im 2. Weltkrieg im Osten gefallen. Heinrich, genannt Hein, übernahm den Hof.
Annacile, die Tochter von Cornils Hölck, erzählt: „Die Ehe von Onkel Hein und Tante Grete, geb. Prühs, blieb kinderlos. So adoptierten sie 1972 mich, ihre Nichte Annacile Hölck aus Stuven. Ich heiratete Ernst Stademann, und mit unseren drei Kindern Klaus, Silke und Christa bewohnten wir den Hof von 1964 bis 1978. Am 4. Juli dieses Jahres wurde das Gebäude abgerissen, wie so viele ein Opfer der Industrieansiedlung. Wir kauften uns dann einen Hof in Hackeboe bei Wilster."
1965 baute Heinrich Hölck dem Hof gegenüber seinen Alterssitz. Auch dieser Neubau mußte preisgegeben werden.

Über den unmittelbar an den Hölck-Besitz angrenzenden Hof berichtet Hans Ewers:
„Der Stammhof unserer Familie lag in Tütermoor. Er gehörte noch meinen Urgroßeltern Johann Ewers (1819-1895) und seiner Frau Grete Martens aus Brunsbüttel (1822-1915).
Meine Großeltern Peter Nikolaus Ewers (1852-1915) und Frau Lena, geb. Schütt, aus Kuhlen (1854-1926) kauften dann unseren späteren Büttler Hof von Jacob Haack und bauten das Haus und die Stallungen 1895 völlig neu auf.
Sie hatten vier Kinder, Margaretha, Steffen, Johann und Hermann. Ihr Sohn Steffen Ewers (geb. 1890) übernahm zunächst den Hof und heiratete 1919 Anna Prühs aus Kudensee. 1928 übernahmen sie den Prühs-Hof in Kudensee und verkauften den Büttler Hof an Steffens Bruder Hermann, meinen Vater.
Meine Eltern Hermann Ewers (1894-1956) und Frau Albertine, geb. Schütt (1894-1982) bewirtschafteten das Anwesen von 1928-1953.
1953 heiratete ich, Hans Ewers (geb. 1926), Helga Hedde. Wir übernahmen den Betrieb. Meine Eltern hatten ein kleines, schönes Altenteil in unserem Hause. Uns wurden zwei Kinder geboren: Tochter Frauke 1956 und Sohn Dirk 1957.
1971 mußten wir unseren Hof wegen der Industrieansiedlung verkaufen und erwarben den Western-Hof in Büsum.
Seit 1980, nach dem er seine Meisterprüfung gemacht hat, wird er von unserem Sohn Dirk bewirtschaftet. Er ist verheiratet mit Margit, geb. Thede. Sie haben eine Tochter und einen Sohn. Unsere Tochter Frauke ist verheiratet mit Hans Feddersen in Bohmstedt bei Husum. Sie haben eine Tochter. Unsere Oma Albertine hat hier noch 8 Jahre auf dem Altenteil bei uns gewohnt, den wir jetzt genießen.
Übrigens lag der Bütteler Hof früher hinter dem damaligen Deich, der Zufahrtsweg lief hinter den Höfen entlang nach Tütermoor und dem langen Weg nach Brunsbüttelkoog. 1852 wurde die Chaussee, die jetzige B 5, auf dem ehemaligen Deich gebaut. 1762 war der Neue Koog erneut eingedeicht worden und wurde zu Binnendeichsland. Denn 1685 hatte eine Sturmflut den Deich völlig zerstört."
Der Hof der Familie Knudsen – der frühere „Albershof" war im Familienbesitz von 1786 bis 1972. Die zuletzt vorhandenen Gebäude wurden 1898 errichtet, nachdem ein stattlicher Kreuzbau aus dem Jahre 1828 im September 1897 einem Brand zum Opfer fiel.

Oben links außen: Luftaufnahme vom Hof Hölck, rechts das Haus des Schusters Sieck. Im oberen Teil der Aufnahme sind bereits die Aufspülungen und die Rohrverlegungen zur Vorbereitung der Industrieansiedlung zu erkennen. Mitte links: Ernst und Annacile Stademann mit ihren Kindern Klaus, Silke und Christa. Ganz oben: Der Altenteil-Bungalow für Heinrich und Grete Hölck. Oben: der Ewershof an der Bundesstraße 5.

Zum Hof gehörte im 19. Jahrhundert eine Ziegelei im Neuen Koog. Die dort hergestellten Ziegel wurden auch für einige alte Häuser im Dorf verwendet. Für Ausbaupläne am Nord-Ostsee-Kanal mußte der Hof um 1907 erstmals 14 Hektar Ländereien an das Deutsche Reich abgeben.
1971/72 wurden die Nutzflächen des Hofes zur Industrieansiedlung mit Sand aufgespült und danach die Gebäude abgerissen.

In größerem Abstand folgt der Hof der Familie Westphalen, über den Hartwig Westphalen berichtet:
„Die früheste Namenseintragung über unseren Hof stammt aus dem Anfang des 18. Jahrhunderts. Von den erstgenannten Besitzern, Claus und Heimke Möller, geb. Hölck, ist der Hof durch Heirat der Töchter in verschiedenen Generationen an Träger anderer Namen übergegangen. Aber alle, die in der langen Zeit von

Ganz oben: Hof Albers-Knudsen um 1910. Links: Vorgarten des Hauses Knudsen. Oben: Reimer Knudsen und Uwe Schmidt bei der Feldarbeit. Rechts: Hartwig und Gerda Westphalen auf der Fahrt zur Trauung 1953.

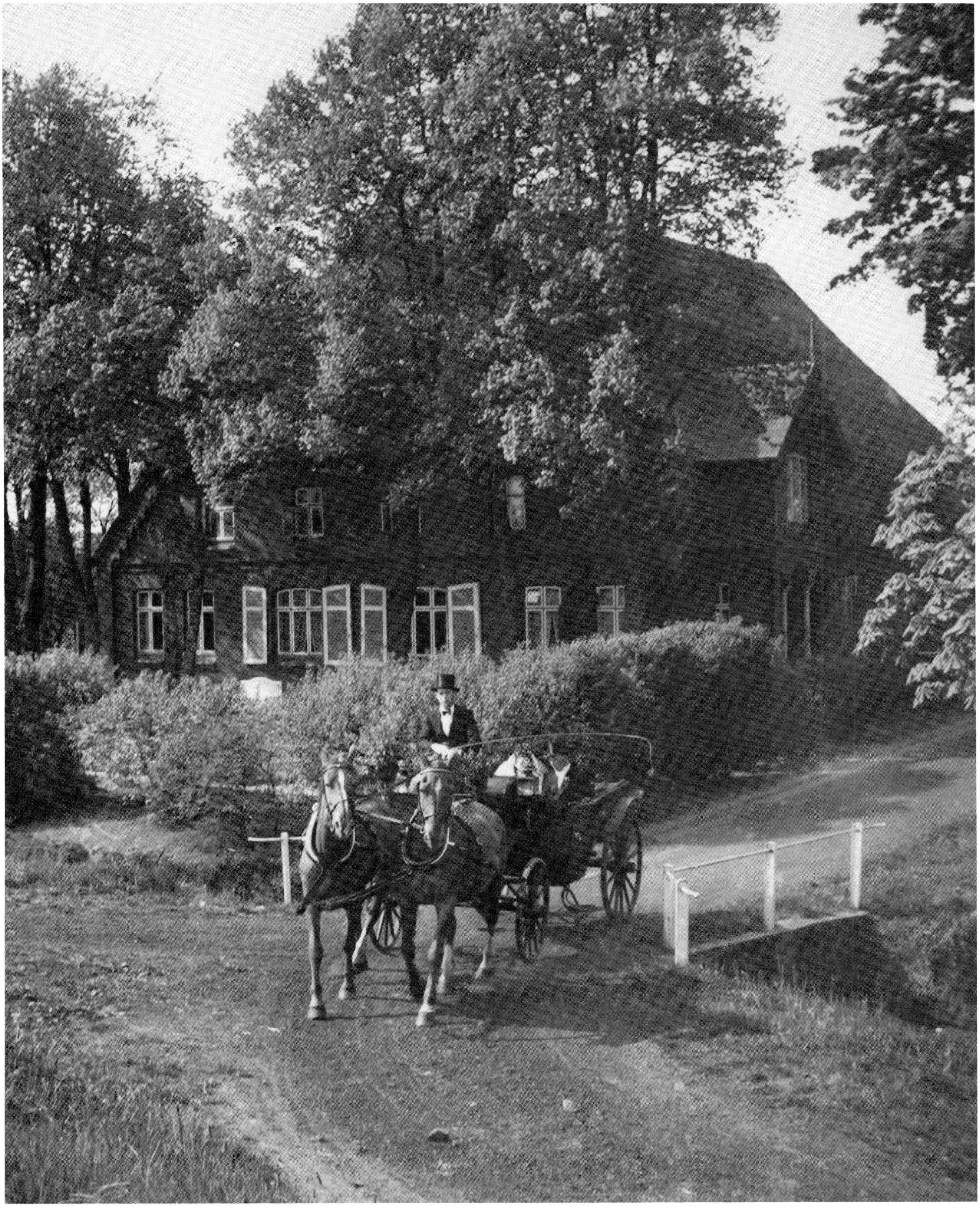

Der Name Westphalen beginnt hier 1920, als der Hofbesitzer Karl Westphalen aus Brokdorf die Hoferbin Albertine Siemen heiratet. Aus der Ehe gingen drei Kinder hervor: Elsbeth 1921, die Lehrerin wurde und den Arzt Dr. Brandt heiratete; Wiebke, 1923, eine ausgebildete Hauswirtschafterin, die 1952 als junge Frau starb, und Hartwig 1926. Er erlernte den Beruf des Landwirts.

Karl und Albertine Westphalen bewohnten 33 Jahre den Hof in Altenkoog. Sie wirtschafteten mit viel Interesse und Aufgeschlossenheit. Karl war von 1936–1947 Deichgraf für den Abschnitt des Elbdeiches von Scheelenkuhlen bis Holstenreck. Frau Albertine war als Lehrfrau tätig und bildete 41 junge Mädchen in dem Beruf „Ländliche Hauswirtschaft" aus.

1953 löste Sohn Hartwig mit seiner Frau Gerda, geb. Schulz, seine Eltern ab, und sie bewirtschafteten bis 1970 den Familienbesitz. Sie 1749–1970 hier gelebt haben, stammen von diesem Ehepaar ab, und somit war der Hof Westphalen 240 Jahre in der gleichen Familie.

Ursprünglich lagen die Gebäude auf einer hohen Wurt in Höhe des Hofes Sievers. Auf unbefestigten Wegen hier in der Marsch war es beschwerlich, ans Feste, ins Dorf oder in die nächste Stadt zu gelangen. Eine Vorfahrin mit Namen Wiebke Breide, die nach dem frühen Tode ihres Mannes 18 Jahre zwei Höfe bewirtschaftete (der Siemen-Krey-Hof am Ortseingang Ost gehörte dazu – daher der Name Breide), ritt auf ihrem Schimmel jeden Tag von einem Hof zum anderen. Sie wurde die Schimmelreiterin genannt. Bei der Gründung der St. Margarethener Sparkasse war sie als Aktionärin dabei.

Im Jahre 1890/91 ließ Eduard Siemen die Hofgebäude an den festen Weg unter dem früheren Deich, die jetzige B5, verlegen. Die Gebäude auf der Wurt wurden abgebrochen und es entstand das geräumige, kombinierte Wohn- und Wirtschaftsgebäude mit einer Reetdachfläche von 720 qm.

Oben links: Die Kinder Westphalen zu Pferde. Links: Familie Hartwig Westphalen. Oben: Johann Sievers, genannt „Jan Abel", mit Enkel. Oben rechts: Der Sievershof.

haben vier Kinder: Heinrich (geboren 1954), Karl-Otto (geboren 1955), Reimer (geboren 1957) und Susanne (geboren 1958).
Wegen der Industrieansiedlung wurde der Hof aufgegeben. Als Ersatz wurde der ‚Niederhof' im Wesselburenerkoog erworben. Im Altenkoog konnte man aus den oberen Fenstern des Vorderhauses die Elbe und von der Hofstelle den Nord-Ostsee-Kanal mit dem regen Schiffsverkehr beobachten.
Ähnlich haben wir es wieder getroffen, aber nur annähernd ähnlich. Wir können auf die Eider gucken und bei Sturm die Nordsee rauschen hören."
Von der B 5 aus gelangte man auf einer schönen Allee zum Sievershof. Über Hof und Familie berichtet Steffen Sievers-Paulsen: „Die folgende Stammliste – der jeweilige Hoferbe ist geradstehend gesetzt – mit kurzen Kommentaren beinhaltet kurz die Geschichte der seit 1778 in Büttel-Altenkoog ansässige Familie Sievers.
Insbesondere die älteren Daten entstammen den mündlichen und schriftlichen Mitteilungen von Frau Margaretha Krey (1890–1971), einer Cousine unseres Vaters, die bei uns Kindern einfach ‚Tante Grete Krey' hieß, und einigem seitens Herrn Pastor Albrecht aus den Kirchenbüchern übermittelten Schrifttum.

Hof Sievers, Büttel-Altenkoog; Hofgröße 42,86 ha, verkauft an die Wirtschaftsförderungsgesellschaft Schleswig-Holstein m.b.H. – Kauf eines Ersatzhofes in Größe von 56 ha in Hillgroven / Wesselburen.
Hoffolge:
Wilm (1756–1791) stammte aus Dammducht bei Wewelsfleth, heiratete 1778 Antje Janßen (1755–1833) und kaufte 1783 den Hof seines Schwiegervaters Delf Janßen in Büttel-Altenkoog [s. St. Margarethener Contracten Protokoll, 1783] „für die Summe von 22 000 Mark".
Johann (1785–1862) und Antje, geb. Kloppenburg (1793–1880) (aus der Familie Kloppenburg Nordbüttel / Kuhlen)
Steffen (1828–1873) und Abel, geb. Egge (1830–1904, entstammte dem Egge-Hof in Osterbünge)
Johann (1858–1936) und Anna, geb. Reimers (1868–1954, Tochter des Jürgen Reimers, Hofeigentümer in Schotten, dann i. Stördorf)
Wilhelm (1904–1980) und Martha, geb. Westphalen (1905–1981, Tochter von Johann Westphalen, Hofeigentümer in Arentsee)
Hans Jürgen (geb. 1937) und Lisa, geb. Wilkens (geb. 1938, Tochter der Familie Wilkens, früheres Klempnerei- und Installationsgeschäft in Brunsbüttel)
Kinder von Wilm Sievers und Frau Antje, geb. Janßen:
Wilm (1780–1833), Büttel, verh. mit Trina Schmidt (Urgroßeltern v. Heinr. Höer, geb. 1887 in Kudensee)
Delf (geb. 1783), Verbleib ungeklärt
Johann (1785–1862) verh. mit Antje, geb. Kloppenburg (1793–1880)
Margaretha (1788–1788)
Christina (1790–1866) verh. 1. mit Marten Deede, Büttel, 2. mit Johann Hülsen, St. Margarethen
Kinder von Johann Sievers und Antje, geb. Kloppenburg:
Anna (1822–1852), Büttel, verh. mit Johann Ramm
Margaretha (1823–1889), Osterbünge, verh. mit Joachim Krey
Wilm (1826–1894), 1843 Auswanderung nach Amerika
Steffen (1828–1873), verh. mit Abel, geb. Egge (1830–1904)
Johann (1831–1902), Büttel, verh. mit Katharina Laakmann (früherer Hof v. Grete u. Wilh. Rohde)
Stina (1836–1915), Büttel, verheiratete Pohlmann (vormaliger Hof von Heinz Looft)
Kinder von Steffen Sievers und Abel, geb. Egge:
Johann (1858–1936), verh. mit Anna, geb. Reimers (1868–1954), Bewirtschaftung des Hofes ab dem 15. Lebensjahr – zunächst mit seiner Mutter

Luftaufnahme des Dorfes von Osten aus dem Mai 1977. Die „Chaussee", die Bundesstraße 5, von St. Margarethen kommend und nach Brunsbüttel führend, dominiert das Bild. Links oben der Elbdeich, auf dem hinten noch, mit dem Beckmannschen Gasthof beginnend, die alten Häuser stehen. In der Mitte verläuft von links nach rechts der Kanal, unter der Chausseebrücke bis zur Meierei am Bildrand. Von rechts unten führt herauf der schon im Mittelalter bestehende, von Wilster über den Stuven kommende Landweg nach Dithmarschen. Auf seiner Trasse wurde im 19. Jahrhundert das heutige Gemeindehaus, früher Gasthof Rusch, gebaut, hinter der Brücke verläuft an seiner Stelle jetzt die Bundesstraße. Die hier einst liegenden großen Bauernhöfe sind bereits abgebrochen, ihre wüsten Plätze noch erkennbar, ebenso am oberen Bildrand die für die Industriebebauung mit Sand aufgespülte Fläche des früheren Graslandes.

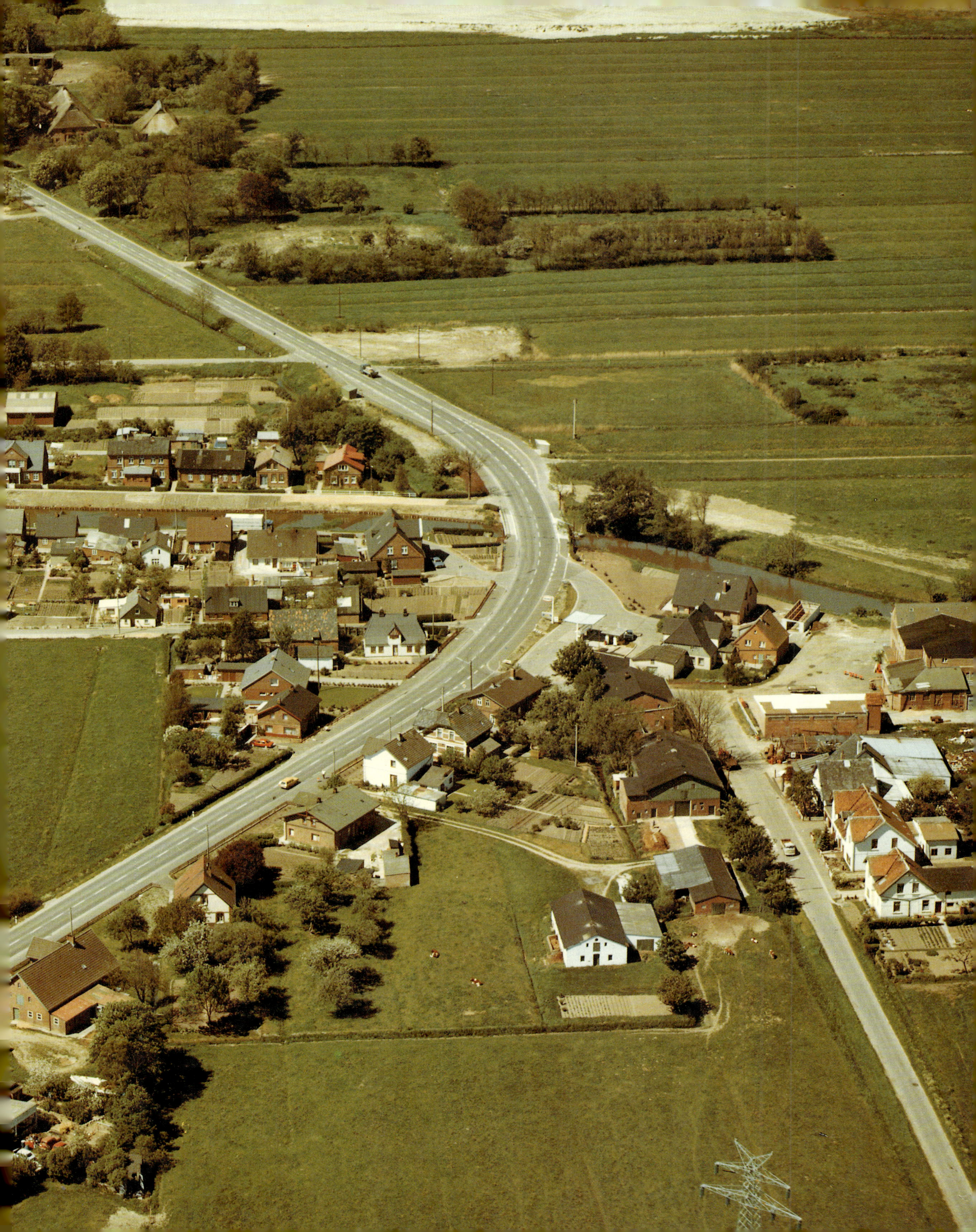

Anna Adelheid (1861–1941), Wetterndorf, verh. mit Johannes Albers (Enkel ist Wilh. Kühl, Wetterndorf)
Peter Heinrich (1865–1930), Altenkoog, unverh., mehrjähriger Pächter des früheren Westphalen-Hofes
Magaretha (1867–1934), Altenkoog, verh. mit Hermann Siemen (früher Siemen-Hof)
Christine (1869–1900), Arentsee, verh. mit Heinrich Spanjer (Spanjer-Hof), Eigentümer: (Enkel) Dr. med Jens Reimers, Ahrensburg
Wilhelm (1871–1946), Westerbelmhusen, verh. mit Sophie Popp (Hof von Hermann Sievers in Westerbelmhusen)
Kinder von Johann Sievers und Anna, geb. Reimers:
Anna (1897–1980), Brunsbüttel-Altenkoog, verh. mit Johannes Peters (früherer Hof von Hinrich Peters)
Wilhelm (1904–1980), verh. mit Martha, geb. Westphalen (1905–1981)
Kinder von Wilhelm Sievers und Martha, geb. Westphalen:
Johann Steffen (geb. 1930), Eddelak / Behmhusen, verh. mit Marga Paulsen (Hof in Behmhusen)
Anke (geb. 1932), Engelbrechtsche Wildnis / Glückstadt, verh. mit Hofeigentümer und Landwirt Theodor Glashoff
Hans-Jürgen (geb. 1937), verh. mit Lisa Wilkens (geb. 1938)
Die Ära Sievers in Büttel-Altenkoog begann also mit der Einheirat (und dem späteren Kauf) von Wilm Sievers: ‚Zu wissen sei hiermit, daß der Ehr- und Achtbare Delf Jantzen für sich und seine Erben an seinen Schwiegersohn, den auch Ehr und Achtbaren Wilm Sievers... verkauft und überlassen seinen im Altenkoog, der Büttler Ducht, hierselbst belegenen ganzen Hof... und sämtliche dabei gehörige Binnen und Altenkoogsländereien diesseits des Holstengrabens..., worin der Käufer 12.000 Mark protokollierte Schulden kürzet..., die übrigen 10.000 Mark aber... dieses Jahr in grob couranter Münze bar bezahlen soll.'
Tante Grete Krey notiert: ‚Wilm Sievers ist mit 35 Jahren an Lungenentzündung gestorben. Seine Witwe war in 2. Ehe verheiratet mit Marten Hellmann. Daraus entstammen keine Kinder. Es mußte ein Kamp Landes verkauft werden, weil er dem Alkohol etwas reichlich zusprach.
Antje Sievers, geb. Kloppenburg, starb 87jährig. Von ihr wird gesagt, sie sei sehr energisch und bestimmt gewesen, doch habe sie niemals gescholten, obwohl sie sechs Kinder hatte...'

Bis zur Umsiedlung nach Hillgroven wurde kein Land verkauft, mit einer Ausnahme: Großvater Johann Sievers (s. Hoffolge) mußte im Zuge des kurz vor dem 1. Weltkrieg geplanten U-Boothafens ca. 12 ha Land an das Deutsche Reich verkaufen. Es gelang ihm aber der Wiedererwerb von 5 ha Weiden im Bereich des heutigen Atomkraftwerks. Der langfristige Erhalt des Hofes war durch die damalige Funktion der Landwirtschaft und den Fleiß der Hoferben und ihrer jeweiligen Mitarbeiter bedingt. Es wurde nicht nur extensiv gegräst, sondern laut Erzählung von Vater Wilhelm Sievers auch mehr als zu seiner Zeit gepflügt. Man hatte als „Ackerbaubetrieb" alle dafür erforderlichen Geräte und Maschinen, wie zum Beispiel die mittels eines sog. Göpels und vier Pferden angetriebene Dreschmaschine.
Sicherlich als Folge der ‚Schwere' des Bodens und der damit verbundenen Belastung wurde er wieder in Weide umgewandelt.
Aus der Milchwirtschaft resultierte ‚hofeigener' Käse, und unser Großvater habe ‚losmüssen', um diesen zu verkaufen. Letzterer lebte im wesentlichen der Arbeit, war anspruchslos, verstand sich aber excellent auf den Viehhandel und half bis in seine letzten Tage. Schlimm für ihn war es, wenn er von seiner Altenteilerwohnung in Büttel wegen schlechten Wetters nicht zum Hof kommen konnte.
Wir Sievers-Kinder wuchsen in engem Verhältnis zu den Bediensteten auf. Sie ‚bemutterten' uns neben den Eltern von Anfang an und waren ansonsten für alle nur denkbaren Arbeiten da. Es würde zu weit führen, hier die Vielzahl der treuen Helfer aufzuführen und zu beschreiben. Sie kamen oft aus der näheren Umgebung. In der Zeit von 1933 bis 1945 hatten wir ‚Pflichtjahrmädchen' aus allen Teilen des ‚Großdeutschen Reiches'.
Insbesondere aber sei Heinrich Heinbockel (1909–1985) erwähnt, der als etwas kränklicher Junge einer sehr kinderreichen Familie aus Büttel bei unserer Großmutter als ‚Küchenknecht' eingestellt und von unserem Vater dann als äußerst tüchtiger ‚Knecht' übernommen wurde. Hein, wie er nur kurz und bündig hieß, gehörte zu uns wie wir zu ihm.
Während Vater Sievers im 2. Weltkrieg als Soldat in den umliegenden Flak-Batterien Hof und Familie zumindest zeitweilig ‚erhalten' blieb, kam Hein nach kurzer Ausbildung an die Front nach Rußland, geriet 1944 in Gefangenschaft, gelangte erst 1948 in einem gesundheitlich weniger guten Zustand nach Büttel-Alten-

koog und setzte das seinerzeit begonnene Treueverhältnis fort. Neben den sonst unsere Jugend begleitenden ‚Leuten' ist vor allem auch Hartwig Sötje (1880–1969) zu nennen, der in den Notzeiten vor Hitler als sogenannter Papenkleier zu uns stieß, dann fest eingestellt wurde und im Krieg den Hof mit den Gefangenen (ein bis zwei Jugoslawen, eine Russin, ein Pole) weitgehend selbständig bewirtschaftete.

‚Harrich', wie wir ihn nannten, war ein sehr strebsamer und intelligenter Mann. In fein nuanciertem Plattdeutsch erzählte er uns von seinen vielen Dienststellen, über Vergangenheit und Gegenwart und ‚wer was in Büttel war'.

Mit seiner Lebenserfahrung als gereifter Mann – schließlich diente er vier Regimen als ‚Staatsbürger' – hat er uns manches gegeben, wofür wir ihm noch heute dankbar sein können.

Gemäß der später erfolgenden Infrastruktur ging alles sehr schnell: Wie wir wissen, wurden Büttel und Altenkoog Industriestandort, die meisten Ländereien vorab mit Sand überspült, die Eigentümer materiell in der Regel gut entschädigt, dafür allerdings in ‚alle Winde zerstreut'.

Was bleibt, ist nur Erinnerung!"

Im nächsten Haus unmittelbar an der Straße wohnte die Familie Brodack mit ihren Kindern Ella, Hans, Arien und Gertrud. Ella Brodack, verheiratete Nitzschke, geboren am 13.12.1912, berichtet:

„Wenn ich das frühere Elternhaus sehe, fühle ich mich wie ein Schulkind. Ich habe so gern in Büttel gewohnt, bin dort mit den Geschwistern und Alma, Max und Otto Dohrn in die Schule gegangen. Ich kannte jedes Haus im Ort und wer darin wohnte. Heute ist alles tot.

Gern erinnere ich mich auch an den Büttler Markt und die Kindervergnügen. Büttel war meine Heimat. Schön war das vierzigjährige Schultreffen 1973, das von Luise Hansen und Arien Brodack arrangiert wurde. Eine Bekanntschaft habe ich noch mit Luise Hansen, geb. Prüß.

Ich ging 1931 nach Hamburg, habe 1934 geheiratet, bekam zwei Kinder. Mein Bruder Hans ist 1941 in Rußland gefallen, Arien ist Sattler und wohnt in Rüsselsheim, Schwester Gertrud lebt in England."

Wir kommen zum Ilpern-Albers-Hof, der 1865 gebaut wurde. Der Stammhof wurde 1872 an Johann Nicolaus Ewers in Büttel verkauft (Hinrich Ewers). Hartwig Albers (geb. 1821) und seine Frau Silke, geb. Wiggers, hatten 10 Kinder, darunter 7 Söhne. Er hatte den Wunsch, daß alle Erstgeborenen seines Stammes den Namen Hartwig tragen. Daran haben sich die Nachkommen gehalten.

Als 1988 eine Urenkelin Gertrud Meier geb. Albers aus Amerika nach Deutschland kam, um hier im Kreise ihrer Verwandten ihren 65. Geburtstag zu feiern, wurde ihr auf einem großen Alberstreffen ein Foto überreicht, auf dem der Urahn in der Mitte residierte und um ihn herum 7 Hartwigs in der Nachfolge. Bemerkenswert ist, daß die gebürtige Amerikanerin perfekt plattdeutsch spricht, dadurch mit ihrem Herkunftsland heimatlich verbunden blieb.

Oben links außen: Wilhelm und Martha Sievers vor ihrem Haus. Oben links innen: Hans-Jürgen und Lisa Sieves als Brautpaar 1959. Mitte links: Haus Brodack mit Ella Brodack-Nitzschke als Kind und ihrer Mutter. Ganz oben: Hof Hermann Albers im Jahre 1951. Oben: Hartwig und Else Albers.

Blick von Südosten über die Elbe auf das Ufer zwischen Brunsbüttel und Brokdorf, links am Bildrand das Kernkraftwerk Brunsbüttel, weiter rechts am Horizont die heutigen Industrieanlagen, davor der Elbdeich von Büttel, weiter rechts St. Margarethen und ganz rechts das Kernkraftwerk Brokdorf.

Auch der Sohn Ilpern Albers (1858–1947) wanderte mit seiner Frau Abel, geb. Schmidt, nach Amerika aus, kamen aber zurück und kauften 1900 diesen Hof im Altenkoog von Pohlmann. Ihre drei Kinder waren: Hartwig, Cäcilie und Helene.

Hartwig Albers (1896–1960) war der Hoferbe. Er heiratete Else Schmidt (1895–1979) aus Büttel. Vier Kinder entstammen dieser Ehe: Hermann (geboren 1922), Hartwig (geboren 1924), Otto Heinrich (geboren 1925), Tochter Heimke (geboren 1929).

Hermann Albers und seine Frau Ingeborg, geb. Knudsen aus Büttel, übernahmen in der Erbfolge das Anwesen. Sie haben drei Töchter: Wiebke, Frauke und Christiane. Von 1960–70 wurde der Hof an die Entwicklungsgesellschaft veräußert.

Hartwig Albers und Frau Friedel Hinz haben zwei Töchter. Otto Heinrich und Frau Anita, geb. Sühl, bekamen den Stammhalter Hartwig Albers. Heimke Albers heiratete Eduard Hink (1951), ihrer Ehe entstammen zwei Kinder.

Die Koogsmühle wurde 1854 von Jürgen Dohrn gebaut, seine Frau war Katharina, geb. Lau. Die Mühle trug den Namen „Themis", nach der großen Göttin des Rechts so benannt. Zu jener Zeit durfte es in jedem Ort nur eine einzige Mühle geben. So kam es, daß die Mühle auf der Dithmarscher Seite der hier verlaufenden Grenze stand, während das danebenstehende Wohnhaus zum Wilstermarschdorf Büttel gehörte.

Mit der Deichmühle war es umgekehrt: Die Mühle stand in Büttel, das Haus gehörte zu St. Margarethen. So wußte man schon früher die Gesetze zu umgehen.

Jürgen Dohrns Sohn Peter übernahm den Betrieb. Seine Frau hat ihm elf Kinder geboren und ist bei der Geburt des letzten im Kindbett gestorben.

Fünf Söhne Dohrns wurden Müller und besaßen im Umkreis vier eigene Windmühlen.

Die Koogsmühle übernahm der Sohn Wilhelm Dohrn. Er war verheiratet mit Marie, geb. Holler aus Büttel. Ihre drei Kinder hießen Alma, Max und Otto.

Wilhelm Dohrn ist 1914 im Kriege gefallen. Seine Witwe hat danach mit ihrem treuen Helfer August Main den Betrieb weitergeführt. Als ihr Sohn Max die Mühle übernehmen sollte, brach der 2. Weltkrieg aus. Gleich zu Beginn wurde er eingezogen und ist 1939 im selben Abschnitt in Rußland gefallen wie sein Vater 1914. Von 1926–34 verpachtete Marie Dohrn die Mühle an ihren Neffen Johannes Holler aus Büttel. Danach ging der Windmühlenbetrieb ein.

1948 wurde im neuen Koog ein neuer Bauernhof gebaut auf den Ländereien von Catharina Magens, geb. Albers. 1949 wurde Eigentümer ihr Sohn Klaus Henning Magens (1922–1953) mit seiner Frau Ingeborg, geb. Möller. Ihrer Ehe entstammen zwei Kinder: Tochter Silke (1950) und Sohn Ernst Peter (1951). 1969 wurde der Hof an die Hamburger Electricitätswerke verkauft, die auf dem Gelände das Atomkraftwerk Brunsbüttel errichteten.

Vom Albers-Knudsen-Hof gehen wir von der B5 auf dem alten Landweg nach Tütermoor. Dort hat sich im Laufe der letzten Jahrhunderte viel verändert. Durch das Abtragen des Hochmoores ist die schützende Wand gegen Sturm und eindringendes Wasser verschwunden. Der Moorgrund bot keinen festen Halt mehr für die Häuser. Von der einst dichten Besiedlung ist nach der furchtbaren Weihnachtsflut 1717 nicht viel übriggeblieben. Erst um 1780 wurde das Moor wieder bebaut. Geblieben davon sind der Ewershof, das Anwesen von J. Becker und das Häuschen von Anna Jakobs (genannt Anna Jobs), das zum Albershof gehörte.

1922 baute Karl Buhmann hier seinen Hof auf freigewordenem Siedlungsland.

Anna Jobs mit ihrer Tochter waren zwei Originale, die noch gut in Erinnerung sind. Anna war hager und resolut, die Tochter klein und rundlich, mit immer lächelndem Gesicht, sehr naiv. Kamen Passanten an ihrem Häuschen vorbei, erzählten sie von ihrem „Kostrulohm", einer Dreibockfeuerstelle für einen Topf, auf dem sie ihr Essen kochten. Es waren sehr liebe Menschen!
Meine Mutter Alwine Prüß lud sie ab und an zum Essen ein, das war für sie anscheinend ein besonderes Angehen. Jedenfalls zogen sie die Sonntagskleider an, die sie in der Truhe mit vielen Mottenkugeln hegten. Hübsch sahen sie aus in ihrer alten Tracht mit den Häubchen auf dem Kopf. Nur ihre Kleider rochen nicht angenehm, denn selbst ein flottes Lüftchen auf dem ziemlich weiten Weg zu uns hatte nicht vermocht, den strengen Naphtalingeruch verschwinden zu lassen. Es war aber jedesmal eine frohe Begegnung, weil die beiden so glücklich strahlten.

Nach Anna Jobs kauften Peter Kosowsky und seine Frau Anna 1922 das Häuschen. Sie bauten es um und machten daraus ein schmuckes, behagliches Heim. Sohn Paul errichtete eine Windmühle zur Stromerzeugung, denn Tütermoor hatte damals noch keinen Überlandanschluß ans Stromnetz.
Käthe Goberling, geb. Kosowsky, berichtet: „Meine Eltern Peter Kosowsky (1892–1972), in Polen geboren, und Anna, geb. Meinert, kauften das Häuschen 1922 von Anna Jobs. Mein Bruder Paul wurde dort 1922 geboren und ich 1928.
Wir gingen in Büttel zur Schule. Paul lernte Hufschmied bei Ernst Baumann in St. Margarethen. Anfang des 2. Weltkrieges hat er zunächst bei einer Hamburger Rüstungsfirma gearbeitet, dann wurde er eingezogen und kämpfte in Rußland, wo er verwundet wurde. Nach dem Krieg zog er nach Saarburg, heiratete dort. Die Eheleute haben eine Tochter Brigitte. Paul ist 1967 gestorben. Ich, Käthe Kosowsky, heiratete 1951. Mein Mann stammt aus Rumänien, war beim deutschen Militär und ist nach dem Krieg in Deutschland geblieben. Im Februar 1952 sind wir nach Detroit, Michigan, USA, ausgewandert und im Mai 1953 von dort nach Chicago, Illinois, gezogen. Wir haben einen Sohn Ronald Paul Goberling (geb. 1958) und eine Tochter Mary Ann, (geb. 1960)."

Oben links außen: Die Koogsmühle im Jahre 1930 mit Mühlenpächter Johannes Holler und Frau und August Main. Links: Familie Magens aus Altenkoog. Mitte links: Blick nach Tütermoor, rechts im Bild Haus Kosowsky, im Hintergrund der Hof Daniel Ewers. Oben Grabenreinigung im Tütermoor um 1910. Im Hintergrund Hof Kosowski, dahinter Daniel Ewers.

161

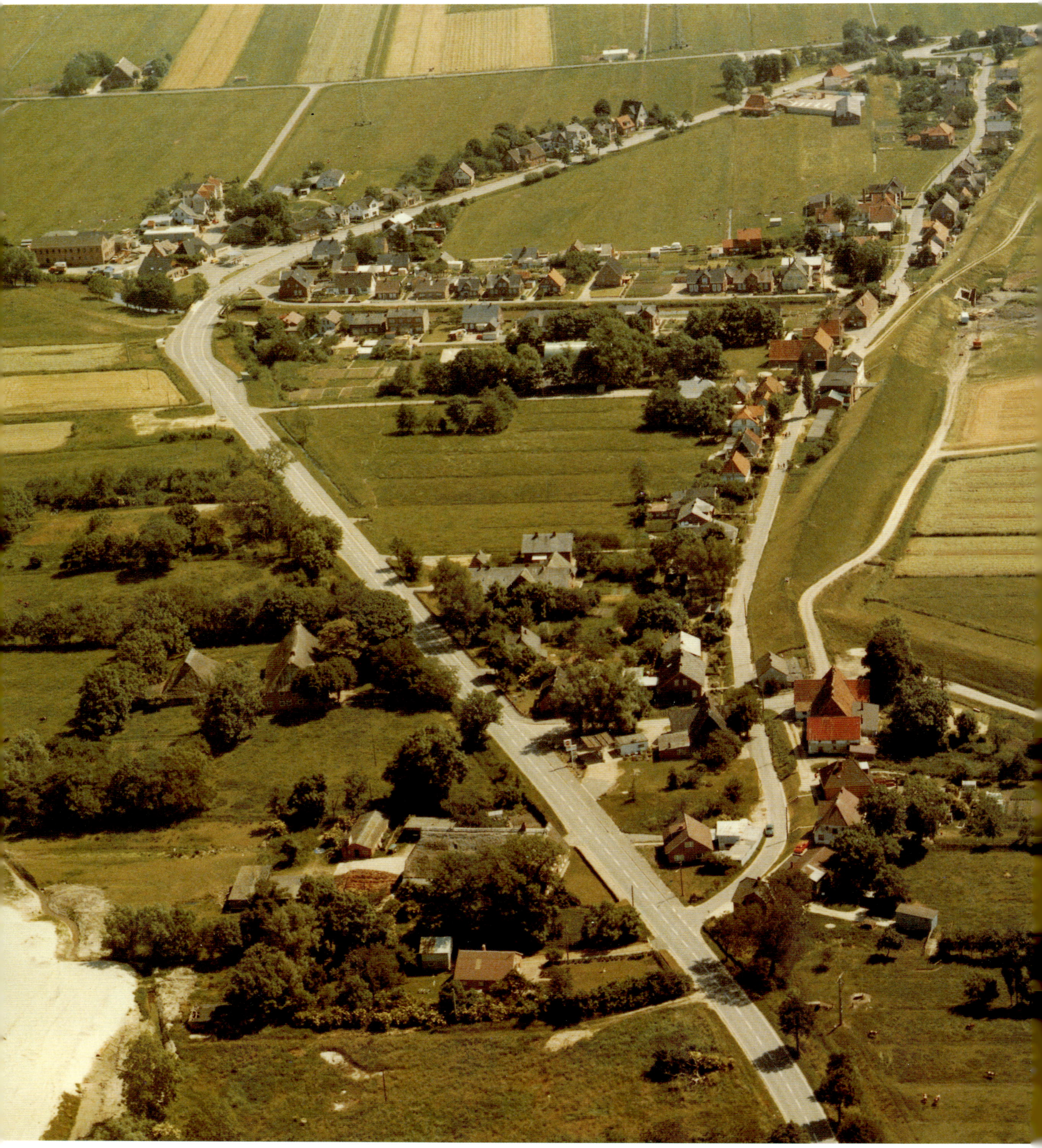

Luftaufnahme des Dorfes von Westen aus dem Sommer 1978. Ganz links der Rand des aufgespülten Landes, vorn von der von Brunsbüttel kommenden Bundesstraße abzweigend die unter dem Deich verlaufende Deichstraße. Der Kanal durchquert von der Meierei bis in den Außendeich hinein das Bild.

Zur alten Tütermoorer Besiedlung gehörte auch das Anwesen von der Familie Wilhelm Becker und seiner Frau Elise (geb. 1876). Ihre vier Kinder wurden dort geboren: Gretchen (1908), Erna (1910), Johannes (1912) und Nikolaus (1914). Nach dem Krieg bewirtschaftete Johannes mit seiner Mutter den Hof.
1952 pachtete er einen größeren Betrieb. Die Landstelle in Tütermoor wurde vor dem Bau des Atomkraftwerkes verkauft. Beide Brüder, Johannes und Nikolaus, bewirtschafteten eigene Höfe in der Wilstermarsch.
Wir gehen weiter auf dem Landweg ins Tütermoor hinein und kommen zu dem Ewerschen Stammhof. Johann Ewers (1819–1895) war verheiratet mit Grete Martens aus Brunsbüttel (1814–1895). Ihre Söhne waren: Daniel, Detlef und Peter-Nikolaus.
Enkelin Olga Möckelmann, geb. Ewers, berichtet: „Mein Großvater Daniel Ewers (geb. 1854) in Büttel, heiratete 1885 Anna Agneta Laakmann, (geb. 1855). Sie hatten zwei Söhne: Johann und Hinrich.

Johann (geb. 1889) war mein Vater. Er heiratete 1913 Anna Katrine Sievers in Brokdorf. Sie zogen nach Neuenbrook in die Krempermarsch.
Vaters Bruder Hinrich hat in einen Hof in Neufeld bei Wilster eingeheiratet.
Der Besitz in Tütermoor wurde nach dem Wechsel verpachtet an Hermann Ewers und danach an Heinrich Boll. Seit 1950 ist der Hof wieder von meinen Eltern Johann und Anna Ewers in Besitz genommen worden, die Ländereien waren an Tochter und Schwiegersohn Möckelmann, also an mich und meinem Mann, verpachtet. 1970 wurde der Hof an die Wirtschaftsförderungs-Gesellschaft verkauft."
Erna Gosch, geb. Boll, berichtet: „Von 1928 bis 1951 haben meine Eltern den Hof von Daniel Ewers gepachtet. Mein Vater Heinrich Boll und meine Mutter Frieda, geb. Speier wurden 1900 geboren. Ihre Kinder, mein Bruder Albert, kam 1928 zur Welt und ich 1930. Der Hof lag abseits von Büttel. Strom und Wasserleitungen waren noch nicht bis zu unserem Besitz verlegt. Das Reetdach und die Moorwettern gaben kein gutes Trinkwasser. So haben wir oft in großen Milchkannen das Wasser von Schuster Becker aus dem Dorf geholt. Im Herbst und im Winter mit dem Fahrrad, weil dann der Fahrweg oft unter Wasser stand und grundlos war.
Unter solchen Bedingungen hat meine Mutter im Krieg mit nur einem Gefangenen den Hof bewirtschaftet, weil man Vater und mein Bruder einberufen wurden.
1951 übernahmen wir den großväterlichen Hof in Kudensee. Dort hatten wir zum ersten Mal elektrisches Licht, es war wie ein Wunder für uns und eine große Arbeitserleichterung.
1970 starb mein Vater. Mein Bruder Albert mußte dann 1977 den Hof verkaufen, wegen der Industrieansiedlung. Er erwarb dafür einen Hof in Neufeld bei Marne, meine Mutter lebt bei ihm. Ich wohne mit meinem Mann, Heinrich Gosch, und unseren beiden

Kindern in Trittau, wo mein Mann Geschäftsführer der dortigen Meierei ist.

Als 1912 die Erweiterung des Kaiser-Wilhelm-Kanals in Angriff genommen wurde, plante man, auf Ostermoorer Gebiet Torpedoboothäfen und Docks anzulegen. Auf den angrenzenden Bütteler Ländereien im Norden der Chaussee sollten am Moorgraben entlang die dafür notwendigen Arbeiterkolonien errichtet werden.

Das Deutsche Reich kaufte den Boden dafür auf. Sämtliche Höfe auf der nördlichen Seite der Chaussee mußten dafür von ihren Ländereien im sogenannten Moor Land abgeben.

Auch damals gab es schon Enteignungsverfahren, wenn jemand sich weigerte, seinen Besitz zu veräußern.

Wie sehr einschneidend das für manchen Hof gewesen sein mag, zeigt die damals von Lehrer Kruse gemachte Aufstellung.

Danach gaben an das Reich ab die Hofbesitzer:

- Hermann Siemen in Altenkoog 2,22 ha
- Daniel Ewers in Tütermoor 10 ha
- Peter Ewers in Büttel 4,39 ha
- Joh. Hölck in Büttel 5,50 ha
- Nikolaus Ewers in Büttel 9,50 ha
- Jacob Hansen in Büttel 7 ha
- Heinrich Meiforth in Büttel 8,33 ha
- Johs. Sievers, Gemeindevorsteher in Büttel 4,80 ha
- Jacob Falck, Amtsvorsteher in Büttel 8,82 ha
- Jürgen Franzenburg in Büttel 5,20 ha
- Joh. Rohwedder in Büttel 2,50 ha
- Wilhelm Schmidt in Büttel 3,87 ha
- Kätner Jacob Brandt in Büttel 1,39 ha
- Rentner Heinrich Albers in Büttel 14 ha
- Klaus Rathjens, dessen Hof aufgelöst wurde, 22 ha.

Zusammen waren das fast 110 Hektar. Das ganze Büttler Gemeindegebiet umfaßte damals 924 Hektar, davon östlich vom Büttler Kanal 425 Hektar und westlich 499 Hektar. Also fielen 12 Prozent davon an den Staat.

Die Besitzer erhielten für ihre Ländereien durchschnittlich 44 Pfennig pro Quadratmeter. Dazu kam eine Entschädigung für Betrieb und Gebäude.

Oben links außen: Peter und Anna Kosowsky vor ihrem Haus. Unten links: Paul und Käte Kosowsky. Mitte links: Johann Ewers auf der Zufahrt zu seinem Hof. Oben: Hof Daniel Ewers. Rechts: Das Haus von Richard und Herta Gätje-Buhmann.

Das Land war aufgekauft, doch die geplanten Anlagen nicht mehr gebaut, weil inzwischen der Weltkrieg ausbrach. Nach dem Krieg wurde das Gelände dann über eine Siedlungsgesellschaft teilweise zur Bebauung freigegeben.

So baute 1922 Karl Buhmann mit Frau Margarete, geb. Hölck, beide in Büttel gebürtig, auf einem Teil dieses Areals in Tütermoor einen neuen Hof. Ihre beiden Kinder wurden hier geboren: Sohn Max, der 1944 im Osten gefallen ist, und Tochter Herta, die 1949 Richard Gätje aus Ostermoor heiratete. Sie übernahmen den Hof und haben eine Tochter, Telse. Karl und Margarete Buhmann zogen 1953 aufs Altenteil in Büttel. Der Hof wurde ein Opfer der Industrieansiedlung. Auf der Hofstelle steht heute der hohe Schornstein des Amoniakwerkes Hüls.

Nach dem Gang durch das Dorf Altenkoog und Tütermoor kommen wir nun zum Gebiet östlich des Bütteler Kanals, nach Nordbüttel und Kuhlen.

Als nach dem Krieg die Einwohnerzahl der Büttler von ca. 800 auf 1600 Einwohner angestiegen war und nicht jede Familie ihren eigenen Herd hatte, entstand zwischen Molkereiplatz und Kohlenschuppen von Rusch die sogenannte Volksküche. Der Raum war eine ausgediente Küchenbaracke aus der Marineflakbatterie in Tütermoor.

In zwei Kesseln von je 200 l kochte eine Küchenmannschaft aus den wenigen zur Verfügung stehenden Mitteln etwas Heißes für die hungernden und frierenden Familien aus dem Osten, die hier wie auch anderswo ohne Topf und Pfanne, Bett und Schrank, Vorräte und Eingemachtes ankamen. So behalf man sich etwa ein halbes Jahr. Dann waren alle sehr zusammengerückt. Auch die Hiesigen lebten sehr beengt. Viele Familien hatten einen Kanonenofen oder eine Hexe (kleiner Herd) aufgestellt. Danach wurde hier auch noch die Schulspeisung zubereitet. Große Schulkinder holten mit einer Gummikarre die großen Behälter ab, und in der Schule kam es dann zur Verteilung. Später wurde hier aus Zuckerrüben Sirup gekocht. Nach der Währungsreform war diese Einrichtung nicht mehr nötig, und somit ist die Gemeinschaftsküche wieder verschwunden.

Das langgestreckte Gebäude der Genossenschaftsmolkerei war im Laufe der Jahre erheblich erweitert und aufgestockt worden

Der Armsünderstieg im Jahre 1923, Gemälde von P. Holtorf im Besitz von Mark Jörgensen. Rechts die Deichstraße vor dem Ersten Weltkrieg im Winter, Gemälde von Amandus Dohrn, dessen Haus rechts im Vordergruund erscheint, im Besitz von Henry Sjut.

En stillen Wienachtsabend

von Amandus Dohrn

Dat is en stillen Wiehnachtsabend;
ganz liesen fallt de Snee vun baben,
de Ostwind smitt em an de Ruten.
Kumm doch mit mi, un kiek van buten
mal still in de lütt Döns herin
dor sitt en ole Froo un spinnt.
Se hett dat hild, – dat Rad dat surrt
un ünnern Oben de Kater snurrt,
he mak sick smuck, vun ün'n bet boben:
„Gifft dat wull noch Besök vunabend?"
Op eenmal hollt uns Mudder op,
sett sick an'n Disch und stütt den Kopp. –
Sünd dat nu dree Johr oder veer,
dat se vun ehren Söhn nichts hör?
Ern Söhn so jung, ern Söhn so good,
vun't Ween sünd er de Oogen rot.

De grooten Tran fallt op ern Platen,
se föhlt sick so alleen – verlaten. –
Un ut dat Schapp kreeg se den Breef
un ock sien Bild! – Wo hett se't leew. –
Den Breef, den sien Kam'rad er schreef
dat he op't Schlachtfeld liggen bleef,
un dat se all torügg harrn müß,
un dat he güll nu as „vermißt".
Veer Johr werr se nu ganz alleen,
se kreeg em wull nich werr to sehn.
Wo hett se höög! Wo hett se fleht!
Uns Herr Gott hör nich er Gebet.
Ja, – allens schien umsünst to wen,
se kreeg em wull nich werr to sehn! –
Doch lang de Dörpstraat geiht en Mann,
he hett sien feldgrau Tüg noch an.

Ganz langsam mutt he't angahn laten,
sien Been hebbt se em ganz toschaten.
Wo hett he mit de Krankheit rungen,
dörch isern Willn se bedwungen;
wo hett de Hoffnung in em lücht,
he wull doch na sien Mudder trüch,
na sien lütt Kat dor achtern Diek,
wo he sien Kinnerdied, so riek
un schon verlevt. – Nu weer he dor. –
Wat he so lang harr höpt, weer wohr.
Ganz sachen klopp he an de Ruten,
sien Mudder dreiht den Kopp na buten.
„Mien Söhn! – Mien Söhn! – 'nem kummst du her?"
„Mien Mudder!" – seggt he – un sünnst nichts mehr.
Ganz liesen fallt de Snee vun baben,
dat is en stillen Wienachtsab'n.

und vom frühen Morgen an bereits tonangebend für unser Dorf. Wenn die Hule am hohen Schornstein ertönte, fuhren die Pferdegespanne mit den Milchwagen von Hof zu Hof im weiten Umkreis, um die frische Milch in großen Kannen zur Molkerei zu holen. Das Untergeschoß und die Kellerräume waren für den Betrieb eingerichtet, im Obergeschoß residierte der Betriebsleiter mit seiner Familie und der Belegschaft.

Seit 1908 bis 1945 war Wilhelm Meyer (geb. 1884) in Schwansen der Betriebsleiter in der Genossenschafts-Molkerei in Büttel. Zuvor hatte er in Ihlienworth / Otterndorf gearbeitet und seine Frau Emma geheiratet.

In Büttel wurden ihre 3 Söhne geboren: Reinhard 1910, Walter 1914, Willy 1919.

Reinhard studierte und wurde Dr. der Chemie, er heiratete Grete Claußen. Mit ihren 3 Söhnen: Jürgen, Klaus, Willy und Tochter Telse wohnten sie einige Jahre in Büttel, bevor er zu den Phönixwerken nach Harburg ging.

Walter Meyer wurde, wie sein Vater, Meierist. 1945 wurde er sein Nachfolger als Betriebsleiter in der Büttler Molkerei. Aus seiner Ehe mit Emma geb. Jastorff gingen die Kinder Geerd und Helga hervor, in 2. Ehe mit Erika Jastram wurde ihm noch eine Tochter Kerstin geboren.

Auch Willy Meyer wurde Meierist. Er ist sehr jung im Krieg gefallen.

1959 zogen Werner Ehlers und Frau Erna mit ihren kleinen Töchtern Renate und Gisela nach Büttel. Werner Ehlers wurde Betriebsleiter und blieb es bis zur Auflösung des Betriebes. Die Familie Ehlers baute in Burg in Dith. ihr Eigenheim. Die beiden Töchter blieben in unserer Gegend und heirateten die Brüder Joh. und Günter Egge aus Osterbünge.

Von der Meierei, die von allen Bauern im weiten Umkreis als Genossenschaft gegründet wurde, gehen wir an der Ostseite des Kanals entlang, wo viele Häuser und Höfe angesiedelt waren. Die Höfe lagen in ihrem Grasland und wurden als Milchwirtschaften genutzt. Die Auffahrten lagen an der Bottermelk-Chaussee. Die Vorderhäuser waren dem Kanal zugewandt, an dem ein mit Klinkern befestigter Steig (der Treidelweg) entlangführte und von allen Anwohnern als Fußsteig genutzt wurde.

Das Haus neben der Meierei war eine reetgedeckte Kate, in der nach dem Krieg viele Flüchtlinge eine vorübergehende Bleibe fanden.

Wir kommen zur Landstelle und Imkerei von Peter Stademann (1866–1956) und seiner Frau Cäcilie, geb. Brandt (1868–1954).

Sie erneuerten das Haus im Jahre 1919. Für ihre Tochter Christine und deren Ehemann Jakob Kloppenburg diente es als Altenteil.

Über die Vorfahren und ihren Besitz berichtet Hertha Schlichting-Butenschön: „Die Familie Stademann ist seit 1696 in den Kirchenbüchern von St. Margarethen nachweisbar, sie gehört zu Büttels alten Grund und Boden besitzenden Familien. Der älteste mir bekannte und kirchenbuchamtlich nachweisbare Stademann-Ahn ist

Jacob Stademann in St. Margarethen in der Heideducht am Steinendeich, Sohn des Jürgen und der Gretje Stademann, gest. 3. 1. 1726 am Steinendeich, verh. 7. 5. 1696 in St. Margarethen mit Antje Reuß, Tochter des Oldebrand Reuß und der Lentje, geb. Oldemanns (verh. 22. 10. 1666 in St. Margarethen), geb. 7. 2. 1669, get. 11. 2. 1669 in St. Margarethen, gest. 17. 12. 1744 in St. Margarethen.

Johann Stademann, Ururenkel des Stammvaters Jacob, war 2. Kind von 4 Geschwistern, Landmann und Imker in Nordbüttel am Bütteler Kanal, geb. 29. 8. 1835 in Büttel in der Kirchducht unweit der Bütteler Mühle, gest. in Nordbüttel am Bütteler

Kanal, verh. 20. 10. 1865 in St. Margarethen mit Christine Schütt, Tochter des weiland Heinrich Schütt in der Kirchducht und der weiland Gretje, geb. Witt, geb. 25. 7. 1839 in der Kirchducht in Büttel, gest. 28. 3. 1891 in Nordbüttel am Bütteler Kanal.
Peter Stademann, Landmann und Imker in Nordbüttel am Bütteler Kanal, einziges Kind, geb. 19. 11. 1866 in Nordbüttel am Bütteler Kanal, verh. in St. Margarethen mit Cäcilie Brandt, Tochter des Johann Brand in Nordbüttel und der Anna, geb. Jensen.
Christine Stademann, Haustochter im elterlichen Landhaushalt in Nordbüttel am Bütteler Kanal, verh. in St. Margarethen mit Jacob Kloppenburg, Bauer in Kuhlen.

Bertha Jenter, geb. Huuhs, berichtet über das nächste Anwesen, das ihr Vater Nikolaus Huuhs, verheiratet mit Clara, geb. Peers, im Mai 1909 von der Familie Wohlert kauften:
„Meine Eltern planten, das Haus abzureißen und ein neues zu bauen. Doch die Inflation kam ihnen dazwischen, und so haben sie Jahr um Jahr renoviert. Nikolaus Huuhs war Maurer und hatte eine kleine Landwirtschaft nebenbei. Vier Kinder wurden geboren, zwei von ihnen starben als Kleinkinder. Die Überlebenden, der Sohn Johannes, wohnt heute in der Nähe von Elmshorn, und ich, die Tochter Bertha, in Morsum auf Sylt. Unsere Mutter, Clara Huuhs, hat ihren Mann um 30 Jahre überlebt, zuletzt wohnte sie bei mir in Morsum, wo wir noch ihren 100. Geburtstag feierten.

Oben links außen: Max und Herta Buhmann. Unten links: Haus Stademann am Kanal. Mitte links: Peter Stademann am Tag seiner Goldenen Hochzeit 1941 mit Pastor Petersen und Frau. Nikolaus Huuhs, Gustav Will und Jacob Kloppenburg bei den Bienen. Ganz oben: Häuser am Kanal. Oben: Haus Jenter-Huuhs. Rechts: Nikolaus Huuhs und Frau Klara.

Ihr Enkel, mein Sohn Horst Jenter, hat mehrere Jahre in dem Haus in Nordbüttel gelebt, ehe es im Zuge der Umsiedlung abgebrochen wurde. Er hat sich in Heiligenstedten ein neues Wohnhaus gekauft."

In dem folgenden Haus war die Hökerei von Michel Vollmert. Nachdem Heinrich Schmidt (1894–1975) und seine Frau Anna geb. Albers es erworben hatten, wurde es landwirtschaftlich genutzt. Von der Siedlungsgesellschaft konnten sie im Tütermoor Land dazu kaufen. Zum Melken der Kühe, die dort auf der anderen Kanalseite weideten, ruderten sie mit dem Boot. Auch vor der Meierei wurde am Kanalufer ein Anleger geschaffen, wo die auf dem Wasserweg herbeitransportierten Milchkannen ausgeladen wurden.

Dem Ehepaar Schmidt wurden drei Kinder geboren: Hermann 1923, Willi 1925 und Lisa 1929.

Heinrich Schmidt hatte viele Ehrenämter. Er war Gründer der Freiwilligen Feuerwehr in Büttel und Wehrführer und Brandmeister. Im Jahre 1936 wurde er zum Vorsteher der Wassergenossenschaft Büttel-Kudensee gewählt, 1941 zum Sielverbandsvorsteher Büttel-Kanal. 1952 begann seine Tätigkeit als Oberdeichgraf der Wilstermarsch. Dieses Amt hatte er 22 Jahre, bis zu seinem Tode, inne. Während seiner Amtszeit lebte er mit seiner Frau in Wilster. Sohn Hermann war Nachfolger auf dem Hof, verkaufte das Haus an Hartwig Franzenburg, der es mit seiner Frau als Altenteil benutzte und es dann im Zuge der Industrieansiedlung verkaufte. Hermann Schmidt seinerseits kaufte den Hof von Hans Gloyer. Jetzt kommen wir zum Stammhof von Johannes Schmidt (1868–1952) und Frau Catharina, geb. Heutmann (1869–1931). Ihnen wurden acht Kinder geboren:

Heinrich, 1894, der spätere Oberdeichgraf,
Elsa, 1895, verheiratet mit Hartwig Albers,
Willy, 1898, verheiratet mit Gretchen Haß,
Otto, 1899, ausgewandert nach Amerika,
Hermann, 1900, verheiratet mit Emma Schmidt,
Karl, 1902, gefallen im 2. Weltkrieg,
Walter, 1903, verheiratet mit Mariechen Buck,
Herta, 1914, verheiratet mit Johannes Boysen.

Sohn Willy Schmidt und Frau Gretchen übernahmen den Hof. Ihre einzige Tochter, Käthe, wurde 1926 geboren und heiratete 1951 Gustav Ewers aus Poßfeld. In den siebziger Jahren wurde der Betrieb teilweise veräußert.

Das nächste Anwesen ist alter Besitz der Familie Kloppenburg. Sie wanderte im 16. Jahrhundert aus Glaubensgründen aus dem Ort

Cloppenburg im katholischen Münsterland aus in Richtung Norden und siedelte sich in Kudensee an. Ihre erste Behausung dort bauten sie aus Torfsoden. Alle heutigen Bütteler Kloppenburgs stammen von ihr ab.

Im Jahre 1781 heiratete Steffen Kloppenburg (geb. 1757 in Kudensee) Gretje Lau (1763) in Nordbüttel am Kanal.

1890 erhielt der Hof am Kanal ein neues Vorderhaus. Dazu mußten 99 Pfähle gerammt werden. Der damalige Besitzer, Hinrich Kloppenburg, starb 1898, Witwe Cicilie wirtschaftete allein weiter. Durch ihr Können, ihren Fleiß und eine glückliche Hand war sie später in der Lage, jedem Sohn einen Hof zu geben: Karl den Hof an der Buttermilchchaussee, Heinrich in gleicher Bauweise einen Hof in Osterbünge, und Johannes übernahm als Ältester den elterlichen Hof am Kanal.

1907 heiratete Johannes Kloppenburg Berta Nagel (geb. 1886 in Ecklak). Ihnen wurden fünf Kinder geboren: Erna 1908, Otto 1909, Paula 1911, und am 3.8.1914, dem Tage des Kriegsanfangs, die Zwillinge Olga und Magda.

Johannes Kloppenburg war ein Pferdeliebhaber. Er hatte gern besondere Pferde. So kaufte er sich zwei weißgeborene Schimmelfohlen, von denen er erzählte, daß auch der Zar von Rußland solche Pferde bevorzugte. Mit diesem Gespann erregte Johannes Aufsehen beim Wilster-Rennen, bei dem sogenannten Schönfahren.

Diese Pferde wurden natürlich immer und überall wiedererkannt, auch noch nach Jahren. Wenn man zum Handeln und Tauschen in andere Gegenden fuhr, zur Geest, in die Kremper Marsch oder nach Dithmarschen, um Butter, Speck und Schinken gegen Getreide und Kartoffeln einzutauschen, dann hieß es öfters: „Ja,

Oben links: Häuser Willi und Heinrich Schmidt am Kanal. Links: Hinrich und Cicilie Kloppenburg mit ihren Kindern Johannes, Heinrich, Karl und Albertine um 1890. Oben: Schimmelgespann mit Otto Kloppenburg und Wilhelm Dohrn von der Deichmühle.

Erstbesitzer des Maaßhofes in Nordbüttel war der 1810 geborene Bauer Detlef Maaß. Seine Frau Anna war eine geborene Hölck. Detlef Maß verstarb 1882.
Hofnachfolger wurde Sohn Detlef, geboren 1842, verstorben 1918, verheiratet mit Christina Kloppenburg aus Nordbüttel.
Dessen Nachfolger war wieder ein Sohn Detlef, geboren 1875 und verstorben 1944, verheiratet mit Helene Hansen aus Flethsee. Die beiden hatten vier Kinder: Detlef, Willi, Fritz und Frieda. Für Sohn Detlef wurde 1930 ein Hof in Hodorf, für Sohn Willi 1938 ein Hof in Mecklenburg erworben.
Sohn Fritz übernahm den landwirtschaftlichen Besitz in Nordbüttel 1953 als Eigentümer. Tochter Frieda ist unverheiratet und zog

se weern doch vörn Johr ok mool hier, ik kenn se an de Peer wedder."
1945 heiratete Sohn Otto Kloppenburg Anna Krey aus St. Margarethen. Die Eltern Johannes und Berta zogen in das Altenteilhaus in Büttel, das Großmutter Cicilie 1907 für sich hatte bauen lassen. 1948 wurde der Stammhalter geboren, der nach alter Sitte den Namen Steffen bekam. Schon seit 1600 gaben die Kloppenburgs ihren Erstgeborenen im Wechsel die Namen Steffen und Hinrich, bei den letzten Generationen allerdings als Zweitnamen.
Der alte Kloppenburghof mußte 1975 auch der Industrieansiedlung weichen. In Ramhusen in Dithmarschen hat die Familie Kloppenburg einen neuen Hof mit Grünland und etwas Ackerland erworben.

nach Übernahme des Hofes durch Fritz mit ihrer Mutter nach Flethsee und wohnte danach von 1955 bis 1973 in Büttel, danach in St. Margarethen. Beruflich war sie als kaufmännische Angestellte bei der Molkerei in Büttel und später bis 1986 bei der Breitenburger Milchzentrale Itzehoe tätig.
Fritz heiratete 1943 Ehefrau Agnes, geb. Woltersen aus Borsfleth. Tochter Anke wurde 1946, Sohn Dierk 1948 geboren.
Anke ist seit 1964 mit Adolf Döhren in Wacken verheiratet. Sie haben drei Kinder: Jochen, Martina und Sonja.
Dierk ist seit 1969 verheiratet mit Ilse, geb. Schmidt aus Ecklackerhörn. Sie haben zwei Söhne: Michael und Helge.
Fritz Maaß bekleidete von 1952 bis 1974 das Amt des Wehrführers der Freiwilligen Feuerwehr Büttel und war von 1948 bis 1974 Mitglied der Bütteler Gemeindevertretung, seit 1955 bis 1974 ehrenamtlicher Bürgermeister, ferner stellv. Amtsvorsteher von 1970—74.
Aufgrund dieser und weiterer ehrenamtlicher Tätigkeiten erhielt er 1974 die vom Ministerpräsidenten des Landes Schleswig-Holstein verliehene Freiherr-vom-Stein-Medaille.
Der landwirtschaftliche Betrieb wurde 1974 im Rahmen der Industrieentwicklung in Büttel veräußert. Danach zog Fritz Maaß mit seiner Ehefrau aufs Altenteil nach Itzehoe.
Der nächste Hof am Kanal gehörte Jacob Scheel (1817—1897) und seiner Frau Trina, geb. Alpen (1820—1887). Sie hatten zehn Kinder. Ihr Sohn Siem Scheel (1859—1926) mit seiner Frau Margaretha, geb. Wiese (1868—1947) bekam dann den Hof im Jahre

1887. Dieses Ehepaar hatte sechs Kinder, von ihnen übernahm Sohn Heinrich (1898–1981) 1920 mit seiner Frau Margaretha, geb. Claußen (1898–1975) den Hof. Sie hatten vier Kinder: Magda (1921), Ella (1922), Gustav (1924), Hermann (1926).
Gustav Scheel heiratete 1953 Heimke Stührmann aus „Lütt Dörp", deren elterlicher Betrieb auch wegen der Industrieansiedlung aufgegeben werden mußte. Ihnen wurden drei Kinder geboren: Werner (1954), Telse (1955) und Antje (1958). Gustav Scheel erwarb einen Ersatzhof in Bekdorf, seine Frau Heimke hilft gerne neben ihrer Arbeit im landwirtschaftlichen Betrieb in der Pralinen-Fabrik ihres Schwagers in Brunsbüttel, wo die bekannten Wagner-Pralinen hergestellt werden.
Die Familie Scheel stammt ursprünglich aus Wetterndorf (Hof Frauen). Um 1800 wanderten die Vorfahren nach Amerika aus. Johann Scheel, 1845 geboren, und Luise Mohr, 1850 geboren, heirateten 1877 in Amerika und kamen zurück in die Heimat. Nach einer vorübergehenden Bleibe in St. Margarethen im Hause der heutigen Bäckerei Block, wo 1879 auch Peter Scheel geboren wurde, kamen sie auf den Mohrschen Hof nach Nordbüttel.
Peter Scheel heiratete 1906 Christine Hansen aus Flethsee und übernahm dann auch den Hof seiner Mutter. 1907 wurde Sohn Johannes geboren, der später den Hof weiterführte. 1909 kam Tochter Christine zur Welt. Sie heiratete Emil Schütt aus Kuhlen. Johannes Scheel heiratete 1932 Magdalene Thode aus Hochfeld. Sie hatten drei Mädchen: Renate, verheiratet mit Max Nagel aus Achterhörn, Margrit, verheiratet mit Richard Heutmann aus Nordbünge und Traute, seit 1952 verheiratet mit Rudolf Mehlert aus Ecklak-Austrich. Letztere übernahmen 1957 den Hof vom Großvater, Peter Scheel.
Durch diese schnellen Generationswechsel lebten in den fünfziger Jahren vier Generationen auf dieser Landstelle und von ihren Erträgen. Dieses war nur möglich, weil Rudolf Mehlert lange Jahre nebenher bei der Müllerei in Büttel gearbeitet hat.
Peter Scheel und Frau Christine und später auch Johannes und Magda zogen nach Büttel in das Altenteilerhaus in der Hauptstraße, doch der Kontakt zum Hof blieb immer eng. Christine legte noch im hohen Alter mehrmals die Woche die Strecke Büttel-Nordbüttel zu Fuß zurück, um den Hof zu besuchen. Magda hatte in Nordbüttel noch immer ihren zünftigen Kartenclub, und Johannes hatte seine Schweine- und Geflügelzucht behalten und erfreute sich an seinem „Eiergeschäft".
Rudolf und Traute haben vier Kinder. Sohn Eggert wohnt in St. Margarethen und ist mit Karin Ritters aus Kudensee verheiratet. Tochter Dörte wohnt in Wilster und ist mit Uwe Mehlert verheiratet. Sohn Volker wohnt in Wewelsfleth, verheiratet mit Bärbel Dohrn. Tochter Andrea wohnt ebenfalls in Wewelsfleth.

Oben links außen: Hof Otto Kloppenburg. Unten links: Berta Kloppenburg beim Hühnerfüttern. Mitte links: Obere Reihe Magda Rusch, Anna und Otto Steffen; mittlere Reihe Olga Maaßen, Erna Rusch, Berta und Johannes Kloppenburg, Magda und Hermann Sievers, Paula Schmidt; untere Reihe Uwe, Anke und Gerd Maaßen, Lenchen, Johann und Elfi Sievers und Heinz Schmidt. Oben: Hochzeit Rolf und Traute Mehlert, geborene Scheel, mit Gästen.

Oben: Bürgermeister Fritz Maaß und Frau Agnes vor ihrem Hof am Kanal. Mitte: Familie Heinrich Scheel. Unten: Kinder Volker und Dörte Mehlert mit Hund und Katze auf dem elterlichen Hof, von Rolf und Traute Mehlert.

Oben: Hof Walter Gloyer. Mitte: Hof Jakob Hellmann. Unten: Familie Jakob Hellmann. Oben rechts: Christine Scheel mit ihren Kindern Johannes und Christine. Unten rechts: Hof Albers / Beimgraben.

1974 wurde der Hof in Büttel an die Entwicklungsgesellschaft Brunsbüttel verkauft, und die Familie Mehlert zog nach Wewelsfleth und erwarb dort den Wesselhof, den Volker seit 1987 bewirtschaftet.

Vom Kanal weiter entfernt als von der Bottermelk-Chaussee lag der Hof der Familie Gloyer.

Heinrich Gloyer (geboren 1882) und Frau Anna Sophie (geboren 1885) hatten vier Söhne: Martin (geboren 1905), Heinrich (geboren 1907), Hans (geboren 1909) und Walter (geboren 1922). Hans ist uns als Zimmermann bekannt. Walter blieb mit seiner Frau Thea und den beiden Töchtern Uta (geboren 1945) und Irene (geboren 1947) bis zur Umsiedlung in Nordbüttel wohnen.

Jacob Hellmann (1904-1981) mit seiner Frau Marta, geb. Tobias, übernahm den Hof seiner Eltern am Kanal im Jahre 1953. Sie waren fleißige Leute und erweiterten die Landwirtschaft durch Gemüseanbau. Eine Imkerei war daneben ein einträgliches Hobby. Sie bekamen drei Kinder, 1940 den Sohn Reinhard und 1947 die Zwillinge Albert und Waltraut.

Jacob Hellmann hat sich wegen der Industrieansiedlung mit Sohn Albert einen Ersatzhof in Ecklak gekauft.

Der Kruthoff war das letzte Gebäude in der Reihe am Kanal. Es war eine Kate, und Kruthoff, hochdeutsch Kraut- oder Kohlhof, bedeutete Gemüsegarten, „een Krut för de Supp" wurde dort angebaut. Hier wohnte Familie Wolter mit ihren Kindern Eduard, Reinhard, Elisabeth, Irene, Hans Reimer, Heinz Horst und Uwe. Das Haus wurde durch Blitzschlag vernichtet, das Land an Hermann Schmidt verkauft, die Familie zog nach Burg in Dithmarschen.

Wir wandern nun zurück zum Dorfrand und gelangen dann über „St. Pauli" zur Boddermelkchaussee. Sie verläuft von Süden nach Nordbüttel und erreicht nach zwei Kilometern die Kuhler Straße, die links nach Kudensee und rechts zu dem auf Flethseer Gemeindegebiet liegenden Bahnhof St. Margarethen führte.

Den ersten an der Boddermelkchaussee gelegenen Hof übernahm 1884 Klaus Jacob Albers von Johannes Lau.

Schon seit 1560 ist die Familie Albers in der Wilstermarsch weit verbreitet. Vermutlich kommt sie aus Holland.

Klaus Jacob Albers (geboren 1857) heiratete 1884 Margaretha Schmidt (geboren 1859) aus Nordbünge. Zwei Kinder gingen aus dieser Ehe hervor:

Jacob (geboren 1885) heiratete 1909 Albertine Mehlert (1886) aus Osterbünge, und Helene (geboren 1887) Markus Ewers aus St. Margarethen.

Jacob Albers übernahm den Hof 1909 von seinem Vater. Seiner Ehe entstammen fünf Kinder: Käte, Otto, Erna, Jacob und Olga. Jacob ist im Kindesalter gestorben. Otto Albers ist im Zweiten Weltkrieg gefallen.

Olga (geboren 1921) übernahm den Hof. Sie heiratete Walter Beimgraben (1919-1963). Ihre Kinder sind: Rolf (geboren 1950)

(geboren 1870). Ihr Sohn Gustav (geboren 1894) und dessen Frau Elsa geb. Schlesmann (geboren 1891) übernahmen den Hof 1922. Sie hatten zwei Söhne, Karl Heinz und Werner, die beide im 2. Weltkrieg vermißt blieben.

Gustav Brandt adoptierte nach dem Kriege Otto Krey, der den Betrieb mit seiner Familie bis 1975 selbständig bewirtschaftete. Seitdem ist der Hof verpachtet. Otto Brandt-Krey und Frau Magda haben drei Kinder: Peter (geboren 1941), Margrit (geboren 1946) und Anneliese (geboren 1948).

Der Hof blieb stehen, das Haus wird zur Zeit vom Enkel bewohnt. Über den nächsten Hof schrieb Pastor Jensen 1913 in der St. Margarethener Kirchspielchronik: Um 1652 befand sich im Nordbütteler Gebiet nur eine Hofstelle, der Hof von Olde Hinrich Heins, etwa 15 M groß, der heutige Hof von Heinrich Kloppenburg. Diese Aussage deckt sich mit einer alten, des bekannten Landvermessers Mejer aus der gleichen Zeit Karte, auf der nur diese eine Hofstelle „im Felde" verzeichnet ist.

Pastor Jensen berichtet weiter, daß die Kloppenburg zahlreich in Kudensee wohnten und besonders nach der Flut von 1720 auch über die anderen Duchten verstreut wurden. In dem Stammbaum der Familie ist schon ein Peter Kloppenburg erwähnt, der um 1562 in der Heideducht gelebt hat.

Mit dem Urvater Hinrich und dessen Sohn Steffen beginnend, der vor 1635 geboren wurde und mit einer Abel verheiratet war, ist der Stammbaum lückenlos vorhanden, und man kann daran noch nachvollziehen, wer auf dem Hofe in Nordbüttel gelebt und gearbeitet hat.

Wann Steffen während seines fünfzigjährigen Lebens den Hof übernommen hat, geht aus den Unterlagen nicht hervor. Es ist zu

und Heike (geboren 1952). Rolf bewirtschaftete den Hof nach dem frühen Tod seines Vaters zusammen mit seiner Mutter, bis er 1971 Marianne Thöm (1952) heiratete. 1978 übernahm das Paar den Besitz. Zwei Jungen sind ihre Nachkommen: Torge und Lasse. Dieser Hof ist einer der wenigen, die erhalten blieben. Rolf und Marianne haben die Gebäude stilgerecht erneuert, einen schönen Vorgarten angelegt. So schufen sie einen ansehnlichen Besitz.

Daneben liegt der Brandt-Krey-Hof. 1891 wurde er Eigentum von Markus Brandt (geboren 1866) und seiner Frau Margaretha Sühl

vermuten, daß seine Ehefrau Abel eine Tochter des Olde Hinrich Heins gewesen ist. Aus der Ehe gingen 6 Kinder hervor. Eines der Enkelkinder, Steffen, Sohn des erstgeborenen Heinrich, ist bei der Neujahrsflut 1720/21 ums Leben gekommen. Der Hof wurde von Steffens jüngstem Sohn Hans übernommen. Dieser verehelichte sich mit Aldje Öhlers; aus der Ehe gingen wiederum 6 Kinder hervor.

Der älteste Sohn Steffen (1689–1745) bewirtschaftete den Hof in erster Ehe mit Trien Margret Bockholts und nach deren Tode 1724 in zweiter Ehe mit Meta Ehlers. Aus beiden Ehen sind zusammen 7

Kinder hervorgegangen. Der älteste Sohn aus erster Ehe, Court (geb. 1720) wurde Hofnachfolger und heiratete 1748 Gretje Hellmann. Nach deren Ableben im Jahre 1760 ehelichte er 1761 die Witwe Stieneke Heinsohn, geb. Lau. Von den 6 Kindern aus erster Ehe erhielt der Sohn Steffen, geb. 1757, als letztgeborener, den Hof.

Steffen heiratete 1781 die Witwe des Johann Lauen, Gretje, geb. Hölck, und hatte mit ihr 6 Kinder. Der Sohn Johann, geb. 1788, übernahm den Stammhof und heiratete 1814 Stindje Scheel, mit der er 3 Kinder hatte. Sein Bruder Kurt, geb. 1791, heiratete Abel Scheel. Aus dieser Linie entstammen die Bewohner der Nachbarhöfe Otto Kloppenburg und Emil Kloppenburg.

Den Stammhof erhielt der einzige Sohn des Johann, Steffen, geb. 1818, der in seinem 73jährigen Leben 3 Ehefrauen hatte, die alle vor ihm starben. Es waren Anna Pohlmann, gest. 1880, die Witwe Catharina Grundmann geb. Schütt, gest. 1883, und die Witwe Triena Lund, geb. Kuhrt. Aus den 3 Ehen gingen 8 Kinder hervor, von denen der 1847 geborene Jacob 1879 den Hof übernahm. Er heiratete 1874 Wiebke Schütt aus Kuhlen und hatte mit ihr 7 Kinder. Sein Bruder Kurt hatte 4 Kinder, von denen die beiden im Dorf ansässig gewesenen Viehhändler Johannes und Jacob Kloppenburg noch manchen älteren Büttelern bekannt sein dürften.

Der älteste Sohn des Jacob, Heinrich, geb. 1879, übernahm 1906 den Hof zur Pacht und 1908 als Eigentum. Er heiratete 1906 Auguste Rohwedder aus Schotten. Von seinen Geschwistern seien folgende erwähnt um heutige familiäre Verbindungen in der Gemeinde aufzuzeigen: Anna, geb. 1876, heiratete Johann Wolter (Vorfahre von Hertha Wolter, der Frau von Bürgermeister Richard Schmidt, Kuhlen), Albertine, geb. 1883, heiratete Nikolas Ewers (Ewers Gasthof, Büttel), Jacob, geb. 1885, heiratete Christine Stademann (Hof Richard Kloppenburg).

Das Gebäude des Hofes in Nordbüttel wurde am 15. August des Jahres 1907 morgens um halb vier ein Raub der Flammen, die Ursache war vermutlich Heuselbstentzündung. Das Gebäude wurde noch im gleichen Jahr wieder aufgebaut.

Der Besitzer Heinrich Kloppenburg hatte mit seiner Ehefrau 6 Kinder: Walter, (geb. 1907), Heinrich (geb. 1908), Albert (geb. 1909), Karl (geb. 1913), Kurt (geb. 1914), und Frieda (geb. 1916). Er fiel noch jung am 25. 7. 1916 im Ersten Weltkrieg. Seine Witwe Auguste heiratete in zweiter Ehe Hans Peters. Von den Kindern übernahm der Sohn Karl, geb. 1913, im Jahre 1938 den Hof zur Pacht und 1962 zum Eigentum. Er ehelichte im Jahre 1938 Klara Mohr. Sie hatten zusammen 3 Kinder: Jan (geb. 1939), Grete (geb. 1941) und Gerhard (geb. 1943), von denen der älteste Sohn Jan im Jahre 1963 einem Unfall zum Opfer fiel.

Der jüngste Sohn, Verfasser dieser Hofgeschichte, Gerhard, geb. 1944, übernahm im Jahre 1971 den Hof zur Pacht. Er heiratete 1969 Traute Höer aus Kudensee. Aus der Ehe gingen die beiden Kinder Jörg (geb. 1970) und Maike (geb. 1973) hervor, von denen der Sohn Jörg in der Ausbildung zum Landwirt steht, so daß die Familientradition fortgesetzt wird, wenn auch auf einem anderen Hof, denn der Hof in Nordbüttel mußte im Jahre 1984 auch der Entwicklung in diesem Raume weichen. Es wurde ein Ersatzhof in Beidenfleth erworben auf dem die Familiengeschichte fortgesetzt und weitergeschrieben werden kann.

Der Ersatzhof hat schon eine bewegte Geschichte hinter sich, die hier aufzuführen den Rahmen sprengen würde, es sei jedoch die kurze Anmerkung erlaubt, daß er in dem bekannten Roman „Bauern, Bonzen und Bomben" eine Rolle spielt.

Die Geschichte des Dorfes wurde von den Kloppenburgs wesentlich mitgeprägt. So war Karl Kloppenburg in den Jahren von 1950 bis 1982 für die Gemeinde tätig und zwar bis 1974 als Gemeindevertreter und danach bis 1982, als auch er seine Heimat verlassen mußte und nach Burg (Dithm.) umsiedelte, als Bürgermeister. Diese Zeit, in der er als Bürgermeister tätig war, ist der traurigste Abschnitt in der Geschichte der Gemeinde. Es war die „Auflösungs- beziehungsweise Umsiedlungszeit", in der der Bürgermeister sehr stark gefordert wurde und viele Verhandlungen zum Wohle der Bürger geführt werden mußten.

In den Jahren von 1951 bis 1970, als die Ämterneuordnung in Kraft trat, war Karl Kloppenburg Amtmann (Amtsvorsteher) des Amtes St. Margarethen. Von 1955 bis 1959 war er Mitglied des Kreistages des Kreises Steinburg. Ferner war er Mitglied der Freiwilligen Feuerwehr Büttel und von 1970 bis 1985 Vorsitzender des Sielverbandes „Büttler-Kudenseer Kanal". Dem Aufsichtsrat der Meiereigenossenschaft gehörte er an von 1953 bis 1972 und dem Vorstand der Müllereigenossenschaft von 1952 bis 1977. Außerdem

Oben links außen: Erna und Käte Albers bei Großer Wäsche. Unten links! Auf dem Albershof. Mitte links: Olga, Lasse, Rolf, Marianne und Torge Beimgraben. Oben links: Hof Brandt/Krey. Oben: Hof Karl Kloppenburg.

war er viele Jahre als Schöffe beim Schöffengericht und als Beisitzer beim Landwirtschaftsgericht tätig. Neben weiteren Ehrenämtern und Aufgaben wirkte er auch als Ortsvertrauensmann des Bauernverbandes und in den Jahren von 1960 bis 1985 im Vorstand beziehungsweise Aufsichtsrat der Sparkasse St. Margarethen. Vom Sparkassenverband wurde seine Arbeit für die Allgemeinheit durch die Verleihung der Dr. Johann-Christian-Eberle-Medaille gewürdigt.

Sein Sohn Gerhard wurde im Jahre 1962 zum Vorsitzenden der Reitbrüderschaft „Frohsinn" gewählt. Durch seine Initiative wurde der Verein, als ein Reiterfest mangels Pferden nicht mehr durchgeführt werden konnte, 1965 zu einem Schützenverein umgewandelt, dessen Vorsitzender er dann bis zum Jahre 1975 war. Seit 1982 ist er Vorstandsmitglied des Bürgervereins und war seit dem gleichen Jahr bis zu seiner Umsiedlung Mitglied des Gemeinderates. Als Mitglied der freiwilligen Feuerwehr wurde er 1976 als erster Gruppenführer eingesetzt und bekleidete von 1981 bis 1985 das Amt des stellvertretenden Wehrführers. Auch die Erstellung der vorliegenden Chronik hat er wesentlich gefördert.

Über den nächsten Hof von Emil Kloppenburg berichtet Lehrer Kruse in seinen Büttler Aufzeichnungen.

1890 kaufte Detlef Jensen den 13⅔ ha großen in Nordbüttel gelegenen Hof von Johannes Kloppenburg, Sohn des Steffen Kloppenburg im Felde für 35 000 Mark. Er verkaufte ihn am 1. 5. 1906 wieder an Witwe Cicilie Kloppenburg für 46 500 Mark. Deren Sohn Karl hat diesen Hof übernommen. Man sieht, wie sehr auch um die Jahrhundertwende die Landpreise schwankten.

Hinrich Kloppenburg (1852–1898) heiratete 1878 Cicilie Frauen (1855–1926). Sie bewohnten den Stammhof am Kanal. Ihre drei Söhne waren: Johannes (1879), Heinrich (1882), Karl (1885).

Karl Kloppenburg (1885–1968) heiratete 1908 Margaretha Rohwedder (1887–1931). Sie übernahmen 1907 den neuerbauten Hof an der Boddermelkchaussee. Zwei Kinder entstammen dieser Ehe: Käthe (geboren 1909) und Emil (geboren 1911). Letzterer und seine Frau Cäcie, geb. Sötje, bewirtschafteten den Hof in der Erbfolge seit 1939. Ihnen wurden zwei Kinder geboren: Silke 1940 und Kurt 1942.

Sohn Kurt ist verheiratet mit Antje Ewers. Sie haben drei Söhne: Dirk, Ingo, Jan.

1973 wurde der Hof an Jürgen Schmidt verpachtet. Dazu schreibt Elke Schmidt: „Am 1. Mai 1973 zogen wir, Elke und Jürgen Schmidt, Birgit, Dörte und Marion, in Büttel ein. Es war der Hof von Emil Kloppenburg. Acht Jahre wohnten wir dort in Nordbüttel. Im Winter 1979 schneiten wir völlig ein. Die Büttler Feuerwehr befreite uns von der Milchschwemme. Am 1. Mai 1981 zogen wir dann nach Sachsenbande."

Etwas abseits von der Straße lag die Landstelle von Heinrich Bestmann. Die Familie berichtet: „Der Landwirt und Mühlenarbeiter Heinrich Bestmann (geb. 1887) heiratete die Schneiderin Elsabe Janß (geb. 1889). Sie war die Tochter von Bauer Detlef Janß und Frau Katharina in Kuhlen. 1910 wurde ihre Tochter Alma geboren. Danach entschlossen sich die Eheleute Bestmann, auf dem eigenen Grundstück in Nordbüttel eine neue Landstelle zu errichten. Im Jahre 1911 konnte das Haus bezogen werden. Der bisher bewohnte Altbau wurde abgerissen.

Als 1914 der 1. Weltkrieg ausbrach, wurde Heinrich Bestmann eingezogen, und ein Jahr später ist er gefallen. Die Witwe Elsabe verdiente nun allein den Lebensunterhalt für sich und ihre Tochter mit der Landwirtschaft, zum großen Teil jedoch mit der Schneiderei. Junge Frauen und Mädchen kamen zu ihr ins Haus, um das Nähen zu erlernen. 1920 heiratete Elsabe den Bruder ihres gefallenen Mannes, den Landwirt Wilhelm Bestmann (geb. 1895). Ihnen wurde 1921 die Tochter Rosa und 1923 die Tochter Ella geboren. Um Viehwirtschaft betreiben zu können, pachteten sie Land von der Bäuerin Magda Peters in Büttel. Außerdem leistete Wilhelm Bestmann Gelegenheitsarbeit auf dem Hof des Bauern Karl Westphalen. Langjährig in Pacht hatte er den Hof von Gustav Brandt in Nordbüttel, bevor der Adoptivsohn Brandt-Krey den Besitz übernahm. Wilhelm Bestmann verstarb 1966, seine Frau Elsabe 1971. Im Jahre 1975 mußte das Haus der Industrieansiedlung weichen.

Die Gebäude von Johannes Janß lagen ursprünglich mitten in den Landstücken auf einer abgetragenen Wurt. Nachdem sie im Mai 1890 von Feuer zerstört wurden, baute man sie am Nordbüttelerweg, der Bottermelkchaussee wieder auf. Im Mai 1913 brannten die Gebäude von Detlef Janß nochmals ab und mußten neu errichtet werden.

1906 heiratete Nikolaus Janß Marie Ewers und übernahm den Hof. 1921 wurde ihr Sohn Johannes geboren und 1925 Irmgard, später verheiratet mit Herbert Becker. Johannes heiratete 1948 Käthe Garms aus Schotten. Sie übernahmen 1962 den elterlichen Hof. Ihr Sohn Reinhard (1949), heiratete 1969 Hannelore Haß aus

---

Oben links außen: Familie Kloppenburg/Peters mit Kurt, Walter, Frieda, Auguste, Albert, Hans Peters, Walters Frau Rosa, Heinrich, Klara, Karl und Walters beiden Kindern um 1938. Unten links außen: Hof Karl und Emil Kloppenburg. Oben links: Reiter Karl Kloppenburg. Unten links: Grundstück Wilhelm und Elsabe Bestmann. Oben: Wilhelm Bestmann mit Tochter Ella und dem Milchkontrolleur Breckwoldt. Unten: Alma Bestmann auf dem Wege zum Melken. 1928. Oben rechts: Wilhelm Bestmann mit Frau Elsabe, Tochter Ella und dem Soldaten Johannes Janß beim Frühstück während der Heuernte. Unten rechts: Hof Johannes Janß.

Nienbüttel. Sie bekamen drei Kinder: 1969 Monika, 1972 Mathias und 1975 Mario. Ihre Tochter Maren (geboren 1955), seit 1975 verheiratet mit Klaus Hahn, Krumstedt, hat drei Kinder: Christian (geboren 1976), Stefanie (geboren 1978) und Martin (geboren 1988). Der Hof wurde 1975 an die Entwicklungsgesellschaft verkauft.

Richard Schmidt berichtet: „Johannes Janß ist nach Wilster gezogen. Er hat dort bis zum Rentenalter im Menkestift als Hausmeister und guter Freund des Hauses in der sozialen Arbeit seine Kräfte zur Verfügung gestellt. Ich möchte ausdrücklich erwähnen, daß er ein Menschenfreund ist."

Das nächste kleine Haus an der Boddermelkchaussee erzählte uns von den Sturmfluten im 18. Jahrhundert. Als in Tütermoor 1717 ein gewaltiger Sturm hohe Fluten ins Land trieb, wurden mehrere Moorkaten hinweggerissen und fortgeschwemmt. So ist auch dieses Häuschen mit Grund und Boden an dieser Stelle angetrieben worden. Beweis dafür ist der Moorboden, auf dem das Häuschen steht, während die Ländereien um das Grundstück herum aus schwerem Marschboden bestehen.

Heinrich Hauschild (geboren 1894) und Frau Bertha (geboren 1898) kauften das Haus. Zuvor hatten sie schon einige Jahre im Chausseewärterhaus am Deich bei der Deichmühle gewohnt. Ihre zwei Kinder Marga und Jonny wuchsen hier auf. Jonny heiratete Grete Stulert. Auch deren Kinder Renate und Rüdiger wurden hier geboren. Tochter Marga heiratete Arthur Zornig. Aus dieser Ehe gingen die beiden Töchter Ingrid und Marlene hervor.

Alle fanden in diesem Häuschen ein Zuhause, als nach dem Krieg durch den Zustrom unserer Flüchtlinge aus dem Osten die Wohnungsnot so groß war.

1976 wurde das Haus von der Entwicklungsgesellschaft aufgekauft, Frau Bertha Hauschild bekam ein Ersatzobjekt in Büttel am Kanal, das ihre Tochter Marga 1977 übernahm. Doch auch sie mußte dort wieder weichen und erwarb ein Wohnhaus in Brunsbüttel.

Jacob Kloppenburg (1885–1963) hat über lange Jahre als Bürgermeister die Geschicke der Gemeinde gelenkt. Mit seiner Frau Christine, geb. Stademann (geboren 1891), hatte er zwei Kinder: Berta (geboren 1913), verheiratet mit Hans Gloyer, und Richard (geboren 1916). Dieser übernahm den Hof der Eltern und bewirtschaftete die Ländereien seiner Großeltern Stademann mit. Er hat fünf Töchter: Aus der ersten Ehe mit Käthe Stührk stammen Gisela (geboren 1944) und Waltraud (geboren 1951), aus der zweiten Ehe mit Annemarie Thode die Töchter Renate (geboren 1959) und die Zwillinge Kerstin und Karen (geboren 1961).

Wegen der Industrieansiedlung zog die Familie nach Itzehoe, erwarb aber Land vom Majors Hof in Dithmarschen, welches verpachtet ist. Mutter Christine Kloppenburg, heute, 1989, im 99. Lebensjahr, wohnt bei ihrem Sohn und der Schwiegertochter.

Der letzte Hof an der Boddermelkchaussee ist das derzeit von der AMH-Chemie (mit Namen heute: Norsk-Hydro-Ruhr-Stickstoff AG) als Informationszentrum genutzte Gebäude. Die Familie Herbert und Elke Förthmann verwaltet es und bewohnt es mit ihren Kindern Kay und Katja.

Der Hof war seit 1852 im Besitz der Familie Schütt-Wolthausen. 1909 wurde er Eigentum von Steffen Schütt (1882–1915) und Frau

Ganz oben: Haus Heinrich Hauschild in Kuhlen. Oben: Mutter Hauschildt mit Ingrid und Marlene Zornig. Oben rechts: Hof Richard Kloppenburg. Oben rechts Mitte: Hof Sierk-Wolthausen. Unten rechts: Hof Johannes Schütt. Oben rechts außen: Hof Emil/Reimer Schütt. Unten rechts außen: Emil Schütt zu Pferde.

Abel, geb. Wohlert. Steffen Schütt fiel im 1. Weltkrieg. Die Witwe Abel heiratete in zweiter Ehe Hinrich Sierk. Sie hatten eine Tochter Anne (geboren 1924). Aus deren Ehe mit Karl Wolthausen (geboren 1913) entstammen drei Söhne: Gerhard (geboren 1955), Dierk (geboren 1958) und Bernd (geboren 1961).

Nach der Aufgabe des Hofes ist die Familie Wolthausen nach Wilster in einen eigenen Neubau verzogen, in einem Gebiet, in dem sich mehrere Bütteler Familien angesiedelt haben.

Wir haben auf unserem Rundgang Kuhlen erreicht und wandern weiter zum Bahnhof St. Margarethen, der ja auch unsere Bahnstation für Büttel war.

Die Poolkate in der Nähe des Bahnhofs lag an der Ortsgrenze Büttel–Flethsee in einer wasserreichen Niederung, auf plattdeutsch: Waterpool. Langjährig wurde sie von der kinderreichen Familie Lau bewohnt. Nach ihnen hatte Witwe Zölker dort ihr Zuhause. Sie war eine Schwester von Wilhelm Schröder aus Kuhlen.

Für den Bau der neuen B5 mußte das Haus weichen.

Der Kate gegenüber lag das landwirtschaftliche Anwesen der Familie Gude, welches sie von der ihnen verwandten Familie Brandt geerbt hatte.

Sohn Ernst hat es bewohnt, bis auch dieses Haus wegen der neuen Straße abgebrochen wurde. Die zugehörigen Ländereien werden vom Stammhof in Büttel genutzt.

Wir kommen zum Schütteneck, so genannt nach den zahlreichen Mitgliedern der Familie Schütt, die hier ansässig waren. Steffen Schütt vererbte seiner Enkelin und ihrem Mann Nikolaus Peters das Haus. Daneben hatte Johannes Schütt sein Altenteilerhaus, das im Zuge der Industrieansiedlung abgerissen wurde. Er hat sich dafür ein Ersatzobjekt in Wilster gekauft.

Zum Schütteneck gehört auch noch das Altenteilerhaus von Hans Schütt, das er seiner Tochter Alma, verheiratete Prüß, vererbte.

Reimer Schütt aus Kuhlen erzählt: „Unser Ahnherr Jürgen Schütt heiratete 1860 Abel Junge. Sie hatten fünf Kinder. Die als letzte 1879 geborene Tochter Margaretha wurde unsere Großmutter. Der Nachbarsohn Paul Schütt aus der Famile Steffen Schütt (1851–1937) wurde ihr Ehemann.

1904 übernahmen sie den Hof als ihr Eigentum. Ihr Sohn Emil, mein Vater, wurde 1909 geboren, ihre Tochter Herta 1920. Herta starb 1981. Sie war verheiratet mit Nikolaus Peters in Glückstadt, sie bekamen drei Kinder.

Mein Vater Emil Schütt nahm sich Christine Scheel, die Tochter von Peter Scheel und Christine Hansen, zur Ehefrau. Nach ihrer Hochzeit 1932 bewirtschafteten sie den Hof. Ihre drei Kinder sind meine Schwestern Inge, geb. 1933 (sie heiratete 1958 Hans Ahrens und hat einen Sohn, Hartmut) und Edith, geb. 1934 (sie heiratete 1952 Hermann Schmidt und hat vier Kinder: Helmut, Hauke, Jürgen und Frauke) und ich, Reimer, 1938.

Ein Jahr später brach der Krieg aus. Mein Vater mußte an die Front nach Rußland ist 1942 in Stalingrad gefallen. Meine Mutter

Neben dem Hof von Reimer Schütt stand das Einfamilienhaus von Hans Ahrens und seiner Frau Inge, geb. Schütt. Es wurde im Jahre 1965 errichtet. Hans Ahrens ist im Umkreis bei den Bauern gut geschätzt. Als zuverlässiger Milchtankfahrer konnte er schon sein 25jähriges Jubiläum feiern.

1976 kaufte die Entwicklungsgesellschaft im Rahmen der Industrieansiedlung sein Haus. In Itzehoe-Edendorf hat er einen eigenen Neubau bezogen.

Neben dem Haus von Hans Ahrens befand sich der kleine Kolonialwarenladen von Tine Simon. Sie war ein Kuhler Original und ist noch allen Bewohnern gut in Erinnerung. Nach ihrem Tod war der Laden wiederholt verpachtet und wurde letztlich von Willi Dammann gekauft. Er ist heute Straßenwärter in Wilster und hat auch sein Haus im Zuge der Industrieansiedlung veräußern müssen.

Das Einfamilienhaus daneben gehört zum Opitzhof. Es wurde langjährig von Willi Böthern und seiner Familie bewohnt. Er war bei der Müllerei-Genossenschaft in Büttel tätig. Mit seiner Frau mit ihren drei kleinen Kindern führte alleine die Wirtschaft auf dem Hof weiter.

1950 brannte er ab, die Gebäude wurden danach in der alten Bauweise wieder errichtet.

1963 hat meine Mutter ihn mir als Eigentum übergeben.

1968 heiratete ich Ilse Harder (geb. 1949), Tochter von Max Harder und Marga Schütt aus Kuhlen. Wir haben eine Tochter: Susanne, geb. 1969.

1975 haben wir den Hof an die Entwicklungsgesellschaft verkauft und im Kattrepel bei Marne einen neuen Besitz erworben."

Marie Böthern hat er drei Kinder: Ursel, Waldo und Heino. Der Opitz-Heitmannhof schließt sich an. Über ihn berichtet Inge Heitmann:

Matthias Opitz (geb. 22.2.1788 in Krempe) kam Anfang des vorigen Jahrhunderts aus der Krempermarsch nach Kuhlen. Sein Vater, Hans Opitz, war Bürger, Küpermeister und zugleich Amtsmeister des Böttcheramtes in Krempe. Ein weiterer Vorfahr, Balthasar Gottfried Opitz, war zwischen 1695-1713 Hofbesitzer in Krempdorf, zur gleichen Zeit war ein Johann Opitz in Krempe Radmacher. Vermutlich ist die Familie Opitz erst im bzw. kurz nach dem 30jährigen Krieg in die Krempermarsch gekommen. Fünf Generationen Opitz waren dann von Anfang des vorigen Jahrhunderts an auf dem Hof in Kuhlen ansässig: Matthias Opitz (1788–1836), verheiratet mit Trine Kloppenburg (1792–1879); und Hans Hinrich Opitz (1828–1917), verheiratet mit Catharina Mahlstedt (1832–1885); Heinrich Barthold Opitz (1870–1939), verheiratet mit Alwine Alpen (1873–1943); Heinrich Opitz (1898–1973), verheiratet mit Olga Reimers (1897–1976). Deren Tochter Inge Opitz, geboren 1934, heiratete Albert Heitmann, geboren. 1934. Sie haben zwei Kinder: Maren (geboren 1963) und Jochen (geboren 1965).

Ganz oben: Reimer Schütt und Frau mit Tochter Susanne. Oben: Haus Ahrens in Kuhlen. Mitte rechts: Christine und Emil Schütt mit Kindern Inge, Edith und Reimer. Oben rechts: Hökerei Tina Simon. Mitte rechts: Besichtigung der Straßenbauarbeiten vor dem Haus Simon mit Kreispräsident Peter Dohrn, Bürgermeister Fritz Maaß, Landrat Peter Matthiessen. Gemeindevertreter Willy Hartzen, Amtsvorsteher Karl Kloppenburg, Amtsschreiber Heinrich Schulz und Gemeindevertreter Walter Meyer. Unten rechts: Hof Opitz. Unten rechts außen: Familie Opitz. Mitte rechts außen: Wohnhaus Opitz/Böthern.

183

1975 erfolgte der Verkauf des Hofes in Kuhlen an die Entwicklungsgesellschaft und der Kauf eines Ersatzhofes in Sommerland. Es bedeutete nach fünf Generationen die Rückkehr der Familie in die Krempermarsch.
Als nächstes folgt der Besitz von Heinrich Ramm.
Heinrich Ramm aus Büttel (1883–1960) und seine Frau Eliese Tietjens (1885–1927) kauften 1908 das Anwesen von Detlef Jensen. Heinrich Ramm war Maurermeister und Landwirt. 1913 baute er ein neues Wohnhaus, und im Laufe der Jahre vergrößerte er den Bau um eine große Diele und einen Schweinestall. Das Ehepaar hatte drei Kinder. Pauline (geboren 1908), Magda (1910), Hans (geboren 1913).
Tochter Magda Ramm heiratete 1935 Nikolaus Kock. Sie übernahmen den Besitz als ihr Eigentum. 1936 kam ihre Tochter Helga zur Welt. Nikolaus Kock ist 1945 im 2. Weltkrieg gefallen.
Helga Kock und ihr Ehemann Kurt Schmidt (1934 geb. in Nordbünge) waren ab 1958 Eigentümer dieses Besitzes. Sie haben zwei Kinder: Gerd (1959) und Heike (1961).
Im Jahre 1976 wurde das Anwesen zur Ansiedlung der Veba-Chemie veräußert und ein Ersatzhof in Stuven/St. Margarethen erworben.
Als letztes Anwesen in der Häuserreihe an der Kuhlerstraße vor dem Zollweg nach Kudensee liegt der Hof der Familie Hans Junge. Es ist ein alter, bekannter Besitz in diesem Bereich, schon früher als 1800 in den Händen der Familie Junge. Besitzer waren Hans Junge (1810–1884), verheiratet mit Anna Suhr (1816–1891); Hans Junge (1840–1909), verheiratet mit Lena Scheel (1844–1906) und Jakob Junge (1880–1960), verheiratet mit Margaretha Prüß (1880–1956). Ihre Kinder waren Alma (geboren 1904), Hans (geboren 1905), Rosa (geboren 1907) und Martha (geboren 1909).
Besitznachfolger wurde Hans Junge (1905-1975) mit seiner Frau Anne Brandt (1910).
Sie bewirtschafteten den Hof seit 1932. Auch sie mußten diesen Besitz veräußern und haben ein Ersatzobjekt in Averfleth gekauft. Frau Anne Junge wohnt in Burg in Dithmarschen.
Gegenüber am Zollweg stand die ehemalige Gastwirtschaft von Johann Schütt.
Darüber berichtet Lehrer Kruse in seinen Aufzeichnungen:
„Am 14.7.1900 wurde das Haus des Schankwirts Joh. Wiebensohn

Oben links: Hof Heinrich Ramm, später Kurt Schmidt. Unten links: Hof Junge. Oben: Gastwirtschaft Schütt in Kuhlen mit Katharine Schütt, Sohn Hans und Hausgehilfin Anne Schwardt 1929. Unten: Hans Gloyer beim Richten auf dem Zimmerplatz. Oben rechts: Hans Gloyer und Frau Bertha mit ihren Kindern Klara, Marga und Gerda. Unten rechts: Hof Richardt Brandt. Oben rechts außen: Johann Schütt, Detlef Janß, Richard Scheibner, Heinrich Schütt, Gretel Schütt, Heinrich Janß und Johann Schütt. Unten rechts außen: Familie Willy Lau.

am sogenannten Zollweg bei einem furchtbaren Unwetter vom Blitz getroffen. Er baute an derselben Stelle wieder auf und verkaufte zum 1.3. 1906 seine Gastwirtschaft und sein Land an Joh. Schütt, Sohn des früheren Zimmermeisters Joh. Schütt vom Bahnhof."

Sohn Hinrich (geb. 1903) und seine Frau Kathrine Opitz pachteten die Wirtschaft 1925. Ihre beiden Kinder wurden geboren: Hans 1926 (gefallen 1945) und Marga 1929.

1937 kaufte Hans Gloyer von Johann Schütt das Anwesen und betrieb darauf eine Zimmerei. Hans Gloyer war Bürgermeister in Büttel und mit Bertha Kloppenburg verheiratet, beide aus Kuhlen gebürtig. Ihre Kinder Klara (1938), Marga (1939) und Gerda (1947) wurden hier geboren.

Heinrich Schmidt erwarb dann den Besitz. Er verlegte seinen ungünstig am Kanal gelegenen landwirtschaftlichen Betrieb hierher und vergrößerte durch weiteren Landankauf den Hof.

1952 übernahm sein Sohn Hermann den Betrieb. Er war in 1. Ehe mit Olga Söhl, geb. Schütt, verheiratet und in 2. Ehe mit Olga Wiggers. Seine Kinder heißen Horst (geboren 1942), Heinrich (geboren 1954) und Maren (geboren 1961).

Auch dieser Betrieb wurde veräußert, Hermann Schmidt zog in einen eigenen Neubau nach Wilster.

Das nächste Anwesen war früher ein Ritscherhof. Peter Brandt (geb. 1870 in Wetterndorf) heiratete Abel Ritscher (1874), die einzige Tochter des Hinrich Ritscher (1845). Abel und Peter Brandt hatten drei Kinder: Peter, Hinrich und Cathrine. Cathrine zog mit den Eltern nach Büttel auf den Alterssitz, als Hinrich heiratete. Seine Frau Martha, geb. von Osten, stammte aus Arentsee. Irma und Richard waren ihre Kinder.

Richard Brandt (1928) und seine Frau Annegret Rehder (1940) heirateten 1960. Sie übernahmen den Hof und waren die letzten, die ihn bewirtschafteten.

Diese in Kuhlen gelegene Landstelle lag relativ ungünstig. Die Ländereien waren in unzählige verschiedene Parzellen aufgeteilt, sodaß Richard Brandt die meiste Zeit seiner landwirtschaftlichen Tätigkeit auf der Landstraße zubrachte. Das hat ihn schon von früh an bewogen, den Hof zu verkaufen. In Brokdorf, in der Nähe des Kernkraftwerkes, hat er 1968 ein Ersatzobjekt erworben.

Richard und Annegret Brandt haben drei Kinder: Anke (geboren 1961), Rolf (geboren 1962), der Landwirt wurde, und Jochen (geboren 1969).

An der ehemaligen Gastwirtschaft Schütt biegt in nördlicher Richtung der Zufahrtsweg nach Kudensee ab.

An diesem „Zollweg" nach Kudensee lag das Anwesen von Wilhelm Lau und Frau Anna, geb. Dohrn. Ihre Kinder Katharine und Willy wurden hier geboren. Willy (1912) heiratete 1933 Emma Pflaum (1905–1988) aus Eggstedt. Zwei ihrer Kinder wurden auf dem Hof geboren: Anna-Christine 1934 und August-Wilhelm 1936.

der Hof im Jahre 1975 verkauft, und die Familie erwarb einen Ersatzhof in Friedrichskoog, den sie seitdem bewirtschaftet.
Durch die Industrieansiedlung wurde auch der Hof der Familie Heinrich Schütt (geb. 1896) und seiner Frau Rosa (geb. 1898) aufgelöst. Sie hatten zwei Töchter: Ella und Erna.
Erna heiratete den Schleusenmeister Otto Flügel aus Büttel, Ella den Bäckermeister Meinert. Sie besitzen in Drage-Friedrichsstadt eine Bäckerei. Dort bei ihrer Tochter verbrachten Heinrich und Rosa Schütt ihren Lebensabend.
Im Jahre 1938 kauften Dora und Hans Peters das Bahnwärterhaus von der Bundesbahn. Bis dahin hatte der Tischler Hans Sievers es bewohnt.

1940 verkauften sie den Besitz an ihren Nachbarn Wilhelm Schröder. Familie Lau zog ins Dorf Büttel. Hier kamen ihre Kinder Elfriede (1939) und Hans-Heinrich (1948) zur Welt.
Hermann Schröder berichtet: „Familie Schröder ist etwa im Jahre 1850 von Achterhörn nach Kuhlen gezogen und hat dort, nachdem das alte Gebäude abgebrannt war, in dem 1855 neu erbauten Haus bis 1958 gewohnt und gewirtschaftet. Die Betriebsgröße von etwa 10 ha wurde bis zum Jahre 1970 auf 25 ha erweitert. Im Jahre 1940 wurde ein Wirtschaftsgebäude hinzugekauft und 1958 ein neues Wohnhaus erbaut. Ab 1926 war das Anwesen im Besitz von Wilhelm Schröder (1903–1970) und Frau Katharina, geb. Tobias (1904–1958). Ihre Kinder wurden hier geboren: Heinrich Wilhelm 1929, Anneliese 1930, Hildegard 1934, Hermann 1936 und Erika 1939.
Der Sohn Hermann Schröder war ab 1968 der letzte Besitzer des Kuhlener Schröderhofes mit seiner Frau Elisabeth, geb. Lund. Er bewirtschaftete den Hof in der 4. Generation. Aus dieser Ehe gingen drei Kinder hervor: Jan 1969, Arno 1970 und Almut 1973.
Während der Industrieansiedlung in der Gemeinde Büttel wurde

1971 bezogen Irmgard und Hans Peters mit ihren vier Kindern das Haus. Als „Hans Musiker" bei den „Lustigen Dorfmusikanten" war Hans Peters in Büttel jedem bekannt.
Seit 1981 wohnten hier Sohn Manfred mit Frau Roswitha und ihren beiden Kindern Stephanie und Christian.
Den nächsten Besitz von Max Harder und seiner Frau Marga, geb. Schütt, haben Johannes und Helene Opitz 1899 von Michel Lau erworben und 1903 die Gebäude neu errichtet. Sie hatten drei Kinder: Kathrine (geboren 1900), Heinrich (geboren 1905) und Marie (geboren 1908). Sohn Heinrich Opitz bewirtschaftete den Hof von 1928–1937.
Die Tochter Kathrine heiratete 1925 Hinrich Schütt (1903–1953), den Sohn vom Gast- und Landwirt Johann Schütt und Frau Auguste. Von 1925–1937 übernahmen sie die Gastwirtschaft, danach wurden sie Eigentümer des Opitzhofes. Zwei Kinder entstammen dieser Ehe: Hans (geboren 1926, gefallen 1945) und Marga (geboren 1929).
Marga Schütt heiratete 1948 Max Harder. Sie bewirtschafteten den Besitz ab 1949. Ihre Ländereien des Hofes lagen halbseitig nördlich und südlich der Bahn.

Oben links: Willy Schröder und Frau mit ihren Kindern Erika, Anneliese, Heinrich, Hildegard und Hermann. Links: Die Kinder Jan, Arno und Almut Schröder. Oben: Das Bahnwärterhaus „Hans Musiker". Oben rechts: Haus Max und Marga Harder im Jahre 1975. Rechts: Der unweit der Gemeindegrenze gelegene, für Büttel zuständige Bahnhof St. Margarethen nach einer Postkarte von 1905.

Ihre zwei Töchter sind: Ilse (geboren 1949), sie wurde die Ehefrau von Reimer Schütt aus Kuhlen, und Karin (geboren 1956).
1975 wurde das Anwesen an die Entwicklungsgesellschaft verkauft, Familie Harder verzog nach Itzehoe.
Die folgenden Anwesen Johannes Ewers und Daniel Möller waren ehemals zwei Betriebe. Der größere war der Ewershof, zu dem nach 1945 das 5 ha große Areal des Möllerschen Besitzes hinzugekauft wurde. Die Vorbesitzer waren ab 1896 Jacob Hellmann und Frau Gesche, geb. Hansen. Ihre Tochter Gretchen Marie heiratete Johann Ewers aus Büttel. Deren drei Kinder sind: Johannes (geboren 1919), Hella (geboren 1923) und Irma (geboren 1925).
Sohn Johannes Ewers und Frau Hertha, geb. Krey, bewirtschafteten den Hof seit 1946 und wurden 1966 Eigentümer. Fünf Kinder wurden ihnen geboren: Günter 1943, Jan-Peter 1945, Reinhard 1946, Heinz 1955 und Sabine 1962.
1975 wurde das Anwesen an die Entwicklungsgesellschaft verkauft. Johannes Ewers erwarb ein Ersatzobjekt in Hohenfelde.
Die nächstgenannten drei Höfe liegen nördlich der Eisenbahn und sind erhalten geblieben. Über den ersten von ihnen berichtet Johannes Schütt: „Mein Großvater Hinrich Schütt (1856–1937) hat den Hof von seiner Tante Anna Mahlstedt, deren Ehe kinderlos war, erworben.
Seine Frau Katharina, geb. Opitz, Schwester von H. Opitz, gebar ihm vier Kinder: Martin, Heinrich (mein Vater), Johannes (Ingenieur, gefallen) und Katharina (mit 11 Jahren verstorben). 1909 heiratete mein Vater Heinrich Schütt (1887–1964) meine Mutter Anna Frauen (1887–1922). Sie übernahmen den Hof.
Dieser Ehe entstammen die Kinder Hans, geboren 1909, gestorben 1985 in den USA, ich, Johannes, geboren 1911 und Berta, geboren 1912, verheiratet mit E. Rohwedder. Sie wohnten in Büttel. Dort wurden auch ihre fünf Kinder geboren: Anneliese 1933, Egon 1934, Helga 1937, Monika 1941, Axel 1943.
Karl, 1913 (gefallen 1944 im 2. Weltkrieg) und Olga 1922, gestorben 1957. Sie war in 1. Ehe verheiratet mit Hinrich Söhl, Unteroffizier (1915–1945). Ihr Sohn Horst ist als Dr. med. vet. nach Kanada ausgewandert und dort in Zuro als Amtstierarzt tätig.
An der Auffahrt zu seiner Farm steht das Büttler Straßenschild „Armsünderstieg", das er mit Erlaubnis aus Büttel mitgenommen hat, als Andenken an seine Heimat.
Seit 1937 bewirtschaftete ich, Johannes Schütt, mit meiner Frau Albertine, geb. Schröder, den Hof. Unsere zwei Kinder sind: Hans Heinrich (geboren 1938) und Lore (geboren 1944). Unser Sohn Hans Heinrich übernahm mit seiner Frau Magdalene, geb. Ahsbahs, 1971 den Hof in Pacht. Sie haben vier Kinder, unsere Enkel sind Heike (geboren 1965), Lore (geboren 1968), Martin (geboren 1970) und Karin (geboren 1975).

"Ich habe mir mit meiner Frau ein Haus als Alterssitz gekauft, 1988 konnten wir unsere Goldene Hochzeit feiern."
Jacob Prüß (1884–1969) und seine Frau Margaretha Schröder (1889–1962f) kauften ihren Hof 1912 von Gütermakler Gloyer und Ramm. Sie hatten zwei Töchter: Magda (geboren 1911) und Luise (geboren 1913).
Am 17.4.1934 wurden auf dem Hof zugleich drei Hochzeiten gefeiert, die Silberhochzeit von Jacob und Margaretha Prüß und die Grüne Hochzeit der beiden Töchter. Peter Schmidt aus Ecklakerhörn (geb. 1908) heiratete Magda Prüß und Max Hansen aus Flethsee (geb. 1906) Luise Prüß.
Max und Luise Hansen übernahmen nach der Hochzeit den Hansenhof in Flethsee.
Peter und Magda Schmidt übernahmen die Wirtschaft auf dem Prüßhof, den sie 1962 käuflich erworben haben.
1975 mußten sie 4 Hektar Land an die Entwicklungsgesellschaft abgeben.

Oben links: Hof Johannes Schütt. Unten links: Johannes und Albertine Schütt am Tage ihrer Goldenen Hochzeit. Oben rechts: Peter Schmidt beim Transport der Milchkannen mit dem Pferdewagen zur Molkerei. Unten: Diele im Husmannshus in Kuhlen um 1910. Oben rechts außen: Hof Prüß/Schmidt im Jahre 1914. Unten rechts: Hof Wolter/Schmidt um 1914.

Der Resthof wurde verpachtet bzw. verkauft. Er wird jetzt von der Familie Klaus Stephan als Eigentümer bewohnt.
Über den dritten in Kuhlen hinter der Bahn gelegenen Hof berichtet Richard Schmidt: „Der in der Flur 5, Gemarkung Büttel, gelegene landwirtschaftliche Betrieb wurde um 1910 von Johann Wolter und Frau Anna, geb. Kloppenburg, käuflich erworben. Vorbesitzer war Jürgen Wohlert, der sich mit einer nicht verkauften Fläche und einem neuen Wohn- und Wirtschaftsgebäude an der Straße im „Schütten-Eck" weiterhin der Landwirtschaft widmete.
Johann Wolter und Frau Anna hatten sechs Kinder: Alma (geboren 1895), Marie (geboren 1897), Albertine (geboren 1905), Elfriede (geboren 1906), Emil (geboren 1909) und Erna (geboren 1912).
Im Jahre 1931 überließ Johann Wolter seinen Hof seinem Sohn als Pachtung und 1946 als Eigentum.
1933 heiratete Emil Wolter seine Frau Olga, geb. Egge aus Sachsenbande, 1936 wurde ihre Tochter Hertha geboren. Den Hof haben Emil und Olga Wolter bis 1962 bewirtschaftet.
1957 heiratete ich Hertha Wolter. 1958 wurde unsere Tochter Anke, 1962 unsere Tochter Christa geboren.
Das landwirtschaftliche Anwesen bewirtschaften meine Frau und ich seit 1962 als Pachtung und später als Eigentum in dritter Generation. Schon vor der Jahrhundertwende wurde das zu unserem Hof gehörende Land durch den Bau der Bahnlinie zerschnitten.

189

Die nun südlich der Bahn liegenden Flächen sind Anfang 1980 ein zweites Mal durch den Bundesstraßenbau, die Umgehung von Brunsbüttel, durchtrennt worden. Durch Flächentausch und Zukauf liegen heute alle zum Hof gehörenden Flächen nördlich der Bundesbahn. Unser Hof ist heute einer der drei Vollerwerbsbetriebe, die von den einst rund sechzig in der Gemeinde Büttel übriggeblieben sind."

Ganz oben: Richard und Herta Schmidt auf ihrem Hof. Links: Hof Richard Schmidt. Oben: Nikolaus Hagemann, Hermann Wiese, Richard und Kurt Schmidt bei der Reeternte. Rechts: Kastanienblüte im alten Büttel.

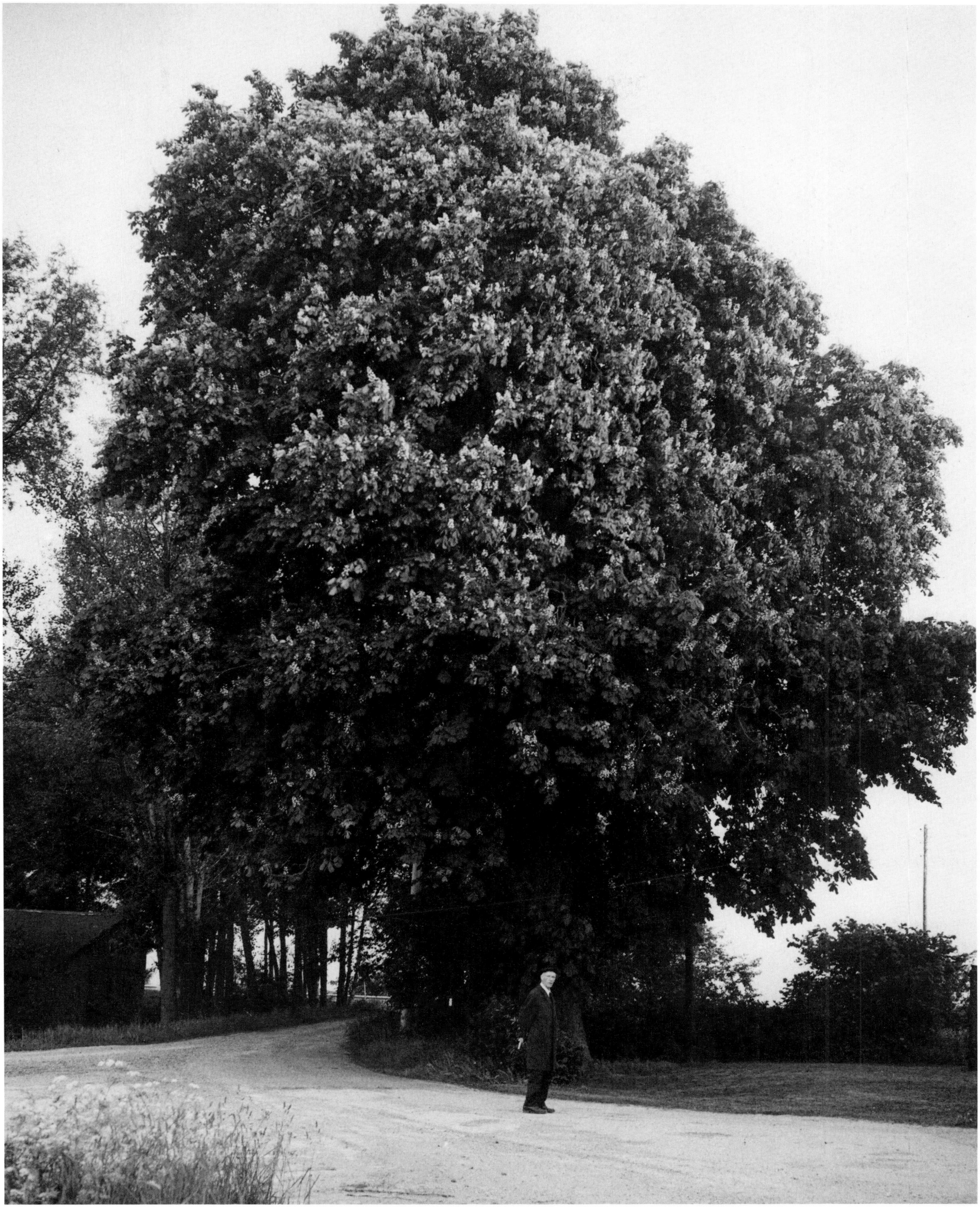

Die Milchwirtschaft

von Erna Gravert-Krey und Hertha Wolter-Schmidt

Die Wilstermarsch ist ein ausgesprochenes Grünland, bedingt durch seine geographische Lage, zum Teil beträchtlich unter dem Meeresspiegel liegend. Deshalb ist auch gerade in Büttel seit Jahrhunderten die Milchwirtschaft der wichtigste Erwerbszweig gewesen. Schon beim Bau ihrer Häuser haben die Bauern dieses mit in Betracht gezogen. Noch bis in unsere Zeit fand man auf alten Höfen die nach Norden gelegene Milchkammer und darunter den Keller mit dem stets fließenden Grundwasser zum Kühlen der Milch.

Da stets dank des fruchtbaren Weidelandes der Marsch in weit größerer Menge Milch erzeugt wurde, als man selbst verbrauchte und bei den früheren Transportmitteln ohne Kühlmöglichkeiten vor dem Sauerwerden an entfernte Verbraucher liefern konnte, hat natürlich die Herstellung von Butter und Käse, von haltbaren Milchprodukten also, die sich „exportieren" ließen, seit altersher eine ganz erhebliche Rolle gespielt. So umfaßte um 1850 die „Ausfuhr" des Bütteler Hafens, die im wesentlichen nach Hamburg ging, außer Torf (zum Heizen, denn Steinkohlen oder gar Öl waren damals auch in der Großstadt noch kaum in Gebrauch) und Korn hauptsächlich Fettwaren, das heißt Butter und Käse. Aus einem Bericht des Pastors Wolf von 1791 wissen wir, daß die Bauern damals Lieferverträge über jeweils 100 Pfund Käse zu Preisen von sechs bis acht Reichstalern mit Hamburger und Altonaer Händlern abschlossen. Die zahlreiche jüdische Gemeinde dieser Städte schickte sogar eigene Fachkräfte auf die Höfe, die für die besondere koschere Herstellung der von hier bezogenen beträchtlichen Käsemengen sorgten.

Im allgemeinen teilten sich früher Bauer und Bäuerin die Verarbeitung der anfallenden Milch zu Butter und Käse. Wie dieses in althergebrachte Weise geschah, hat Erna Gravert, Tochter des Bauern Simon Krey, noch auf dem elterlichen Hof erlebt und auf plattdeutsch beschrieben:

„De Köh kämen fröher erst in't Vörjohr to'n Kalven. Kraftfoder för Wintermelk geev dat nich – un toköpen – nee, dat däh man nich!

Wenn de Köh an'n Maidag rutkämen, denn geven se jo vun sülven de duppelte Melk.

Un nu gung dat rund op de Hööv. De Melkkammern worrn herricht, dat Keesgeschirr vun den Böhn holt. (An Winterdag worr dat fein sauber weller utbetert un anstreken; de holten Twintig-liter-Ammers binnen rod un buten blau, dat Keesgeschirr binnen witt un buten blau, un ock de Melksatten buten rod, binnen harrn se schön blankes Metall!)

Harrn de Köh nun de Grassüük dörchmaakt, denn worr an'n Dag dreemol molken. Man fung an den „Dreetiedigen" to backen. – Morgens Klock veer hett dat: „Rut ut de Puch!" De Knecht gung los to Köhholn. En vun de Deerns müß den Waschgrapen anböten, denn för den Kees müß den Melk vun'n Daag vörher in't Woterbad wedder warm maakt waarn. De anner Köksch gung na'n Keller hendal, üm de Melk, de hier vun'n Dag vörher in't lopende Woter (artesischer Brunnen) stahn däh, mit en Kell vun Hand aftorohm. Wär dat dahn, denn heet dat: „All Mann hen to'n Melken!" De Köh wärn intwischen in't Kohschuer anbunnen. – So'n Morgen wär wunnerbor! – De Sünn gung in't Osten op, de Vogels fung an to sing'n! (Keen Maschien maakt Larm!) De Melkschuum steeg in den Ammer meist över den Rand. Na't Melken worrn de vullen Melkammers mit de Dracht över dat smalle Melkensteg na't Huus ropdragen. – In den groten Melktubben worr nu de ganze Melk goten: De warme vun morgens, de kole ut'n Keller (de Middags- und Abendmelk vun'n Dag vörher). Dat Ganze müß sik ok dorna richten, wo warm oder kold dat buten wär. (N' Roll speel ok, dat de Melk in'n Loop vun den Sommer mehr Fett harr.) To all de Melk käm nu dat Stremmels (Keeslab), schön ümröögt un todeckt. In Roh kunn nu Kaffeedrunken warrn! Man wär jo all över twee Stunn op de Been! De Gruben un Melk, wat smeckten de good!

Na en half Stunn harr sik de Kees sett, kunn sneden warrn un umröögt dormit de Weih (Molke) för sik käm. De Keesmasse worr in'n Krömkassen vun Hand mit'n grot Keesdook dröckmaakt, denn fien krömt, mit Solt mengeliert, in holten Keesköpp füllt, worin en linnen Dook leeg; dorop käm'n Deckel. So stunnen se nu twölf Stunnen ünner de Press. Üm Middag kreegen se'n Dook mehr üm un noch ein Lot dorto an de Press. Abends wär dat sowiet, datt se annersüm in frische Köpp (Formen) packt worrn. Vörher müß eerst de Keesrand, de sik twischen Deckel un Kopp bilt harr, afsneden warrn. (Wo männich mol hebbt wi uns as Kinner üm den Keesrand vertöörnt, he smeckt veel beter as de besten Appelsien!) – Veeruntwintig Stunn'n müssen de Kees nu in de Kök blang'n den warmen Herd stahn, dormit de letzte Söl noch rutkäm. Denn worrn se in'n Keller op de langen Keesbörter packt un jeden Dag ümwischt un ümkehrt. So käm he to sien Nam' „Dreetiedigen". Vun dree Tieden Melken, twee dorvun afrohmt un een söt. Na dree Weeken wär he tiedig un müß weg, wenn he noch Geld bringen schull. In de Hauptied harr man jeden Dag 4 „gaalige Kees". So alle acht Daag kämen de Keeskooplüd mit ehrn Planwagen op de Hööv un köffen de Kees op. Se föhrten mit ehr Spannwerk dörch ganz Schleswig-Holsteen bit rop na Flensborg un beleverten de Kooplüd. Männich ol Kröger weet noch to vertelln, wenn se över Nacht bi em inkehrt sünd. Se wüssen över alln's Bescheed. Wat vun Hus to Hus un Hoff bi Hoff passeert wär. –

„Anbott un Nafrag regelt den Pries!" Dat wär dumols ok all so. Gung de Kees, denn kunn de Buer sik op Handeln leggn; wär dat annersüm, müß he dormit tofreden weesen, wat de Handelsmann em gäven däh.

Botter gäv dat op de Hööv ok to köpen. Denn bi de Dreetiedigen un ok noch bi den „Twölf un Söt" wär Rohm to verkarrn (verbuttern). All poor Daag harr man en schöne Mull vull Botter. As man noch keen elektrischen Strom harr, müß allns mit de Hann' karrnt warrn. In de Melkkammer, de meisttieds na't Noorden leeg, stunn den ganzen Sommer över en Stang (Tonne) mit Bottermelk. Dorop swummen noch lüttje Botterkugeln. An de Bottermelkstang hung en Maat, un jedeen, de döstig wär, kunn sik sattdrinken.

So um St. Margarethner Johrmarkt, wenn de Kaßbeeren (Kirschen) riep wärn, worr mit dreemol Melken opholn, un nu käm den „Twölf un Söt" sien Tied. (Vun all twölf Stunn'n molkene in twölf Stunn'n afrohmte Melk.) Disse Kees harr dat mehr in sik un müß länger ligg'n bit he tiedig wär.

In'n Keller wurr dat op de Duur nu to vull un ok to klamm. So pack man de Kees, de dröög wärn, op Börder, de in'n Kohstall ünner de Deek anbröcht weern. De Kohstall worr Vörjohrsdag so schrubbt, dat'n meist vun Footborrn eten kunn. De Kees wär ok

Oben links: Die am Kanal gelegene Meierei mit dem hohen Schornstein, um 1910, in der Mitte der Koksplatz, dahinter der Gasthof Rusch, am Rande die Chausseebrücke. Links: In der Meierei mit der technischen Erstausstattung. Rechts: Automobilausflug der Meiereiangestellten um 1930.

so'n Art „Wedderprophet". He mark dat veel fröher as wi, wenn dat anner Wedder warrn wull. Gewidderluft much he afstuts nich hem!

In'n August, wenn de Melk noch fetter worr, fung'n wi mit den „Sötmelkschen" an. Een poor Weeken vörher bröchen de Dörps- un Stadtlüüd ehr Kruken för de Winterbotter, de wi ehr denn opslagen müssen. Disse Botter wurr extra good utkneet un fass in de Kruken drückt. Bobenop käm Söl (Lake), dormit keen ran kunn. Somit harrn se all ehr Botter för den ganzen Winter. Dat sülve goll ok för den „Sötmelkschen", wo de ganze söte Melk to käm. He müß lang ligg'n, bit he tiedig wär. Nu wörr he fein afschraapt un in en Ossenblas steeken. Wenn man Harvstdag bi schön Wedder döch de Masch föhrn däh, do kunn man op männich Hööv grote Dischen mit „Sötmelkschen" ton Drögen utligg'n sehn. – Disse Kees gung meisttieds an Privatlüüd, op Bestellung. He wär luftdicht inpackt un kunn den ganzen Winter över wahrn, ... wenn he nich vörher opeten worr! Man seggt: „ He smeckt am besten, wenn he Geburtsdag fiert hett!" – Wokeen vun uns Öllern smeckt dat vundag noch: Eegenbackten frischen Stuten un sötmelkschen Kees...!

Harvstdag, wenn de Köh rinholt worrn, denn wär dat mit dat Keesbacken vörbi. De Melk, de denn noch utmolken wur, käm dörch de Zentrifug. De Rohm wurr verbottert, un de warme Mogermelk kregen de Kalver. De Melk för den Kees is avers jümmers mit de Hand afrohmt worrn!!! Op dat dat Besonnere vun den Kees utmakt hett? – Ick weet dat nich!"

Im Laufe des vorigen Jahrhunderts, als sich mit dem Fortschreiten der Technik auf allen Gebieten Veränderungen abzeichneten, betraf dies auch die Milchwirtschaft. Wie anderswo schlossen sich hier die Erzeuger zwecks genossenschaftlicher Verarbeitung zusammen. Hertha Wolter-Schmidt, eine der wenigen noch „praktizierenden Milchbäuerinnen" Büttels, die sich eingehend mit der Geschichte der hiesigen Milchwirtschaft und Milchverwertung befaßt hat, schreibt 1952 in einer Realschul-Abschlußarbeit:

„Mit der Gründung von Molkereigenossenschaften nahm die Milchwirtschaft einen gewaltigen Aufschwung. Die Bauern merkten bald, daß sich ihre Milch besser bezahlt machte, wenn sie sie zur Meierei schickten, als wenn sie sie selbst zu Butter und Käse verarbeiteten und damit dann zu ihrem Kaufmann gingen. Das kam wohl daher, daß bei der Eigenverarbeitung die Ausbeute meistens unbefriedigend war, da viel Fett in der entrahmten Milch und in der Buttermilch zurückblieben. Lieferten die Bauern ihre Milch zur Molkerei, so brauchten sie kein Geld mehr für Neuanschaffungen von Zentrifugen und Butterfässern auszugeben. Die Bauersfrau wurde nun vor allem in der Erntezeit, wenn es sowieso sehr viel zu tun gab, nicht mehr mit Buttern und Käsen belastet. Was das Buttern für Zeit beansprucht, habe ich selbst einmal ausprobiert."

Die ersten Anfänge der Milchverarbeitung im größeren Rahmen sind in unserer Gegend auf die Initiative der jungen Bäuerin Mathilde Siemen, geb. Falk, zurückzuführen. Sie ging Ende des 19. Jahrhunderts trotz ihrer kleinen Kinder nach Kiel auf die Meisterschule, um das Meieristenhandwerk zu erlernen. Für damalige Zeiten wahrlich für eine Frau ein Entschluß! Dann bauten sie und ihr Mann auf dem Siemenhof eine kleine Meierei, in der sie die Milch von den Nachbarhöfen mit verarbeiteten. Sie vergrößerten den Betrieb auf ihrem Hof in St. Margarethen, wohin sie 1894 übergesiedelt waren und engagierten auch eigene Fachkräfte. Die Tätigkeit wurde jedoch bald eingestellt, nachdem es 1902 in Büttel zur Gründung einer Genossenschaftsmeierei gekommen war. Diese lag am Kanal nördlich der Chausseebrücke. Die Anlieferung der Milch hierher aus Kuhlen und Nordbüttel machte anfangs große Schwierigkeiten, da der Weg von dort noch nicht fest ausgebaut war. Im Jahre 1905 ist er befestigt worden und heißt seitdem bis heute „Bottermelkchaussee".

Über die Geschichte der Molkereigenossenschaft sei aus der Festschrift zitiert, die der damalige Leiter Wilhelm Meyer 1952 zum fünfzigjährigen Bestehen verfaßt hat:

„Nach vielen Hin und Her fand am 26. März 1901 die erste Generalversammlung statt. Es war eine kleine Genossenschaft von 43 Mitgliedern mit 265 gezeichneten Kühen. Der erste Vorstand wurde gewählt. Er bestand aus den Herren: Siem Schmidt, Büttel; Paul Ramm, Büttel; Johs. Schmidt, Nordbüttel; Ilpern Albers, Altenkoog; Heinrich Opitz, Kuhlen.

Als Bauplatz kaufte man ein Stück Kanalland von Hermann Schröder. Im August 1901 konnte der Grundstein gelegt werden. Anfang März 1902 war der Betrieb fertig, und am 13. März konnte die erste Milch an die Meierei geliefert werden.

Bis 1914 war die Kuhzahl auf 640 und die Milchanlieferung auf 1 886 155 kg gestiegen. Dann kam der Erste Weltkrieg und hierauf folgend 1916 die Zwangswirtschaft mit ihren verheerenden Folgen für die Meiereien. 1921 wurde eine Kuhzahl von 1008 erreicht. Aber schon zeigte sich ein neues furchtbares Gespenst, die größte Inflation aller Zeiten plünderte das deutsche Volk aus. Der Verfasser reiste jeden Sonnabend mit 2 großen Koffern nach Hamburg, um die Scheinebündel abzuholen. Am Sonntagmorgen wurden die Scheine als Vorauszahlung an die Milchlieferanten ausgegeben. Der Wert des Geldes war oft schlecht, das man für 10 Liter Milch nur 1 Pfund Schrot kaufen konnte. Infolge gewaltiger Schwankungen der Devisenkurse ist es aber auch vorgekommen, daß der Bauer für die Auszahlung von 1 Liter Milch 10 Pfund Schrot kaufen konnte. Im November 1923 brach die Währung ganz zusammen, und es kam die Rentenmark.

Viele andere Meiereien waren zum Erliegen gekommen. 1922 schloß die Meierei St. Margarethen ihre Pforten, und sämtliche Mitglieder traten in unsere Genossenschaft ein. Sie hatte die schwere Zeit gut überstanden. Da mit Einführung der Festmark auch hohe Preise für Milch, Butter und Käse kamen, war die

---

Oben links: Nachnahmeformular für den Versand von Bütteler Meiereibutter.
Oben rechts: Johannes Kloppenburg mit einer Tracht Milcheimer am Tage des Meiereijubiläums 1952.

Milchwirtschaft bald wieder zur vollen Blüte entfaltet. Immer neue Lieferanten schlossen sich an. Eine Erweiterung war nötig. Im Laufe des Sommers wurde sie ausgeführt und am 23. Oktober vom Vorstand in allen Teilen besichtigt und für gut befunden."

Mit Erfolg nahm man in den Zwanziger Jahren, nachdem Wilhelm Meyer Fachkräfte zur Einweisung in die traditionelle Herstellung auf den Hof von Simon Krey geschickt hatte, in der Molkerei die Produktion von Wilstermarschkäse auf.

Während der Wirtschaftskrise sank dann der den Lieferanten gezahlte Durchschnittspreis für den Liter Milch von fast 20 Pfennig im Jahre 1929 bis auf 11 Pfennig im Jahre 1932. Die 1934 durch das Hitlerregime verfügte Marktordnung brachte die Herstellung vom Wilstermarschkäse wieder zum Erliegen, weil die Behörde für diesen einen weit geringeren Preis festsetzte als für Holländer oder Tilsiter Käse. Man engagierte deshalb einen holländischen Fachmann und produzierte nun Gouda- und Edamer Käse, die guten Absatz fanden.

Im folgenden hat Hertha Wolter-Schmidt die von der hergebrachten Käseerzeugung auf den Höfen so unterschiedliche moderne Produktion von Goudakäse in der Molkerei eingehend beschrieben und damit auch einen Einblick in deren technischen Betrieb gegeben:

„Die Milch, die zu Käse verarbeitet werden soll, läuft in große Wannen von 3000 l Inhalt und wird hier auf 30° C erwärmt. Man fügt der Milch auf 100 l 1 g Reinkultur, 1,5 g Farbe, 15 g Labfix, 45 g Salpeter und ca. 1 g Lab zu. Lab ist ein Ferment oder Enzym. Es hat die Eigenschaft, große Mengen Milch zu verändern. Innerhalb einer halben Stunde wird die Milch durch das Lab dickgelegt, sie ist dann nicht sauer, sondern nur dick. Die dickgelegte Milch nennt man Bruch. Das Lab zerlegt in der Milch das Kasein in Parakasein (ca. 90 %) und Molkenprotein (Molkeneiweiß ca. 10 %). Das Parakasein scheidet als fester Stoff aus. Die Wirkung des Labs in der Milch ist von der Temperatur der Milch abhängig. Da es aus dem Labmagen des Kalbes hergestellt wird ist seine Wirkung, wie die Wirkung aller Enzyme, bei Körpertemperatur am stärksten. Unter 15° C und über 70° hört die Labwirkung auf. Nachdem die Milch dick geworden ist, kann mit der Bruchbearbeitung begonnen werden. Es hängt sehr viel davon ab, daß dieses zur richtigen Zeit geschieht. Man stellt den richtigen Zeitpunkt dadurch fest, daß man einen Finger senkrecht in den Bruch taucht, ihn krümmt und dann wieder abhebt. Der Bruch soll über dem Finger glatt brechen. Wird mit der Bearbeitung des Bruches zu früh begonnen, so setzt sich eine gelbe, undurchsichtige Molke ab, die viel Käsestaub enthält. Bei zu spätem Beginn mit der Bearbeitung ist die Molke, die sich absetzt, grünlich. Auch in diesem Falle können Ausbeuteverluste entstehen.

Die Bruchverarbeitung beginnt mit dem Verschöpfen. Hierbei werden mit der Kelle vorsichtig die oberen abgekühlten und fettreicheren Schichten abgeschöpft und an den Rand gelegt. Sie gleiten hier wieder nach unten und mischen sich mit den unteren Schichten. Auch die Temperatur des Kesselinhaltes wird dadurch ausgeglichen.

Dann wird der Bruch mit einem Bruchmesser verschnitten. Dieses geschieht senkrecht, quer und waagerecht, so daß die ganze Bruchmasse in 1 cm³ große Würfel geteilt wird. Jede Schnittfläche scheidet Molke aus, die zur Hauptsache aus Wasser ist. In der Molke wird das Albumin-Eiweiß gelöst. Das Kasein scheidet als Grundstoff des Käses aus der Milch aus.

Der Käsebruch wird dann so lange gerührt und bearbeitet, bis er die nötige Festigkeit hat. Besonders wichtig ist es, daß die Bruchstücke ungefähr gleich groß sind, damit ein gleichmäßiger Käseteig, eine gleichmäßige Lochbildung und Reifung erreicht wird. Bei Gouda-Käse soll ein ausgerührtes Bruchstück etwa die Größe einer Erbse oder einer Bohne haben. Da der Kesselinhalt inzwischen etwas abgekühlt ist, läßt man etwa 1000 Liter Molke abfließen und läßt dafür warmes Wasser von 55 bis 60° C wieder zufließen, bis die Temperatur des Kesselinhaltes 38° C beträgt. Durch diesen Austausch wird auch der Goudakäse-Geschmack hergestellt.

Hat die Bruchmasse die gewünschte Festigkeit erreicht, so wird sie auf ca. zweidrittel der Wanne zusammengeschoben. Dann läßt man die Molke abfließen. Solange auf dem Käsebruch noch Molke ist, darf er gerührt werden. Ist die Molke abgelaufen, so bindet sich der Bruch. Wird er jetzt noch gerührt, so wird der fertige Käse nachher eine ungleichmäßige Lochbildung aufweisen. Auf den Käsebruch werden gelöcherte Blechplatten gedrückt, die die noch überflüssige Molke herausdrücken. Fließt aus dem Bruch keine Molke mehr heraus, so werden die Platten wieder heruntergenommen. Der Bruch, der jetzt sehr elastisch ist, wird in Quader zerschnitten, die ungefähr die gleiche Größe haben wie die Käseformen. Die Formen und die Tücher, mit denen sie ausgelegt sind, werden mit warmem Wasser angewärmt. Die Käsemasse wird hineingepreßt und mit Tüchern abgedeckt. Dann wird ein Deckel daraufgelegt, der in die Form hineinpaßt, und so an der Seite einen Zwischenraum läßt, durch den die noch im Bruch vorhandene Molke abfließen kann. Nach der Füllung werden die Formen mit der Käsemasse unter Preßdruck gestellt. Man muß mit geringem Preßdruck beginnen und erst allmählich steigern, da sich sonst die äußeren Schichten der Käsemasse zu schnell schließen würden und die Molke aus dem Innern nicht heraus könnte. Nach einiger Zeit wird der Käse in der Form umgedreht, damit auch die obere Seite die Rundung der Form annimmt. Der Rand, der sich zwischen dem Deckel und der Form gebildet hat, wird abgeschnitten und in einem Randkäse wieder mitverwertet.

Hat der Käse die gewünschte Form und Festigkeit angenommen, so wird er gesalzen. Dadurch soll er einen kräftigen Geschmack erhalten, seine Haltbarkeit erhöht und seine Feuchtigkeit vermindert werden. Außerdem soll der Käse dadurch eine festere Rinde erhalten und die Reifung reguliert werden. Bei uns in der Molkerei steht für das Salzen der Käse ein besonderer Salzraum zur Verfügung. Es herrscht dort eine Temperatur von 15°C.

Der Käse wird in ein Salzbad gelegt, dessen Salzgehalt beim Salzen von Goudakäse 20 bis 22 % beträgt. Der im Salzbad befindliche Käse muß öfter gewendet werden und die herausragende Oberfläche muß mit Salz bestreut werden. Beim nächsten Umwenden gelangt das Salz ins Wasser und löst sich auf. Würde man dieses nicht tun, so würde sich der Salzgehalt des Salzbades immer mehr verringern. Von Zeit zu Zeit muß die Salzlake erneuert und der Behälter gereinigt werden, da außedem auch noch Molke aus dem Käse austritt. Der Käse hat im verkaufsfertigen Zustand einen Salzgehalt von 2–3 %.

Vom Salzbad aus gelangt der Käse in den Abtropfraum. Hier bleibt er ungefähr 24 bis 36 Stunden bei einer Temperatur von 22–26°C liegen. Durch diese Zwischenlagerung wird dem Käse noch Molke entzogen und zugleich wird auch die Vorreifung beschleunigt.

Von hier aus gelangt der Käse in den Reifungsraum. Die Käsereifung ist entscheidend für die Güte des Käses. Die Raumtemperatur und auch die Raumfeuchtigkeit im Reifungskeller unserer Meierei ist genau regulierbar. Während der Reifung wird der Käse regelmäßig gewendet und geschmiert. Frische Käse werden täglich, ältere alle paar Tage gewendet. Dadurch soll sich die Flüssigkeit gleichmäßig im ganzen Käse verteilen. Der Käse soll dadurch seine Form behalten und gleichmäßig reifen. Wird der Käse nicht gewendet, so rundet sich seine obere Seite und die Feuchtigkeit sinkt nach unten. Das Schmieren des Käses hat den Zweck, die Käserinde zu verschließen, die Käseoberfläche gleichmäßig feucht zu halten und die Schimmelbildung zu verhindern.

Um dieses alles zu erreichen, wird der Käse mit Salzwasser eingeschmiert. Ein Goudakäse muß ca. 9–11 Wochen reifen. Bei der Reifung wandelt sich die rohe Käsemasse durch die Wirkung von verschiedenen Bakterien um. In der ersten Zeit wird der Milchzucker in Milchsäure umgewandelt, die im weiteren Verlauf der Reifung von den Reifungsbakterien verbraucht wird.

Die Bakterien wandeln die Eiweißstoffe in eine verdauliche Form um. In der Reifungszeit erfolgt ebenfalls die Lochbildung im Käse. Diese ist wesentlich für die Beschaffenheit des Käses; sie wird darum auch zur Beurteilung der Güte des Käses herangezogen. Die Lochbildung ist auf die Entstehung von Gasen zurückzuführen, die durch Bakterien bewirkt wird. Im Goudakäse sollen die Löcher kreisrund sein."

Zum zweiten Mal kam ein Weltkrieg mit verheerenden Folgen und danach der rapide Wertverlust des Geldes. Erst nach der Währungsreform 1948 konnten wieder sehr gute Preise für Milch und Milchprodukte erzielt werden. 1951 wurden pro Kuh 2984 kg Milch abgeliefert gegenüber nur 1849 kg im Jahre 1947, berichtete Wilhelm Meyer befriedigt.

Das Einzugsgebiet der Meierei umfaßte die Gemeinden Büttel mit Kuhlen, St. Margarethen, Osterbünge, Heideducht bis Arentsee, Wetterndorf, Landscheide, Flethsee, Altenkoog und Ostermoor, Kudensee und Brunsbüttelkoog-Süd.

Das erste Jahrzehnt nach dem Zweiten Weltkrieg war eine Zeit, in der die Milchlieferung ständig anstieg. Neue Lebensmittelverordnungen wurden von der Landesregierung erlassen und erstmalig Milch auf Güte und Reinheit untersucht. Im Jahre 1959 übernahm der Meiereimeister Werner Ehlers die Geschäftsführung der Genossenschaft. Wachsende Mitgliederzahlen, Vergrößerung der baulichen Anlagen und technischer Fortschritt wurden in den sechziger Jahren verwirklicht. Die Herstellung hervorragender Qualitätserzeugnisse für den Verbraucher wurde von den Geschäftsführern stets als vornehmste Aufgabe gesehen.

Die Landesplanung für den Wirtschaftsraum Brunsbüttel bedeutete dann, daß die vorhandene landwirtschaftliche und milchwirtschaftliche Struktur sich verändern würde. Förderungen aus Mitteln zur Verbesserung der Agrarstruktur konnten nicht mehr in Aussicht gestellt werden. Das Ausweisen der Ortschaft Büttel als Sanierungsgebiet zeichnete sich ab. Aus diesen Gründen konnte die Molkerei langfristig nicht mehr betrieben werden. 1972 beschlossen die Mitglieder dieser traditionsreichen Genossenschaft den Zusammenschluß mit der Breitenburger Milchzentrale in Itzehoe. Der Betrieb in Büttel wurde am 31.12.1973 geschlossen.

Die Meiereibelegschaft, in der vorderen Reihe Anneliese Schauland, Wilhelm Meyer, Erna Baumann, Emma Meyer, Robert Hölscher, Hans Meyer, Käte Kosowsky und Edmund Berthold, auf der Treppe Else Roder, Emma Meyer, Minna Looft, Eva Roder, Annemarie Mathiessen, Ursula Gandt, Mariechen Kruse, Gerd Meyer, Otto Hauschildt und Erika Jastram. Oben rechts: Grete Kloppenburg auf dem Wege zum Melken. Oben rechts außen: Milchtransport auf dem Kanal mit Heinrich und Anna Schmidt.

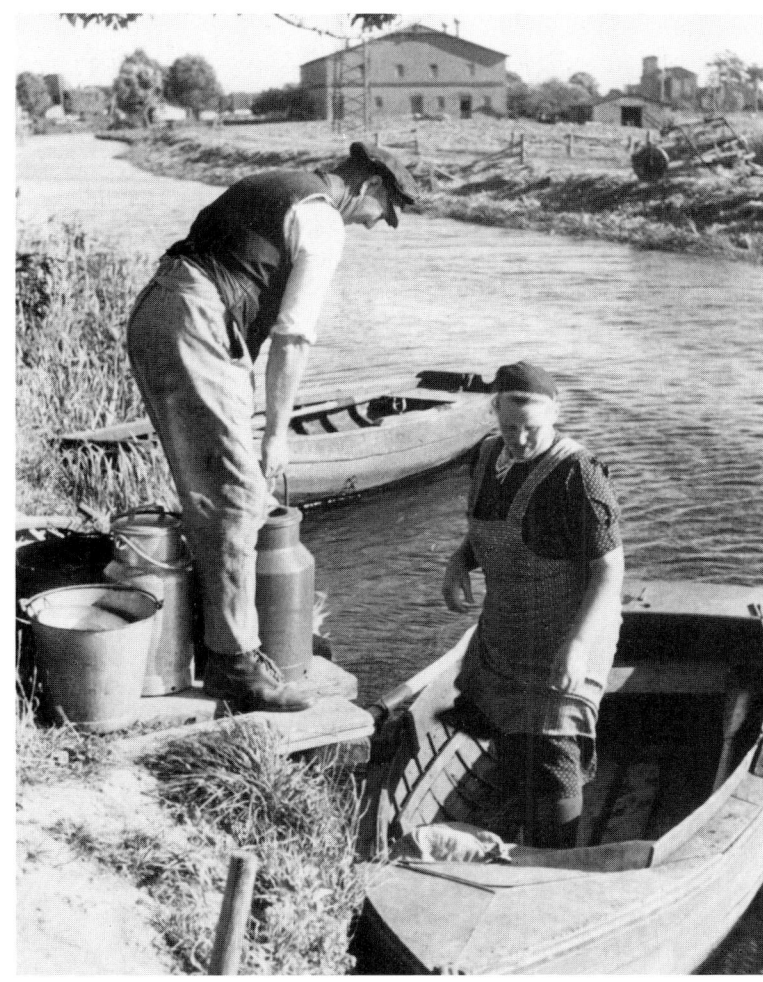

Die Müllereigenossenschaft

von Karl Kloppenburg

Als im 19. Jahrhundert die Technisierung und Industrialisierung in den deutschen Ländern mehr und mehr um sich griff, mußte auch die heimische Landwirtschaft erkennen, daß ihre Arbeits- und Produktionsverfahren veraltet waren. Die Wege für den Absatz der Produkte und den Bezug von Betriebsmitteln wurden länger und komplizierter. Die Eingliederung Schleswig-Holstein in das Land Preußen und die Gründung des Deutschen Reiches nach 1870–1871 veränderte die Handelsströme zunehmend. Auch der Abrechnungs- und Geldverkehr wurde für den einzelnen komplizierter und mußte zusammengefaßt werden. So kam es überall im Lande zur Gründung von Sparkassen und landwirtschaftlichen Genossenschaften, die sich bis über die Jahrhundertwende hinauszog. In Büttel war bereits im Jahre 1902 die Molkereigenossenschaft Büttel e.G.m.b.H. gegründet worden. Sie arbeitete schon bald zufriedenstellend, und immer mehr milcherzeugende Betriebe schlossen sich ihr an.

Vorausschauende Bütteler Bauern erkannten nun auch die Notwendigkeit der Gründung einer Genossenschaftsmühle und riefen auf zu einer konstituierenden Versammlung. Am 22. 2. 1913 wurde die Genossenschaft gegründet, ihr erster Vorstand und Aufsichtsrat gewählt. Ins Handelsregister wurde sie eingetragen als Müllerei-Geossenschaft Büttel e.G.m.b.H. Erstaunlich schnell wurden die erforderlichen Verhandlungen geführt. Bereits am 18. 3. 1913 wurde der Beschluß gefaßt, von der Hausweide des Bauern Jakob Falck (Falckenhof) einen halben Hektar als Bau- und Betriebsgrundstück zu erwerben, und schon am 26. 5. 1913 wurde der von der Braunschweiger Mühlenbaufirma Luthera vorgelegte Bauplan angenommen. Mit dem Bauunternehmer Hölck wurde ein Überwegungsvertrag abgeschlossen zwecks Zufahrt über das Grundstück, von dessen 1907 abgebrannter Zimmerei und Sägerei. Zügig erfolgten der Bau des Müllereigebäudes und die Installation der maschinellen Einrichtungen, sodaß bereits Anfang 1914 der Betrieb aufgenommen werden konnte.

Der noch im gleichen Jahr ausbrechende Erste Weltkrieg wurde für die junge Genossenschaft eine schwere Belastung. Erst die Beendigung der Inflation im Dezember 1923 ließ eine Weiterentwicklung zu. Ein neues Betriebsleiterhaus wurde gebaut und die bisherigen Wohnräume im Betriebsgebäude für die Lagerhaltung eingerichtet. Doch die allgemeine Weltwirtschaftslage und die besonders schlechte Situation der Landwirtschaft Ende der 20er und Anfang der 30er Jahre brachten auch für die Genossenschaft erhebliche Schwierigkeiten. Der Zweite Weltkrieg 1939–1945 bedeutete dann wieder einen Stillstand, und erst nach der Währungsreform 1948 und dem allgemeinen Wirtschaftsaufschwung in den 50er und 60er Jahren gab es für die Genossenschaft eine neue Aufwärtsentwicklung. Zusätzlich wurde der Handel mit Kunstdünger, Landbedarfsgütern und Heizöl aufgenommen.

Die lose Verladung von Getreide und Kunstdünger wie auch die Herstellung von eigenen Futtermittelmischungen führten zu Überlegungen einer technisch betrieblichen Umstellung. So wurden 1967 an der Ostseite des Betriebsgebäudes Stahlsilos errichtet, eine Brückenwaage angelegt und eine Düngerhalle errichtet. Leider haben sich diese erheblichen Investitionen nicht mehr lange zum Wohl der Genossenschaft auswirken können, da bereits ab 1969 die Auflösung der Mitgliedsbetriebe durch die Landesplanung zur Schaffung des Industrieschwerpunktes Brunsbüttel begann. Die Zahl der eingetragenen Mitglieder betrug zu diesem Zeitpunkt 104. Daneben bestanden lebhafte Geschäftsbeziehungen auch zu Nichtmitgliedern.

Die in den nächsten Jahren schnell fortschreitende Auflösung der landwirtschaftlichen Betriebe führte zu steigenden Umsatzverlusten und ließ bereits 1972 erkennen, daß der Bestand der Genossenschaft immer mehr gefährdet wurde. Ein Übernahmeverlangen an die Entwicklungsgesellschaft führte erst nach zähen Verhandlungen und Erstellung von Gutachten zu entsprechender Bereitschaft. Eine Mitgliederversammlung am 15. 2. 1973 faßte dann den Beschluß zur Liquidation der Genossenschaft. Die Lagerbestände wurden noch verarbeitet und der Betrieb dann am 1. 4. 1973 eingestellt. Bewegliche Güter und Fahrzeuge wurden verkauft, um die erforderliche Liquidität zu erhalten. Die Übernahmeverhandlungen mit der Entwicklungsgesellschaft Brunsbüttel zogen sich noch lange hin. Erst am 24. 10. 1974 konnte der Verkaufsvertrag unterzeichnet und nach erfolgter Übergabe des Grundstückes am 15. 12. 1974 dann die Auseinandersetzung mit den Genossen und die Abwicklung der Liquidation beginnen. Nach Verteilung des Restvermögens und Prüfung der Abwicklung wurde die Genossenschaft schließlich 1977 beim Registergericht gelöscht, die 1913 gegründete Müllereigenossenschaft hatte damit ihr Ende gefunden.

Das Betriebsgebäude wurde später von der Entwicklungsgesellschaft an die Firma Isoliertechnik Kaefer verkauft, die neue Hallen errichtete und das frühere Wohnhaus des Müllereigeschäftsführers jetzt als Bürogebäude nutzt.

Oben: Die Dampfmühle der Müllereigenossenschaft kurz nach ihrer Gründung vor dem Ersten Weltkrieg.

Wat gifft dat hüt bi Jüm to Meddag?

von Mark Jörgensen

Außer unseren Erinnerungen ist uns nicht viel geblieben vom Dorf Büttel und der Dorfgemeinschaft. Aus alten Photos läßt sich die Atmosphäre heraufbeschwören: Ein Sommertag auf dem Außendeich, Schlittschuhläufer auf dem zugefrorenen Kanal, Kartenspieler bei Teepunsch oder Weingrog in der warmen Stube, ein Fest (op'n Sool) bei Ewers, der Umzug der Ringreiter durch's Dorf. Gelegentlich werden wir auch an diesen und jenen Geschmack oder Geruch erinnert, der von den Tagen der ersten Wahrnehmung an unauslöschlich mit den Wohlgenüssen verbunden ist, die Büttel zu bieten hatte, insbesondere den Besuchern aus der Stadt und anderen Landesteilen, die Jahr für Jahr ihre Verwandten, Freunde und Bekannten in Büttel aufsuchten und dort kulinarisch verwöhnt wurden.

Unvergessen sind die Brot- und Kuchenbäckerdüfte, die den Backstuben von Bäcker Scharre und Willi Stapelfeld entströmten. Unvergessen sind Walter Scharres Vanillecremeschnitten, die heute auch die besten Konditoreien Hamburgs nicht mehr zustandebringen. Unvergessen sind die in ganz Büttel beim Bäcker und in den Haushalten gebackenen Schmalznüsse (Smoltnööt), die heute wohl deshalb nicht mehr so wie früher in Büttel schmecken, weil es an den Bütteler Zutaten fehlt. Nur die Störkringel mit dem unverwechselbaren Anisgeschmack gibt es noch in der alten Qualität bei Bäcker Sievers in Wewelsfleth und bei Bäcker Kähding in Beidenfleth, ansonsten erinnern nur noch Schlachter und Bäcker in St. Margarethen an einstige Büttler Spezialitäten.

Unvergessen sind auch die Sirupstangen, die es für die kleinen Schleckermäuler bei den Kaufleuten im Dorf gab. Und unvergessen sind die schwarzen und weißen Grützwürste, die beim Schweineschlachten an die Kinder verteilt wurden.

Ebenso unvergeßlich sind die Büttler „Exportartikel": Jahr für Jahr bezogen im frühen Frühjahr, nachdem die Kühe aus dem Stall auf den ersten Weidegang getrieben waren, die mit Büttel verbundenen Feinschmecker quittengelbe Grasbutter, die von der Büttler Meierei vertrieben wurde. Zwar wird unter diesem Namen auch heute noch Butter in einigen Feinkostläden verkauft, aber es erübrigt sich fast hinzuzufügen, daß im Geschmack keine an die Original-Grasbutter aus Büttel heranreicht.

Das Gleiche gilt für den von der Büttler Meierei hergestellten „Wilstermarschkäse". Mag der Himmel wissen, wer auf den Einfall gekommen ist, uns einen „milden Havarti" als angeblichen „Wilstermarschkäse" unterjubeln zu wollen – für jeden Kenner eine den guten Geschmack beleidigende Enttäuschung. Eine weitere Spezialität, weit über Büttel hinaus geschätzt, waren die in Gelee eingelegten und eingeweckten „Aale in Sauer", die bis weit in den Winter hinein haltbar waren, wenn sie nicht von den vielen Liebhabern vorher weggeputzt wurden, während die in ausgedienten Teertonnen auf dem Hof mit Torf, Buchen-und Eichenspänen „selbst" geräucherten Aale für den baldigen Verzehr bestimmt waren. Abgesehen davon, daß es kaum noch gesunde Aale gibt, gelingt es kaum einer Räucherei, diesen unverkennbaren Geschmack des „Büttler Räucheraals" auch nur annähernd zu erreichen. Im Spätsommer, wenn der Aal „lief", lastete über dem ganzen Dorf der würzige Geruch von „Aalrauch"; fast die gesamte männliche Einwohnerschaft, soweit sie nicht Ackerbau betrieb, war auf oder an der Elbe, um zwischen den Tiden nach Aalkörben und Hüttfässern zu sehen oder – am erfolgreichsten bei aufkommender Flut und aufkommendem Gewitter – im Dwarslock zu „pöttern", d. h. mit Senklot und an aufgeknäuelten Wollfäden aufgezogenen „Metten" den Aalen am Schilfrand nachzustellen. Wenn die Büttler mit ihren Booten im Sommer auf der Elbe waren, gab es auf dem damals fischreichen Fluß oft ein Rendezvous mit Fischern, die heimkommend von ihrem Fang gegen eine Tüte Shag-Tabak gerne etwas abgaben. Dann saß abends die ganze Familie beim Krabbenpulen, und aus der Küche duftete es nach gebratenen Butt oder Schollen.

Zwischen den Kriegen hielten viele Familien, die außer ihrem Kleingarten keine Landwirtschaft betrieben, ein oder zwei Schweine im Stall und eigene Hühner, oft auch Kaninchen, eine Tierhaltung, die im zweiten Weltkrieg verstärkt wieder aufgenommen wurde. Außer den schon erwähnten Grützwürsten gab es dann beim Schweineschlachten das traditionelle „Swattsuer", zwar nicht jedermanns Sache, aber die Anhänger des „Swattsuer" scheuen auch heute keine Mühe und Wege, wenn ihr Lieblingsgericht beim Schlachten zur Winterszeit bei Freunden und Verwandten in den Marschen auf den Tisch kommt.

Ein anderes traditionelles Gericht, bei dem ganze Familien und Freundeskreise an Wintertagen zusammenkamen, war Grünkohl mit Bauchspeck, und die Tradition des Grünkohlessens wird auch heute noch anderenorts gepflegt und insbesondere von „emigrierten" Büttlern fortgesetzt.

Gemüsesorten wie junge Erbsen sowie Schnibbel- und Brechbohnen und auch Grünkohl zog fast jede Familie selbst im Garten. Die Zubereitung im heutigen Gemeinschaftshaus, der früheren Gaststätte Rusch, wenn es „Erbsen und Wurzeln" gibt, bestreut mit Petersilie, serviert mit neuen Kartoffeln mit Buttersoße und gewürfeltem Schinken, erinnert die zur Zusammenstellung der Chronik beim gemeinsamen Mahl versammelten Besucher an die guten alten Zeiten in Büttel, besonders wenn es dann zum Nachtisch auch noch hausgemachte Rode Grütt mit Melk gibt.

Überhaupt die Büttler Rote Grütze: Zwischen den Häusern verliefen vielfach mit Entenflott bewachsene Gräben, überbrückt von schmalen Stegen, umsäumt von gewaltigen Büschen mit schwarzen und roten Johannisbeeren, deren intensiver Geschmack die beste Rote Grütze aller Zeiten abgab. Ein anderer Geschmack läßt sich heute nicht mehr reproduzieren: An der Südseite des Hauses meiner Großeltern wuchs spalierartig ein kärglicher Kirschbaum, der aber alljährlich einige Handvoll Sauerkirschen trug, die für mehrere Teller köstlicher Kirschensuppe reichten. Erst nach Jahren ist mir klargeworden, weshalb es nicht gelingen will, diese Köstlichkeit zu reproduzieren – trotz Verwendung von Sauerkirschen der besten Ernte, von reinem Rohrzucker, von etwas Kanehl der besten Sorte, von völlig gleichartigen Grießklößchen und obwohl wir, wie in Büttel, die Kirschkerne mitgekocht hatten. Es lag daran, daß die wichtigste Zutat fehlte, nämlich das richtige Wasser. Denn es war das Regenwasser, das Omas Kirschensuppe jenes unnachahmliche Flair verliehen hatte.

Im Zeitalter des sauren Regens, den man heute nicht mal zum Blumengießen verwenden möchte, ist es kaum noch vorstellbar, daß das ganze Dorf Büttel bis in die späten 50er Jahre das kostbare weiche Regenwasser nicht nur zum Waschen auffing, sondern auch sein Trinkwasser aus der jedem Haus zugehörigen Zisterne, dem „Regenbach", per Handpumpe entnahm. Das Angießen (englisch „priming") der Pumpe – immer mußte ein halb gefüllter Eimer bereitstehen – das Quietschen des Pumpenschwengels und das Plätschern des ersten Schwalls, der so völlig andere Geruch des geförderten Regenwassers und das herrliche Gefühl von weichem Wasser auf der Haut beim Waschen, sind Eindrücke, die man nie vergißt.

Jedes Haus hatte ein allgemein „Tante Meier" genanntes Plumpsklo, meist mit Kalendersprüchen als Klopapier. Der so gewonnene Dünger, zusammen mit dem reichlich anfallenden Pferdemist (es gab kaum Autoabgase und Baumsterben) soll dazu beigetragen haben, daß Gemüse und Erdbeeren in den eigenen Gärten so vorzüglich gediehen, während heutzutage alles nach Kunstdünger und Treibhaus schmeckt.

Wild wuchsen Kamille, Kümmel, Holunder u. a. Die „Fliederbeeren" genannten Früchte des Holunders, zu Saft gepreßt, waren ein hervorragendes schweißtreibendes Mittel bei Erkältungskrankheiten im Winter. Aber auch im Sommer gab es „Fliederbeersuppe" mit eben jenen schon erwähnten Grießklößchen. Man ließ nichts umkommen: Während heute Fallobst achtlos verrottet, wurde es in Büttel zu Gelee verarbeitet. Noch heute ist das nach Büttler Rezept hergestellte Apfelgelee ein von allen geschätzter Genuß, und das Büttler Quittengelee ist eine Delikatesse der Sonderklasse. Das gilt auch für die süßsauer eingelegten Gurken, Kürbisse, Birnen und Pflaumen, von den Rumfrüchten ganz zu schweigen.

Glücklicherweise gibt es heute noch in den holsteinischen Marschen und bei den in St. Margarethen, Wilster, Brunsbüttel, Hedwigenkoog, Burg, Beidenfleth, Ramhusen usw. lebenden Büttler „Emigranten" die beliebten Büttler Traditionsgerichte wie Groten Hans, Mehlbüdel, Bohnen, Birnen und Speck, Plummen un Klüten, Pannkoken mit Bickbeeren und dergleichen Leckerbissen mehr.

Eine ganz besondere Spezialität, in Büttel meist in der Adventszeit serviert, sind die in gußeisernen „Pförtenpfannen" gebackenen „Pförten" oder „Förtchen", in Heide und in anderen Orten Dithmarschens auch „Broballen" genannt. In jedem Haushalt war eine solche gußeiserne Pfanne mit den charakteristischen fünf Vertiefungen. Der Teig wurde mit etwas Hefe zubereitet und gut verrührt, manchmal mit und manchmal ohne Rosinen, aber in die bruzzelnden unteren Pförtenhälften wurde stets etwas Marmelade oder Pflaumenmus gegeben, wie bei Berliner Ballen, bevor der zweite Löffel Teig hinzugegeben und die Pförten gewendet und fertiggebacken wurden. Der bloße Duft ließ schon das Wasser im Munde zusammenlaufen.

An der Frage, ob Rosinen in die Pförten gehören, schieden sich die Geister, ebenso wie es heute noch unentschieden ist, ob die schwarze Grützwurst auch Rosinen enthalten sollte oder ob Pflaumen in die Aalsuppe gehören. Schon daraus ist zu entnehmen, daß bei aller äußerlichen Gleichförmigkeit doch von Haushalt zu Haushalt gewisse Unterschiede in der überlieferten Zubereitung und in den herkömmlich verwendeten Zutaten bestanden. Das bringt uns auf das schier unerschöpfliche Thema „Frische Suppe" – ob mit oder ohne Markknochen, ob mit oder ohne Eierstich, ob mit oder ohne Brühwürfel, ob mit oder ohne Suppenkraut, ob mit oder ohne Sternchen, ob mit oder ohne Reis. Es war also durchaus nicht so, daß in jedem Haus jedes der traditionellen Gerichte gleichartig schmeckte. Vielmehr war es ein Erlebnis, mal beim Nachbarn mitessen zu dürfen und sich überraschen zu lassen.

So war es im Dorf eine gern gestellte Frage: „Wat gifft dat hüt bi Jüm to Meddag?" Und je nach der erteilten Antwort und der Vorliebe und Vorstellungskraft des Fragenden konnte sich seine Phantasie mit den nachbarlichen Gaumenfreuden beschäftigen. Auch auf den Büttler und anderen „Klütenewern", wenn sie sich passierten oder überholten oder in einem der Häfen an Elbe, Stör oder Oste beieinander lagen, war dies ein beliebtes Fragespiel. Besonders dann, wenn der Befragte für seinen Witz und seine Schlagfertigkeit allgemein bekannt war. Delf Jans, der Neufelder Wirt mit dem besten Krabbenbrot an der Nordseeküste, erinnert sich heute noch an die von Kapt. Markus Peters von seiner Tjalk „Germania" auf die übliche Frage ohne Zögern herübergerufene Antwort: „Rehrücken un Wiinsupp".

Auf Tjalk reimt sich Schalk, und über die Büttler Frachtewer zu berichten ergäbe ein Kapitel für sich. Bemerkenswert im kulinarischen Zusammenhang ist die Tatsache, daß an Bord die mitfahrenden Ehefrauen ebenso gut wie zu Hause in Büttel kochten. Dazu muß man wissen, daß in der Kombüse meistens nur ein zweiflammiger mit Petroleum oder Spiritus betriebener Kocher zur Verfügung stand, auf dem die köstlichsten Mahlzeiten zubereitet wurden. Diese für die damaligen Verhältnisse schon recht fortschrittlichen Kochvorrichtungen wurden dann auch in der heimischen Küche zu Hause in Büttel verwendet, denn der eigentliche Küchenherd wurde zum Kochen und Heizen erst zum Winter in durchgehenden Betrieb genommen, ebenso wie der Kachelofen in der „guten Stube", auf dem die Suppe warmgehalten und in dessen Seitentür die Bratäpfel geschmort werden konnten. Elektrische Kochplatten oder Herde oder gar Heizung kamen, wenn überhaupt, erst sehr viel später in einige Häuser in Büttel.

Zur Veranschaulichung für die Vielfalt und Unterschiedlichkeit der Kochkünste bei vermeintlich gleichartigen Traditionsspeisen sei als Beispiel das in Büttel wie in Holstein, in der Marine wie in der Handelsmarine gleichsam geschätzte Sonntagsessen erwähnt: Schweinebraten mit Rotkohl nebst Kartoffeln und Bratensoße („Schü"), als Nachtisch Vanillepudding mit Himbeersaft, auch unter der Bezeichnung „Marinefestessen" bekannt. Jeder, der jemals in Büttel sonntags zu Tische saß und den üblichen Schweinebraten mit – je nach Jahreszeit – diesen oder jenen Beigaben genüßlich verspeist hat, wird sich nach den heimatlichen Fleischtöpfen zurückgesehnt haben, wenn ihm oder ihr das gleich klingende Gericht als Sonntagsfestessen aus der Schiffsküche serviert wurde. Man sollte glauben, daß an einem solch ebenso einfachen wie herrlichen Essen nichts zu verderben ist – bis man den undefinierbaren Pamps vorgesetzt bekommt, den ein als Schiffskoch fahrender ehemaliger Lokomotivführer oder Heizer zusammengebruzzelt hat, womit nichts gegen Lokomotivführer oder Heizer gesagt sein soll, solange sie sich nicht in der Kochkunst versuchen.

Der zum winterlichen Festmahl gereichte Rotkohl schmeckte erst so richtig nach dem zweiten Aufkochen. Im Frühjahr gab es stattdessen „Aarfen un Woddeln", wie heute noch in der ehemaligen Gaststätte Rusch. Und eine weitere Abwandlung: statt des sonst obligatorischen Schweinebratens wurden in einigen Familien Rindsrouladen (wie bei uns) oder Rinderschmorbraten bevorzugt. Die Büttler Küche repräsentierte unverkennbar die traditionelle Kochkunst der Wilstermarsch und stimmte in vielem mit der einerseits feinen, andererseits deftigen holsteinischen Küche überein. Es gab und gibt auch kein Monopol für die Büttler Geschmacksrichtung: Ochsenbrust mit Meerrettichsauce und Kochfisch mit Senfsauce wird in Jütland kaum anders zubereitet als in Holstein, und Matjes mit Pellkartoffeln und „Stippe" schmeckt auch in den nordeuropäischen Nachbarländern ebenso wie in Büttel oder Glückstadt, nur fehlen manchmal die Schnibbelbohnen oder andere Beilagen. Obwohl auch sonst Eßgewohnheiten des Nordens mehr oder weniger deckungsgleich sind, gibt es doch einige Vorbehalte, wenn es um Grünkohl (Oldenburger Palmen) und (gestoofte oder ungestoofte) Steckrüben (ostfriesische Ananas) geht. Und umgekehrt ist es nicht jedermanns Sache, Grünkohl mit Grütze gestreckt und mit Pinkel als Beigabe zu essen. Aber solange die Strunke entfernt werden (in Büttel für die „Kaninken"), gewöhnt man sich an die in Ostfriesland und an Bord von Schiffen tatsächlich übliche Zubereitungsweise, den mindestens zweimal dem Nachtfrost ausgesetzten Grünkohl in einer Pütz mit dem Spaten kleinzuhacken.

Mittagessen im Hause Markus Peters. Es gibt Klüten, Braten und Rotkohl, eines der typischen, auch in Büttel sehr geschätzten Holsteiner Nationalgerichte.

Wenn man als Seemann oder Passagier Glück hatte, war der Schiffskoch gelernter Schlachter und konnte Fleisch „auslösen", und der Kochsmaat war gelernter Bäcker und konnte Brötchen („Rundstücke"), Schwarzbrot aus Roggenschrot und richtige Kuchen statt „Panzerplatten" auf die Back bringen. Wenn man noch größeres Glück hatte, stammte wenigstens einer der beiden aus dem Holsteinischen. Denn ein solcher Koch weiß aus der Not eine Tugend zu machen: Preßkopf, Sülze, Ossensteerts in Madeiratunke und Rinderzunge in Burgundersoße. Die fleischlichen Zutaten waren auf den Schlachthöfen in Texas oder sonstwo günstig einzukaufen, und die anderen Ingredienzien kosteten auch nicht alle Welt. Aber daraus ließen sich Gerichte zaubern, die wie in Büttel schmeckten und um deren Rezepte und Zubereitungsgeheimnis sich sogar die Passagiere bemühten. Einige dieser Rezepte werden ihren Weg in den „Escoffier" gefunden haben. Denn viele holsteinische Gerichte halten jeden Vergleich mit der internationalen „haute cuisine" aus. Auf einigen Schiffen in der Tropenfahrt wird als Kaltschale Zitronensuppe (mit Sago, Eigelb drin, Eiweiß obendrauf als Schnee) so serviert, wie es in Büttel immer schon Sitte war. Einige Köche können sogar Rhabarbergrütze wie in Büttel zubereiten. Man erkennt diese kompetenten Köche daran, daß sie nicht unbedingt die Hotelfachschule besucht haben, sondern in jedem Hafen nach frischem Gemüse Ausschau halten und Kopfsalat nicht mit Essig, sondern mit Zitronensaft oder saurem Rahm anrichten, wie es der Büttler Küche entspricht.

Meine Erfahrungen als „Pottenkieker" in Büttel sind mir später als „Purser" sehr zugute gekommen. Die holsteinische Küche im allgemeinen und die Büttler Gerichte im besonderen (abgesehen von „Swattsuer u. dgl.) kann man auch einem internationalen Publikum vorsetzen. Aber: „Wat den een sien Uhl, is den annern sien Nachtigall" und „Wat de Buur nich kennt, dat fritt he nich". Eingedenk der saftigen Lammbraten und delikaten Hammelkeulen, die Schlachter Boll von den Wolle tragenden Deichgrasverwertern lieferte, hatte ich eine Hammelhälfte in Australien günstig eingekauft, die ich dann mit dem 1. Offizier und einigen ausländischen Fahrgästen alleine verspeisen mußte. Die restliche Besatzung und die meisten Passagiere hielten sich entrüstet die Nase zu. Aber selbst bei Büttlern ist die Einstellung gegenüber Lammkoteletten und Hammelbraten zwiespältig.

Die nicht nur wegen ihrer Kochkunst, sondern auch wegen ihrer Resolutheit geschätzten Büttlerinnen waren als Ehefrauen begehrt. Noch heute erkennt man das blaue Zwiebelmuster (für den Alltag), die Teller und Schüsseln mit doppeltem Goldrand (für Sonn- und Festtage) und das Kobaltblau-Chinadekor (für den Nachmittagskaffee). Und in jeder Familie findet sich das eine oder andere Teil aus dem in der Wilstermarsch üblichen Silberbesteck, oft mit Gravuren, die Rückschlüsse auf die Herkunft zulassen.

In einigen Familien wurde bei Tisch gebetet. Man war nicht sonderlich fromm, aber gottesfürchtig. Bauern, Schiffer, Kleingewerbetreibende, Rentner und Pensionäre lebten nachbarschaftlich zusammen in einer gewachsenen Dorfgemeinschaft. Während der Erntezeit wurden vielfach Erntehelfer mit abgefüttert. Da die Frauen bei der Ernte mithelfen mußten und auf den Höfen die Hauptarbeit hatten, gab es schnell zubereitete Gerichte, von denen viele satt werden mußten: Morgens Grütze mit Milch, mittags Mehlbüdel, abends etwas Deftiges und Biersuppe. Wo gibt es heute noch „Arme Ritter"?

Aber auch im Dorf gab es häufig Mitesser: Nicht nur Besucher, Nachbarskinder, Ferienkinder, Handlungsreisende, „Höker" und Verwandte, sondern auch die alljährlich wiederkehrenden „Monarchen", die eine Schwäche für Büttel und das gute Essen im Dorf hatten.

Mit den Ferienkindern gab es zuweilen Probleme. Nicht nur, daß sie in Büttel unverhältnismäßig zunahmen (was nicht nur auf die Butenschön-Kinder zutraf), sondern ihre Eltern hatten nach Ende der Ferien ihre liebe Last mit den in Büttel genudelten Kleinen, die von der schmackhaften Landkost so „krüsch" geworden waren, daß sie an dem für sie nun faden Essen im Elternhaus herumnörgelten.

Abgesehen vom Schlaraffenland-Effekt war Büttel auch in vielen anderen Hinsichten ein Paradies für Kinder: Ein junger Feriengast, Hans-Jürgen aus Kiel, angelte mit anderen Jungs am Büttel-Kudenseer Kanal, fing zwei Brassen und einen Aal, die ihm noch am selben Abend gebraten wurden, so daß er die Fortsetzung der Angelfreuden am nächsten Tag kaum erwarten konnte. Am nächsten Tag aber kamen seine Eltern, die aus irgend einem Grunde mit ihm nach Kiel zurückwollten – offenbar ohne Verständnis für Hans-Jürgens Angelbegeisterung und Vorliebe für

Fischmahlzeiten nach Büttler Art – und überhaupt: was ist schon Kiel gegen Büttel? Jedenfalls führte Hans-Jürgen einen Veitstanz auf, sein Kopf lief rot an und er schmiß sich auf die Erde, wälzte sich schreiend im Dreck und sprang schließlich vor Wut in den Kanal nahe der Schleuse. Kaum ein Büttler hat sich derart widerspenstig bei der Vertreibung aus dem Paradies aufgeführt.

Nichts ist so haltbar wie eine schöne Erinnerung: Die Gerüche und Geräusche in Onkel Schütts Mühle, das Kreischen der Kreissäge und der Tannenduft von frisch geschnittenem Holz in der Tischlerei von Meister Maaß, der Teergeruch der imprägnierten Netze und Reusen, der Duft von Heu in den Wiesen, das Tuten der Meierei früh morgens, wonach sich der Tagesablauf im Dorf richtete – das alles war Büttel, von Kindheit an vertraut und unauslöschlich im Gedächtnis eingeprägt. Zu den Kindheitserinnerungen, die von Geruchs- und Geschmacksnerven bestimmt wurden, gehören die Besuche in der Backstube, wo die zu Hause angerührten Kreationen im großen Backofen vom Bäcker gargebacken wurden. Unvergeßlich sind die mit viel Sirup angerührten „Bruunen Koken", Opas Lieblingsgebäck, auf vielen Blechen in so großen Mengen gebacken, daß es für's ganze Jahr reichte, auch für Seetörns. Der köstlich duftende Kuchen wurde nämlich in luftdicht abschließenden Zinkdosen aus Holland oder England mitgeführt, und an Sonn- und Feiertagen an Bord oder zu Hause gab es unweigerlich „Bruunen Koken". Auch bei längeren Segeltörns auf der Elbe durfte – nicht nur sonntags – mal genascht werden: Am Vorpiekschott hing ein Band mit Störkringeln, von denen man sich einen abbrechen oder mit dem Hammer abschlagen durfte.

Wer ein Boot und eine Flinte hatte, ging nach Ablauf der Schonzeit auf Krickentenjagd. Die erfahrenen Jäger benutzten Lockenten und eine den Enten- oder Erpelruf imitierende Flöte. Besonders hilfreich war dabei ein gut abgerichteter, das Wasser nicht scheuender Apportierhund. Zu bestimmten Jahreszeiten war der Entenbraten nicht tranig, aber oft durchsetzt von Schrotkugeln, so daß man auf die Einschußstellen achten mußte. Aus Dithmarschen mit seinen immensen Kohlfeldern gab es – ebenfalls mit Schrot durchsetzten und deshalb ebenso sorgfältig zu verzehrenden – Hasenbraten und von der Geest den vielzitierten Rehrücken und aus Hennstedt (hinter Itzehoe) dann und wann einen saftigen Wildschweinbraten.

Der Wildhaugout ließ sich durch Abhängen mildern, ebenso wie sich durch nächtliches Wässern der strenge Geschmack der Stekkrüben („Wrucken" von den nach Büttel verschlagenen Pommern genannt) so stark herabsetzen ließ, daß gestoofte Steckrüben – trotz schlimmer Erinnerungen an den „Steckrübenwinter" des 1. Weltkrieges – zu einem der Lieblingsgerichte der Büttler gehörten. Beliebt bei jung und alt war der Weg am Büttler Kanal, und insbesondere bei den Kindern ein Besuch beim Imker Stademann. Der Klumpen Bienenwachs und das Stück Honigwabe, das er dem aufmerksamen Zuhörer mitgab, wurde später ehrfürchtig berochen in der Klasse herumgereicht und sorgte für eine gute Note in „Naturkunde", wenn man dazu auch die Geschichte vom roten Klee und dem Versuch der Züchtung von Bienen mit langem Rüssel erzählen konnte. Wer jemals echten Imkerhonig probiert hat, wird keinen Geschmack mehr an massenproduziertem Quasi-Honig finden.

In Büttel wurde nicht nur gut gegessen, sondern auch die Geselligkeit gepflegt. Feste wurden gemeinsam begangen. Im ganzen Dorf ging ein großer Kaffeetopf reihum, in dem bei großen Anlässen eine Unmenge Kaffee (mit einem Ei) aufgebrüht wurde. Das ganze Dorf nahm am Aalfang teil. Anna Trempler erinnert sich noch, wie Markus Peters an der Schleuse die besten Fanggründe in einer Skizze veranschaulichte. Jeder schaute jedem in die heimgebrachte Pütz mit Aalen. Manchmal befand sich unten Gras oder Heu im Eimer, um ihn voll mit Aalen erscheinen zu lassen. Denn nicht immer war der Fang ergiebig. Manche Jahre „lief" der Aal nicht, oder er „biß" nicht, oder in den Reusen befanden sich nur die als „Dwarslöpers" bekannten, von China eingeschleppten Wollhandkrabben. Einige Dorfbewohner waren Experten im Schlachten und Räuchern der Aale und besorgten diese Aufgabe für ihre Nachbarn mit. Die Büttler Bauern, Schippers und anderen Dorfbewohner ergänzten sich großartig und entwickelten nicht nur eine gemeinsame vielseitige Eßkultur, sondern auch ein in anderen Hinsichten mannigfaltiges Zusammenleben und Gemeinwesen, wie man es eben nur in Dorfgemeinschaften findet, wofür Büttel ein anschauliches und vielleicht sogar vorbildliches Beispiel war.

Es ist keineswegs vermessen, eine dörflich-traditionelle Eßkultur mit der „haute cuisine" eines Escoffier und seines Publikums zu vergleichen. Der große französische Meisterkoch Paul Bocuse beschreibt die „nouvelle cuisine" als „Kochen für diejenigen, die ihren Appetit verloren haben, was zur Anorexie führt". Er bevorzugt eine robustere Kost für Leute, die sich ihren gesunden Appetit bewahrt haben und faßt seine Meinung so zusammen: „Die traditionelle ‚cuisine' ist der wahre Ausdruck des Geistes eines Landes" (Sunday Telegraph, 11. Dez. 1988).

Und hier einige wenige Beispiele, stellvertretend für das Kaleidoskop der Büttler und holsteinischen Küche, aus Elses Sammlung von Hausrezepten:

Weinsuppe
Zutaten: 0,7 l Weißwein (ungepanscht), 1,5 l Wasser, 1 Prise Salz, 1/2 Eßlöffel Butter, 125 g Perlgraupen, 125 g Rosinen, 2 Eier, 3 Eigelb, 4 Eßlöffel Zucker.
Zubereitung: Wasser mit etwas Salz und Butter zum Kochen bringen, Perlgraupen dazugeben, eine Stunde garkochen. Rosinen hinzugeben, kurz aufkochen lassen. Weißwein hinzufügen, erhitzen, aber nicht kochen lassen. Eier, Eigelb, Zucker gut verschlagen und vorsichtig unterheben, abschmecken und eventuell nachsüßen. Zur Weinsuppe reicht man Weißbrot mit Butter und Mettwurst oder Wild.

Frühstück: Büttler „Porridge" = Buchweizengrütze in Buttermilch
Zutaten: 280 g Buchweizengrütze, 2 l Buttermilch, Salz, 1½ l süße Milch
Zubereitung: Grütze wird sauber gewaschen und in die kochende Buttermilch gegeben. Sobald sie kocht, schiebt man sie etwas vom Feuer zurück, läßt sie eine Stunde leicht kochen und schmeckt sie mit Salz ab. Die Milch wird dazu gereicht.

Fliederbeersuppe
Zutaten: 2 l Wasser, 500 g Holunderbeeren (abgestreift), 100 g Äpfel in Scheiben, Zucker nach Geschmack, nach Belieben 15–20 g Kartoffelmehl
Zubereitung: Fliederbeeren (Holunderbeeren) werden mit dem Wasser zum Kochen aufgesetzt. Die Suppe wird durch ein Sieb gegeben, die Apfelscheiben werden darin weichgekocht (sie dürfen aber nicht zerfallen); dann wird die Suppe nach Geschmack sämig gemacht, mit Zucker abgeschmeckt und mit Mehlklößchen oder Grießklößchen aufgetragen.

Hauptgerichte

Grützwurst
Zutaten: 400 g mittelfeine Hafergrütze, ½ l Brühe, 250 g Rosinen, 2–5 g Nelkenpfeffer, 10–20 g Salz, ½ l Blut.
Zubereitung: Die Grütze waschen. Eine Nacht in der Brühe weichen. Alle Zutaten mit der Grütze gut mischen und abschmecken. Das Blut durch ein Sieb geben und mit der Masse vermengen. Im Tuch oder in einer mit Speckscheiben ausgelegten Puddingform garkochen. Man kann die Grützwurst auch lose in gewaschene Därme geben und im Wasser ziehen lassen.

Swattsuer
Zutaten: ½ kg Schwarzsauerfleisch (Herz, Nieren, loses Fleisch) 1 l Wasser, 1 l Essig, ¾ bis 1 l Blut, Salz, Pfeffer nach Geschmack
Zubereitung: Fleisch in Gewürzwasser kochen. Fleisch herausnehmen, Soße bereiten. Brühe kochen. Blut durch Sieb geben und langsam einrühren, bis die Soße dicklich ist. Große Klöße dazu reichen.

Grünkohl
Zutaten: 2 kg Grünkohl, 250 g Schweinebacke und/oder Bauchspeck, 1 Zwiebel, 1 kg Kassler, 4 Kochwürste. Schmalz. Kleine Pellkartoffeln, Butter, Zucker, Salz, Fett zum Anbraten.
Zubereitung: Grünkohl von den Strunken streifen, gut waschen, durch den Fleischwolf geben. Schweinebacke zum Kochen ansetzen, Kohl und angebratenes Kasslerstück dazugeben und garen lassen. Zum Schluß Kochwürste zum Ziehen daraufgeben. Durch einen Stich Schmalz wird der Kohl blank. Butter und Zucker karamellisieren. Kartoffeln darin goldbraun bräunen, mit Fett weiterbraten. Kohl und Kartoffeln getrennt anrichten.

Mehlbüdel
Zutaten: ¼ l Milch, ¼ kg Mehl, 60 g Butter, 4–5 Eier, 30 g Zucker, ½ Teelöffel Kardamom, geriebene Zitronenschalen, ¼ kg entsteinte Kurpflaumen, ¼ kg Apfelscheiben, 100 g Rosinen, Vanillezucker.
Zubereitung: Butter schaumig rühren, alle Zutaten nach und nach hinzufügen. Der fertige „Puddingteig" wird in ein angefeuchtetes Leinentuch gegeben, das nicht ganz stramm zugebunden wird. Der Mehlbeutel wird in einem Topf mit sprudelndem Wasser ca. 2 Stunden gegart, dann mit ausgelassener Butter und Zucker oder mit Johannisbeersaftsoße gereicht.

Birnen mit Teig
Zutaten: ½ kg durchwachsener Speck, 1 kg ungeschälte, halbierte Birnen, Kanehl (Stangenzimt), Zucker. Klütenteig.
Zubereitung: Speck ½ Stunde kochen. In der Speckbrühe Birnen ziehen lassen. Abschmecken. Klöße gleichfalls in die Brühe setzen und garen. Gegebenenfalls die Flüssigkeit noch etwas andicken.

Nachspeisen

Buttermilchkaltschale
Zutaten: 1½ l Buttermilch, 200 g Schwarzbrot, 100 g Zucker, Zitronenschale von unbehandelten Zitronen.

Zubereitung: Das Brot wird gerieben, einige Stunden vor dem Servieren in die Buttermilch gegeben und diese mit Zucker und geriebener Zitrone abgeschmeckt.

Förtchen (Pförten)

Zutaten: ½ kg Mehl, 125 g Rosinen, Salz, 25 g Hefe, etwas Zucker, ⅜ l Milch, 1 geriebene Zitrone. (Statt der Rosinen kann man einen Teelöffel voll selbstgemachter Marmelade mit einbacken.)
Zubereitung: Man stellt von den angegebenen Zutaten einen Hefeteig her und läßt ihn ziehen.
In die heiße, mit Fett ausgestrichene Pförtenpfanne gibt man in jede Vertiefung einen Eßlöffel Teig. Die Pförten (Förtchen) werden gar gebacken (Garprobe mit Holzprickel).

Büttler Kaffee

(auch in Steinburg und Dithmarschen bekannt)
Für 4 Personen: knapp 1 l Wasser, 1 Ei, 8 Teelöffel gemahlenen Kaffee (nur Hochlandprovenienzen: Costa Rica, Guatemala; regelmäßige Bohne mit weißem Strich in der Mitte, nicht zu dunkel geröstet, nur geringe Maragogyp-Beigabe, nur mittelamerikanische, keine südamerikanische oder afrikanische Bohne, das heißt Hotel-Qualität).
Zubereitung: Frisch gerösteten Kaffee erst kurz vor der Zubereitung ganz fein vermahlen. Wasser zum Kochen bringen. Ei mit etwas kaltem Wasser verrühren. Kaffee zugeben. Mischung ins sprudelnde Wasser schütten, 2–3 Min. aufkochen, 10 Min. ziehen lassen, filtern.

Der St. Margarethener Damenlikör

von Magda Rusch-Kalinna

Schnaps wurde in früheren Zeiten in den heimischen Küchen und Kellern selbst gebrannt und gebraut. Ein paar ältere Damen in St. Margarethen hatten einen Wurzellikör entwickelt, der unheimlich scharf war. Aber man stellte auch fest, daß er dem Magen unwahrscheinlich guttat. Eine Wurzel wurde mit Alkohol angesetzt und mußte eine gewisse Zeit stehen. Hatte eine Flasche versehentlich länger gestanden, war der Likör besonders scharf. Dann hieß es auch schon mal: Gev mi mool een ut de Eck! Ob der Name nun dadurch entstand weil er von den Damen erfunden wurde, oder ob es zum Zweck des Verführens war, weiß ich nun auch nicht. Viele Gäste sagten bei dem Namen Damenlikör: „Nee ik bün nich vör sowatt Sötes". Jedenfalls machten die Wirte im ganzen Kirchspiel St. Margarethen auch diesen Likör, und so auch Heinrich Rusch in Büttel. Als in den zwanziger Jahren in Heide die Wirteeinkaufsgenossenschaft gegründet wurde, gab H. Rusch als Mitbegründer das Rezept dorthin. Anfangs wurde der Hexenmeister (so wurde er auch genannt), nur für Gastwirtschaften hergestellt. Nach Auflösung der Einkaufsgenossenschaft ging der Geschäftsführer und gelernte Destillateur Johann Meyer zur Fa. Schlesmann, die den Likör noch heute herstellt. Der Spruch auf dem Etikett ist geblieben:

*Hans und Greten ut St. Margarethen, welck Honneur,
erfunn den echten Damenlikör.
Hest du dat nich goot und hest du keen Moot,
nehm een dorvun, bliffs gewiß nich doot!*

Rechts: Umzug durch das Dorf mit den heimkehrenden Kriegern aus dem Ersten Weltkrieg im März 1919, links der Falckenhof, in der Mitte hinten das Haus Stapelfeldt.

De Krieg in Büttel

von Anna Eggers-Trempler

An 1. September 1939 brook de Krieg ut, all in de ersten Doog woor Brunsbüttel vun de Tommys öwerflogen, de Elvmündung weer ehr Anflugmerkmol. In Tütermoor stunn de schwore Abwehrbatterie, so wohn wi in een brenzliche Eck.

De Krieg mookt sick ok in de Köök bemerkbor, ober wi hebbt veel ut unsen Goarn holt. Bestmann geef uns een Stück Land tun Kartüffel planten. Bi Buur Dammann bi Wilster kunn man Feldarfen plücken, dorhin sünd Opa Schwardt und ick mit Rad föhrt, morgens Klock 3 los, 2 ctn weer der Erdrag, de Hälfte beheel de Buur tunn Verkoop, 1 ctn kunn wi mit na Huus nehmen. Obends stünn denn 22 Dosen Arfen op denn Disch, ½ för Opa und Oma Schwardt, ½ för uns, datt weer dormals een besonnere Freud, mol so richtig mit denn Leebel satt Arfen to eeten und datt frisch vundatt Land.

Obends woarn alle Fenster mit schwartes Papier verdunkelt, keen Lichtschien dörf na buten falln, datt weern sünst Zielschieben för de Fleegers. Meis jede Nacht geef datt Alarm, wi güng obends angetrocken to Bett, domit wi gau no ünn na de Huusdör keemen, dor seeten wi denn mit Sack und Pack. De Döör stunn lütten Spalt open, denn kunn wi de krepiereden Geschosse an denn Himmel seen und dodörch fasstelln wo die Fleeger jüss weern. Wehe wenn se öber uns weern, denn krach und baller datt bi uns op denn Böhn, de Splitter vun de Geschosse schloogen dörch datt Schieferdack. Denn mussen wir nakieken op datt ok keen Brandbom-

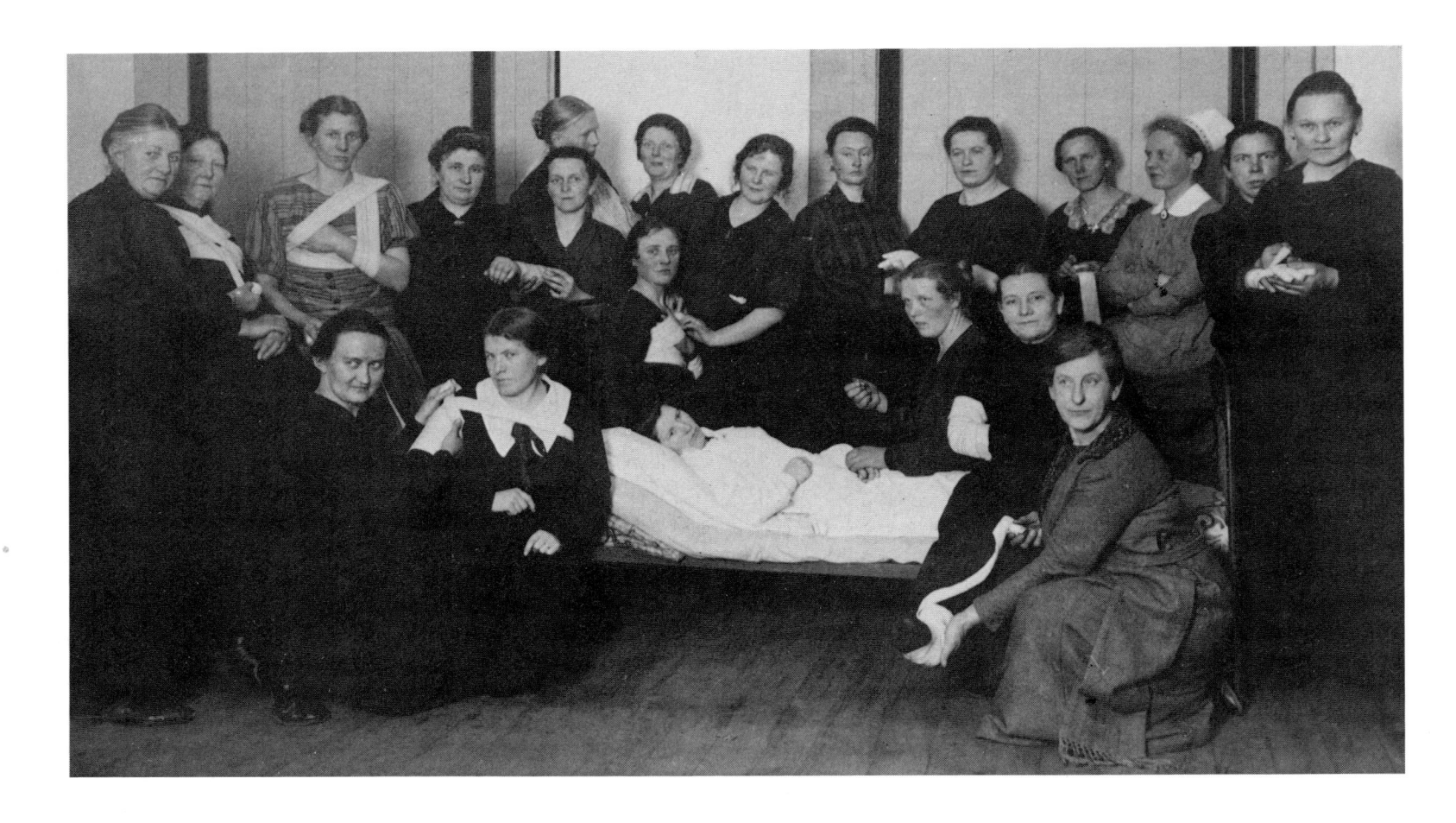

ben weern, dogegen stünn Büdel vull Sand und Wooterammer mit een Luftschutzpump porot, domit schulln wi denn löschen.
Ruth weer domols as Deern bi uns. De seet so vull Angst, datt much man ne mit ansehn. All ehr Kleeder har se över denn Arm, datt hebbt wi dann afstellt. „Deern Ruth, seeg min Mudder, wenn wi dropen ward, denn mööt wi sehn dat wi rutkoomt, mit all dien Tüch öber den Arm büß du veel to behinnert. Komm, wi packt datt in een Koffer, und denn stellt wi as ersten an de Döör und Du sitts dobie, denn kümmst du as erste ruut.
Wi schulln eegentlich na Beckmann gohn, dor harn se in denn oln Diek een Lock buddelt as Luftschutzbunker. Erstmol weer keen Tied genog üm bi Alarm dohin to komen und denn dücht uns, datt weer ok keen Schutz, wenn een Bombe dorop droopen dee, denn weern wi lebendig begrooben. Wi mussen jo domit reeken, datt de Fleeger de Batterie Tütermoor angriepen deen. Wi weern schon so dorob instellt, dat wi Engländer und Dütsche an denn Motorenklang ünnerscheeden kunn. De Engländer huuln „wuwuwu". De Luftschutzsireen schockiert uns hüüt noch, datt Grusen sitt uns noch int Gemüt. Ick denk, se schulln denn hütigen Zivilalarm nee denn Kriegsalarmton geben. Selten keem de Tommy

Ganz oben: Bütteler Frauen und Mädchen bei einem Lehrgang des Roten Kreuzes für Erste Hilfe im Ersten Weltkrieg. Oben: Stand eines 8,8-Flakgeschützes in der Batterie Altenkoog im Zweiten Weltkrieg, auf dem Tarnnetz spazieren die von den Soldaten gehaltenen Gänse. Oben: Batteriekapelle auf dem Dach eines der mit Rasenbewuchs getarnten Wohnunterstände, im Hintergrund der Hof Daniel Ewers und Haus Kosowsky.

an Dag, ober wenn he keem, denn weer grote Gefohr. Juni 1944 hebt se Ostermoor bombardiert.

In Kuhlen fulln ok mehrere Bomben, Blindgänger sitt noch in denn Moorgrund. Wi hebbt sehn as de Fleeger de Bomben utlösen deen. Wi dachen an de Schlüsen, wenn de twei güngen, denn soopen wi ok no aff. In Ostermoor see datt bös ut, door wulln se wull de Öltanks droopen.

De Inflüge woarn ümmer grusiger. Am Schlimmsten weer de Angriff op Hamborg ween, Juli 1943. De Napalmbomben hebbt so grausam tooft, dovun schnackt hüüt keen Mensch mehr in de Weltgeschichte. De Menschen sünd tosomenschmült to Klumpen, de ganze Himmel weer führrot. Wi stunn no denn Angriff op denn Diek, mien Vodder seeg: „Oh, oh, door is watt los". Wull ebenso as in Dresden, de Engländer greep de Städte an, um dodörch Unruh int Land to bringen.

Datt Leben güng wieder, de Krieg nehm keen End. Wi mussen schaffen um dörchtokom, so künn wi denn Kopp ne lang hang looten. Ick kunn mien Mudder helpen, Lebensmittel to beschaffen. Unse Oolbungs kreeg min Unkel Hermann Prüß, dorför kreegen wi vun emm gerökerte Ool. Dormit föhr ick mit een Lastwogen na

Ganz oben: Die Deichschleuse mit dem Kriegerehrenmal für die Gefallenen des Ersten Weltkrieges um 1925, vorn ein Ewerboot und quer liegend der zur Entschlickung des Kanals verwendete Pflugkahn. Oben: Oberleutnant Mevers und Leutnant Hansen von der Batterie Altenkoog zu Gast am Kaffeetisch im Hause Knudsen im Juli 1943. Oben: Empfang für den Schiffer Otto Flügel, dem als Marine-Bootsmaat das Ritterkreuz verliehen wurde.

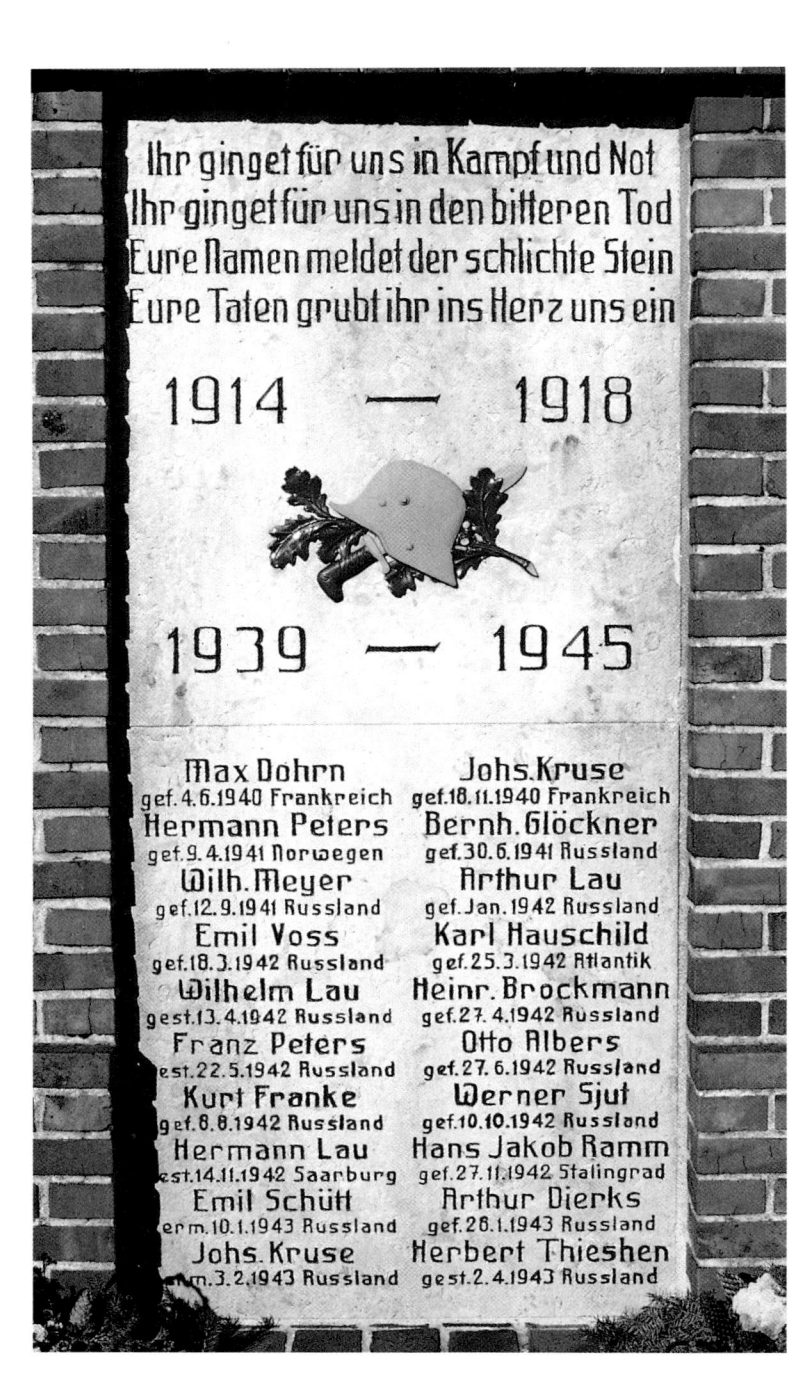

Ihr ginget für uns in Kampf und Not
Ihr ginget für uns in den bitteren Tod
Eure Namen meldet der schlichte Stein
Eure Taten grubt ihr ins Herz uns ein

1914 — 1918

1939 — 1945

Max Dohrn	Johs. Kruse
gef. 4.6.1940 Frankreich	gef.18.11.1940 Frankreich
Hermann Peters	Bernh. Glöckner
gef. 9.4.1941 Norwegen	gef. 30.6.1941 Russland
Wilh. Meyer	Arthur Lau
gef.12.9.1941 Russland	gef. Jan.1942 Russland
Emil Voss	Karl Hauschild
gef.18.3.1942 Russland	gef. 25.3.1942 Atlantik
Wilhelm Lau	Heinr. Brockmann
gest.13.4.1942 Russland	gef. 27.4.1942 Russland
Franz Peters	Otto Albers
gest.22.5.1942 Russland	gef. 27.6.1942 Russland
Kurt Franke	Werner Sjut
gef. 8.8.1942 Russland	gef.10.10.1942 Russland
Hermann Lau	Hans Jakob Ramm
gest.14.11.1942 Saarburg	gef.27.11.1942 Stalingrad
Emil Schütt	Arthur Dierks
verm.10.1.1943 Russland	gef. 26.1.1943 Russland
Johs. Kruse	Herbert Thieshen
verm.3.2.1943 Russland	gest. 2.4.1943 Russland

Heinr. Bestmann	Heinr. Blunck
gef.21.7.1915 b.Krasnostav	gef.18.4.1917 Laneuville
Johs. Brandt	Peter Brandt
gef.1.10.1916 Zarkow	gef.23.4.1917 Braje
Emil Bruhn	Hugo Bruhn
gef.18.5.1915 i.d.Argonnen	gef.16.9.1916 a.d.Somme
Emil Buhmann	Max Buhmann
gef.30.9.1916 bei Stanisl	gef.17.11.1917 Halluin
Rud. Dohrn	Wilh. Dohrn
gef. 6.9.1914 Esterney	gef.3.8.1916 Eloi
Johs Dohrn	Joh. Eggers
gef.29.4.1918 Sauvilleu	gef.17.8.1915 Steensteate
Peter Ewers	Willy Heesch
gef.17.2.1915 Koziky	gef.23.4.1917 Arras
Karl Heesch	Herm. Hollander
gef.27.8.1918 a.d.Westfront	gest.2.2.1921 in Kiel
Karl Klöckner	Heinr. Kloppenburg
gef.26.6.1916 auf Höhe 304	gef.25.7.1916 bei Pozieres
Otto Lehmann	Otto Maahs
gef.21.9.1917 i.Alaucourt	gef.21.3.1918 b. Monchy
Ernst Ramm	Rich. Reimers
gef.6.6.1915 Moul.Touvent	gef.31.8.1918 Soisons
Joh. Reimers	Mark. Scheel
gef.26.9.1918 Vailly	gef.9.10.1916 Le Sars
Johs. Scheel	Heinr. Schernekau
gef.25.4.1918 a.d.Westfr.	verm.2.8.1917 Havrincourt
Nik. Schmidt	Wilh. Schmidt
gef.15.7.1918 Nauroy	gest.16.9.1914 in Mons
Heinr. Schmidt	Heinr. Schröder
gest 31.10.1916 in Berlin	gef.6.7.1918 b.Montnotrd.
Johs. Schütt	Steffen Schütt
gef.11.12.1915 Laon	gef.29.10.1915 Kamenucha
Heinr. Schwardt	Heinr. Tiedemann
gest.1.9.1917 in Piennes	gef.12.5 1915 b.Dixmuinnen
August Vohs	
gef 26.6.1918 Armentieres	

Die Gedenktafeln für die Gefallenen beider Weltkriege am Ehrenmal, das nach dem Abbruch der umliegenden Häuser heute einsam am Deich neben dem Kanal steht.

Unsern Toten
die ihr Leben im Kriege,
in der Gefangenschaft
und bei der Austreibung
aus der Heimat liessen,
zum Gedächtnis.
Die Heimatvertriebenen Büttel.

Herbert Schröder
gest. 31.1.1942 Suwalki

Franz Stunek
gef. 9.10.1942 Russland

Alfred Massow
gef. 29.1.1943 Russland

Heinz F. Hermann
gef. 4.2.1943 Russland

Robert Hermann
gef. 15.10.1943 Russland

Werner Sauer
gef. 10.11.1943 Russland

Alfred Pölk
gef. 14.1.1944 Griechenland

Paul Reske
gef. 18.1.1944 Russland

Paul Roder
gef. 13.4.1944 Russland

Hugo Roder
gef. 16.6.1944 Frankreich

Heinz Demnik
verm. Juni 1944 Russland

Gerhard Herzog
verm. 7.6.1944 Russland

Richard Ctoptecke
verm. 25.8.1944 Rumänien

Erwin Reske
verm. Aug. 1944 Russland

Horst Hannemann
gest. 7.9.1944 Littauen

Siegfried Herz
gef. Nov. 1944 Russland

Erich Boesla
gef. 2.2.1945 Lettland

Hildeg. Grossmann
gef. 3.2.1945 Ostpr.

Paul Lemke
gest. 10.2.1945 Ostpr.

Otto Wolter
gef. März 1945 Danzig

Fritz Schley
gef. 19.4.1945 Thüringen

Richard Schley
gest. 26.5.1945 Malente Holst

Albert Bullerjahn
verm. Mai 1945 im Westen

Robert Woyke
gest. 18.8.1945 Westpr.

Fritz Steinleger
gest. August 1945 Russland

Adolf Lewald
gest. 25.10.1945 Dalmat.Kü.te

Bruno Tüxen
gest. 22.10.1948 Russland

Friedr. Manthey
gest. 20.2.1945 Stolpm

Fritz Manthey
gef. 31.1.1942 Russland

Richard Tobias
gef. 22.3.1943 Russland

Adpro Kloppenburg
gef. 23.6.1943 Russland

Hugo Rehder
gef. 22.9.1943 Russland

Peter Ewers
gef. 27.10.1943 Russland

Fritz Beckmann
verm. 1943 Russland

Werner Brandt
verm. 9.3.1944 Russland

Karl Schütt
gef. 10.4.1944 Russland

Walter Blogow
gef. 22.5.1944 Kiel

Gustav Kühl
gef. 7.7.1944 Italien

Willi Bruhn
gef. 23.7.1944 Russland

Willi Stapelfeldt
gef. 25.7.1944 Russland

Albert Höck
gef. 25.7.1944 Lettland

Hans Hauschild
verm. 21.6.1944 Russland

Willi Maassen
verm. 26.5.1944 Russland

Max Buhmann
gef. 27.7.1944 Litauen

Arnold Boll
gef. 31.7.1944 Frankreich

Willi Schmidt
verm. 4.9.1944 Frankreich

Johs. Höh
verm. 10.10.1944 Serbien

Karl Schmidt
gef. 19.10.1944 Jugoslavien

Georg Siebel
gef. 28.12.1944 Ungarn

Klaus Sieb
gef. 7.1.1945 Ostsee

Alfred Rusch
gef. 25.1.1945 Polen

Wilh. Knudsen
gef. 2.2.1945 Kurland

Gustav Ewers
gef. 7.3.1945 Italien

Eduard Wolter
verm. 13.3.1945 Ungarn

Nikol. Koch
gef. 17.3.1943 Russland

Hans Schütt
gest. 27.3.1945 Thüringen

Hinr. Söh
gef. 27.3.1945 Gotenhafen

Karl Baumann
verm. März 1945 Russland

Heinr. Witt
verm. März 1945 Ob

Alb. Kloppenburg
gest. 20.4.1945 Flensburg

Hans Ramm
gest. 15.11.1945 Sibirien

Walter Rusch
gest. 9.4.1946 Obschl.

Karl Höh
gest. 10.4.1946 Kaukasus

Karl Heinz Brandt
gest. 3.3.1947 Russland

Willi Hees
verm. März

Otto Rehder
verm. Lettland

Egg
verm.

Johann Sievers
verm. Okt. 1945

Hengstenberg in Itzehoe und tusch datt für Suurkool und roode Beet in Groote Fööt vull. Allns weer willkomen, för uns Büttler tosetzlich to kriegen, denn de Hunger weer groot und Vitamine so nödig. Vun de Meierei kreegen wi Quark groote Emalje Ammers vull ohne Marken, wi weern so froh, wenn wi datt utgeben kunn. To Wiehnachten hebbt wi unsen letzten Sack Solt ½ Pund pro Familie utgeben. Datt weer schon eene Kostbarkeit. Datt Brood weer so knapp bemeeten. Ick hör mol as 2 Deerns sick ünnerholn deen: „We itts du dien Brood, ick nehm mien Schief dick, denn goot nee soveel Krömel verloren." „Nee", seeg de annere, „ick mook 2 dünne Schieben dorut, denn kann ick mol meer tobieten." Öberhaupt in Krieg hebbt wi uns gegensiedig bistahn. Dor woar tuscht und Kinnertüch wiedergeewen, wenn se rutwussen weern. De Angriffe woarn ümmer schlimmer, dorto keem de Winter und kuum watt to brenn. De Heizung in Loden weer jüß frostfree, de Kunden seeten üm denn Heizkörper as de Kletten. De Stuuv woar erst Obends heizt. Op de Winterbohn harn wi Törf steeken, wi kreegen 1 Föhr und kunn dormit datt Füer in Ohm holn.
De Krieg duer an, de togedeelten Kartüffel kreegen wi nee. Wi harn ober noch Grütt, so eeten wi Rotkohl mit Grütt, Röben mit Grütt, Maisbrot und Maisgrütt, de Erfolg weer de Ruhr. Ober ok datt hebbt wi öwerstohn.

Anfang 1945 het de Volkssturm op denn Diek, int Land, an denn Konol öwerall runne Betonlöcker ingrooft. De Brüch weer vull Sprengstoff lood. Alns op Verteidigung instellt. De Engländer rull an: Itzehoe, Wilster – wo schulln wi hin?

Dor keem de Kapitulation, ober jüß in denn letzten Ogenblick. 8. Mai 1945, wi bleeben verschont. Datt weer obends, an annern Morgen stünn de Engländer mit 3 Panzer vör de Döör. Wi kreegen 10 Mann Besatzung int Huus. In 15 Minuten das Obergeschoß räumen! – Wäschkörf her und all de Schufen mit Wäsche und Krom dorin utschütt. Wi döffen ne mit de Soldaten tosom kom, denn müssen wi datt Huus verlooten, uns bleeben 2 Stuben und datt Geschäft leep wieder. Ein Trost weer, uns Huus weer heel bleben.

No endlos lange Doog trocken de Engländer aff, as wi unse Etaj weller betrecken kunn, harn se uns all watt dorloten. Ein Poor Wollstrümp, een 2-Mannzelt, Buddel Schnapps, Buntjes all fein in de Schuflood leeg. Ganz in de Eck stünn een Kanister Benzin. Se harn siek good benohm und weern wohl ne in Feindschaft vun uns gohn.

De Major, de bi Magda Peters wohn dee, wull dörchut unse „Carmen" hemm, he wull dorob ut, datt datt een Marineboot weer, ober wi kunn noch de Recknung vorleggen. Ober denn Motor, de in de Carmen inbaut warn schull, hebbt se uns afköft. Dor keem de Feldwebel, de bi uns mit sien Lüüd inquateert weer, to mien Mudder und segg „Der Major darf das Boot nicht nehmen." Dor weer datt Geföhl vun Feinschaft doch recht ümwandelt.

Der Bütteler Bürgerverein

von Gerhard Kloppenburg

Der Bürgerverein Büttel a. d. Elbe wurde am 26. Februar 1897 in der Privatwohnung des damaligen Hauptlehrers Georg Kruse gegründet. Es hatten sich 70 eingesessene Bürger unserer Schulgemeinde durch Unterschrift dafür ausgesprochen. Bereits am darauffolgenden Tage wurde im Lokal des Gastwirtes H. Möller bei einer Anwesenheit von 30 Personen der Satzungsentwurf verlesen und von der Versammlung anerkannt. 200 Exemplare sollten davon zunächst gedruckt werden.

In der sich anschließenden Wahlhandlung eines Vorstandes wurden die Herren N. Ewers sowie K. J. Hölck zum 1. und 2. Vorsitzenden, die Herren G. Kruse und W. Eggers zum 1. und 2. Schriftführer, die Herren P. Ramm und H. Ritscher zum 1. und 2. Rechnungsführer, desgleichen die Herren H. Kloppenburg, S. Scheel und H. Schröder zu Beisitzern gewählt. Fortan wurden an jedem ersten Montag der Wintermonate Bürgerversammlungen im Vereinslokal abgehalten.

Die Hauptaufgabe des Vereins bestand darin, Verhandlungen mit der damaligen Kaiserlichen-Kanal-Kommission zu führen dahingehend, daß den Einwohnern unseres Ortes Trinkwasser beschafft werden sollte. Als Grund für diese Forderung wurde der für den Bau des Kaiser-Wilhelm-Kanals erforderliche Durchstich des Burg-Kudenseer-Bütteler Kanals bei Kudensee angegeben. Der Bütteler Kanal war bis dahin bis Burg schiffbar gewesen und führte sauberes, trinkbares Quellwasser, das die Bütteler als Trinkwasser entnahmen.

In den folgenden Jahren entfaltete sich ein reger Schriftverkehr, der sogar bis zum damaligen Reichstag ging. Das letzte Abfindungsangebot des damaligen „Reichsamtes des Innern" in der Trinkwasserangelegenheit betrug 10 000 Goldmark. Das Angebot wurde, weil es nicht zufriedenstellend war, von der Gemeinde abgelehnt, wie vorher alle anderen Angebote auch. Ab Ausbruch des 1. Weltkrieges im Jahre 1914 ruhte diese Angelegenheit dann. Der Bürgerverein hatte sich auch anderen Aufgaben gewidmet, so wurde bereits im September 1897 ein Nachtwächter (J. Völlckert) für ein Wochenentgelt von 7,– M angestellt. Er wurde vom Bürgerverein mit einem Nebelhorn (Feuerhorn) ausgerüstet.

Im Jahre 1902 wurde seitens des Bürgervereines ein Leichenträgercorps ins Leben gerufen. Zu dem Zweck wurden aus dem Ort acht männliche Personen (einer von ihnen war der Obmann) angestellt und für sie entsprechende Bekleidung angeschafft. Eine Kasse für dieses Beerdigungscorps wurde gesondert geführt.

Nach dem 1. Weltkrieg und nach den Inflationswirren wurde seitens des Bürgervereins der Bau einer Ortsbeleuchtung vorangetrieben und verwirklicht. Die Kosten hierfür, sowie die späteren Betriebskosten wurden aus Sammlungen in der Gemeinde bestritten. Auch hierfür wurde eine getrennte Kasse geführt.

Eine Trinkwasserversorgung hat der Bürgerverein in den folgenden Jahren nicht erreichen können.

Bereits im Februar des Jahres 1898 wurde der erste „gemütliche Abend" des Bürgervereins abgehalten. In den späteren Jahren wurde daraus der noch bis in jüngster Zeit jährlich stattfindende „Bürgerball" mit Musik, Tanz, Theatervorführungen, Tombola oder sonstigen Einlagen.

Die Trinkwasserfrage wurde nach langen Jahren, in denen im Protokollbuch nur etwas über allgemeine Vereinsangelegenheiten verzeichnet ist, im Jahre 1947 wieder aufgegriffen. Und zwar wurde nun ein offizieller Antrag zum Bau einer Trinkwasserleitung an die Gemeindeverwaltung gestellt.

Im Jahre 1948 wird der Bürgerverein im Sinne heutigen Umweltschutzes tätig und setzt einen Arbeitsdienst zur Beseitigung wilder Müllablagerungen ein. Auch soll wieder eine Straßenbeleuchtung, die während des Krieges entfernt worden war, geschaffen werden. Sie kann jedoch erst 1950 in Betrieb genommen werden.

Wie besorgt der Verein stets um seine Mitglieder gewesen ist, geht aus mehreren Protokollen hervor. So wird auf verschiedene Mängel hingewiesen, die Gefahren für den Bürger bedeuteten. Teilweise werden an Ämter und Behörden fundierte Anträge auf Abstellung von vorhandenen Mißständen gestellt. Unter anderem sei hier die notwendige Reparatur der Fußgängerbrücke über den Holzkanal erwähnt oder die Sorge um die Deichsicherheit bei Hochwasser.

1952 wurde der Bürgerverein seitens der Gemeinde gebeten, die Pflege des geplanten Ehrenmals zu übernehmen, was er als selbstverständliche Pflicht gern übernommen hat.

Am 11. Juli 1952 wurde endlich der erste Hausanschluß der neuen Wasserversorgung hergestellt. An 5 Zapfstellen hatten nun die Bürger die Möglichkeit, sich mit dem kostbaren Naß zu versorgen, wovon auch sofort reger Gebrauch gemacht wurde. Mit Genugtuung schaut der Bürgerverein auf diese neue Errungenschaft, zu der er mit nicht zu geringem Teil durch ständige Forderungen und Vorschläge beigetragen hat. So war nach mehr als einem halben Jahrhundert lang endlich das geschafft worden was der Bürgerverein sich bei der Gründung auf seine „Fahne" geschrieben hatte.

1952/53 wurde die Tätigkeit des Leichenträgercorps des Bürgervereins eingestellt, da nunmehr die Aufgabe der Träger durch

Oben links außen: Die beiden Bütteler Kriegsbriefträgerinnen Bertha Breckwoldt und Käthe Dierks. Mitte links: Die nach dem Kriege in der Nähe der Meierei in einer ehemaligen Wohnbaracke der Batterie Altenkoog eingerichtete Gemeinschaftsküche, mit den dort beschäftigten Helfern. Oben: Katrine Brandt, Kurt Kloppenburg, Elsa Opitz, Fritz Maaß, Hans Gloyer, Anna Brandt, Herbert Thießen, Frieda Kloppenburg und Hans Wolfsteller in Wilstermarschtracht auf dem Trachtenfest der Studentenschaft in Kiel 1932.

gute Freunde oder Nachbarn des Verstorbenen wahrgenommen wird.

In den folgenden Jahren ging innerhalb des Vereines alles seinen geregelten Gang. Es wurden immer wieder allgemeine Angelegenheiten besprochen und viele Anregungen an die Gemeinde gegeben. So wurde viel über den Ausbau der Straßen und Wege diskutiert, ein Schülerlotsendienst wurde angeregt, über Schulprobleme diskutiert, eine dorfeigene Müllabfuhr wurde ins Leben gerufen, Buswartehäuschen wurden beantragt, Ruhebänke wurden auf dem Deich aufgestellt, in Eigenleistung wurde der Fußsteig westlich des Kanales gepflastert und vieles mehr. Auch die Wasserversorgung wurde in den fünfziger Jahren immer wieder besprochen, da sich beim Betrieb und der Abrechnung viele Unregelmäßigkeiten zeigten.

Große Unruhe in das geregelte Leben des Dorfes brachten dann die siebziger Jahre, als es um die Industrieansiedlung ging. Viele Bürger aus den Außenbereichen mußten unsere Gemeinde verlassen. Ende der siebziger Jahre zeichnete sich dann ab, daß auch die Lage der geschlossenen Ortschaft ernster wurde. Und was befürchtet wurde, trat letztendlich auch ein, denn auch die Bewohner der geschlossenen Ortschaft mußten fast alle ihre geliebte Heimat und das geliebte Dorf verlassen. Und die echte, wunderschöne Dorfgemeinschaft des alten Dorfkerns, die es hier immer gegeben hatte, gehört der Vergangenheit an.

Der traditionelle Bürgerball wurde, so lange es möglich und im Dorfe noch ein Saal vorhanden war, jedoch noch weiterhin durchgeführt, dann war es ein Fest auf dem sich dann alle, auch die Vertriebenen, gerne wieder trafen um miteinander zu feiern und die alten Verbindungen aufrecht zu erhalten.

In der Jahreshauptversammlung des Jahres 1982 wurde noch einmal ein neuer Vorstand gewählt und der Verein gab sich die Aufgabe, eine umfangreiche Dorfchronik zu erstellen. Alle Einwohner wurden dann aufgefordert, hierzu beizutragen oder jedenfalls Daten und Photos von ihren Häusern und Familien beizusteuern. So sollte, wenn dann alles gedruckt vorliegt, gewährleistet sein, daß unser Dorf nicht vergessen wird und daß unsere Nachkommen dank dieser Chronik noch erfahren können, was Büttel einmal gewesen ist.

Trina Lau aus Büttel, Gesche Umlandt, Anna Wiese und Gesche Pien aus Kudensee um 1910 beim damals unter Damen sehr beliebten Kartenspiel und Pfeifenrauchen. Oben rechts: Blick über den Deich mit dem ehemaligen Gasthof Röhrig rechts, in dem 1881 der Gesangverein gegründet wurde.

Aus den Protokollen und Arbeitsbüchern des Gesangvereins Büttel von 1881

von Richard Schmidt

Am 7. Februar 1881 machte der damalige Amtsvorsteher des Amtes St. Margarethen, der Bütteler Hofbesitzer Jacob Falck, folgende erste Eintragung in das Protokollbuch des Bütteler Gesangvereins:
*Erschienen im Lokale des Herrn Röhrig, behufs einer Gründung eines gemüthlichen Gesang-Vereins die Herren Zolleinnehmer Görner, Zollassistent Hilmers, Schullehrer Kröger, Böttcher Behrens sowie die Eingesessenen J. Pohlmann, Marx Schuldt, H. Schmidt, H. Möller, J. Hölck, H. Tietjens, P. Haack, R. Lau, J. Röhrig und Jac. Falck.
Nachdem die Anwesenden genügend gleichgültiges debattiert, erbat sich Herr Lehrer Kröger das Wort und legte in beredten Ausdrücken der Versammlung Zweck und Nutzen des zu gründenden Vereins auseinander, worauf dann die Versammlung beschloß, für das Gedeihen des Vereins nach Kräften einzutreten und den Statutenentwurf den Herren Kröger und Görner übertrug, wobei die Versammlung den Wunsch äußerte, daß die Statuten nicht zu strenge, jedoch unmotiviertes Fehlen zu ahnden sei. Eine Aufnahme etwaiger socialer Mitglieder sei zu gestatten.
Die Wahl des Herrn Dirigenten fiel auf Lehrer Feddersen aus St. Margarethen und würde derselbe zu ersuchen sein, das Amt anzunehmen, sollte jedoch derselbe ablehnen, so beschloß die Versammlung, Herrn Lehrer Behrens dieses zu übertragen und erklärte derselbe, da er anwesend, in diesem Falle annehmen zu wollen. Als stetiges Uebungslokal wurde das Gastzimmer des Herrn Röhrig vorgeschlagen, und da Herr Röhrig dem Vereine dasselbe an den Abenden zur ausschließlichen Benutzung zur Verfügung stellte, angenommen.
Die Anschaffung eines zweckmäßigen Liederbuches wurde Herrn Behrens übertragen. – Als Gesangsabend wurde der jedesmalige Freitag erwählt. Der Anfang der Uebungen zu ½ 7 Uhr abends festgesetzt und am ersten Freitage zu sein.
Womit die Versammlung geschlossen.*
Dieses erste Protokollbuch endet mit dem 6. Februar 1897, es berichtet über die stattgefundenen Übungsabende, Aufnahme und Austritt von Mitgliedern, Wahlen des Vorstandes, mit besonderer Ausführlichkeit aber von der Vorbereitung der zu veranstaltenden Sängerbälle und Vereinsausflüge.

Posthilfstelle

Mitglieder des 1901 gegründeten kurzlebigen Gesangvereins Liedertafel vor dem Gasthof Möller, unten liegend: Olga Möller und Albertine Möller, sitzend Hinrich Möller, Klöckner, Friedrich Vollmert, Dirigent Markus Brandt, Johannes Ramm und Nikolaus Renz, dahinter sitzend Anna Klöckner, Anna Möller, Tine Hoops, Lina Renz und Alwine Rohwedder, in der letzten Reihe rechts der Fahne Peter Schwardt, Albertine Bruhn, Martin Scheel und Heinrich Ramm. Nicht alle Namen ließen sich mehr feststellen.

Hierfür ein Beispiel aus dem Jahr 1891:
2. Mai. Der Verein berieth darüber, ob derselbe in diesem Jahre eine Ausfahrt per Dampfer unternehmen wolle. Die Beratung führte zu dem Ergebnis, daß eine Lustfahrt nach dem Kirschenlande, also nach der Lühe gemacht werden soll, und zwar am 7. Juli, da dann die Kirschen reif sind. Die Herren Inselmann, Maahs und R. Lau erhalten den Auftrag, mit dem Kapitän des „Brunsbüttel" zu unterhandeln.
9. Mai. Die beauftragten Herren theilten mit, daß Herr Schlüter für die Fahrt 180 Mark incl. die Kosten für's Aus- und Einschleppen gefordert habe, oder 160 Mark, aber so, daß der Verein die Kosten des Aus- und Einschleppens auf sich nehme. Der Preis wurde allerdings für reichlich hoch befunden; dazu war auch der Umstand zu erwägen, daß der 7. Juli gerade in die Heuzeit fällt – trotzdem aber glaubte die Versammlung, das Unternehmen wagen zu dürfen und nahm das 2. Anerbieten des Herrn Schlüter an. Die aktiven Mitglieder sollen zunächst à Person 1 Mark, die sozialen Mitglieder 2 Mark und die Nichtmitglieder 2,50 M zahlen; am Tage der Ausfahrt tritt für soziale Mitglieder und Nichtmitglieder eine Erhöhung von 50 Pf. ein. Es hat vorerst eine Bekanntmachung durch die Kanal-Zeitung, später eine solche noch einmal durch dieselbe Zeitung, sowie auch durch Wilster'sche Zeitung stattzufinden. Die Herren Busch, Wehrmann, P. Witt, J. Mehlert u. Röhrig wurden ersucht, für ihre Gegenden Verkauf von Fahrkarten zu übernehmen. Das Schwarzkopf'sche Musikchor soll ersucht werden, die Musik an Bord zu übernehmen unter der Bedingung, daß auf der Hin- und Rücktour je einmal, beim Tanz auf der Lühe ebenfalls gesammelt würde. Die Abfahrt soll morgens vom Brunsbüttel-Hafen um circa ¼ nach 10, von der Bösch um 11 Uhr stattfinden. Von der Lühe wird abends circa 9 Uhr abgefahren. Auch ein einfaches, gemeinschaftliche Essen wird beliebt.
23. Mai. Herr Somfleth, Gastwirth in Steinkirchen, hatte das Anerbieten gemacht, ein Essen für 1,50 Mark à Person zu liefern und dabei Beefsteak und Braten zur Wahl gestellt. Die Sangeskollegen hielten das letztere für annehmbarer. – Herr Feindt, Gastwirth auf der Lühe, hat sich erboten, das Brückengeld von 15 Pf. auf 10 Pf. zu ermäßigen.
1901 wurde noch ein zweiter Gesangverein in Büttel gegründet, die Liedertafel, die auch weibliche Mitglieder hatte, also im Gemischten Chor singen konnte, aber nur wenige Jahre existierte. Das älteste Arbeitsbuch des Vereins stammt aus dem Jahre 1886. Eine lückenlose Teilnehmerliste wurde bis zum 24. 2. 1934 geführt. Wöchentlich fanden die Übungsabende statt. Zu spätes Erscheinen und das Fehlen an diesen Abenden bestrafte man mit 20 bis 40 Pfennig. In der dann folgenden Zeit hat man keine Arbeitsbücher geführt. Nach den vorliegenden Unterlagen begann man im Jahre 1949 wieder mit regelmäßigen Aufzeichnungen.

Herr Lehrer Krüger trat in diesem Jahr in den Verein ein. Er war lange Jahre, auch nachdem er seinen Wohnsitz gewechselt hatte, dem Gesangverein in Büttel eng verbunden.

Vorsitzende des Vereins waren ab Kriegsende: Gustav Will, Willi Maaß, Hauptlehrer Leopold Nörskau, Hermann Strate, Richard Scheibner, Hans Scharre, Karl Nagel und Fritz Tiedemann.

Der Bedarf an Geselligkeit und Fröhlichkeit wuchs bei den hier lebenden Menschen ständig. Man versuchte die Wirren des 2. Weltkrieges zu überwinden. Abgesehen von den Vereinsveranstaltungen beteiligte man sich an allen anderen Ereignissen in der Gemeinde. Es galt mit dem Liedgut, das wöchentlich geübt wurde, den Bürgerball, den Wohltätigkeitsabend, aber auch Familienfeste und Geschäftsjubiläen zu verschönern. Der Kontakt zu den benachbarten Chören und Gesangvereinen konnte neu belebt werden. Es entstand in dieser Zeit eine neue Chorgemeinschaft an der Unterelbe. Am 30.3.1952 nahm Herr Ernst Trumpf seine Tätigkeit als Dirigent auf. Bis zum 1.3.1974 hat er diese Aufgabe wahrgenommen. Unter der Stabführung des Herrn Kahle aus Wilster konnte der Gesang lückenlos fortgeführt werden. Bereits im Jahre 1969 hatte man sich entschlossen, auch Damen als Sangesschwestern in den Verein aufzunehmen. Der „Männergesangverein Büttel von 1881" hieß fortan „Gesangverein Büttel".

Auch im letzten Jahrzehnt des Bestehens waren die gemeinsamen Liederabende mit den benachbarten Chören stets beliebt und geschätzt, insbesonders die Veranstaltungen in Büttel und Brunsbüttel mit den Mitgliedern des Volkschores Brunsbüttelkoog.

Herr Fritz Tiedemann hat mit großem Idealismus und viel Liebe zum Gesang diesen Verein zu Ende führen müssen. Die uns vorliegenden Aufzeichnungen enden am 2.5.1979.

Das Fortziehen der Dorfbewohner aus den uns bekannten Gründen setzte so stark ein, daß der Gesangverein Büttel, nach 98 Jahren des Bestehens, seine traditionsreiche Tätigkeit aufgeben mußte.

Allein die wöchentlichen Übungsabende verdienen unsere Hochachtung um das heimatliche Sangesgut. Dank und Anerkennung gilt den Sängerinnen und Sängern dieses Vereins.

Links: Mitglieder des Gesangvereins beim 25jährigen Vereinsjubiläum 1906, in der ersten Reihe Johann Tietjens, Wilhelm Stücker, Lehrer Georg Kruse, Lehrer Henning Vierth, Paul Ramm, Jakob Baumann und Peter Buhmann, in der zweiten Reihe Johs Rohwedder, Nikolaus Renz, Heinrich Rusch, Wilhelm Meyer, Hermann Schmidt und Friedrich Vollmert, in der dritten Reihe Franz Wachtelborn, Johs. Kreutzfeldt, Peter Schwardt, Wilh. Dohrn, Heinrich Vollmert und Andreas Schernekau.

Oben: Mitglieder des Gesangvereins beim 50jährigen Jubiläum 1931, in der ersten Reihe Peter Schwardt, Heinrich Rusch, Johs. Tietjens, Gustav Will, Dirigent E. Berg, Johs. Ramm, Johs. Kreutzfeldt, Andreas Schernekau und A. Knickrehm, in der zweiten Reihe Markus Vollmert, Richard Beckmann, J. Stücker, Rudolf Kühl, H. F. Schulz, Rudolf Cordes und Richard Scheibner, in der dritten Reihe, Hans Schulz, Heinrich Scharre, Johs. Holler, Fritz Tiedemann, Nikolaus Ewers, Heinrich Heesch und Karl Becker.

Veranstaltungen und Jubiläen seit 1947

31. 5. 1931	50jähriges Bestehen
27. 9. 1947	Liederabend bei Beckmann
31. 10. 1947	Liederabend bei Beckmann (junge Leute)
11. 6. 1950	Sängerfest in Heiligenstedten
20. 8. 1950	Sängerfest in St. Margarethen
12. 10. 1950	Goldene Hochzeit Markus Brandt u. Frau
1. 3. 1951	50jähriges Geschäftsjubiläum Heinrich Rusch
27. 5. 1951	70jähriges Vereinsjubiläum
17. 6. 1951	Sängerfest in Heiligenstedten
20. 7. 1951	Goldene Hochzeit Markus Peters u. Frau
2. 1. 1952	Sängerfest in Kudensee
15. 8. 1952	Familienfeier H. Heesch
12. 11. 1952	Silberhochzeit Eduard Maaß u. Frau
16. 11. 1952	Einweihung des Ehrenmals
29. 11. 1952	Silberhochzeit Karl Nagel u. Frau
26. 12. 1952	Weihnachtsball
7. 2. 1953	Goldene Hochzeit Heinrich Meifort u. Frau
Ostern 1953	Hochzeit Hartwig Albers u. Frau
10. 7. 1953	50jähriges Geschäftsjubiläum Johs. Ramm
8. 8. 1953	50jähriges Geschäftsjubiläum Johs. Kreutzfeld
6. 2. 1954	Veranstaltung bei Ewers
15. 4. 1954	Goldene Hochzeit Nikolaus Ewers u. Frau
6. 6. 1954	Heimatfest in St. Margarethen
20. 6. 1954	Sängerfest in Averlak
21. 9. 1954	Sängerfest in Brokdorf
21. 11. 1954	Goldene Hochzeit Eheleute Schulz
3. 3. 1955	Diamantene Hochzeit Fr. Brosius u. Frau
21. 5. 1955	Goldene Hochzeit Eheleute Rheder
18. 9. 1955	Sängerfest in Wewelsfleth
25. 9. 1955	Heimatfest in Büttel
18. 10. 1955	Goldene Hochzeit Johs. Grag u. Frau
16. 1. 1956	Verleihung des Bundesverdienstkreuzes an Kapitän Peters
16. 2. 1956	Goldene Hochzeit Peter Scheel u. Frau
19. 9. 1956	Sängerfest in Büttel
19. 10. 1956	75jähriges Jubiläum Goldene Hochzeit Heinrich Gloyer u. Frau
27. 1. 1957	90. Geburtstag Johann Tietjens
17. 3. 1957	Goldene Hochzeit Markus Vollmert u. Frau
März 1957	Hochzeit Hans Scharre
28. 4. 1957	Goldene Hochzeit Jakob Schwardt u. Frau
8. 9. 1957	Sängerfest in St. Margarethen
Sept. 1957	Hochzeit H. H. Tiedemann
Oktober 1957	Goldene Hochzeit Johs. Kloppenburg u. Frau
14. 9. 1958	Sängerfest in Brokdorf
August 1958	Hochzeit Gerhard Jessen
24. 10. 1958	Goldene Hochzeit Wilh. Meyer u. Frau
5. 2. 1959	Goldene Hochzeit Rudolf Kühl u. Frau
11. 4. 1959	Hochzeit der Eheleute Kolmanitsch
April 1959	Silberhochzeit von Otto Ewers u. Frau
9. 5. 1959	Goldene Hochzeit Johs. Holler u. Frau
3. 7. 1959	80. Geburtstag Nicolaus Ewers
1. 8. 1959	Hochzeit Rudolf Stühmer u. Frau
29. 8. 1959	Hochzeit Günter Peers u. Frau
April 1960	75jähriges Jubiläum in Wewelsfleth
4. 11. 1960	Beerdigung Markus Vollmert
1. 1. 1961	50jähriges Geschäftsjubiläum Fa. Kühl
24. 2. 1961	Goldene Hochzeit Bauer Jacob Kloppenburg u. Frau
1. 3. 1961	60 Jahre Gaststätte Heinrich Rusch
10. 9. 1961	Sängerfest in St. Margarethen
15. 2. 1962	Beerdigung Rudolf Stühmer
2. 9. 1962	Sängerfest in Brokdorf
12. 4. 1963	Diamantene Hochzeit Eheleute Reske
12. 5. 1963	90. Geburtstag Heinrich Rusch
15. 9. 1963	Sängerfest in Wewelsfleth
30. 12. 1963	Zur Förderung des Vereins 500,– DM von der Sparkasse St. Margarethen erhalten
15. 4. 1964	Diamantene Hochzeit Nik. Ewers u. Frau
13. 9. 1964	Sängerfest der Chorgemeinschaft in Büttel
18. 9. 1964	80. Geburtstag Gustav Will
8. 10. 1964	Diamantene Hochzeit August Brandt u. Frau

Oben: Die Sangesbrüder Friedrich Vollmert und Knickrehm bei einem Vortrag auf dem Sängerball. Oben rechts: Mitglieder des Gesangvereins im Jahre 1951, in der ersten Reihe Rudolf Kühl, Nikolaus Ewers, Dirigent Ernst Trumpf, Willy Maaß, Gustav Will, Johs. Ramm, Peter Schwardt, Richard Scheibner und Markus Vollmert, in der zweiten Reihe Adolf Boll, Manfred Steinleger, Klaus Steinleger, Hans Wetje, Otto Maaß, Karl Mähl, Heinz Andresen, Werner Cordes, Heinrich Lau und Hartwig Albers, in der dritten Reihe Walter Schmidt, Eduard Maaß, Karl Heinz v. Deesen, Meierist Willi Schuard, Fritz Tiedemann, Reinhard Breckwoldt, Otto Hauschild, Otto Ewers, Alwin Schernekau, Lehrer Karl Krüger und Karl Nagel.

27. 10. 1964	Silberhochzeit Reinhard Breckwoldt u. Frau	20. 12. 1971	Beerdigung Johs. Kreutzfeld
13. 2. 1965	Volkschor Brunsbüttelkoog „Hamburger Hof"	17. 1. 1972	Goldene Hochzeit Peter Kosowski u. Frau
12. 9. 1965	Sängerfest der Chorgemeinschaft St. Margarethen	8. 4. 1972	Goldene Hochzeit Peter Voß u. Frau
24. 7. 1966	Silberhochzeit Hermann Strate u. Frau	19. 5. 1972	Otto Rotzoll zu Grabe getragen
10. 9. 1966	Sängertreffen in Brokdorf	20. 5. 1972	Goldene Hochzeit Heinrich Schütt u. Frau
27. 1. 1967	100. Geburtstag Johann Tietjens	12. 12. 1972	Silberhochzeit Wilh. Tecklenburg u. Frau
20. 4. 1967	Beerdigung von Hartwig Albers	22. 12. 1972	Günter Peers zu Grabe getragen
13. 5. 1967	Silberhochzeit Werner Ehlers u. Frau	23. 1. 1973	Fritz Tiedemann 50 Jahre Mitglied
23. 6. 1967	100. Geburtstag Robert Masekowitz	April 1973	Beerdigung Johs. Ramm (Ehrenmitglied)
7. 7. 1967	Beerdigung Heinrich Rusch	21. 5. 1973	Beerdigung Richard Scheibner
15. 2. 1968	90. Geburtstag Johs. Kreutzfeld	26. 5. 1973	Hafenkonzert Brunsbüttel
12. 4. 1968	Eiserne Hochzeit Eheleute Reske		Verein und Volkschor Brunsbüttel
2. 8. 1968	Hochzeit Günter Junkuhn u. Frau	3. 5. 1975	100 Jahre Gesangverein St. Margarethen
31. 8. 1968	Liederabend in „Lütt Dörp" mit	15. 2. 1976	Sängerfest in Brunsbüttel
	mit Volkschor Brunsbüttelkoog	4. 4. 1976	Goldene Hochzeit Albert Schmidt u. Frau
18. 1. 1969	50jähriges Bestehen Volkschor Brunsbüttelkoog	1976	Zuwendung der Gemeinde: 500,– DM
14. 3. 1969	90. Geburtstag Johannes Ramm	17. 9. 1977	Sängerfest mit dem Volkschor Brunsbüttel
17. 5. 1969	Goldene Hochzeit Richard Scheibner u. Frau	16. 10. 1977	90 Jahre alt, Opa Demnick
21. 6. 1970	Volkschor Brunsbüttelkoog und Gesangverein	29. 11. 1977	Goldene Hochzeit Karl Nagel u. Frau
	gemeinsames Singen beim Hafenkonzert	17. 12. 1977	Goldene Hochzeit Eheleute Grünwald
25. 7. 1970	Goldene Hochzeit Fritz Tiedemann	18. 2. 1978	Sängerfest in Brunsbüttel
30. 9. 1970	Gustav Will zu Grabe getragen	7. 2. 1979	Eintragung: „Heute sind wir 98 Jahre alt."
20. 3. 1971	90 Jahre Gesangverein Büttel in Gasthof Ewers Jubiläumsgabe der Gemeinde 300,– DM		

In diesen Daten sind die zahllosen Beiträge bei Veranstaltungen im Bütteler öffentlichen Leben nicht enthalten.

Aus den Protokollen der Büttler Feuerwehr

von Gerhard Kloppenburg

Die Geschichte der Büttler Freiwilligen Feuerwehr beginnt dem Protokollbuch der Wehr zufolge im Jahre 1933. Jedoch muß sie schon wesentlich länger existieren, denn in einem alten Zeitungsartikel wurde die Feuerwehr Ende des 19. Jahrhunderts schon einmal erwähnt. Desgleichen wurde die Freiwillige Feuerwehr Beidenfleth, wie aus deren Protokollbuch hervorgeht, im Jahre 1894 zu einem Stiftungsfest unserer Wehr eingeladen, welches im Juni jeden Jahres durchgeführt werden sollte. Genauere Daten über die Feuerwehr aus dieser Zeit sind leider nicht ausfindig zu machen. Es ist zu vermuten, daß sie in den Wirren des 1. Weltkrieges in eine sogenannte „Pflichtfeuerwehr" umgewandelt worden ist und in dieser Form bis in das Jahr 1933 weitergeführt wurde. Pflichtfeuerwehr heißt, daß alle wehrpflichtigen Männer der Gemeinde bei einem Schadenfeuer verpflichtet waren, Hilfe zu leisten.

Gemäß Protokollbuch der Freiwilligen Feuerwehr Büttel wurde also die Wehr am 27. August 1933 vormittags um 9 Uhr in der Gastwirtschaft von H. Rusch gegründet. Die Versammlung wurde von dem Hauptmann der Pflichtfeuerwehr Büttel, Löschzugführer Heinrich Schmidt, geleitet. Anwesend waren zahlreiche Dorfbewohner sowie die Herren Kreisbrandmeister Ewers aus Itzehoe, Oberführer Alpen (Oberbrandmeister) aus St. Margarethen und Hauptmann Vollmert aus St. Margarethen.

Die Gründung wurde beschlossen und folgende Mitglieder wurden in den Vorstand und das Kommando gewählt: Heinrich Schmidt, Hauptmann; Johannes Kloppenburg, stellvertretender Hauptmann und Abteilungsführer; Fritz Ramm, stellvertr. Abteilungsführer; Willi Ramm, Steigerführer; Eduard Maaß, stellvertr. Steigerführer; Heinrich Kloppenburg, Schrift- und Kassenführer; Rudolf Kühl, Gerätemeister; Otto Kloppenburg, Sanitäter; und Klaus Koll, Sanitäter. Als diensttuende Mitglieder meldeten sich 45 Bürger aus der Gemeinde und weitere 83 Bürger trugen sich als Feuerwehrfreunde ein, und verpflichteten sich damit zur Zahlung regelmäßiger Jahresbeiträge.

Der erste Kameradschaftsabend der Wehr wurde am 1. Dezember 1934 abgehalten. Die Kameraden Heinrich Hölck, Walter Rusch, Max Dohrn, Albert Hölck, Arthur Dierks und Kurt Poschke trugen durch humoristische Vorträge zum Gelingen des Abends bei. Mit dem damals obligatorischen Deutschland- und Horst-Wessel-Lied wurde dann zum gemütlichen Teil des Abends, das heißt zum Tanzen und Feiern übergeleitet.

Im Protokollbuch wurde für das Jahr 1935 lediglich der Dienstplan und die Mitgliederliste mit dem Stande vom 1. April eingetragen. Die Wehr bestand zu diesem Zeitpunkt nur noch aus 28 Mitgliedern (aktiv).

Im Kriege wurden keine Aufzeichnungen mehr gemacht. In dem ersten Nachkriegsprotokoll heißt es dann im Mai 1948, daß einige Feuerwehrkameraden im Kampfeinsatz und in der Gefangenschaft ihr Leben lassen mußten. Es waren dieses die Kameraden Max Dohrn, Otto Albers, Karl Schmidt, Karl Hölck, Willi Stapelfeld, Otto Schrade, Arthur Dierks und Walter Rusch.

Während des Krieges wurde die Wehr von in der Heimat gebliebenen Kameraden und Einwohnerinnen der Gemeinde besetzt, so daß der Brandschutz auch in dieser schlimmen Zeit zumindest notdürftig gewährleistet war.

Unter dem Durcheinander in den ersten Nachkriegsjahren hatte auch die Wehr zu leiden. Es fehlte die straffe Führung, da viele der Führer unter das Entnazifizierungsgesetz fielen und dadurch Neuwahlen erforderlich wurden. Der Löschzugführer wurde umbenannt in Ortswehrführer. Die Wahlen ergaben folgendes Ergebnis: Ortswehrführer Heinrich Schmidt, stellvertretender Ortswehrführer Johannes Kloppenburg, Schrift- und Kassenwart Fritz Maaß, Maschinist Willi Franke. Um die Wehr wieder auf die vorgeschriebene Stärke zu bringen wurden 8 neue Kameraden aufgenommen, insgesamt waren es nun 26 aktive Kameraden.

Im Jahre 1950 wurde ein Ball-Vergnügen veranstaltet, zu dem die Mitglieder der Wehr außer ihren Frauen noch jeweils 4 weitere Personen einladen durften. Es wurden die neuen Feuerwehrabzeichen für die Dienstmützen ausgegeben, da nach dem Kriege die bis dahin getragenen Kokarden und Hoheitsabzeichen verboten worden waren.

Am 23. Juli 1950 fand in St. Margarethen ein Kreisfeuerwehrfest statt. Die Wehren Büttel und St. Margarethen sowie Landscheide führten aus diesem Anlaß ein großes Brandmanöver bei der Siemenschen Dampfmühle vor. Außerdem zeigte die Bütteler Wehr an diesem Tage eine ländliche Leiter- und Steigerübung mit einer eigens für diesen Zweck erstellten Steigermannschaft in der Stärke 1:8. Zum Steigerführer wurde vom Amtswehrführer Vollmert der Kamerad Fritz Maaß bestimmt. Zur Mannschaft gehörten die Kameraden Wilhelm Rohde, Richard Kloppenburg, Klaus Holler, Walter Gloyer, Otto Kloppenburg, Johannes Janß, Karl Kloppenburg und Wilhelm Schmidt. Die gesamte Übung an diesem Tage stand unter der Leitung des Bütteler Wehrführers Heinrich Schmidt. Das an diesem Tage herrschende schlechte Wetter wirkte sich natürlich ungünstig auf den ganzen Übungsablauf aus, aber ein von Herzen kommendes Dankeschön und ein großes Lob des Kreiswehrführers Fock und eines Vertreters der Landesregierung war der beste Lohn.

Am 30. August 1950 hatte die Wehr ein großes Schadenfeuer zu bekämpfen, das auf dem Hofe der Bäuerin Christine Schütt in Kuhlen ausgebrochen war. Neben der Ortswehr wurden die Wehren aus St. Margarethen, Landscheide, Kudensee, Wilster, Brokdorf und Brunsbüttelkoog eingesetzt. Trotz des massiven Einsatzes konnte nicht viel gerettet werden, und die örtliche Wehr mußte noch 3 Tage lang Brandwache halten, da sich das Feuer so lange in den Heustapeln hielt.

Als Erkenntnis aus diesem Großbrand wurde außer mit den vorhandenen Feuerhörnern auch noch mit der Dampfsirene der Bütteler Meierei-Genossenschaft Alarm gegeben.

1951 wurde der Kamerad Nikolaus Bade aus Ecklak zum Kreiswehrführer gewählt, der den bisherigen Kreiswehrführer Julilus Fock ablöste, welcher zum Ehrenmitglied des Kreisfeuerwehrverbandes ernannt wurde.

Im Februar 1952 wurde ein Kameradschaftsfest veranstaltet, in dessen Verlauf diejenigen Kameraden, die der Wehr seit der Gründung die Treue gehalten hatten, zu Oberfeuerwehrmännern ernannt wurden. Es waren Walter Schwardt, Theodor Meifort, Otto Ewers, Walter Scharre, Klaus Holler, Otto Kloppenburg, Emil Kloppenburg und Johannes Scheel.

Im Mai des gleichen Jahres stellte der bisherige Wehrführer Heinrich Schmidt nach über vierzigjähriger Tätigkeit in der Feuerwehr sein Amt als Ortswehrführer zur Verfügung, da er Vorsitzender des Haupt-Deich- und Sielverbandes geworden war und deshalb seinen Wohnsitz nach Wilster verlegte. Für treue Dienste in der Feuerwehr wurde er vom Amtswehrführer mit der silbernen Ehrennadel ausgezeichnet, weiterhin wurde ihm von Bürgermeister Hans Gloyer ein Diplom des Innenministers des Landes überreicht. Von der Wehr wurde er einstimmig zum Ehrenmitglied ernannt.

Neuer Wehrführer wurde der Kamerad Fritz Maaß. Da er bisher das Amt des Schrift- und Kassenführers bekleidet hatte, wurden auch dafür Neuwahlen erforderlich. Zum Schriftführer wurde Emil Wolter und zum Kassierer Johannes Ewers gewählt.

In der Nacht zum 10. Januar 1953 wurde die Wehr alarmiert zu einem Feuer in der Gemeinde St. Margarethen. Dort brannte das Gehöft des Bauern Willi Ewers. Trotz sehr schlechter Wasserverhältnisse konnte das Gebäude zum größten Teil gerettet werden. Am 8. Mai gab es wiederum Alarm, doch zum Glück war es nur eine Übung beim Gehöft des Bauern Otto Kloppenburg. In der sich anschließenden Versammlung wurden verschiedene Kameraden bestimmt, die bei Einsätzen besondere Aufgaben zu übernehmen haben. So sind verantwortlich für die Rettung von Menschen Karl Kloppenburg, für die Rettung von Vieh Walter Gloyer, für die Rettung von Mobilien in Büttel Willi Maaß und in Kuhlen Hans Gloyer.

Im Jahre 1957 wurde dem Ehrenmitglied Heinrich Schmidt durch den Amtmann des Amtes St. Margarethen, Karl Kloppenburg, im Auftrage des Innenministers das goldene Brandschutzehrenzeichen verliehen.

Oben links: Die Gründungsmitglieder der Feuerwehr Büttel im Jahre 1933, in der vorderen Reihe: Heinrich Schmidt, Eduard Maaß, Otto Schrade, Theodor Wilstermann, Willi Ramm, Hans Gloyer, Karl Hölck, Albert Hölck und Johannes Kloppenburg, in der zweiten Reihe: Walter Schwardt, Walter Scharre, Klaus Holler, Theodor Meiforth, Otto Ewers, Nikolaus Becker, Otto Kloppenburg, Otto Albers, Richard Kloppenburg und Fritz Ramm, in der dritten Reihe: Klaus Koll, Heinrich Hölck, Heinrich Kloppenburg, Karl Schmidt, Max Brandt, Willy Franke, Willy Stapelfeldt, Walter Rusch und Max Dohrn.

Auf Grund der neuen Satzung wurden in der Jahreshauptversammlung 1958 folgende Kameraden in den Vorstand gewählt: Wehrführer Fritz Maaß für die Dauer von 6 Jahren, stellvertretender Wehrführer für 3 Jahre Johannes Kloppenburg, Schriftführer für 6 Jahre Emil Wolter und Kassenwart für 3 Jahre Johannes Ewers.

Auf dem Kameradschaftsabend am 3.1. 59 erhielten folgende Kameraden das Brandschutzehrenzeichen in Silber verliehen: Willi Franke, Otto Ewers, Emil Kloppenburg, Theodor Meifort, Klaus Holler, Otto Kloppenburg, Eduard Maaß, Johannes Scheel, Walter Scharre, Johannes Kloppenburg, Hans Gloyer und Walter Schwardt.

Um die Wehr zu verjüngen, wurde 1960 eine passive Gruppe gebildet, in die sich folgende Kameraden überstellen ließen: Emil Wolter, Walter Schwardt, Johannes Kloppenburg, Wilhelm Rohde, Johannes Scheel, Otto Ewers, Theodor Meifort, Eduard Maaß, Otto Kloppenburg und Wilhelm Schmidt.

1961 wurde Walter Gloyer zum stellvertretenden Wehrführer gewählt, da der bisherige Amtsinhaber Johannes Kloppenburg in die passive Gruppe überwechselte. Schriftführer wurde Emil Kloppenburg und Kassenwart Johannes Ewers. Es wurden 8 neue Kameraden aufgenommen. Das Brandschutzehrenzeichen in Silber wurde Richard Kloppenburg verliehen.

Im Dezember wurde der Wehr mitgeteilt, daß die Gemeinde die Mittel für eine neue Pumpe und einen Gerätewagen bereitgestellt hat.

1962 war ein stürmisches Jahr. Am 11. Februar stürzte bei einem schweren Sturm die hintere Giebelwand des Gehöftes des Bauern Heinrich Hölck ein. Die Wehr wurde zur Hilfe gerufen, um das Gebäude abzustützen. Am 17. Februar wurde die Wehr alarmiert, um die Schäden zu beheben, die die große Sturmflut in der Nacht vom 16.–17. Februar an den Deichen verursacht hatte.

Im April wurde der neue Gerätewagen von der Wehr übernommen. Es handelte sich um ein Tragkraftspritzenfahrzeug vom Typ VW mit eingeschobener TS 8/8. Da das neue Fahrzeug nicht in das alte Gerätehaus bei der Gastwirtschaft Rusch untergebracht werden konnte, wurde ein Neubau an die Firma Schütt aus Flethsee vergeben. Der Neubau wurde auf einem der Gemeinde zur Verfügung gestelltem Grundstück bei der Gastwirtschaft „Zur Schleuse", Otto Ewers, erstellt und konnte im November 1962 seiner Bestimmung übergeben werden.

Am 27. Dezember wurde der Kamerad Walter Beimgraben mit allen Ehren zu Grabe getragen.

Am 25. März 1963 erhielten die Kameraden, die während der Sturmflut im Februar '62 eingesetzt waren, die Sturmflutmedaille, die der Innenminister des Landes Schleswig-Holstein gestiftet hatte. In der Jahreshauptversammlung wurde die Stärke der Wehr mit folgendem Stand festgestellt: 28 aktive Kameraden, 11 passive Kameraden und 1 Ehrenmitglied. Die Wehr verfügte laut Protokoll über 250 Meter B- und 150 Meter C-Schläuche.

In der Nacht zum 27. Mai 1964 rückte die Wehr zu einem Brandeinsatz nach St. Margarethen aus, wo der Gasthof Franzenburg völlig ausbrannte. Es konnten nur die angrenzenden Gebäude erhalten werden.

In der Nacht zum 23. Juni '64 wurde die Wehr abermals nach St. Margarethen gerufen. Es brannte das stillgelegte Trocknungswerk auf dem Stuven. Ein Übergreifen der Flammen auf ein naheliegendes Wohnhaus konnte verhindert werden.

Offenbar nach dem Motto „Aller Dinge sind drei" wurde die Wehr in diesem Jahr in der Nacht zum 8. September '64 gegen 4 Uhr das dritte Mal in diesem Jahr nach St. Margarethen angefordert, wo in dem Lagerhaus am Getreidesilo der Firma Behrens ein Feuer ausgebrochen war. In dem Lagerhaus war Tee aus Bundesbeständen eingelagert, wodurch sich die Brandbekämpfung als sehr schwierig erwies. Es gelang den eingesetzten Wehren jedoch, das unmittelbar an das Lagerhaus anschließende Wohnhaus und das große Getreidesilo zu retten. Die Bütteler Wehr war in der folgenden Nacht noch zur Brandwache eingesetzt.

Im Dezember '64 wurde Wehrführer Fritz Maaß erneut für die folgenden 6 Jahre in seinem Amt bestätigt, ebenfalls der Schriftführer Emil Kloppenburg.

Im Jahre 1965 wurde eine neue Satzung entsprechend der Mustersatzung vom 4.11. 64 angenommen. Am 3. November wurde die Wehr gegen 4.30 Uhr alarmiert, um wegen einer schweren Sturmflut an den Deichen eingesetzt zu werden. Zum Glück entstanden keine großen Schäden, so daß gegen 9 Uhr wieder eingerückt werden konnte.

Am 11. Februar 1966 gab es um 10.30 Uhr Alarm, weil der Hof von Jürgen Sievers im Altenkoog brannte. Es konnte leider nichts gerettet werden und der stolze Hof fiel in Schutt und Asche. Die Wehr war bis zum darauffolgenden Tage im Einsatz. Dieser Brand mußte bei klirrendem Frost bekämpft werden, so daß das Schlauchmaterial in ausgerollten Längen von der Brandstelle abgefahren werden mußte, um dann aufgetaut und gerollt zu werden. Die Wehrmänner wurden bei diesem langen Einsatz in vorbildlicher Weise vom örtlichen DRK und von den Nachbarn betreut und verpflegt.

Der bisherige Schriftführer Emil Kloppenburg äußerte den Wunsch, in die passive Gruppe überstellt zu werden, so daß statt seiner der Kamerad Kurt Schmidt zum neuen Schriftführer gewählt wurde. Der Wehr wurde von Günter Hartzen ein Tischstander überreicht, den er gemeinsam mit seinen Verwandten angefertigt hatte.

Der Novemberdienstabend war der Geselligkeit mit den Frauen gewidmet, und Jürgen Sievers, der auf diese Weise seinen Dank für den Brandeinsatz auf seinem Hofe zum Ausdruck brachte und anschließend die Wehr für den Dezemberdienstabend einlud, gab allen Teilnehmern Gelegenheit, seinen nach neuesten Gesichtspunkten wiedererrichteten Bauernhof zu besichtigen.

Am 23. Februar 1967 gegen 19 Uhr gab es für die Wehr Katastrophenalarm, da die Gefahr einer schweren Sturmflut bestand. Ein heftiger Orkan fegte über unser Gebiet, und die Bevölkerung wurde durch Lautsprecherdurchsagen gewarnt, da man ein ähnliches Ausmaß wie 1962 befürchtete. Es gab jedoch noch vor Eintritt des Hochwasserstandes gegen 1.30 Uhr Entwarnung.

In der Nacht zum 1. März wurde die Wehr wieder zusammengerufen, da wieder eine schwere Sturmflut erwartet wurde. Der Alarm wurde jedoch nach 1½ Stunden wieder aufgehoben, da das Wasser noch unter dem Stand der Vorwoche blieb.

In der Jahreshauptversammlung am 5. April 1967 wurden der stellvertretende Wehrführer Walter Gloyer sowie der Kassierer Johannes Ewers in ihren Ämtern bestätigt. Nach den Vorschriften der Feuerwehrunfallkasse mußte ein Sicherheitsbeauftragter in der Wehr gewählt werden. Das Amt übernahm der Feuerwehrkamerad Johannes Schütt, welcher sogleich zum Oberfeuerwehrmann befördert wurde.

Oben: Die Büttler Feuerwehr im Einsatz beim Brand des Wilhelm-Sievers-Hofes im Jahre 1966.

Am 25. Juni 67 ertönten bei einem starken Gewitter die Feuersirenen. Durch Blitzschlag wurde das Anwesen von Berta Wolter, bekannt als „Kruthoff", in Brand gesetzt. Der Brand wurde gemeinsam mit der Wehr aus Landscheide bekämpft. Die Besitzerin und ihr zwei Tage zuvor hundert Jahre alt gewordener Vater Robert Masekowitz konnten sich vor den Flammen in Sicherheit bringen, während der größte Teil ihres Hab und Gutes ein Raub der Flammen wurde.

Im August verstarb der langjährige Maschinist und Gerätewart Löschmeister Willi Franke, der der Wehr seit 1933 angehörte. Er wurde mit allen Ehren von seinen Feuerwehrkameraden zu Grabe getragen.

Im Oktober 1968 hatte der Bütteler Schützenverein die Feuerwehr zu einem kameradschaftlichen Schießen eingeladen, was seitdem zu einer ständigen alljährlichen Gewohnheit wurde.

Am 20. September 1969 trat die Wehr geschlossen an, um an dem Fest der Fahnenweihe des Schützenvereins teilzunehmen.

Am 28. Juli 1970 wurde der langjährige stellvertretende Wehrführer Johannes Kloppenburg zu Grabe getragen.

Am 8. Januar 1974 verstarb der langjährige Wehrführer und zum Ehrenwehrführer ernannte Kamerad Heinrich Schmidt, der sich große Verdienste erworben hatte. Er wurde mit allen Ehren von den Kameraden der Wehr am 11. Januar zu Grabe getragen.

Auf dem Kameradschaftsabend der Wehr am 1. 2. 74 waren der Herr Landrat des Kreises Steinburg, Herr Dr. Helmuth Brümmer, sowie der Kreisbrandmeister, Claus tho Seeth, als Ehrengäste anwesend um die Kameraden Fritz Maaß und Richard Kloppenburg für 40jährige aktive Dienstzeit mit dem Brandschutzehrenzeichen in Gold auszuzeichnen. Johannes Ewers erhielt für 25jährige Dienstzeit das Ehrenzeichen in Silber verliehen.

Das neue Fahrzeug, ein Mercedes-Benz mit Vorbaupumpe (LF 8) wurde der Wehr am 22. Mai 1974 feierlich übergeben.

In einer außerordentlichen Mitgliederversammlung am 31. 10. 74 mußten ein neuer Wehrführer und Stellvertreter gewählt werden, da die bisherigen Amtsinhaber infolge der Industrieansiedlung Büttel verließen. Zum neuen Wehrführer wurde der Kamerad Richard Schmidt gewählt und zu seinem Stellvertreter der Kamerad Günter Hartzen.

Die scheidenden Führungskräfte wurden auf dem Kameradschaftsabend des Jahres 1975 noch besonders geehrt und entlassen. Der scheidende Wehrführer Maaß wurde zum Ehrenwehrführer ernannt.

Ein unvergessener Einsatz rief die Männer der Wehr am 22. 6. 75 gegen 18 Uhr zusammen. Auf der Elbe war ein Boot gekentert, welches mit 7 Bütteler Einwohnern besetzt war. 4 Personen konnten noch schwimmend das rettende Ufer erreichen, während Gün-

ter Claußen, Kurt Ramthun und der Feuerwehrkamerad Otto Petersen die Bootsfahrt mit dem Leben bezahlen mußten.
Am 3. Januar 1976 erreichte der Wasserstand der Elbe eine Höhe von 4,60 m über NN und drohte über die Deiche zu schwappen. Die Deiche der Elbe konnten den Wassermassen kaum Stand halten und wurden stark beschädigt. In der Haseldorfer Marsch und im Kehdinger Land brachen die Deiche, so daß in unserem Bereich dadurch eine Entlastung der Deiche eintrat und die Region dadurch vor dem Schlimmsten bewahrt wurde. In den Überschwemmungsgebieten, wo die Deiche gebrochen waren, wurden viele Menschen obdachlos und viel Vieh ertrank in den anstürmenden Fluten. Der Einsatz unserer Wehr gegen diese bisher höchste Sturmflut unseres Jahrhunderts, begann um 13.30 Uhr mit dem Schließen der Stöpen. Und nachdem der Pegel unaufhaltsam höher stieg, wurde Katastrophenalarm ausgelöst und Deichsicherungsmaterial angefordert, da an vielen Stellen des Deiches schon schwere Schäden sichtbar wurden. Erst gegen 16 Uhr wurde das erforderliche Material angeliefert. Alle Wehren der Wilstermarsch waren im Einsatz. So waren im Bereich der Bütteler Wehr die Kameraden aus Landscheide und Nortorf mit eingesetzt und später kamen die Wehren aus dem Amt Schenefeld zur Hilfe. Es wurden Sandsäcke gefüllt und über „lebende Förderbänder" an die gefährdeten Deichstellen geschafft. In der Krone war der Deich an verschiedenen Stellen von den Wellen bis zu 50 cm abgenagt worden, so daß die Sicherungsarbeiten die ganze Nacht fortgesetzt wurden, da die folgende Flut wiederum mit einer gewaltigen Höhe angekündigt worden war. Doch das Pech der Bereiche, wo die Deiche gebrochen waren, war das Glück für unseren Bereich, denn die kommende Flut lief hier nicht mehr so hoch auf.

Am darauffolgenden Tag wurden die erschöpften Feuerwehrkameraden von weiteren Kameraden von der Geest sowie von THW-Helfern und Bundeswehrsoldaten bei den Deichsicherungsarbeiten unterstützt.
Eine erneute große Flut wurde für den 20.–21. Januar vorausgesagt, so daß die stark geschwächten Deiche wiederum von den Kameraden besetzt und beobachtet werden mußten. Zum Glück lief das Wasser jedoch nicht so hoch auf, wie gemeldet worden war.
Wehrführer R. Schmidt erhielt, stellvertretend für alle Kameraden, auf der Kreisdienstversammlung für den Sturmfluteinsatz das Deutsche Feuerwehrehrenkreuz in Silber verliehen.
Die Sparkasse St. Margarethen-Wacken lud am 11. 6. 76 alle Kameraden als Dank für den Sturmfluteinsatz zu einer Busfahrt ein, die mit einen gemeinsamen Essen in Wacken ihren Abschluß fand.
Im September wurde die Wehr mit Schaumlöschgerätschaften ausgerüstet.
Am 21. Mai 1977 wurde die Wehr nach St. Margarethen gerufen, wo sich infolge von Deichbauarbeiten ein Grundbruch ereignet hatte. Es waren 8 Häuser auf der Deichinnenseite zum Teil um 2,60 m hochgedrückt worden, so daß akute Einsturzgefahr

---

Oben: Die Mitglieder der Feuerwehr Büttel im Jahre 1970, stehend: Gerhard Kloppenburg, Adolf Ramm, Walter Schmidt, Günter Hartzen, Kurt Kloppenburg, Hinrich Brandt, Gerd Rönna, Karl Franke, Uwe Maaßen, Johannes Janß, Walter Will, Helmut Ewers, Heinz Looft, Steffen Kloppenburg, Rolf Beimgraben, Otto Petersen, Reimer Hollm, Siem Schrade, Richard Schmidt, Werner Cordes und Uwe Jürgens, sitzend: Herbert Hauschild, Johs Ewers, Walter Gloyer, Fritz Maaß, Kurt Schmidt, Johs Schütt, Richard Kloppenburg und Hermann Schmidt.
Rechts: Die Feuerwehrmänner Rolf Beimgraben und Hans Heesch an der Spritze.

bestand. Im Einsatz waren neben den Wehren aus St. Margarethen, Büttel, Landscheide, Wilster, Itzehoe und Brunsbüttel auch das THW, um Mobiliar und Inventar zu bergen und Gefahren abzuwenden.

Die Kameraden Richard Schmidt und Reimer Hollm wurden auf dem Kameradschaftsabend am 28. Jan. 1978 mit dem Brandschutzehrenzeichen in Silber ausgezeichnet.

Am 10. März 1978 brannten 2 Bauwagen auf dem Gelände der ehemaligen Meierei-Genossenschaft. Große Gefahr ging von in den Wagen gelagerten Gasflaschen aus. Das Feuer konnte zum Glück schnell gelöscht werden.

Am 29. Juli 1978 feierte die Wehr ihren 45jährigen Geburtstag mit einem großen Festtag für die ganze Gemeinde. Zu dieser „Jubiläumsveranstaltung" hatte man sich entschlossen, da nach den vorhergegangenen Prognosen mit einem 50jährigen Jubiläum nicht mehr zu rechnen war. Der Festtag begann am frühen Morgen mit einer Geräteschau, den offiziellen Geburtstagsglückwünschen und einem großen Platzkonzert. Zum Mittag fuhr eine „Gulaschkanone" auf und anschließend setzte sich ein Festumzug durch unsere schöne Gemeinde in Bewegung. Dann ertönte wie in alten Zeiten das Feuerhorn, und die Gründungsmitglieder, welche zu diesem Festtag besonders geladen waren, führten mit der alten Handdruckspritze aus dem Jahre 1874 eine Löschübung vor, wie es bei der Gründung der Wehr üblich war. Die alte Spritze ist ehemals von der Firma Köster in Heide gebaut worden und später in den Besitz des Schmiedemeisters Rudolf Kühl gelangt, der sie an seinen Betriebsnachfolger Reimer Hollm übergeben hat mit der Maßgabe, sie niemals zu verkaufen und sie der Gemeinde zu erhalten.

Die Übung fand vor der Schleuse statt, und alle Besucher konnten somit auch einen Blick auf das alte Schleusenbauwerk werfen, da infolge einer Grundüberholung und den Einbau neuer Pumpen das Kanalbett unmittelbar vor der Schleuse trockengelegt worden war. Interessant war bei diesem Anblick, daß vor der Schleuse das Kanalbett wie ein Schiffsrumpf mit Spanten und Planken ausgebildet war.

Unmittelbar an die „Oldie-Übung" schloß sich eine weitere Übung hitner dem Deich an, wo unter der Leitung des Gruppenführers Gerhard Kloppenburg demonstriert wurde, wie die Feuerwehr in der heutigen Zeit mit den modernen Gerätschaften einen Einsatz fährt. Es wurden 2 Kraftspritzen, ein Schaumrohr, Pulverlöscher sowie Hydraulikschere und Spreitzer eingesetzt.

Eine Schneekatastrophe machte den Einsatz der Feuerwehr im Februar 1979 erforderlich. Alle Straßen waren unpassierbar und seitens des Kreises wurde Katastrophenalarm ausgelöst, da nach einigen Tagen die Versorgung der Menschen und Tiere problematisch wurde. Mit allen verfügbaren Kräften wurde in den Tagen vom 16.–21. Februar eifrig gearbeitet um die Straßen vom Schnee zu räumen. Durch die anschließende Schneeschmelze mußte die Wehr dann am 4. und 23. März nochmals in den Einsatz um Keller zu lenzen und Siele durchzuspülen, damit die Wassermassen endlich ablaufen konnten.

Ein weiterer Einsatz war am 16. Juni 79 zu verzeichnen. Die Wehr wurde in St. Margarethen zu einem Schadenfeuer beim Kaufmann Bräuer gerufen, bei dem dessen beiden Jungen im Alter von 9 und 12 Jahren in den Flammen den Tod fanden.

Zum Nachfolger des Amtswehrführers, der aus gesundheitlichen Gründen sein Amt niederlegte, wurde am 4. November 1980 der Kamerad Heinz Nagel aus Flethsee und am 24. November der Bütteler Wehrführer Richard Schmidt zu dessen Stellvertreter. Aufgrund seiner Umsiedlung stellte der stellvertretende Wehrführer G. Hartzen sein Amt zur Verfügung, so daß am 5. März 1981 Gerhard Kloppenburg zum stellvertretenden Wehrführer gewählt wurde.

Um für eventuelle Einsätze gewappnet zu sein, wurde auf der im Bau befindlichen Kanalhochbrücke gemeinsam mit den Kudenseer Kameraden eine Übung durchgeführt, wobei es darum ging, das Wasser über 50 Meter hoch zu befördern.

Was befürchtet worden war, trat am 6. November 1981 ein: Auf der Hochbrücke entstand bei den Bauarbeiten ein Feuer, zu dem die Wehren aus Büttel, Kudensee und Landscheide sowie die Werkswehr der CWH gerufen wurden. Zum Glück konnte durch den gezielten Einsatz eines Pulverlöschgerätes der Brand schnell abgelöscht werden.

Am 21. April 1982 wurde der langjährige stellvertretende Wehrführer Walter Gloyer mit allen Ehren von den Kameraden zu Grabe getragen.

Allen Voraussagen zum Trotz feierte die Wehr am 28. Januar 1983 ihr 50jähriges Jubiläum mit einem Tanzvergnügen, bei dem Bilder und Filme aus dem Feuerwehralltag der Wehr gezeigt wurden. Im Oktober wurde das Jubiläum nochmals mit einem großen Festball gefeiert, wozu alle umliegenden Wehren sowie viele Ehrengäste eingeladen wurden. Es konnten zahlreiche Glückwünsche und Präsente entgegengenommen werden.

Am 22. Oktober 1983 brach bei den Chemischen Werken Hüls ein Großfeuer aus, zu dem die Bütteler Wehr gegen 10.30 Uhr zur Hilfe gerufen wurde. Die Werksfeuerwehr und die zunächst von der Werksleitung alarmierte Wehr aus Brunsbüttel standen dem Feuer machtlos gegenüber, so daß die Wehren aus Büttel und Ostermoor und später auch noch die Wehren aus St. Margarethen und Itzehoe mit eingesetzt wurden.

In der Jahreshauptversammlung des Jahres 85 wurde der stellvertretende Wehrführer Gerhard Kloppenburg verabschiedet, da er im Zuge der Umsiedlung seinen Hof verlassen mußte und nach Beidenfleth verzogen ist und in die dortige Wehr übernommen wurde. Zu seinem Nachfolger wurde der Kamerad Rüdiger Haß gewählt.

Zu einer gemeinsamen Katastrophenschutzübung gab es am 23. März 85 Alarm. Auf dem Gelände der Schelde Chemie waren alle Löschzüge der Brunsbütteler Wehr, die Werksfeuerwehren, das DRK sowie die Wehren aus Büttel und St. Margarethen im Einsatz um das Zusammenarbeiten zu erproben.

Der letzte öffentliche Feuerwehrball fand am 12. Oktober 1985 in den Räumen des Gasthofes „Zur Schleuse" statt. Auch der Kameradschaftsabend wurde 1986 das letzte Mal hier in diesem kurz danach abgerissenen letzten Bütteler Gasthof gefeiert, auf dem die Kameraden Kurt Schmidt, Helmut Ewers, Karl Franke und Kurt Kloppenburg mit dem Brandschutzehrenzeichen in Silber ausgezeichnet wurden.

Auf dem Kameradschaftsabend im Februar 87 wurden die Kameraden Günter Hartzen und Heinz Looft mit dem Brandschutzehrenzeichen in Silber ausgezeichnet und nach fast 40jähriger Dienstzeit der Kammerad Johannes Janß zum Ehrenmitglied ernannt.

Ein Ausflug gemeinsam mit den Ehepartnern wurde am 23. Mai 1987 unternommen. Das Ziel war in Hamburg, wo eine Feuerwache und ein Feuerlöschboot besichtigt wurde. Nach einem Mittagessen in Finkenwerder und einer Hafenrundfahrt fuhr man zurück nach Büttel.

Am 3. September 1987 wurde der Kamerad Karl Franke, der lange Jahre das Amt des Gerätewartes innehatte, zur letzten Ruhe geleitet.

Auf dem Kameradschaftsabend am 13. Februar 1988 wurde der Kamerad Hermann Schmidt für 40jährige aktive Dienstzeit mit dem goldenen Brandschutzehrenzeichen ausgezeichnet.

Am 11. Juli 1988 gegen 1.30 Uhr wurde die Wehr alarmiert, um auf dem Stuven das kombinierte Wohn- und Wirtschaftsgebäude des Bauern H. H. Franzenburg mit abzulöschen, welches in voller Ausdehnung in Flammen stand. Es konnte nichts mehr gerettet werden, und 700–800 Schweine kamen in den Flammen um.

Am 5. November 1988 übernahm die Bütteler Wehr ein neues Löschfahrzeug (Typ LF 8 schwer). Es handelt sich um ein geländegängiges Fahrzeug mit Allradantrieb. Das alte Fahrzeug soll in Eigenleistung von den Kameraden der Bütteler Feuerwehr wieder aufgearbeitet werden, um dann noch weitere Dienste als Mannschaftswagen und Gerätewagen zu tun.

Denn, anders als es vor ein paar Jahren noch schien, wird die Bütteler Feuerwehr wohl noch weitere Jubiläen feiern können.

Feuerwehrmänner sichern mit Sandsäcken während der Sturmflut 1976, der höchsten je an der deutschen Küste gemessenen, den Büttler Elbdeich.

Altjahrsabend

von Norbert Wenn

Am Silvesterabend, in Holstein auf dem Lande und so auch in Büttel meist Altjahrsabend benannt, erinnert man sich gern an einen alten Brauch, das Rummelpottsingen.

Als Könige, Prinzessinnen, Cowboys und andere Phantasiegestalten verkleidet, ziehen die Kinder singend von Tür zu Tür und wünschen ein gutes Neues Jahr.

Überbracht werden die Grüße in hoch- und plattdeutscher Sprache, die Texte der meist in Liedform vorgetragenen Wünsche sind überwiegend aus alter Zeit überliefert:

> Ich bin ein kleiner König,
> gib mir nicht so wenig,
> laß mich nicht so lange steh'n,
> ich muß noch ein Haus weitergeh'n.
> Ein Haus weiter
> wohnt der Schneider,
> ein Haus achter
> wohnt der Schlachter,
> ein Haus um die Eck
> wohnt der Lehrer meck, meck, meck.

Früher verabschiedeten sich die Jungen und Mädchen mit den Worten:

> Hau de Kat den Schwanz af,
> hau em nich to kott auf,
> lott een lütten Stummel stohn,
> dat de Katt kann wiedergohn!

Dann zogen sie mit ihrem Rummelpott, der nichts weiter als eine getrocknete Schweinsblase war, in die man ein paar Bohnen oder Erbsen gefüllt hatte, an die nächste Tür.

Die raffiniertere und auch lautstärkere Ausführung jedoch bestand aus einer über eine leere Konservendose als Resonanz-Körper gezogenen Schweinsblase mit einem Reetstummel in der Mitte, der mit angefeuchteten Fingern gerieben wurde und dumpfe Rummeltöne erzeugte.

Ältere Bürger erinnern sich, daß sich in ihrer Jugendzeit auch die Eltern verkleideten, um von Haus zu Haus gehend, den Nachbarn und anderen Ortsbewohnern alles Gute für den Jahreswechsel zu wünschen. Oft wurden sie dann in die Wohnungen geholt. Es gab Schokolade und Äpfel oder für die Männer eine Zigarre oder einen Schnaps.

Eltern und Kinder verkleideten sich so, daß sie sich gegenseitig nicht erkannten — daß war ein ganz besonderer Reiz.

Ein „Mädchen von damals" erinnert sich an einen Altjahrsabend, an dem sie mit ihrer Freundin als Seemänner ausstaffiert vor den Türen stand: „...da haben sie uns auch einen Schnaps angeboten. Sie dachten wohl, wir wären Jungen. Natürlich haben wir den Schnaps getrunken, obwohl Mädchen das eigentlich nicht durften."

Jette Wenn (links) ging nach alter Tradition mit Nachbarskindern als Rummelpottsängerin von Tür zu Tür. Es gab Apfelsinen, Schokolade, Nüsse und hier und da ein Geldstück.

Bilder aus dem Bütteler Alltag vor dem Abbruch des Dorfes. Oben: Große Wäsche am Armsünderstieg. Rechts: Von fast jedem Haus am Deich führten Stufen hinauf. Bevor nach der Sturmflut von 1962 überall an der Küste die Deiche erhöht wurden, hatte man aus dem oberen Stockwerk der meisten Häuser noch freien Blick auf den Strom, von einigen führte aus dem Obergeschoß auch ein Steg hinüber auf die Deichkrone.

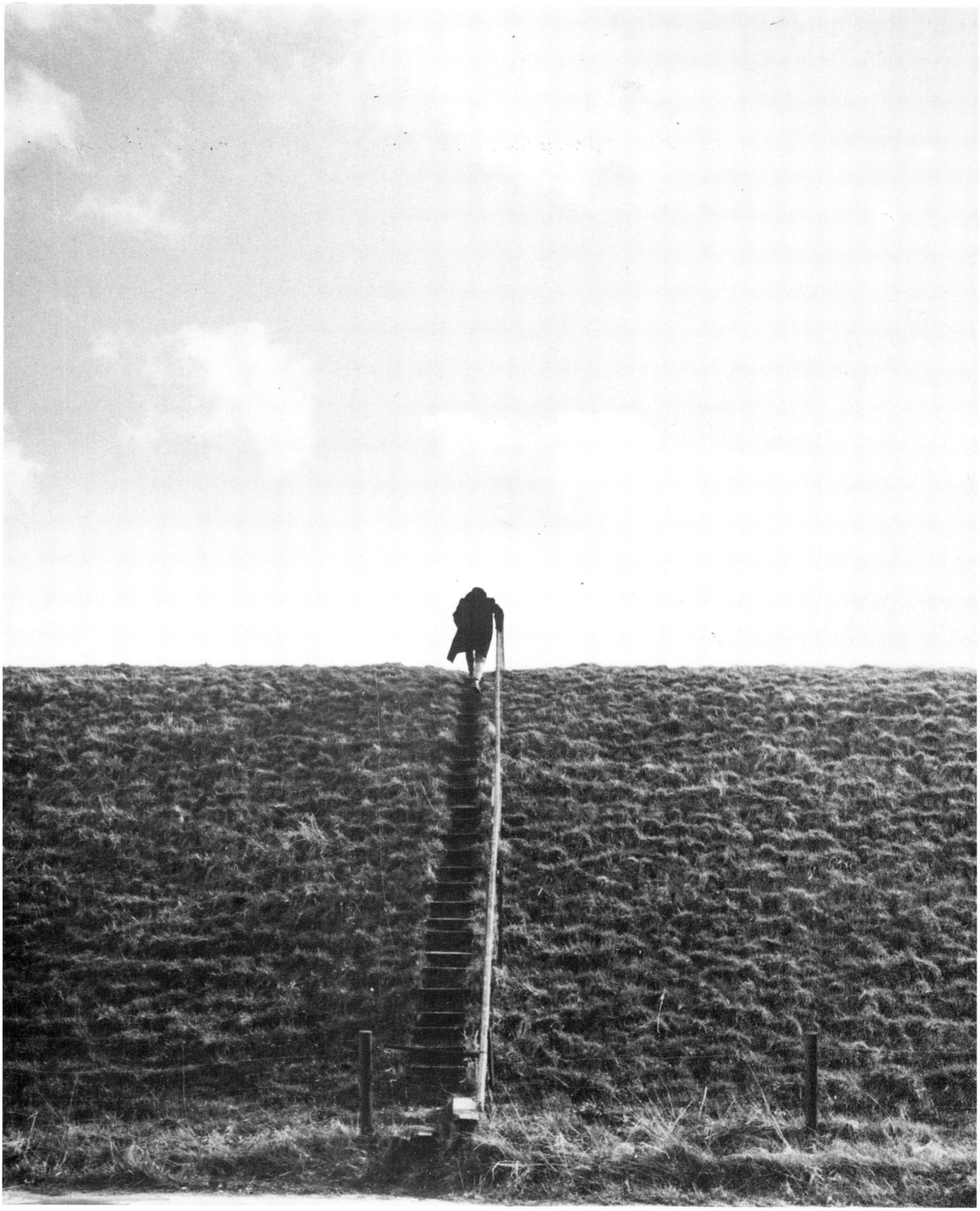

Gau mol op'n Diek

von Eike Trempler

Büttel, das bedeutet auch den Blick vom Deich über den weiten Außendeich, den Butendiek zur Elbe bis hinaus zu ihrer Mündung in die Nordsee, zur Bösch, zu den Schiffen, zu den Wolken, zum grasenden Vieh, zum Wetter.

Dann sehe ich den Kanal mit seinen natürlichen Prielwindungen, dicht bis an die Fahrrinne mit Schilf bewachsen, ein Paradies für Wildenten und Wasserhühner und Jäger, und was sonst gern am Wasser lebt und sich verstecken muß.

Gleich neben der Bösch mündet der Kanal in die Elbe. Die Fahrrinne zum Strom hinaus ist mit Pricken gekennzeichnet. In der Hafeneinfahrt schwimmen Schilfinseln, die von der Uferböschung gerutscht sind, heute kommen keine tiefliegenden Frachter mehr in den Büttler Hafen.

In Büttel irgendwo auf der Straße stehen, bedeutet fast immer auch, den Deich sehen. Zahlreiche Treppen führten hinauf zur Deichkrone. Schon auf den letzten Stufen verharrte man und warf den ersten Blick übers Vorland achtern Diek.

Dieses „achtern Diek" war wenig eindeutig: achtern Diek lag das Dorf geschützt vor der Sturmflut, achtern Diek lagen aber auch der Butendiek und die Elbe. Wenn er und sie „achtern Diek goat" oder gar liegen, war das zweideutig, und mit etwas „öbern Diek goan" hieß auch klauen. Und wenn die Kinder achtern Diek spielten, so entzogen sie sich etwas der überschaubaren Ordnung des Dorfes.

Im Butendiek waren die Grenzen nicht so fest gezogen. Wir konnten über die Gräben springen und querfeldein über Grippen und Gräben zur Elbe laufen, mitten durch die Kuhfladen — barfuß, damit die Kuhschiet zwischen den Zehen durchquietschen konnte. Kein Bauer sah das gern, wenn wir die Grabenkanten runtertraten beim Versuch rüberzuspringen: „Raff von de Weid!" hieß es dann barsch. Aber meist gab es keinen Kummer, eher schon mal mit den neugierigen Kühen und den spielwütigen Jungtieren.

In den Gräben beobachteten wir die Stichlinge, versuchten sie mit kleinen Ketschern zu fangen, schoben das Entenflott zur Seite, sahen Froschleich und Kaulquappen, Sumpfdotterblumen, Schachtelhalm und suchten Sauerampfer, dessen kleinen Blätter besonders gut schmeckten. Süß waren dagegen die weißen Grashalmenden, die man vorsichtig aus dem Halmschaft rausziehen konnte und die wir nicht essen durften, weil sie krank machen konnten.

Gern machten wir am Priel an der Bösch Halt, krochen bei Ebbe durch den gemauerten Entwässerungstunnel, wenn das Holztor zu öffnen war.

Von der Bösch hatte man einen weiten Blick über die Elbe, weit weg an das andere Elbufer, aber auch weit weg zum Dorf, nur die Hausdächer und Baumkronen ragten über den Deich.

Noch weiter ging der Blick von den Bäumen der Bösch aus. Ich kenne noch vier Bäume, die durch den Westwind zur Form eines Elefanten zurechtgeweht waren.

Dann aber weiter zur Elbe. Wir machten Krach mit kunstvoll eingespannten Schilfblättern zwischen den Handballen oder auf Reetpfeifen, wo ein kleines Stück Schilfmantel mit dem Messer abgehoben werden mußte, daß nur noch die Innenhaut stehenblieb, und beim Hineinsummen vibrierte das ganze Gesicht und machte es kribbelig. Wir hüpften dann auf den Steinen der Uferbefestigung so schnell es ging zum großen Stack, hinter dem der Babystrand lag.

Auf den rundgewaschenen, oft glitschig bemoosten Steinen versuchten wir, so weit wie möglich „in die Elbe zu kommen", bis dahin, wo nur noch einzelne Steine aus dem schnellfließenden Wasser sahen und es dann unweigerlich nasse Füße gab, wenn schnelle Dampfer ihre Bugwelle an das Ufer schoben.

Die schönsten, plattesten Steine gab es am Babystrand, wo wir wohl alle unsere ersten Erfahrungen mit dem großen Wasser außerhalb der Waschbalge und den zu breiten Gräben gemacht haben. Da gab es auch etwas Sand, und der Schlick legte sich hier besonders weich und saugend um die Beine. Je weiter man hineinschlubberte, umso größer wurde im Sommer der Unterschied zwischen der warmen oberen Schicht und der kalten Tiefe, in der sich manchmal etwas unterm Fuß bewegte.

In langen Reihen standen an bestimmten Stacks die Aalbungs, und bei Ebbe beobachteten wir die Wollhandkrabben und Fische und Aale in den Körben, wenn sie noch nicht ausgenommen waren. Meist waren die Reusenfischer in ihren hohen Stiefeln schon vorher dagewesen, ehe Unbefugte Unfug treiben konnten.

Die letzten Hobbyfischer aus Büttel sind Traute und Günter Lühmann, Elsbeth und Günter Schwardt und Max Heesch, die noch täglich zur rechten Zeit zur Büttler Elbe fahren und nachsehen, ob Aale in die oft selber kunstvoll hergestellten Reusen an den Leitgittern entlang hineingefunden haben. Denn sehen können die Fische in der Elbe in diesem schmutzigen Wasser sicherlich nichts mehr. Der seltene Aalrauch in Lühmanns Räucherofen deutet darauf hin, es gibt noch Leben in der Elbe.

Störche sieht man heute nur noch selten. Sie können unbehelligt an den Grippen und Gräben nach Nahrung suchen. Auch die

Schiffer Gustav Ramm schaut über den Deich zur Elbe. Oben: Das kleine „Deichgrafenpaar" Eike Trempler und Renate Cordes. Oben rechts: Die Kinder Frieda Hansen, Renate Cordes, Dierk Trempler, Heimke Köhnke, Jürgen und Joachim Patzwald am Deich. Rechts: Blick vom Außendeich zur Schleuse und den Häusern hinter dem Deich.

Enten- und Kibitzeier bleiben liegen, und die Frösche werden nicht mehr aufgeblasen. Jungen und Mädchen untersuchen hier auch nicht mehr von Erwachsenen unbeobachtet, worin sie sich unterscheiden und wer denn über einen Graben pinkeln kann. Die aufgeschrammten Schienbeine, die Kloppereien sind vergessen — Idylle stellt sich ein.

Zentrale Stelle und Treffpunkt auf dem Deich war die Schleuse, die Schleusenbrücke über dem Kanal, die Treppe mit den großen Granitstufen, das dortige Kriegerdenkmal, die Schleusentore und die Granitkante, an die die Schleusentore anstießen — ganz versteckt, von oben nicht einsehbar — wo wir am Abgrund saßen und ins Wasser oder den Schlick spuckten, schräg seitlich das Saugrohr im Eisenmast von der Dampfmöhl her.

Dann wurde das Denkmal abgebrochen und seitlich verändert neben der alten Backstube wieder aufgebaut. Die Schleuse bekam in der Durchfahrt einen großen Raum mit Pumpen, die nun Sperrwasser pumpten, um den Mudd rauszuschlubbern. An den Gittern vor den Pumpenrohren sammelte sich Feek und all das, was schwamm und als Abfall landeinwärts im Kanal landete — in den letzten Jahren dann oft unübersehbar viele tote Fische.

Längst hatten Flügel und Ramm, die letzten der einst zahlreichen Büttler Schipper, ihre Schiffe für immer festgemacht, die manchmal noch auf Besuch im Hafenschlick lagen — ein Ereignis. Jetzt lagen im Schilf nur noch Segelboote und kleine Boote, mit denen Hobbyfischer auf der Elbsandbank Aale peddern fuhren — meist mit Motor, selten mit Segel, früher aber sogar rudernd.

Immerhin bekamen wir Pech und Teer noch zu Gesicht, lernten das Kalfatern und bekamen auch die mühevolle Kleinarbeit mit, wenn der Name des Bootes, z.B. „Heimat", erneuert werden mußte.

Für die Kinder war das Dwarsloch neben dem Kanal am Deich die wichtigste Stelle! Hier wurde nach dem Vogel geschossen — als Schulveranstaltung. Hier entstand der Fußballplatz, kam der Kleinstzirkus noch unter, und ins Dwarsloch wurde der Müll geschüttet und davor das Maifeuer aufgeschichtet.

Das Wichtigste war jedoch der Fußballplatz. Von der Benzinstraße in Brunsbüttel kam Günter Lühmann als Junge mit seinen Freunden mit dem Rad, und Traute ließ ihm dann die Luft aus den Reifen, während er hinter dem Ball herrannte. Hellmut Scheibner ließ sein Schlachtermesser im Köcher und pfiff stattdessen das Spiel, sachkundig und energisch. Erst waren Jacken die Torbegrenzung, dann richtige Tore, und schließlich wurde ein Drahtzaun gegen den Kanal gezogen, weil zu oft der Ball aus dem Wasser zu fischen war.

Das ans Spielfeld anschließende Dwarsloch hatte vom Sommer bis zum Winter seine besondere Anziehungskraft für die Jüngeren. Irrwege wurden durch das Schilf getreten und Lagerplätze angelegt und Jacob „Tütt" Kloppenburg zur Verzweiflung getrieben, wenn er an seine Reeternte dachte, die im Winter eingebracht

---

Unten links: Blick vom Elbufer über die Bösch nach Büttel mit der alten Deichmühle. Ganz unten links: Bad in der Elbe mit Jonny Vollmert 1926. Unten: Baden am Babystrand. Ganz unten: Waltraud Lühmann bei den Aalreusen. Rechts: Johannes Röhrig beim Auslegen seiner Aalkörbe an der Elbe. Unten rechts: Beim Püddern (Fischen) im Außendeich. Unten rechts außen: Sturm! Von der Schleuse aus beobachten Johannes Holler, Gustav Will, vier Hamburger Ferienkinder, Hans Peters, Peter Scheel und Karl Kloppenburg das Überfluten des Außendeiches.

wurde: geschnitten, entblättert, dann in Bunden wie Indianerzelte aufgestellt, ehe sie zum Dachdecker gebracht wurde.
Im Herbst zur Kartoffelernte hatte sich noch ein Spiel aus den Spätkriegsjahren lange gehalten: das Einnebeln. Mit den leeren Erbsendosen, den Löchern im Boden, dem Drahthenkel und dann Feuer in die Dose und feuchtes Heu hintendran. Nun gings im Dauerlauf den Deich hinunter, daß hinter den Dosenlöchern im Luftzug das Feuer knisterte und hinten am Dosenende eine dicke Rauchwolke rausquoll, wie man das an den Flugzeugen beobachtet hatte. Wenn das Feuer gut in Gang war, kamen auch Kartoffeln hinzu, die dann halbgar gedünstet und verbrannt ganz außer Puste gegessen wurden.
Im Herbst kamen auch die Stürme, eilig polterten dann die hochbeladenen Heuwagen mit dem letzten Heu aus dem Butendiek die Stöpe rauf und runter, und wir standen mit Stöcken auf dem Deich und warteten auf die Ratten, die, nur die Nasenspitze aus dem

Wasser, sich auf's Trockene retten wollten. Sie sollten schädlich für den Deich sein, was wohl mehr für die Bisamratten zutraf, die lange noch Hein Albers so nebenher jagte.
Im Winter war der Deich die Rodelpiste, wenn denn mal Schnee lag. Und natürlich lag früher viel mehr Schnee, und an der Elbe türmte sich das Packeis, und dann lag besonders viel im Feek verborgen — besonders manchmal Apfelsinen, die wir so kaum kannten. Sie rochen oft noch so fremd, trotz Seewasser und Fäulnis. Hohleis und Buttereis und Einbrechen ins Eis und Schlittschuhlaufen und Boßeln — he kömp, he löp — die Jacke runter und dann fix gedreht. Die Albersjungen warfen besonders weit und auch Maler Cordes. Das gehörte in den Winter.
Die Hasen im Butendiek hatten es dann schwer bei den Treibjagden. Immer war da die Bösch. Heute werden die „Elefantenbäume" überragt von den hohen Masten der Überlandleitungen. Der nach der Sturmflut von 1962 erhöhte Deich läuft weit in den

Butendiek aus und sieht nicht mehr wie ein richtiger Deich aus.
All die schönen und auch die kummervollen Ereignisse geraten in Vergessenheit: die in der Elbe Ertrunkenen, die mit dem Flugzeug Abgestürzten im Krieg, SS-Reichsführer Himmler, der von Büttlern über die Elbe gesetzt worden sein soll, ehe die Engländer ihn bei Bremervörde schnappten, und der Mord an dem jungen Schipper in der großen vaterländischen Zeit.
Heute geht nur noch der Deichgraf den Deich ab, kommen Bauern zur Heuernte mit wenig Leuten und viel Gerät und Günter Schwardt und Traute und Günter Lühmann zu den Aalkörben und sicherlich auch hin und wieder die letzten ansässigen Büttler. An Sonntagen treffen sich im Gemeindehaus, in der alteingesessenen früheren Gaststätte Rusch, die Büttler und die weggezogenen Büttler zum Kartenspiel bei „Rusch". Manche fahren dann nach dem Spiel an die Schleuse und gehen „gau mol op'n Diek."

Oben: Vor der Sturmflut wird die Heuernte in Sicherheit gebracht. Unten links: Otto Heinrich mit erlegter Bisamratte. Unten rechts: Bei Sturmflut stehen die im Außendeich grasenden Schafe bis zum Bauch im Wasser. Rechts: Über die Stöpe ist der Heuwagen noch rechtzeitig vor der Überschwemmung ins Trokkene gelangt.

Heimweh

von Gertrud Jörgensen-Peters

Mien leewes Büttel an'n Elwstrand,
Wie geern möch' ik lopen den Diek 'lang.
Wenn ik Di nich' jedes Johr mol seh',
Denn deit mi vör Heimweh dat Hart so weh.

Vun'n Butendiek mit Heuhümpels un Keuh un Schoop
Dröm ik des Nachts so oft in'n Schloop.
Wie manchen Bekannten ward de Hand den drückt,
Denn jubelt mien Hart vör luder Glück.

Un wenn in't Leben de Hoffnung nich weer,
Wie weer dat Leben denn arm un leer.
„Mien Büttel an'n Elwstrand — ik seh Di weller!"
De Gedanke mokt mi dat Hart all heller.

Die Reitbrüderschaft „Frohsinn"

von Gerhard Kloppenburg

Die Reitbrüderschaft „Frohsinn" wurde am 1. September 1899 gegründet. In ihren damals aufgestellten Statuten heißt es: Der Verein hat den Zweck, ein von Alters her abgehaltenes Volksfest wieder ins Leben zu rufen. In Paragraph 2 ist die Mitgliedschaft wie folgt geregelt: Der Verein besteht aus aktiven und sozialen Mitgliedern. Erstere müssen unverheiratet, in der Gemeinde Büttel wohnen und dürfen nicht unter 17 Jahre alt sein. Sie wählen aus ihrer Mitte alljährlich im Monat Dezember einen aus 8 Personen bestehenden Vorstand auf die Dauer des nächsten Kalenderjahres. Wiederwahl ist statthaft.

Der Vorstand setzte sich bei der Gründung aus folgenden Mitgliedern zusammen: Vorsitzender Cornils Hölck, Schriftführer Jacob Ohlsen, Kassierer Markus Ewers, Beisitzer Peter v. Osten und Detlef Maaß. Der Verein wurde unter der Nummer 1148 am 22.9. 1899 ins Vereinsregister eingetragen. Die Statuten wurden vom Amtsvorsteher unterzeichnet und besiegelt.

Die Reitbrüderschaft oder der Reiterklupp, wie er auch vielfach genannt wurde, hat jedoch schon Jahre vorher bestanden, wie aus alten Unterlagen zu entnehmen ist, denn der Verein wurde in den 70er Jahren verboten, weil seine Mitglieder sich über bestehendes Recht und Gesetz hinweggesetzt hatten und bei ihren Reiterfesten und Reiterspielen auch die Bevölkerung gefährdet hatten.

Das Protokollbuch aus dem Gründungsjahr bis zum Jahre 1924 konnte trotz intensiver Nachforschungen nicht mehr aufgefunden werden, so kann über die ersten 25 Jahre der Vereinsgeschichte nichts berichtet werden. Die Protokolle vom 31.12.1924 bis zum Jahre 1961 liegen jedoch lückenlos vor, so daß aus dieser Zeit die wichtigsten Ereignisse der Vereinsgeschichte berichtet werden können.

Der Vorstand im Jahre 1924 bestand aus den Reitbrüdern Johannes Holler als Vorsitzenden, Cornils Hölck als dessen Stellvertreter, Fritz Ramm als Schriftführer, Heinrich Schütt als dessen Stellvertreter, Theodor Meiforth als Kassierer und Heinrich Opitz als dessen Stellvertreter.

Am 21. Februar 1925 wurde ein Familienkonzert mit Ball im Lokal bei Richard Beckmann abgehalten, wozu 10 Mann der Wilsterschen Stadtkapelle verpflichtet wurden.

Das Ringreiterfest wurde wie alljährlich am Himmelfahrtstage abgehalten, wobei an dem Reiten 33 alte Vereinsmitglieder und 10 neue Mitglieder teilnahmen. Die Reiter trugen alle das Vereinsabzeichen welches ein Wappenschild in den Schleswig-Holsteinischen Landesfarben mit aufgelegtem Pferdekopf und dem Vereinsnamen zeigte. Zum Reiteranzug gehörte die vereinseigene Reitermütze, eine blau-weiß-geviertelte Kappe mit dem aufgestickten Vereinsnamen. Bei allen Ausritten und Veranstaltungen wurde auch die Fahne des Vereins mitgeführt.

Erwähnt wurde im Protokollbuch auch, daß bei diesem und den nachfolgenden Reiterfesten das Rauchen während des Umzuges durch das Dorf, bei dem der jeweilige König abgeholt bzw. nach Hause geleitet wurde, und auch bei dem Reiterfeste selbst bei Strafe strengstens verboten war. Die Einnahmen bei dem 1925er Reiterfest betrugen 1121,00 Reichsmark und die Ausgaben standen dagegen mit 1065,05 Mark zu Buche, so daß ein Überschuß von 55,95 M zu verzeichnen war. Dieser Überschuß diente zur Veranstaltung eines gemütlichen Abends in Schütt's Gasthof in Kuhlen. Ein Vereinsguthaben von 100 M war bei der Sparkasse vorhanden. Die Mitglieder erlaubten den Vorstand bei seinen Sitzungen je Person 2 Grog aus der Vereinskasse zu verzehren.

Am 30. Oktober 1925 wurde ein weiterer Konzertabend veranstaltet. Es wird verzeichnet das „Bruhn" die 10 Musikanten aus Wilster mit dem Pferdewagen abholen mußte. Das Konzert schloß mit einem Fehlbetrag von 42,45 M ab, so daß die erwähnte Rücklage bei der Sparkasse angegriffen werden mußte.

Eine große Preismaskerade wurde Anfang des Jahres 1926 veranstaltet. In dieser soeben verzeichneten Form lief das Vereinsleben der Reitbrüderschaft, mit kleinen Änderungen oder Zusätzen, über alle Jahre seines Bestehens.

Das Ringreiterfest als solches am Himmelfahrtstage eines jeden

Jahres war mit vielen Volksbelustigungen verbunden, so werden genannt: Preisschießen, Kegeln, Topfschlagen, Huhn-Kopf-Abschlagen, Bohnenraten, Weckerraten, Schweinepieken, Weckerraten und Ballwerfen. Bei allen Disziplinen waren Ehrenpreise ausgesetzt. Betreut wurden diese Volksbelustigungen von gewählten Ehrendamen, während gewählte Ehrenherren als Schiedsrichter beim Reiterwettkampf fungierten. Die Reiter erhielten nach der Rangfolge auch Ehrenpreise, die von den Geschäftsleuten und Bürgern der Gemeinde gespendet wurden. Der Ringreiterkönig wurde zum Zeichen seiner Würde mit der Krone geschmückt. Der Pechvogel des Reiterturniers, der Sandkönig oder Stutenkönig, das war der Reiter, welcher unfreiwillig während des Turniers den Sattel verlassen hatte, erhielt für seine Schmach einen Stuten oder Melkschemel.

An Eintritt wurden bei dem Fest folgende Beiträge erhoben: auf dem Festplatz nachmittags 0,25 M, Eintritt zum Tanzvergnügen für Herren 1,50 M, für Damen 1,20 M und für Paare 2,00 M, für die Volksbelustigungen wurden Preise zwischen 30 und 50 Pfg erhoben. Bei den Festen wurden zum Teil auch Personen angestellt, so daß einmal verzeichnet ist, daß der Lohn für die Angestellten pro Stunde mit 0,80 RM zu vergüten sei. Knaben, die mithalfen, erhielten für den ganzen Nachmittag 1,00 RM. Hingewiesen wird immer wieder darauf, daß die Vereinsmitglieder an allen Festen für Ruhe und Ordnung zu sorgen haben. Dieses war wohl erforderlich, weil nachdem dem Alkohol kräftig zugesprochen worden war, häufig große Massenschlägereien unter den jungen Leuten ausgetragen wurden.

Im Jahre 1930 wurden die Statuten überarbeitet und an die Mitglieder ausgegeben. Als Vorstand sind darin verzeichnet: Vorsitzender Cornils Hölck, Schriftführer Detlef Maaß, Kassierer Theodort Meifort und als Beisitzer Wilhelm Sievers und Hans Junge. Neu gefaßt, als wesentliche Änderung der Statuten, lautet § 7, der sich mit den Bedingungen der Mitglieder befaßt: Jedes Mitglied hat auf allen Vereinsfestlichkeiten freien Eintritt. Diese müssen jedoch auf jeder ordentlichen Generalversammlung (1. Sonnabend im März bei Rusch, Sonnabend vor Himmelfahrt, Sonnabend vor Pfingsten und am 31. Dezember bei R. Beckmann) erscheinen; wenn nicht, sich beim Vorstand entschuldigen oder 1 M Strafe zahlen.

So ging alles seinen geregelten Gang bis zum Jahre 1939. Alsdann ruhte das Vereinsleben bedingt durch den Krieg. Erst am 11.5.1946 gab es wieder eine Versammlung. Dabei wurde festgestellt, daß viele Mitglieder nicht wieder aus dem Krieg zurückgekommen waren, so daß in dieser Versammlung nur noch 5 der alten Vereinsmitglieder anwesend waren. Es traten aber sofort 14 neue Mitglieder in die Reitbrüderschaft ein. So konnte auch wieder ein Vorstand gewählt werden, der aus folgenden Mitgliedern bestand: Vorsitzender Hermann Albers, Kassierer Walter Will, Schriftführer Hartwig Albers und Beisitzer Hermann Schmidt und Johannes Janß.

Bei der Bestandsaufnahme ergab sich, daß die englischen Besatzungstruppen, die im Vereinslokal Beckmann einquartiert waren, allerlei Vereinseigentum als Souvenier mitgenommen hatten. Als schmerzlichsten Verlust mußte man das Verschwinden der Königskrone verzeichnen.

Trotzdem wurde der Verein sogleich wieder aktiv, und noch im gleichen Jahre konnte das erste Ringreiten nach der „Zwangspause" durchgeführt werden. Die nach altem Muster geplante Maskerade mußte jedoch wieder abgesagt werden, da noch keine Tanzerlaubnis erteilt wurde und auch noch eine Stromsperre verordnet war.

Mitte links außen: Der Umzug des am Himmelfahrtstag stattfindenden Ringreiterfestes in der Deichstraße. Links: Ehrendamen Inge Opitz, Renate Scheel, Heinke Nagel und Helga Behrens im Festzug, auf dem Kutschbock Hartwig Albers und Hermann Schmidt. Oben: Hartwig Albers beim Ringreiterwettkampf. Rechts: Umzug des Schützenvereins, im Hintergrund die Meierei.

Ab 1947 wurde dann am Himmelfahrtstage auch schon am Nachmittag ein Kindertanz veranstaltet und am Abend wurde auf den Sälen in den Gasthöfen Beckmann und Ewers kräftig das Tanzbein geschwungen. Zum Festtag wurde auch der Karrussellbetrieb Ernst Uhse mit seinem Kinderkarrussell verpflichtet, und viele Verkaufsbuden mit Kinderspielzeug und Süßwaren und sonstige Verkaufsstände wurden aufgebaut, so daß der „Bütteler Jahrmarkt" am Himmelfahrtstag wieder der Anziehungspunkt für Gäste aus Nah und Fern wurde. Viele junge und alte Väter und solche die es werden wollten, erkoren sich fort ab als Ziel ihrer „Vatertagstour" unseren Bütteler Jahrmarkt.

1948 fand das Pokalringreiten aller Reitervereine aus der Umgebung in Büttel statt. Von 12 teilnehmenden Vereinen belegte der Gastgeber Büttel den 4. Platz und stellte mit Otto Heinrich Albers außerdem den König dieses Reitens. Im Jahre 1949 wurde dann mit einem großen Fest das 50jährige Bestehen des Vereines begangen.

In den folgenden Jahren wurde das Fest mit allen traditionellen Formen fortgesetzt bis Ende der 50er, Anfang der 60er Jahre infolge der Technisierung in der Landwirtschaft nicht mehr genug Pferde vorhanden waren, um ein Ringreiterfest zu veranstalten. So fand im Jahre 1961 am Himmelfahrtstage das letzte Ringreiten in der Vereinsgeschichte statt.

Der Verein wurde aber am Leben erhalten und unter der Leitung von Gerhard Kloppenburg, der 1962 zum Vorsitzenden gewählt wurde, ein Ringreiten auf Mopeds und Motorrädern durchgeführt, da damals die große Zeit der „Mopeds" war und man das Bütteler Volksfest aufrecht erhalten wollte. Mit diesem „Mopedringreiten" konnte das Fest jedoch auch nur 2 Jahre gerettet werden, weil der Zuspruch rapide abnahm. Auf keinen Fall wollten Verein und Bevölkerung auf das alljährliche Fest zu Himmelfahrt aber verzichten.

Vom Vorsitzenden wurde deshalb der Vorschlag unterbreitet, aus dem Ringreiterverein einen Schützenverein zu machen, was jedoch auf wenig Zustimmung bei den Mitgliedern stieß. Im Jahre 1964 wurden nur die üblichen Veranstaltungen durchgeführt und am Himmelfahrtstag fand lediglich eine Tanzveranstaltung statt. Der Vorsitzende hatte seinen Plan, der ja auf wenig Gegenliebe gestoßen war, jedoch nicht aufgegeben und alle möglichen Erkundigungen betreffs eines Schützenvereins eingeholt. Durch seine Beharrlichkeit konnte er auch seine Vereinsmitglieder nach und nach davon überzeugen, daß mit einem Schützenverein unser Dorffest wieder zu einer neuen Blüte geführt werden könne. So war sich Anfang 1965 der Vorstand des Vereines einig, die Reitbrüderschaft „Frohsinn" in einen Schützenverein „Frohsinn" umzuwandeln.

Mit nunmehr vereinten Kräften wurden auch die letzten Mitglieder überzeugt, so daß am 18. Juni 1965 zur Gründungsversammlung des Schützenvereines „Frohsinn" e. V., Büttel, eingeladen werden konnte. Sie fand in Beckmanns Gasthof statt. Insgesamt waren 21 Jungen und Mädchen aus Büttel anwesend. Sie wählten ihren ersten Vorstand, bestehend aus dem 1. Vorsitzenden Gerhard Kloppenburg, seinem Stellvertreter Herbert Hauschildt, dem Kassierer Reinhard Ewers und dem Schriftführer Dierk Maaß.
Als Vereinsziel stand im Vordergrund, den Schießbetrieb aktiv zu betreiben, dem Verein eine Breitenstreuung zu geben und die Kameradschaft und Geselligkeit zu pflegen. Diese gesteckten Ziele wurden voll erreicht. Es wurde eine starke Jugendgruppe gegründet, eine Damenabteilung nahm am Schießsport rege teil. Die Kameradschaft und Geselligkeit kam nicht zu kurz. Das betraf vor allen Dingen die Schützenfeste, den Kindertanz und die öffentlichen Maskeraden.

Im Laufe der Jahre wuchs die Mitgliederzahl auf über 80. Nach fleißigem Training verfügte der Verein über eine sehr starke 1. Mannschaft, die mit Hermann Schröder, Horst Schneider, Wiebke Albers und Heinz Lindemann erfolgreich an Pokal- und Meisterschaften teilnahm. Wiebke Albers wurde mit 138 Ringen die erste Kreismeisterin des Vereins. Heinz Lindemann gewann wiederholt Kreis-, Bezirks- und Landesmeisterschaften. Er wurde sogar zu Deutschen Meisterschaften nach Wiesbaden eingeladen. Unter seiner Leitung entwickelte sich die Jugendabteilung als Paradestück des Vereins. Sie kam mit den Schützen Heinz Demnick, Karl Otto Westphalen, Heinrich Westphalen und Hartwig Albers zu großen Leistungen. Zu ihren Erfolgen gehörten Kreis-, Bezirks- und 2. Mannschaftsplätze auf Landesebene. Besonders sei erinnert an die Wettkämpfe um den Jugend-Westküstenpokal. Hieran nahmen insgesamt 38 Mannschaften teil. Der Pokal kam aber nach Büttel. Der Bezirksjugendleiter, Gerhard Quast, sprach Lob und Anerkennung aus und erklärte, daß Büttel die beste Jugend der Westküste habe. Mehr Lob kann kein Verein einstecken.

Links: Blick vom Deich auf die Spitze des Ringreiterfestzuges mit Ehrendamen und dem König in der Mitte der ersten Reiterreihe. Rechts: Der Spielmannszug Ostermoor und die „Lustigen Dorfmusikanten" im Festumzug in der Deichstraße.

Festumzug mit dem Ringreiterkönig Hermann Ewers im Jahre 1919, links der Falckenhof, dahinter Haus Stapelfeldt, dahinter das Brükkengeländer über der Schleuse, rechts davon das Haus von Klaus Schmidt am Deich.

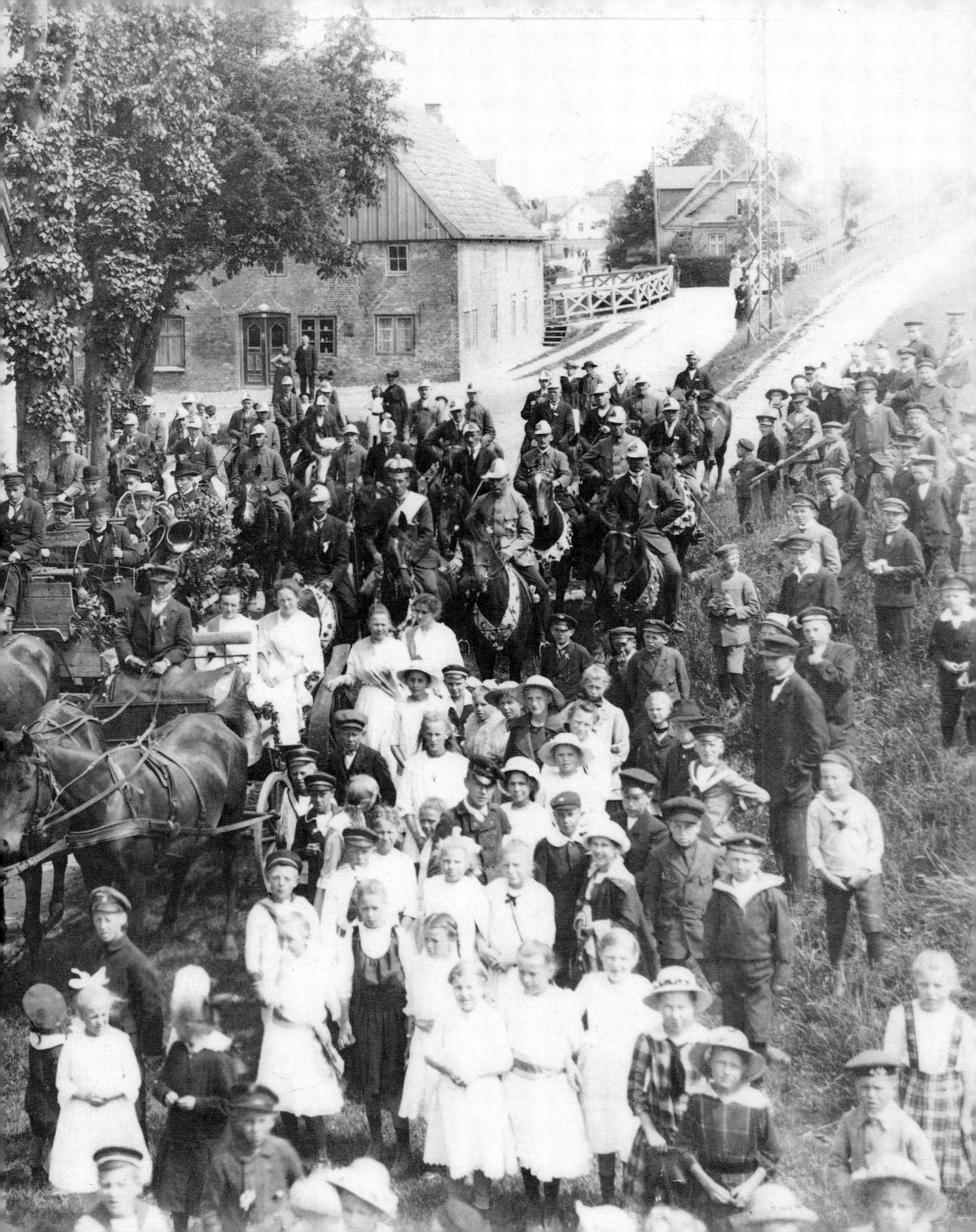

Der Höhepunkt eines jeden Jahres war das Schützenfest mit der vorangegangenen Schießwoche. Hier erfolgte auch die Proklamation des Königpaares. Viele Vereine aus Steinburg und Dithmarschen bildeten den Umzug durch den Ort Büttel. Die Bevölkerung nahm regen Anteil an der Gedenkfeier am Ehrenmal.

„Majestäten" des Vereines waren: im Jahre 1967 Heinz Lindemann und Margot Friedrichsen; 1968 Horst Schneider und Ilse Schmidt; 1969 Peter Friedrichsen und Gudrun Sötje; 1970 Uwe Maaßen und Erika Hollm; 1971 Heinz Lindemann und Ilse Maaß; 1972 Hermann Albers und Christa Ibs; 1973 das Ehepaar Werner und Lieschen Cordes.

Volkskönigspaar waren 1967 Peter Hönck und Gesche Schmidt; 1968 Bernd Wohlers und Bertha Kloppenburg; 1969 Kurt Kloppenburg und Helga Schmidt; 1970 Martin Deede und Ingrid Ewers; 1971 Helmut Scheibner und Inge Hönck; 1972 Otto Brandt-Krey und Annegret Looft; 1973 Elli Ewers und Klaus Ewers (Mutter und Sohn).

Der Verein war nun aus dem Dorfleben nicht mehr wegzudenken. Der Name Büttel wurde von „Frohsinn" in ganz Schleswig-Holstein ehrenvoll vertreten.

Ein besonderes Ereignis war die Fahnenweihe in Büttel. Zum größten Teil wurde die Fahne aus eigenen Mitteln finanziert, jedoch wurde bei der Fahnenweihe insbesondere noch folgenden Spendern für ihre Unterstützung gedankt: Gemeinde Büttel, Sparkasse St. Margarethen, Bürgermeister Maaß, dem Verlag der Wilsterschen Zeitung, Herrn Martin Deede, Frau Helga Schmidt sowie Herrn Adolf Krey und dem damaligen Vereinswirt Herrn Otto Ewers.

Der Verein befand sich im stetigen Aufwärtstrend. Doch dann wurde alles ganz anders, als man es ahnen konnte. Durch den vollständigen Ausverkauf von Büttel zerbrach auch der Verein. Die Mitglieder und vor allen Dingen die Jugend zerstreuten sich in alle Winde, die Eintragung im Vereinsregister wurde gelöscht. Was ist geblieben? Die Erinnerung an eine stolze und erfolgreiche Schützenarbeit.

Einer unserer Jugendschützen aus Büttel hat einen unvergleichlichen sportlichen Aufstieg erlebt. Karl Otto Westphalen, genannt von uns „Karlo", gewann Deutsche Meisterschaften, und nahm erfolgreich an Europa-und Weltmeisterschaften teil. Sein stolzester Erfolg war 1978 ein 3. Platz bei den Weltmeisterschaften in Seoul. Einem Zeitungsreporter erklärte er, daß er in Büttel mit dem Schießsport angefangen hat und dem dortigen Jugendleiter Heinz Lindemann seine gute Ausbildung verdanke.

Geblieben ist die Fahne, die an die erfolgreiche Tradition erinnern soll und nun im Gemeindehaus, der früheren Gastwirtschaft Rusch, aufbewahrt wird.

Die Umsiedlung

von Norbert Wenn

Nachdem in Brunsbüttel der Stadtteil Benzinsiedlung und in nicht sehr weiter Entfernung das Dorf Ostermoor der Ansiedlung des Bayer-Werkes weichen mußten, wurden nur wenige Kilometer weiter in Büttel von dessen Bewohnern Befürchtungen geäußert, mit ihnen könne ähnliches geschehen. Die wachsende Unsicherheit über den Fortbestand dieses Dorfes, in dem viele Menschen geboren, aufgewachsen und alt geworden sind, führte schließlich zum Ruf nach klärenden Worten.

Am 3. November 1976 wurde im Gasthof „Zur Schleuse" die erste von drei öffentlichen Informationsveranstaltungen abgehalten. Vertreter von Land, Kreis und der beteiligten Gemeinde gaben Auskunft über die Sachlage. Dr. Knuth, damaliger Geschäftsführer der Entwicklungsgesellschaft Brunsbüttel, berichtete, daß bei der Entwicklungsmaßnahme Brunsbüttel zwischen Elbe und Nord-Ostsee-Kanal ein großräumiges Industriegebiet erschlossen werden solle. Bereits bei der Ausweisung konnte man entnehmen, daß die Industrieansiedlung irgendwann den Fortbestand der Gemeinde Büttel nicht mehr zulassen würde.

Der Landesbeauftragte, Dr. Hermann Altrup, sprach dann auch die Kardinalsfrage an, ob Büttel auf die Dauer als Wohnsiedlung existenzfähig sei und bis wann umgesiedelt werden müsse. Er sprach von einem sehr weit in die Zukunft reichenden Projekt, nach

---

Links: Die Fahnen des Gesangvereins und der Reitbrüderschaft. Oben: Fahnen der Kindergilde von 1900 und des Schützenvereins von 1965, jeweils Vorder- und Rückseite.

dessen Planung das Gebiet erst im Jahre 2010 voll besetzt sein würde; es würde soweit in die Zukunft hineinreichen, daß es für Büttel nicht relevant sei.

Dr. Altrup räumte jedoch ein, daß, wenn eine Produktionsanlage der Bayer AG in die unmittelbare Nachbarschaft Büttels hineingerückt würde, Büttel kurzfristig umgesiedelt werden müsse, und zwar bis zur Produktionsaufnahme dieser Anlage mit ihren störenden Wirkungen. „Das ist eine Situation, die wir mit Sicherheit in den nächsten zehn Jahren - mit ganz hoher Sicherheit — nicht erreichen werden,", so Altrup, „... erst im darauf folgenden Jahrzehnt wird der Augenblick kommen, wo es einmal soweit sein wird."

Das Mißtrauen der Bevölkerung gegenüber diesen Worten wurde nur zwei Monate später durch Begriffe wie Anpassung, Sanierung und Umsiedlung gestärkt. Am 4. Januar 1977 berichtete die „Wilstersche Zeitung" unter anderem: „Der noch bestehende Ortskern ist nach dem Flächennutzungsplan der Gemeinde in Verbindung mit den landesplanerischen Vorstellungen als Sanierungs-Anpassungsgebiet innerhalb des Entwicklungsbereiches anzusehen, wenn auch eine förmliche Festlegung durch den Kreis Steinburg noch nicht erfolgt ist. Die Vorschriften des Städtebauförderungsgesetzes werden bereits seit dem 20. 2. 1973 angewandt. Der Entwicklungsvermerk für die Grundstücke wurde auf Anordnung eingetragen. Es ist somit festzustellen, daß die Betroffenen seit nunmehr bald vier Jahren die Einschränkungen des Städtebauförderungsgesetzes hinnehmen müssen, jedoch die Rechte und Hilfen nicht abgesichert sind."

Oben: Abbruch des Meiforthhofes im Jahre 1980. Rechts: Abbruch der Häuser Ecke Deichstraße und Armsünderstieg. Rechts Mitte: Die Tankstelle Kalinna vor dem Gemeindehaus, dem ehemaligen Gasthof Rusch, die vom Abbruch verschont wurden, mit Helmut Kalinna und Klaus Lindau, Sabine Kiesewein, Magda, Friedmar, Gerhard und Traute Kalinna. Rechts außen: Das heutige Geschäftshaus Hollm mit Kurt Friedrichs, Hans Heinrich Will, Monika Friedrichs, Kai Förthmann, Erika Hollm, Ines Friedrichs und Reimer Hollm.

An anderer Stelle schreibt das Blatt, die Sorgen der Bürger ansprechend, weiter: „Die Grundstücke und Bauten sind oft als die Sparkasse eines langen Arbeitslebens anzusehen und dienen der Sicherheit für das Alter. Dagegen ist ein Verbleib im gewohnten Lebensraum nach der Anpassung und dem Wiedererwerb eines sanierten Grundstückes wie im Falle einer Wohngebietssanierung nicht möglich. Für das mittelständige Handwerk und das örtliche Gewerbe bedeutet die Umstrukturierung den Verlust der aufgebauten Existenz. Sie benötigen dringend Hilfe."

Am 4. Mai desselben Jahres ist in einem vom Landrat Dr. Helmut Brümmer unterzeichneten Brief an die Bütteler Bürger unter anderem folgendes zu lesen: „In den vergangenen Wochen haben wir mit allen beteiligten Stellen nach Wegen gesucht, für die bevorstehende Umsiedlung eine allseits befriedigende Regelung zu finden."

An anderer Stelle dieses Schreibens heißt es: „Wir hatten bei den Erörterungen gemeinsam erkannt, daß die Regelung des §57 Abs. 4 Städtebauförderungsgesetz für landwirtschaftliche Flächen in der Gemeinde Büttel zufriedenstellende Entschädigungsleistungen ermögliche, daß aber beim Erwerb von vorwiegend älteren Hausgrundstücken die Begrenzung auf den Verkehrswert in den meisten Fällen zu erheblichen Härten führen würde."

Erst ein halbes Jahr zuvor wurde den Dorfbewohnern erklärt, daß mit an Sicherheit grenzender Wahrscheinlichkeit in den nächsten zehn Jahren nicht mit einer Umsiedlung zu rechnen sei; nun sah plötzlich alles ganz anders aus. Es wurde von Unglaubwürdigkeit der Politiker gesprochen. Zu dieser Tatsache gesellte sich dann auch sofort der Ruf nach gerechter Entschädigung.

Um hier nicht viele „Einzelkämpfer" entstehen zu lassen, unter denen die älteren Mitbürger möglicherweise auf der Strecke blieben, gründeten die Bewohner kurzentschlossen, nur zwei Tage nach Erhalt dieses Landratbriefes, die Interessengemeinschaft Bütteler Bürger.

In das Sprechergremium wählten die Mitglieder Vertreter aller Bevölkerungsgruppen. Von nun an wurden unzählige Anregungen der Dorfbewohner umgehend erörtert. Oft entstanden daraus fordernde Schreiben, die an Politiker auf Kreis-, Landes- und sogar Bundesebene gerichtet wurden; der Petitionsausschuß wurde angerufen, die Entschädigungsregelung des Ortes zu überprüfen. Es wurden Informationsveranstaltungen mit der Chemie-Industrie organisiert sowie Anhörungstermine beim Gewerbeaufsichtsamt in Itzehoe wahrgenommen. Besorgnisse um die zukünftige Gesundheit der Bürger führten zu Einwendungen gegen Produktionsanlagen der Schelde-Chemie, ja bis hin zu Prozessen in Schleswig. Das Sprechergremium bemühte sich auch um Ersatzgrundstücke bei den benachbarten Gemeinden und Städten, um Informationsfahrten mit interessierten Bürgern in die angebotenen Neubaugebiete. Am 22. Oktober 1977 gab es sogar eine Gemeinschaftsfahrt der Bütteler, die zur Fertighausausstellung in Buchholz in der Nordheide führte. Hier holte sich manch ein Hauseigentümer Anregungen für den Bau seines späteren Ersatzobjektes.

Die eigentliche Umsiedlung des Ortes begann dann 1979 und endete offiziell am 31. Dezember 1987. Rückblickend wurde festgestellt, daß der Zusammenschluß der Bürger zur Interessengemeinschaft die Betroffenen stark gemacht hatte — die positiven Verhandlungsergebnisse bewiesen es.

Oben: Das zur Industrieansiedlung vorbereitete Areal, im Vordergrund der Komplex der Bayerwerke, rechts am Elbufer das auf einstigem Bütteler Gemeindegebiet liegende Kernkraftwerk Brunsbüttel. Hinten links der Bütteler Außendeich und die inzwischen abgerissenen Häuser. Deutlich ist zu erkennen, wie das früher tiefgrüne Weideland heute mit Sand zugedeckt ist. Rechts: Büttel heute, Bushaltestelle im ehemaligen Dorfzentrum an der Bundesstraße 5.

Einwohnerzahlen und Grundfläche

Die durchschnittliche Einwohnerzahl von Büttel betrug in der Vergangenheit, seit darüber Angaben vorliegen, gleichmäßig rund siebenhundert Personen. Im Jahre 1900 waren es 756 Einwohner, 1912 hatte Büttel 847 Einwohner, 1947 waren es 1702, davon 1070 Vertriebene und Bombengeschädigte, 1970, in fast gleicher Höhe wie früher, 666 Einwohner, 1982, nachdem die meisten Bürger ausgesiedelt waren, 163, und heute, gegen Ende des Jahres 1989 leben noch 54 Menschen im Bereich der Gemeinde Büttel.

Das Gebiet der Gemeinde umfaßte bis 1970 insgesamt 1186 Hektar, also fast zwölf Quadratkilometer, davon waren Wasserflächen einschließlich des Anteils der Elbe 246 Hektar und Landflächen 940 Hektar. Von diesen waren 65 Hektar bebaut und Straßenfläche, 885 Hektar landwirtschaftlich genutzt. 78 Hektar wurden 1970 nach Brunsbüttel eingemeindet, auf dieser Fläche entstand das Kernkraftwerk am Elbufer. Büttel hatte in diesem Jahr 164 Häuser mit 181 Wohnungen. Von diesen stehen heute noch 17.

Pferde weiden am Rande des Industriegebietes.

Die Bürgermeister der Gemeinde Büttel

1870 – 1881	Hinrich Schütt	Bäcker und Schankwirt
1881 – 1899	Siem Schmidt	Bauer
1899 – 1919	Johann Sievers	Bauer
1919 – 1931	Markus Brandt	Bauer
1931 – 1933	Wilhelm Knudsen	Bauer
1933 – 1945	Jakob Kloppenburg	Bauer
1945 – 1948	Richard Beckmann	Gastwirt
1948 – 1955	Hans Gloyer	Zimmermann, Landwirt
1955 – 1974	Fritz Maaß	Bauer
1974 – 1982	Karl Kloppenburg, Amtsvorsteher von 1951 – 1970	Bauer
1982 –	Richard Schmidt	Bauer

Büttel in heutiger Zeit

von Richard Schmidt

In den 60er Jahren betonten landesplanerische Maßnahmen, daß sich im Winkel zwischen Elbe und Nord-Ostsee-Kanal ein günstiger Standort für Energie und Chemie anbiete. Der Bau des Kernkraftwerkes im hiesigen Bereich und die Umgemeindung einer 77 ha großen Fläche Bütteler Gebietes nach Brunsbüttel für dieses Bauvorhaben war der Anfang einer großflächigen Industrieansiedlung.

Das Gemeindegebiet Büttel ist in der Folge bis auf geringe Flächen im nördlichen Bereich völlig überplant worden. Zu den landesplanerischen Maßnahmen gehörte auch die Umwandlung des dörflichen Wohngebietes in Gewerbegebiet als Anpassung zur Großindustrie. Diese weitreichenden Planungen bewirkten, daß Anfang der 70er Jahre mit der Umsiedlung der Wohnbevölkerung aus dem Ort Büttel begonnen wurde.

Nach dem sogenannten Ölschock und den wirtschaftlichen Rückschlägen der in dem inzwischen erschlossenen Gewerbeareal angesiedelten Schelde-Chemie (einer Tochtergesellschaft von Bayer und Ciba-Geigy) konnte nur unter finanzieller Mitwirkung der Gemeinde die Umsiedlung zum 1.1. 1988 abgeschlossen werden.

Nur wenige landwirtschaftliche Betriebe im Außenbereich und einige gewerblich genutzte Grundstücke in der Ortslage befinden sich noch heute in der Gemeinde Büttel.

1982 kam der Gedanke, über die Gemeinde, deren Einwohner, das Vereinsleben, das Wirtschaftsleben, die Genossenschaften, die Schiffahrt und Landwirtschaft, über Gebräuche und Begebenheiten ein Buch mit vielen Bildern als Dokument einer vergangenen Zeit zu erstellen.

Die jahrhundertlang eng bebaut gewesene idyllische Deichstraße östlich der ehemaligen Schleuse nach dem Abbruch sämtlicher Häuser.

Mit großem Eifer begann ein größerer Kreis von Bürgern, Erinnerungen und Bilder zusammenzutragen. Bei ihren ersten Zusammenkünften konnte zunächst noch keine klare Zielsetzung erarbeitet werden.

Zwei Jahre später haben dann Anna Trempler und Magda Kalinna das Vorhaben wieder aufgegriffen und mit der Gemeinde erörtert, und dank der aufgeschlossenen Haltung unserer Gemeindevertretung konnte nun mit geordneter Zeiteinteilung die Arbeit fortgeführt werden. Alle ehemaligen und heutigen Bütteler Bürgerinnen und Bürger wurden schriftlich um Text- und Bildbeiträge gebeten, und Frau Trempler stellte in ihrem schönen Haus in Brunsbüttel ein Zimmer als Treffpunkt und Sammelstelle zur Verfügung, das dann für zwei Jahre gleichsam Sitz der Redaktion des nun vorliegenden Buches wurde.

Dem großen Fleiß und Idealismus von Frau Trempler und Frau Kalinna ist es zu verdanken, daß das umfangreiche Werk schließlich vollendet werden konnte. Dank gilt aber auch allen anderen, die Bilder und Berichte beigesteuert haben.

Nicht alles konnte berücksichtigt werden, deshalb sind am Schluß des Buches einige leere Seiten zum Eintragen von zusätzlichen persönlichen Aufzeichnungen und Einkleben eigener Photos vorgesehen.

Büttel, so wie es das Buch beschreibt, gibt es nicht mehr. Doch geht die Entwicklung weiter. Im November 1989 wurden 15 000 Quadratmeter Bauland an einen neu anzusiedelnden Gewerbebetrieb verkauft, eine Hoffnung auf die Zukunft.

Ob aber die groß angelegten Planungen, denen fast unser ganzes Dorf hat weichen müssen, jemals Wirklichkeit werden, muß sich noch erweisen.

Oben: Die Bütteler Bürgermeister Fritz Maaß und Richard Schmidt. Unten rechts: Siem Schrade mit dem Kommunalschlepper bei der Straßenreinigung. Die anderen Bilder auf dieser Seite zeigen Aufnahmen von der Redaktionsarbeit zum vorliegenden Buch.

Inhalt

Vorwort	5
Büttel an de Elv Meta Vierth	6
Aus Büttels Geschichte Hans Jürgen Hansen	8
Aus der Bütteler Schulchronik Georg Kruse, Henning Vierth, Hermann Schmidt, Paul Andrews, Alwine Andrews, Leopold Nörskau	20
Kinnertied in Büttel Anna Eggers-Templer	35
Erinnerungen eines alten Büttlers Jonny Vollmert	42
Der Hafen von Büttel und seine Schiffe Herbert Karting	43
Die Bösch Hans Jürgen Hansen	57
Sommerfrische in Büttel Hertha Schlichting-Butenschön	60
Wege nach Büttel Mark Jörgensen	66
Dee Büttler Knaol Wilhelm Schröder	68
Meine Erinnerung Gerda Westphalen	70
Ut olle Tieden Amandus Dohrn	71
Unser Büttel, wie es einmal war Anna Eggers-Templer, Magda Rusch-Kalinna, Eike Trempler	73
En stillen Wiehnachtsabend Amandus Dohrn	167
Die Milchwirtschaft Erna Gravert-Krey, Hertha Wolter-Schmidt	192
Die Müllereigenossenschaft Karl Kloppenburg	197
Wat gifft dat hüt bi Jüm to Meddag? Mark Jörgensen	199
Der St. Margarethener Damenlikör Magda Rusch-Kalinna	204
De Krieg in Büttel Anna Eggers-Templer	205
Der Bütteler Bürgerverein Gerhard Kloppenburg	211
Aus den Protokollen und Arbeitsbüchern des Gesangvereins Büttel von 1881 Richard Schmidt	213
Aus den Protokollen der Büttler Feuerwehr Gerhard Kloppenburg	220
Altjahrsabend Norbert Wenn	227
Gau mol op'n Diek Eike Trempler	230
Heimweh Gertrud Jörgensen-Peters	235
Die Reitbrüderschaft „Frohsinn" Gerhard Kloppenburg	236
Die Umsiedlung Norbert Wenn	234
Einwohnerzahlen und Grundfläche	247
Die Bürgermeister der Gemeinde Büttel	248
Büttel in heutiger Zeit	249
Inhalt	251
Persönliche Eintragungen und Bilder	252

Persönliche Eintragungen und Bilder